经以济世
建德崇文
贺教育印
知识向项目
心王玉册

李昌林
晓山方八

教育部哲学社會科學研究重大課題攻関項目

"十三五"国家重点出版物出版规划项目

新时期加强社会组织建设研究

A STUDY ON STRENGTHENING THE CONSTRUCTION OF SOCIAL ORGANIZATIONS IN THE NEW ERA

李友梅
等著

中国财经出版传媒集团

经济科学出版社
Economic Science Press

图书在版编目（CIP）数据

新时期加强社会组织建设研究/李友梅等著 . —北京：
经济科学出版社，2016.12

教育部哲学社会科学研究重大课题攻关项目

ISBN 978 - 7 - 5141 - 7712 - 1

Ⅰ. ①新… Ⅱ. ①李… Ⅲ. ①社会组织管理—研究 -
中国 Ⅳ. ①C916

中国版本图书馆 CIP 数据核字（2016）第 324524 号

责任编辑：庞丽佳
责任校对：王苗苗
责任印制：邱　天

新时期加强社会组织建设研究

李友梅　等著

经济科学出版社出版、发行　新华书店经销

社址：北京市海淀区阜成路甲 28 号　邮编：100142

总编部电话：010 - 88191217　发行部电话：010 - 88191522

网址：www. esp. com. cn

电子邮件：esp@ esp. com. cn

天猫网店：经济科学出版社旗舰店

网址：http://jjkxcbs. tmall. com

北京季蜂印刷有限公司印装

787 × 1092　16 开　21.25 印张　400000 字

2016 年 12 月第 1 版　2016 年 12 月第 1 次印刷

ISBN 978 - 7 - 5141 - 7712 - 1　定价：53.00 元

（图书出现印装问题，本社负责调换。电话：010 - 88191510）

（版权所有　侵权必究　举报电话：010 - 88191586

电子邮箱：dbts@ esp. com. cn）

课题组主要成员

（按姓氏笔画排序）

首席专家　李友梅
项目成员　马西恒　刘玉照　孙秀林　肖　瑛
　　　　　　汪　丹　张虎祥　张　昱　范明林
　　　　　　金　桥　黄晓春　梁　波

编审委员会成员

总 序

哲学社会科学是人们认识世界、改造世界的重要工具，是推动历史发展和社会进步的重要力量，其发展水平反映了一个民族的思维能力、精神品格、文明素质，体现了一个国家的综合国力和国际竞争力。一个国家的发展水平，既取决于自然科学发展水平，也取决于哲学社会科学发展水平。

党和国家高度重视哲学社会科学。党的十八大提出要建设哲学社会科学创新体系，推进马克思主义中国化时代化大众化，坚持不懈用中国特色社会主义理论体系武装全党、教育人民。2016 年 5 月 17 日，习近平总书记亲自主持召开哲学社会科学工作座谈会并发表重要讲话。讲话从坚持和发展中国特色社会主义事业全局的高度，深刻阐释了哲学社会科学的战略地位，全面分析了哲学社会科学面临的新形势，明确了加快构建中国特色哲学社会科学的新目标，对哲学社会科学工作者提出了新期待，体现了我们党对哲学社会科学发展规律的认识达到了一个新高度，是一篇新形势下繁荣发展我国哲学社会科学事业的纲领性文献，为哲学社会科学事业提供了强大精神动力，指明了前进方向。

高校是我国哲学社会科学事业的主力军。贯彻落实习近平总书记哲学社会科学座谈会重要讲话精神，加快构建中国特色哲学社会科学，高校应需发挥重要作用：要坚持和巩固马克思主义的指导地位，用中国化的马克思主义指导哲学社会科学；要实施以育人育才为中心的哲学社会科学整体发展战略，构筑学生、学术、学科一体的综合发展体系；要以人为本，从人抓起，积极实施人才工程，构建种类齐全、梯队衔接的高校哲学社会科学人才体系；要深化科研管理体制改革，发挥高校人才、智力和学科优势，提升学术原创能力，激发创新创造活力，建设中国特色新型高校智库；要加强组织领导、做好统筹规划、营造良好学术生态，形成统筹推进高校哲学社会科学发展新格局。

哲学社会科学研究重大课题攻关项目计划是教育部贯彻落实党中央决策部署的一项重大举措，是实施"高校哲学社会科学繁荣计划"的重要内容。重大攻关项目采取招投标的组织方式，按照"公平竞争，择优立项，严格管理，铸造精品"的要求进行，每年评审立项约 40 个项目。项目研究实行首席专家负责制，鼓励跨学科、跨学校、跨地区的联合研究，协同创新。重大攻关项目以解决国家现代化建设过程中重大理论和实际问题为主攻方向，以提升为党和政府咨询决策服务能力和推动哲学社会科学发展为战略目标，集合优秀研究团队和顶尖人才联合攻关。自 2003 年以来，项目开展取得了丰硕成果，形成了特色品牌。一大批标志性成果纷纷涌现，一大批科研名家脱颖而出，高校哲学社会科学整体实力和社会影响力快速提升。国务院副总理刘延东同志做出重要批示，指出重大攻关项目有效调动各方面的积极性，产生了一批重要成果，影响广泛，成效显著；要总结经验，再接再厉，紧密服务国家需求，更好地优化资源，突出重点，多出精品，多出人才，为经济社会发展做出新的贡献。

作为教育部社科研究项目中的拳头产品，我们始终秉持以管理创新服务学术创新的理念，坚持科学管理、民主管理、依法管理，切实增强服务意识，不断创新管理模式，健全管理制度，加强对重大攻关项目的选题遴选、评审立项、组织开题、中期检查到最终成果鉴定的全过程管理，逐渐探索并形成一套成熟有效、符合学术研究规律的管理办法，努力将重大攻关项目打造成学术精品工程。我们将项目最终成果汇编成"教育部哲学社会科学研究重大课题攻关项目成果文库"统一组织出版。经济科学出版社倾全社之力，精心组织编辑力量，努力铸造出版精品。国学大师季羡林先生为本文库题词："经时济世　继往开来——贺教育部重大攻关项目成果出版"；欧阳中石先生题写了"教育部哲学社会科学研究重大课题攻关项目"的书名，充分体现了他们对繁荣发展高校哲学社会科学的深切勉励和由衷期望。

　　伟大的时代呼唤伟大的理论，伟大的理论推动伟大的实践。高校
哲学社会科学将不忘初心，继续前进。深入贯彻落实习近平总书记系
列重要讲话精神，坚持道路自信、理论自信、制度自信、文化自信，
立足中国、借鉴国外，挖掘历史、把握当代，关怀人类、面向未来，
立时代之潮头、发思想之先声，为加快构建中国特色哲学社会科学，
实现中华民族伟大复兴的中国梦作出新的更大贡献！

教育部社会科学司

前 言

20世纪90年代中期以来，我国社会的组织方式发生了重大变化，并进入快速转型期。由于这个转型至今仍缺乏整体性的制度设计，没有像经济转型那样形成明确的经济体制。因此说，我国社会体制与经济体制没有同步发展，而且伴随社会主义市场经济体制的确立，市场化改革的思路被过快扩展到社会福利领域（尤其是在住房、医疗和教育方面更为明显）。现实中，越来越多的基层民众对生活保障失去了稳定预期，包括他们在日常社会生活中感到，当碰到急需解决的问题时所能找到的回应其诉求和解决其问题的途径，以及能够仰赖的资源的不足。虽然传统的"个人依赖单位、单位依赖国家"的格局被消解，"单位制"的社会福利供给快速退场，个人越来越走向市场，但这个过程并没有使个人在公共物品需求上脱离对国家的依赖，而且还不断催生出了多样化的民生需求。

我国2005年构建社会主义和谐社会的重大决策的提出，在政策上开始把社会作为一个相对独立的领域进行建设，并将社会主体参与公共产品配置视为"和谐社会"的基本运行机制，但是这里提出的社会主体，其基本构成及其参与公共产品配置的渠道在当时都还不清晰。在此背景下，如何发展社会组织等相关问题的探究，从此前学术上的抽象言说转变成政府、学界甚至普通民众的关注点。进入21世纪以来，我国社会组织发展进入快车道，主要表现为数量和规模的激增，这一阶段围绕社会建设孵化和发育起来的社会组织，基本是在政府的政策引导下发挥其补充政府在提供公共服务方面不足的作用。

党的十八大以来，从社会管理新格局到社会管理体制再到创新社会治理体制的建设进程中，可以看到，我国基层社会治理模式的全面改革在加快推进，我国社会建设的理论和实践也将得到进一步丰富，相关者的功能定位、分工合作与规范机制也开始清晰起来。比如："党委领导、政府负责、社会协同、公众参与"社会管理新格局的提出，表明了不同主体的存在、不同主体的功能定位以及不同主体的关系中有纵向关系也有横向关系；社会管理体制的提出，明确了多主体在共同承担社会管理时，他们的合法权利和义务以及他们的合作行为将有法可依；创新社会治理体制，强调了改变社会治理方式，激发社会组织活力，促进政府职能转变、加快政社分开的迫切性。这些改革实践的不断推进和不断深入意味着我国政府正从战略视野考虑以怎样的新制度安排来实现新历史阶段的社会再组织的问题。因此，我们要积极地研究如何建设和发展社会组织的自我服务、自我协调和自我管理的能力，并使之能够充满公共精神积极参与到民生改善的社会建设中去。同时也要积极研究，如何建设社会组织发展的良好制度环境，从深层次上为社会组织克服其发展过程中碰到的瓶颈问题提供智力支持。

现实的紧迫性与问题的复杂性，已然超出了我们的固有认识，我们的思考也必须聚焦在"如何才能正确处理政府与社会的关系"，并超越"如何发展社会组织并使其成为结构性的主体"的狭隘预设之上。因此，本书从社会、政治、经济等体制间协调匹配关系的角度，将社会组织发展、公共服务体系建设、政府职能转变和社会治理体制创新等重大问题纳入整合性分析视域，进一步拓展了对新时期我国社会建设持续深化、创新社会治理背景下的社会组织有序发展的深入认识。本书首先从理论上或者理想意义上阐释了社会组织的本体性价值及其复杂的不同层次。从"公共性"视角出发探究了我国社会建设尤其是社会组织发展面临的公共性发育不足的问题及其根源。其次，运用更贴近中国本土实践的"制度与生活"分析范式，诠释了中国特定制度情境下的社会发展、社会组织发展的实践逻辑，并在展现各利益主体对社会发展的意图基础上，考察了新时期我国社会组织发展的具体面向及重要转向。同时，基于对不同国家及地区社会组织发展经验与教训的梳理，为改善我国社会组织的功能结构和健康发展的支持系统，推动政府职能转型和现代社会组织体制建设等方面提供了借鉴。

更为重要的是，本书围绕我国社会组织发展所依赖的具体制度条件及其在当前中国的实际状态，分析了我国社会组织建设的政策改革空间，提出兼顾当前与长期，扎根中国国情与经济社会基础的社会组织建设管理的政策建议，以求持续推进我国社会组织体制的现代化建设并由此不断生发出与国家治理能力现代化相适应的运行能力。

3

摘　要

　　进入 21 世纪以来，随着我国社会主义市场经济体制改革和建设的不断深入，以公共资源配置为核心的制度安排和社会生活的组织模式发生了极为重要的变动，由此导致社会关系样式与社会秩序也发生了变动。近 10 年来，我国由政府行政主导的社会管理逐渐转向基于由执政党领导下的多主体参与并相互依赖的社会协同治理，社会组织因其所具备的提供社会服务、解决社会问题的效能而成为社会治理的重要载体。但从现实情况来看，社会组织的发展所面临的"瓶颈"问题并没有发生很大改变，对于这种问题现象的研究在很大程度上也还是借助源自西方的"国家与社会"关系的分析框架。从反思和对话的角度本书尝试运用源自我国的"制度与生活"的分析框架，认识我国社会组织在社会建设与社会治理中所承载的公共性价值、其定位与作用发挥以及生态结构、支持体系建设的基本逻辑，并以建设性思考为出发，在进一步比较和借鉴东西方社会组织发展实践的基础上，提出新时期加强我国社会组织建设的一些对策建议。

　　从社会组织的本土性价值来看，社会组织之所以在社会治理中发挥不可或缺的作用，就在于社会组织内在的公共性特质。但就当下我国这方面的实情而言，公共性发育不足或者说"公民精神之缺损"却是社会组织的总体性状态，具体表现为基层民主建设的参与不足、社会公共事务营造与实践中的私人化取向以及发展社会组织的主体意识缺位。这种不利于社会组织公共性生产的问题现象，在我们看来，其根源更多是来自于差序格局的当代嬗变、非协同的技术治理以及制度的理性化与民主化紧张。由此，展望新时期的社会建设，在制度安排

1

上，在促进社会组织专注于民生建设、提供公益服务的同时，还需引导社会组织积极转向参与社会关系协调，促成社会联结，进而强化主体性的建构使社会组织发展形成三个面向：即作为治理与秩序建构的主体、社会自组织的结果以及促成社会秩序与合作的实践过程。经由这三个面向，社会组织将在推动自我生产的同时也为推动社会公共性的生产发挥重要作用。

从更广阔的社会建设领域来看，当前我国不同类型社会组织正处于特定的组织生态结构之中，改革开放以来中国社会组织的生长发育实践，显示出中国社会组织独特的生成机制和运作逻辑。在此基础上，要进一步加强社会组织建设，不可缺少的就是重视其支持体系的建构。针对公共服务型社会组织能力发展中的非协调现象、社会组织参与治理的制度空间不足以及社会组织生态体系发展面临深层次挑战的现实状况，必须着眼于当代中国社会的公共性建设，通过设置清晰的改革路线图、营造社会利益表达的多主体组织网络、形成多样的社会组织发育路径、形成自我支持的社会组织发展生态体系，以从根本上塑造一种有利于中国社会组织良性、健康、可持续发展的新型制度环境。

在比较分析社会组织发展的国际经验的基础上，本书展现了我国社会组织政策发展的脉络及其内在逻辑，并由此进一步提出了从顶层战略、中观结构与机制、微观政策工具等方面进行科学、合理、有效的政策体系设计。具体来说，有必要借鉴西方国家的成功经验，形成和完善社会组织发展政策的负面清单，从重点领域、路径与方向上，引导社会组织健康发展；有必要形成有利于增强社会自我调节能力的政策设计，提升社会组织参与新时期社会治理的水平与能力；有必要形成体制内社会组织与体制外社会组织间关系协调的政策规则，进一步优化社会组织生态体系，形成不同社会组织可以实行协调合作的关系格局；有必要进一步调整和完善社会组织的分类及登记管理政策，加强社会组织积极参与社区治理的活力；有必要改革和完善诸如政府购买服务、财税优惠等社会组织的要素资源所依赖的政策框架，并为社会组织的良性健康发展提供充分的法治保障。

Abstract

Since the beginning of the 21st century, with the deepening of the socialist economic reform, both the institutional arrangements centered on allocation of public resources, and organizational patterns of social life in China have undergone vital changes, which have resulted in changes of social relations and social orders. The past decade has witnessed the transformation of social management in China. Whereas the government used to play a central role, participating subjects of social governance are becoming increasingly diverse, interdependent and acting collaboratively under the leadership of the Party. During the process, social organizations have become significant agents of social governance because of their capability to provide various social services and resolve social problems. However, social organizations are still faced with development bottlenecks. Moreover, the existing research on the development of social organizations has largely been carried out under the 'state-society' analytical framework proposed by Western academics. Both as reflection of and as dialogue with the previous research, this study employs the local analytical framework of 'institutions and life' to understands the public values of social organizations in social construction and social governance. It also explored the role definition of social organizations as well as the basic logics of their ecological structures and how to build the relevant supporting system. Comparing the development of social organizations in the Western societies and in China, the author further puts forward suggestions on the construction of social organizations in contemporary China.

As far as the indigenous value of social organizations is concerned, it is their inherent publicity that makes social organizations play an indispensable role in social governance. Turning to the Chinese reality, however, social organizations are generally represented by their inadequate development of publicity, or, to put it differently, 'a deficiency of civic spirit'. Specifically, social organizations are often inadequately engaged in grassroots democracy, tend to display an orientation of personification in the practice relating to social and public affairs, and generally fall short of subjectivity in terms of development. While all these characteristics that may menace the generation of publicity of social organizations, we view them as consequences of contemporary evolutions of the Differential Mode of Association, uncoordinated technical governance, and tensions between rational and democratic institutions. As far as social construction of the new era is concerned, apart from contributing to the improvement of people's living standard and providing services of public interest, social organizations needed guidance to be actively engaged to coordinate social relations and strengthen social bonds. In enhancing their subjectivity, social organizations will develop their three major aspects, namely, as the subjects of governance and order construction, as outcomes of social self-organizing, and as processes of practice during which social order and cooperation are facilitated. It is in these three aspects that social organizations make their contribution to the generation of social publicity in their self-production.

From a broader perspective of social construction, the current social organizations of various types in China are outcomes of specific organizational ecological structures. Over the cause of economic reform, the emergence and development of China's social organizations have shown their unique generative mechanism and operational logic. On this basis, it is indispensable to build well-functioned supporting systems so as to assure further development of social organizations. Aimed at the non-coordinated capability development of social organization of public services, insufficient institutional space for social organizations' participation in governance, and multi-faceted challenges facing the ecosystem of social organizations, focus should be maintained on the facilitation of publicity in contemporary Chinese society. In order to build a benign, healthy and sustainable new institutional environment for China's social organizations, it is essential to design a clear roadmap, build multi-subject networks for expression of social interests, develop diverse growth paths and cultivate self-supportive ecosystems for social organizations.

Based on a comparative analysis of international experience relating to social organizations, this study elaborates the historical development of China's social organization policies and their inherent logics. The author then proposes on policy system design respectively in terms of top strategies, meso structure and mechanisms, and micro policy instruments. Specifically, it is necessary for China to learn from the successful experience of Western countries to form and improve the negative list of development policies for social organizations in order to guide healthy growth of social organizations in key areas, paths and directions. It is important to ensure that the policy designs help to improve the society's self-regulation capacity and enhance the overall ability of social organizations to participate in the social governance of the new era. It is essential to develop policy rules for relation coordination between social organizations in and outside the official systems, further optimize the ecosystem of social organizations and form a relationship pattern where different social organizations can carry out coordinated cooperation. It is necessary to further adjust and improve policies on classification, registration, and management of social organizations and encourage social organizations to actively participate in community governance. Finally, it is necessary to reform and improve the policy framework which resource factors of social organizations rely on, such as government purchasing of services and tax incentives, and provide adequate legal protection for the benign and healthy development of social organizations.

目　录

Contents

Contents

导　论

当前，我国改革开放已经进入攻坚期、深水区。以党的十八届三中全会为标志所启动的新一轮改革着眼于全面建成小康社会、实现社会主义现代化和中华民族的伟大复兴，对推进中国特色社会主义事业作出了经济建设、政治建设、文化建设、社会建设、生态文明建设"五位一体"的总体布局。而"五位一体"全面深化改革的顺利展开与2020年全面建成小康社会目标的实现则预示着一个新的改革起点的确立。目前迫切需要我们形成一个与此相适应的新理念，以突破体制改革和经济转型困局，解决全面深化改革进程中所遭遇的各种现实问题，构筑稳固的社会基础，进而实现各方面的宏伟目标任务。换言之，新一轮改革的关键在于如何以促进社会公平正义、增进人民福祉为出发点和落脚点，进一步解放思想、解放和发展社会生产力、解放和增强社会活力。我们能否朝着社会进步的方向，逐步构建起一个更好的社会，将直接关系到"充分释放改革的红利，让一切劳动、知识、技术、管理、资本的活力竞相迸发，让一切创造社会财富的源泉充分涌流，让发展成果更多更公平惠及全体人民，让国家更加富强、更繁荣，让人民生活更美满、更幸福"这一宏伟蓝图的实现。因此，探索社会生活自身的目标诉求以及与之相适应的社会运行逻辑，在组织和制度上构建政治、经济、文化、生态文明和社会之间的相互照应关系，促进政府与社会之间能够形成合理并不断完善的治理结构就成为新时期加强社会建设，推进我国社会体制改革的题中应有之义。

回顾新中国成立以来60多年的历史进程，党和国家在社会建设的理论和实践方面进行了长期的不懈探索。特别是近20多年来，我国政府一直面临着以怎样的新制度安排来实现社会再组织的问题。党的十八大从深化社会体制改革出发，提出加快形成社会管理体制，并从结构性支持的角度，要求加快形成政社分开、权责明确、依法自治的现代社会组织体制。党的十八届三中全会又提出了创新社会治理体制，激活社会组织活力的新要求、新部署。这预示着，中国社会建设已经从社会管理创新走向推进社会治理的新时期，其核心是要形成与加速转型的市场经济相匹配的社会体制。社会建设能否高质量地服务于全面建成小康社会在 2020 年实现，有赖于社会的良序运行。一个良性的社会秩序在本质上是社会价值认同的结果，而一个良性社会秩序的维系有赖于与其相匹配的社会体制。社会体制与政治体制、经济体制、文化体制分别承载着社会良性运行所必须的结构性功能，它的有效运行可以反映一个国家以什么方式影响社会秩序，以怎样的方式分配公共资源。围绕公共产品配置而建立的一系列制度安排，通常体现为社会福利制度、社会组织方式和社会意义系统，而社会福利制度和社会组织方式是"社会体制"的主要构成。当前，相比于经济体制的改革，我国社会体制改革的内在动力不足，改革的目标导向性和具体路径都不够清晰，因而在广度和深度上都处于滞后的状态，难以适应新阶段经济社会发展的需要。新时期社会体制改革，需要着力建设适应当代社会发展趋势的社会组织体制，并由此推动社会再组织化进而重新建构社会秩序。作为社会体制改革的重要组成部分，社会组织体制在社会建设和管理中处于中心位置。社会体制改革的推进不仅有赖于相关制度环境的完善，而且需要多层次、多样化、专业化的现代社会组织参与其间。社会组织是社会秩序建构的重要主体，也是社会治理的载体和对象，规范和引导社会组织并由此实现社会秩序重建和呈现社会组织体制的现代特质，既反映了社会生活的变迁，同时也体现了社会得以组织起来的内在逻辑。有鉴于此，伴随社会建设的持续深入，在创新社会管理与社会有效治理的背景下，我国的社会组织建设也进入了一个新时期。

一、困惑与希望并存：中国社会治理转型与社会组织建设的新时期

我国社会组织建设的这一新时期发端于我国社会生活的变迁与转型，以及在此过程中日益激增的民生需求。进入 21 世纪以来，随着我国社会主义市场经济体制改革和建设的不断深入，以公共资源配置为核心的制度安排和社会生活的组织模式发生了极为重要的变动，由此导致社会关系样式与社会秩序也发生了变动。具体表现为：社会结构的快速分化带来了人们对于社会公共服务需求的多样化；大规模的社会流动引发了人们生活方式、价值观念和社会认同等方面的差异性变化，尤其在有关自身权利和利益诉求等方面出现了多样化声音；社会人际间关系建构的核心机制，开始从财富分配转向风险分配①。面对一个已经发生并在

---

① 李友梅：《从财富分配到风险分配：中国社会结构重组的一种新路径》，载于《社会》2008 年第 6 期。

持续发生重大转变的社会生活局面，政府一元主导的社会管理实际上已经力不从心。近10年来我国由政府行政主导的社会管理逐步让位于基于由执政党领导下的多主体参与并相互依赖的社会协同治理，社会组织因其所具备的提供社会服务解决社会问题的效能而成为社会治理的重要载体。然而，我国在过去10多年中形成的社会治理模式，既不是传统"单位制"的当代再造，也不是一元化行政管理体制的简单"膨胀"，在面对日益激增的社会需求时也时常显得能力有限。迄今为止，我们仍缺乏一种切实可行的制度安排将自上而下的行政管理体系与社会多方参与的自治体系实质性的衔接起来。伴随我国经济发展进入"新常态"、社会持续深度转型，这套社会治理模式也在继续转型，其面临的挑战远远超出我们的想象。显然，我们对新时期我国社会治理体制创新所面临的现实环境和复杂挑战的认识和理解，不仅要更深入，而且要更具前瞻性，也必须善于从中观层面的机制和制度维度来把握社会治理体制创新的重点突破口和社会组织未来发展的实践逻辑，这些思考需要人们以更大的决心冲破原有思维定式的束缚。

社会治理创新关系到如何在新的条件下重构政府与社会间的相互依赖关系，如何促进良好法治的文明社会秩序的生成，进而关系到中国将建设怎样的现代国家，因而也会触及如何推进国家治理体系和治理能力现代化这一深层问题。在中国社会结构变迁和治理的转型进程中，社会组织对于中国社会建设与社会发展具有重要的意义。一方面，理论界将社会组织的发育与发展视为中国社会再组织化的重要路径，将其作为社会力量的载体而受到倍加关注；另一方面，由于社会组织具有提供社会服务和解决社会问题的效能，国家也逐步开放其发展空间并投入各类资源。20世纪90年代中期以来，我国社会组织无论是在规模、数量和类型上还是在社会职能上都实现了长足发展，特别是2005年构建社会主义和谐社会的重大决策提出以来，社会组织更是进入了快速发展的车道，这主要表现为其数量和规模的激增。截至2015年底，全国共有社会组织66.2万个，社会团体32.9万个，各类基金会4 784个，民办非企业单位32.9万个，基层群众自治组织共计68.1万个。党的十七大强调"党委领导、政府负责、社会协同、公众参与"的社会管理格局，党的十八大更加明确提出：不仅要激发社会组织活力，而且还要在改进社会治理方式、化解社会矛盾、健全公共安全体系中探索社会组织发挥作用的新方法、新路径。尽管我国的社会组织发展取得了长足进步，并在社会服务方面发挥越来越重要的作用，但它还不足以为中国特色社会主义社会治理架构的现代化建设提供重要支持，也尚未具备与国家治理能力现代化相适应的合作能力。

伴随着经济社会的日趋复杂化，我国社会单元的关系秩序正处于不断重组之中，这不仅涉及政府、市场、社会之间的关系，还涉及不同主体的权利与责任；

不仅涉及纵向体系内的"条"与"块"的关系，还会涉及纵向科层规则和横向协商规则的关系。可以预见的是，新时期我国社会治理创新与社会组织建设的基础已经发生了变化，这一变化既体现在"从社会管理格局"向"社会治理创新"转型的过程中，从单纯重视党委政府作用向党委政府与社会多元主体共同治理转变，也体现在从构建多主体参与合作的共治格局基础上向前推进了一步，迎来了从"治理"走向"对治理的治理"的新挑战，即趋向于形成符合特定规则、程序与标准的多元治理机制间的相互协调。这将必然涉及以下一系列问题：政府、市场、社会多元主体的位置秩序和功能分配、市场在资源配置中所起的重要作用、政府向社会的不同类型的社会组织购买服务、社会组织进一步发展的制度建设、评估机制以及法治保障等。需要指出的是，从国际经验上看，无论是公私合作关系形式的治理，还是社会自我管理的治理形式，都不是政府掌控力的缺失，而是政府控制形式的变化。归根结底，社会的自我管理仍然需要在政府设定和参与的制度框架下发生。政府与社会建立相互依赖关系的机制是多样的而非单一的，它可能是层级的、市场的、网络的，而在实践中采用哪种机制取决于具体的治理情境和要解决的公共议题。这意味着，党和政府的职责在于创造公共价值，各级政府都需要学习和掌握综合运用层级、市场、第三部门等多种机制，来增强公共物品供给的公平性和有效性的能力。具有规范意义的好的现代治理的实现，还需要一个在法律上具有支持性的社会体制，多主体在管理和治理公共事务时，他们各自的行为方式以及他们之间的合作，还要有法可依，受到法律保障。这些需求的满足，都需要有适应中国特色社会主义社会建设、本土化的、"政社分开、权责明确、依法自治的现代社会组织体制"的实际参与。

二、新时期社会建设中社会组织发展的内在逻辑与功能属性

新时期我国社会建设的重心是在新的条件下重构政府与社会间的相互依赖关系，通过激活社会活力来为中国特色社会主义治理架构的现代化建设提供重要支持，促进良好法治文明社会秩序的形成，并最终实现全面建成小康社会的目标。激发社会活力体现在两个方面，一个是社会组织层面，另一个是公众的参与程度。因此，社会建设的重要途径之一是不断提升社会自我协调、自我服务的能力，引导各类社会组织加强自身建设、增强服务社会的能力。那么什么才是社会的活力？通俗来讲，让老百姓生活更方便、更安心、更具获得感与安心感的社会就是社会有活力的体现。因为老百姓的生活更有序，需求都能有所回应，对未来有明确稳定的预期，社会才会稳定。社会生活秩序的完善需要通过各种各样的服务来完善，社会秩序的良性发展的核心一定是面向社会生活的。更进一步来说，

激活社会活力，落脚点在民生保障体系上。民生保障体系是维系社会秩序良性运行的一个重要因素，高质量地配置民生保障体系既涉及千家万户基本生活的安全网，关系到人民群众的实际获得感，又涉及政府、社会、市场之间新型关系的建设。社会生活良序运行以及社会的再组织所借助的组织力量，一方面是市场的力量，另一方面是由政府引导、监督和规范的社会组织面向社会生活需求并提供相应服务的力量。由此，新时期我国以社会建设为中心的社会组织发展，其落脚点是在基层社会，在社会生活中服务老百姓，发挥公共权力部门所不具备或难以涵盖的功能，通过发挥自身的作用让人们在物质上、精神上、生活质量上进入小康社会。

改革开放以来我国社会生活的变迁过程，受到了市场化、全球化、城市化、工业化、信息化等多重进程同时作用的影响，社会生活领域发生了巨大转型，这既明了新时期我国社会建设任务的艰巨性，又预示着新时期以社会建设围绕社会建设的社会组织发展具有广阔的前景。

第一，城市和农村的经济社会改革迅速推进，对传统体制产生了极大的冲击。在城市中，国企改革内含了社会保障社会化和后勤服务市场化改革，其模式随后推广到事业单位和行政机构的改革中，大批"单位人"快速变成"社区人"，"单位制"的弱化和解体加大了"街居制"的压力，政府往往要直接面对分散的个人，治理的摩擦成本大量增加，自上而下社会事务的贯彻和落实，自下而上社会问题的调解和解决，都受到阻碍。而在农村中，曾经作为家族制度的摧毁者和替代者的人民公社"三级管理、队为基础"的体制在家庭生产承包责任制普遍实行后彻底解体了。农民获得了土地承包权和生产自主权，更重要的是农民获得在城市和乡村之间迁徙、居住个工作、生活的选择权，农村重回由一个个独立家庭构成的社会，村居民委员会原有的管治功能大大弱化。随着大规模的人口流动，在一些农村地区，甚至出现了乡村空心化和凋敝现象。

第二，伴随着社会主义市场经济体制的确立，市场经济逻辑渗入社会福利领域和公共服务领域，相当一部分社会成员对生活保障失去了稳定预期。比如在1998年，《国务院关于进一步深化城镇住房制度改革加快住房建设的通知》停止了福利分房，建立市场化住房制度并主张把住房产业培育成经济支柱产业；"教育产业化"甚嚣尘上，教育领域出现了高收费和市场化运营；医疗保险制度改革、医疗机构改革、药品流通体制改革使医疗领域加快了市场化的速度。在这种情况下，很多人对生活保障失去稳定预期，开始出现高储蓄和低水平消费的状况。2002年，国务院政府工作报告第一次使用了"弱势群体"概念，深刻反映了相当一部分社会成员的社会处境。而某些地方和部门在一些社会政策的制定和推行中自觉或不自觉地受到新自由主义意识形态的影响，以经济效益作为考量社

5

会政策的唯一标准，直接加剧了社会不公，更加恶化了社会心态和社会生态。

第三，乡村与城市的市场化转轨，以及社会福利的市场化转向，在很大程度上促成了整体社会结构的变动，其主要表现为"陌生人社会"大面积延伸和扩展。改革开放以来，数以亿计的农民工进城务工经商，许多单位人离开单位谋生，形成了空前的社会大规模流动态势。随着商品房制度的建立和推广，买房、租房和移居成为人们社会生活的重要部分，传统的熟人社会不断被陌生人社会所取代，而随着网络虚拟交往方式对社会生活的介入，孤独症和抑郁症开始成为陌生人社会的现代病。如何在陌生人社会构建新的社会团结，已成为当下社会治理的重要课题。伴随着传统社会纽带的断裂，基层社会大规模变动使社会管理难度增加。在城市化的过程中，农村大量人口外流。为了扩大基层公共服务和管理平台，农村进行了较大规模的撤村并乡。近十多年来很多大城市的社区人口成倍增加，但基层街（道）镇并没有相应扩增，甚至有所减少。虽然城乡基层社区建设越来越得到重视，但由于我国财政分配主要集中在行政体制的中上层，基层社区财力不足，这导致其提供服务和解决问题的能力很有限，在激增的人口和随之而来的各种需求面前，多主体的社会治理显得有些乏力。

综上所述，改革开放以来社会生活领域的急剧转型催生出大量的民生需求。与此同时，随着我国经济领域市场化转轨的不断深入，"自由流动资源"与"自由活动空间"也在不断扩大，[①] 这使得社会领域逐步发育，社会组织不断出现并形成了快速发展的势头。我国自 2007 年开始正式使用"社会组织"概念，学界在讨论社会组织的相关问题时较为认可美国学者萨拉蒙对非营利组织性质的界定，即组织性、非政府性、非营利性、自治性以及志愿性等。但是我国社会组织服务功能与发挥作用的方向定位，却不能简单地回到西方概念中去，而必须从我国自身的具体情境中来予以重新定义。因此我们需要厘清新时期社会建设进一步深化的背景下社会组织发展的内在逻辑、主体性建构及其作用领域与作用方式等问题。

第一，我国社会组织的发展是建立在特定的社会形态与时代背景下的，社会组织发展的内在逻辑体现出不同利益主体在这一事物发展上的不同意图，而这些意图本身也影响着社会组织发展的自身定位。从与国家体制的关联度看，我国社会组织的发展呈现出三个不同的层次：首先是党委政府主导的社会组织，也就是计划体制下按单位制模式建立的社会组织，如工会、共青团、妇联的基层组织，它们与体制高度合一，经费有财政保障，组织网络完备，但运作高度行政化，社

---

① 孙立平：《"自由流动资源"与"自由活动空间"——论改革过程中中国社会结构的变迁》，载于《探索》1993 年第 1 期。

会服务活力和效率不足，与现实社会需求时常存在脱节。这些组织可以被视为是政党和政府功能向社会领域的延伸，在很大程度上受到党委政府意志的影响，其行为取向更具有行政色彩。其次是改革开放以来依法建立的新型社会组织，这些社会组织主要由一些知识分子、企业家所推动创办，包括民办非企业单位、社会团体、基金会。它们位于体制之外，依法注册并受政府监管，自筹经费并实施社会化或市场化运作。政府对这类社会组织的选择性支持导致不同功能类型的新兴社会组织发展不平衡，活力与问题并存。这些社会组织的形成与发展离不开知识精英和经济精英的推动，他们或出于强烈的社会责任感，或出于拓展自身影响力的需要，通过社会组织来参与社会公共事务。此外，另有大量来自于民间社会，由群众自发形成并开展活动的松散和半松散的自发性组织。这些组织大多没有依法注册，但在社会基层实际活动中处于活跃状态，群众参与度高，接"地气"，包括社区"草根"组织、群众活动组织、网络社团等。它们在数量上数以百万计，却与体制关联不大，往往在政策的扶持和监管之外。这些社会组织更多来自于社会公众，在形成原因上，或因某些群体的兴趣相投、或因对某些相关利益的追求一致，在行为目的上更侧重于兴趣的满足或者是利益的获得。各种社会组织产生于不同的背景，具有不同的存在状态、运行机制和实践功能，因而与现有体制的兼容性也各不相同。从政府的角度来看，2004 年提出和谐社会的概念，强调社会组织在社会管理格局中发挥重要的协同作用；党的十八届三中全会进一步强调，要创新社会治理体制，激发社会组织活力，社会组织发展将要在社会管理和治理中承担更重要的职能，这需要人们重新认识新时期社会建设中社会组织发展的地位和功能属性。

上述三类社会组织的功能和作用，应该用新的眼光来认识。工青妇等传统社会组织在群团改革的背景下如何实现新的功能开发与重生，党委和政府已经出台了一系列的改革举措，去行政化、在政治价值主导下回归社会性和群众性是改革的聚焦点；依法建立的所谓"新型社会组织"，也并不都是建立在强烈的社会责任感和公益心之上的，它们当中精英俱乐部化，甚至商业化，不在少数，民营医院、民营学校多数是企业家盈利的工具，"莆田系"的浮出水面绝非偶然；基层群众自发组织，更需要重新认识，有没有依法注册不是关键问题，重要的是百姓愿意参与，方便参与，也有能力、时间和资源参与，它们有可能从"自娱自乐"走向"互帮互助"，进而参与基层公共事务，成为基层社会治理的基础性力量。这些居民自发的组织虽然没有规范的治理结构，成文的章程，但其自我治理的逻辑却是在源远流长的中国文化的脉络之中。中国特色的社会组织的社会基础、群众基础也许就在这些自发的、"草根"性的组织之中。只是理论和政策对这些组织有所忽视甚至轻视。

第二，新时期我国社会组织发展的职能定位，将逐步从专注于民生建设、提供公益服务转向参与社会关系协调，促成社会联结。随着社会建设的进一步深入，经济社会中原先积累着的许多深层次问题逐步显现出来，简单地靠政府在民生领域的社会政策已经难以解决。尤其是随着政府行政职能的转型，原来的全能主义政府已不复存在；市场化转轨以来所出现的经济主体的多样化，使得经济社会领域的事务和问题的复杂性程度不断提升，单靠某一个主体已经很难有效应对。正是在这种背景下，原来由政府行政主导的社会管理逐步让位于基于多主体参与并相互依赖的社会治理。在这一转向过程中，政府职能发生了极大的转变。要从原来以民生建设为重点的基础上向如下几个方面转变，转变后的政府要以社会公众为本位，以社会公共利益为目标，以服务式管理为理念，以人文关怀、民主、透明、责任、法治等价值为准绳，在社会公众的参与和监督下有效解决社会公共问题，提供公平、优质、廉洁、高效的管理和服务。从实践来看，政府原先承担着的大量社会职能逐步向社会领域转移，政府由直接的承担转向了间接的参与和干预。面对政府职能和定位的这种转向，发展社会组织，积极承担起社会领域内社会服务的主体责任，就成为这一领域发展的内在要求。纵观我国社会组织的发展脉络，从传统社会介于皇权与地方自治之间的"中间层"，到1949年之后单位制主导下的相对不发展和被边缘化，再到改革开放之后，在政府权力下放与空间释放中成为日益扩展的社会领域。社会组织从体制内到体制外，从经济领域的行会逐步拓展到社会领域内的社会公益服务团体，在新时期社会治理条件下提供公共服务、协调一些利益关系的新角色，并在这个发展过程中逐步获取了基于社会的主体性和重要性。可以预见的是，在社会治理过程中，社会组织所承担的社会职能将进一步扩大，并由此逐步成为能够发挥"社会协同、公共参与"作用的社会治理主体之一。

第三，随着新时期社会关系纽带的转变，社会组织的作用领域与作用方式也将发生转变。从新时期社会纽带的变动来看，随着信息技术的进一步发展，社会生产方式与生活方式发生了很大的转变，而这种转变直接促成了社会关系纽带的转变。人类的关系联结与组织形态不断发展演化：从个人分享到公共分享、公用分享，由此大大降低了传统集体行动所需要的成本，弱关系开始真正成为推动整体社会运作的关键性力量，而随之而来社会整合难度加大则成为一种挑战。与之相适应的是，作为社会关系的组织载体，社会组织及其组织性行动由此而成为个体得以与更广阔的社会相联系的中介，这一特征在后工业社会中更为显著。由此而论，新时期社会组织建设领域依据社会组织的领域和作用方式而呈现出三个不同的面向：第一个方面是治理与秩序建构的主体：社会组织可以被理解为参与社会治理及建构社会秩序的重要组织主体，而其建构社会良序的基础是面向民生需求，围绕基层社会生活的民生保障体系展开运作。第二个方面是社会组织的生态体系：社会组织若要在保障民生，构建社会生活良序运行中发挥作用，就需要具备专业的服务能力和完善的服务链条。我们可以将其称为社会组织的生态体系。社会组织的生态体系是一个分层、合作的组织体系，处于组织生态系统高端位置的是发挥枢纽作用的支持性组织，其作用是向其他社会组织提供支持性服务，并在政府和社会组织之间发挥纽带桥梁作用，以及作为综合信息平台、社情民意沟通平台等，发挥行业监督与自律的作用。组织生态的第二层是成熟、稳定、具有科学化的组织内部管理体系，同时具备实现组织自我提升和发展的能力的社会组织。组织生态系统的第三层是扎根在基层社区，服务于本社区、辖区或地区内当地区民的社会组织。当上述三个层次的社会组织都能健康发展，并相互合作构成一个完善的组织生态体系时，社会自我协调、自我管理的力量就会得以体现。第三个方面是组织社会的实践过程：作为一个连续谱，社会组织的存在形态可以是正式化、结构化程度最高的法人组织，也可以是非正式化、权宜性、偶然性程度最强的集体行动过程。处于不同形态和阶段的社会组织都现实地作用于社会秩序与合作的达成。特别是由于网络信息技术的兴起，后工业社会与风险社会的多重逻辑并存，社会组织的内涵更加复杂。

从总体来看，新时期社会建设中社会组织发展的内涵是复杂与丰富的，其存在形态可以是多种多样的，不同形态的社会组织都可能以自己的方式作用于社会生活与合作秩序的达成。然而，我们对不同形态社会组织的理解还并不深入，我们期待社会组织在社会建设领域中发挥更大的积极作用，却对新时期我国社会建设中的社会组织发展所必须长期面对的实质性问题、复杂挑战与支持体系缺乏认知，而且围绕这些问题的讨论容易简单地落入传统的思维定势或西方模式中去，因此迫切需要我们建构起基于中国历史和经验的本土性研究范式。

三、"制度与生活"：透析我国社会组织建设根本症结与发展思路的新范式

我国的社会建设与社会管理创新是一项复杂的系统工程。经济、政治、社会、文化每一个领域都有自身发展的规律、目标、逻辑与运行机制，但这些领域在现实生活中又是一个混合的整体。现实生活的复杂性在于，人们不可能把一个领域从这个整体中单独分离开来，却要在这些不同领域间架起沟通性的桥梁，使其有相互协调的可能性，而不是用一个领域的逻辑去统摄所有领域的发展模式。因此，我们需要运用历史理性去摸索和把握中国社会的特征、变迁及其运行的机制，识别在中国目前的经济社会发展中发挥重要影响的主体与力量，进而才可能

9

找到新时期我国社会组织建设的根本症结与发展思路。在反思既有的运用"国家与社会"分析框架来研究中国社会变迁与社会组织的局限性的基础上，我们提出了"制度与生活"的理论范式。"制度与生活"构建了一个"正式制度—非正式制度—生活"的多维度视角，力图解读在这样一个特殊领域内的"正式制度""非正式制度"与"生活"之间的动态关系与转变逻辑，进而分析社会力量和权利意识的发育和成长过程。在"制度与生活"范式下理解中国社会组织的发展路径和行动逻辑，需要将其置于转型期复杂、多元的制度环境和处于多变态势中的日常生活之间，分析不同制度主体对社会组织的不同发展预期，考察社会组织如何运用自身"生活逻辑"的策略对相应的制度因素作出回应并构建自身的自主性边界，进而更加深入细致地分析不同制度构件对社会组织自主性的支持性与约束性影响。

今天中国学术界对中国社会组织发展的许多假设，大多是建立在一些以西方经验为模板的理论预设之上的。我国社会组织的研究与 20 世纪 90 年代"国家与社会"观念的引入基本上是同步的。源自于西方政治社会相关研究的"国家—社会"视角在国内学术界受到较多青睐，这一视角主要基于西方社会的市民社会理论构建而成，强调国家与社会之间二元论的权力对应和相互约束关系，其价值取向是形塑具有高度自主性的市民社会，建立民主政治制度。从目标角度看，"国家与社会"体现了在自由和民主成为人类社会主旋律的背景下，现代政治和社会发展的一种趋向。然而这一研究范式具有以下几个基本预设：第一，预设了"国家"与"社会"分别都是具有内部的统一性以及外在独立性和自主性的基本范畴，其中，对"国家"的界定是从国际关系角度出发的，在特定的空间边界内作为一个权力统一体而存在，不同层级之间、不同部门之间以及不同代理人之间不存在利益和权力的冲突和分割倾向。与对"国家"的想象一样，"社会"也被想象为一个个实体。每个社会组织都有着自身独特的结构、边界和运行逻辑，都自觉地追求独立性和自主性，追求与国家的区分。第二，这种关于"国家"与"社会"的实体性想象的逻辑结果就是把二者的关系想象为一个二元论的、既对立又相互依赖、在力量上此消彼长的互动模式。第三，现代性在政治和社会上的表现之一就是一个独立的、自主的公民自我组织、自我管理的社会领域的成熟，以及这个社会领域能够对国家权力的实施起到制度性的监督和约束作用。"国家与社会"这种理想化的预设与其内含的简单的线性分析论，在后现代转向的背景下，已经引起了国内外学术界的反思和批判，这些批判既有理论层面上的，也有现实层面上的思考。

实际上，"国家与社会"的分析构架自引入中国以来就"水土不服"，始终与中国的社会生活实情格格不入。比如在简单套用这种分析模式后，我国 30 多年来的改革开放进程曾被国内外某些研究者普遍认为是国家逐步"释放"社会、社会不断自我发育并试图与国家争夺权力的过程。然而，尽管改革开放后在国家之外出现了私人经济领域和公共生活，但这并不意味着独立自主的社会已经出现并　完善了。实际上，国家仍旧规制着社会的活动范围和内容。与西方历史情境中的市民社会不同，中国社会是另一种特殊的历史实践：首先，中国市民社会独立性是非制度性的，非制度性主要体现为社会独立空间的存在依赖于国家的默许①，民间社团不能完全脱离官方势力②。其次，中国市民社会的边界与国家边界是模糊的，市民社会依赖政府来谋求发展，市民社会以义务和相互依赖而非权利和责任的角度来持续社会的存在③。因此，我们不应该把西方的地方性经验和理论的抽象化、普遍化地套用到中国的发展实践中，而应该更加注重发掘中国本土资源，从文化相对性的角度看待中国的独特性，探寻适合解读中国发展道路的本土性研究范式。正因为西方的"国家与社会"的分析构架忽略了国家层面的各种管理制度设计同人们的日常生活之间的相互建构过程，我们在这里提出"制度与生活"的视角在中国社会变迁这一研究领域尤为重要。因为这一视角的引入能够超越简单的结构论和线性论的研究思路，从日常社会生活领域洞察社会变迁的具体而微的机制，达到一个见微知著的效果。其中，"制度"指以国家名义制定并支持其各级各部门代理人行使其职能的"正式制度"（formal institutions）；"生活"指构成日常生活（everyday life）的各种要素，它们既是实用和即时性的，是权宜性地生产的，又是例行化和韧性的，如"民情"（mores）及各种"非正式制度"，其中后者是前者反复使用和扩张的结果。在正式制度丛和生活领域中，活跃着各类正式制度代理人与生活主体即行动者。

"制度与生活"视角的核心价值在于，只有进入具体的制度实践中，以事件为中心洞察行动者在互动中如何通过习惯法的再生产来诠释、拆解、分化以及连接、整合各种正式制度，或者推动正式制度改革，为自身创造各种合法性空间，才能分析国家形成、社会为继、民情生成与变迁的具体逻辑。生活的动力在制度建设和变迁中总是会发挥一定的作用，这既显示生活与制度的合作逻辑，也体现为制度与生活之间的张力，这种张力实际上来源于不同生活主体之间的紧张关系，它构成社会变迁的具体机制。比如，从"制度与生活"视角来看我国改革开放以来的社会变迁，可以将其看做一个全能主义国家在一定程度上的自我退缩，

① Rosenbaum, Arthur L. 1992, "Introduction" In Arthur Lewis Rosenbaum (ed.), State & Society in China: The Consequence of Reform. San Francisco: Oxford.

② White, Gordon 1993, "Prospects for Civil Society in China: A Case Study of Xiaoshan City." The Australian Journal of Chinese Affairs 29.

③ 魏斐德：《市民社会和公共领域的论争——西方人对当代中国政治文化的思考》，载邓正来、J. C. 亚历山大主编：《国家与市民社会——一种社会理论的研究路径》，中央编译局 1999 年版。

释放社会生活领域的自主性，开放社会生活的空间限制，激发社会活力的起点。但是"释放"和"开放"并不是改革开放的全部逻辑，当"释放"和"开放"进行到一定程度，必然推动各种利益主体的生产，给制度重建和变迁带来机会和空间。从"制度与生活"的角度进行分析，就是要把各种利益主体和价值主体还原为生活的主体，把制度建设和解释权即安排生活秩序的权力看做它们实现自身目标取向的基本途径。

"制度与生活"这一分析视角的重要性还在于凸显制度的多重性及其复杂关联，强调日常生活的多重逻辑在制度改革和实践中的积极作用，着力还原制度实践中各种不同制度同不同生活逻辑之间的权宜性关联是如何建立、固化，从而推动制度和民情的变动，确立社会组织的目标诉求和行为方式的。在此基础上来剖析我国社会组织的制度环境和民情环境变迁的具体机制，分析社会组织的理想目标与现实之间的张力，从而找到推动二者接榫的对策。正是在"制度与生活"的分析构架中，我们才得以看到，我国社会组织发展的新时期与先前相比，既要面对社会组织发展第一阶段提出的诸如规模、分类、资源要素等问题，又要从实际出发解决社会组织新发展阶段的诸如利益博弈、机制协调等问题。新时期社会组织发展面临的更具有实质性意义的，将是具体而微的权力机制和利益机制的调整和改革，这些机制影响甚至决定着社会组织的主体性的获得、稳定的预期和行为模式的建构、公众行为理性化和独立性的推进、社会公共性的培育等：首先，最为关键的是公共权力的具体配置架构和运行机制。这些架构和运行机制一方面可能促进社会组织的进一步发展，另一方面却可能诱发社会组织的利益冲动，限制其对自身的长期规划，削弱其公共性职能的能力，从而难以推动社会组织朝着符合党和政府所期待的"社会协同"职能方向前进。其次，还涉及利益结构的深层调整问题，这不仅指社会组织的新发展可能对传统的公共权力分配和利益结构提出调整和改革的要求，从而妨碍既有的利益群体的利益，也指先前阶段中社会组织的发展和运作模式可能帮助了一些公共权力机构形塑新的权力结构、利益来源以及相应的分配机制，这两种利益结构的冲突或极大地妨碍社会组织的改革发展；而且，社会组织在其发展过程中也可能形成强烈的路径依赖和利益依赖，一些社会组织本身成为利益群体中的一员，它们自身就可能不愿意向主体性、公共性的方向进行改革。

综上所述，新时期我国社会组织的发展必将长期面对一系列难题与挑战。从方法论的角度说，要认识我国社会组织建设的关键性问题与发展思路，不能简单地套用西方学术界的国家与社会范式。本书从"制度与生活"的视角来研究中国的社会组织，实际上就是要把政府行为与社会组织的行为当作非完全科层制意义上的理性化行为，即处在理性化和日常生活化的混合面上的行为来研究，并通过这种行为的互动关系及其延展的分析来呈现社会组织的特定形态和行为模式的形成机理。具体而言，本书聚焦如下基本问题展开论述：第一，从理论上阐释社会组织的本体性价值，并探究我国社会组织发展所凸显的公共性发育不足而带来的困境及其深层次根源问题。第二，在分析我国社会组织发展的内在逻辑、展现不同利益主体对于社会发展的意图的基础上，考察新时期我国社会组织发展的重要转向及具体面向，特别是社会组织在围绕社会建设尤其是民生建设方面能否发挥政府不能替代的功能，能够发挥哪些功能以及这些功能发挥之间的关系问题。第三，分析我国社会组织生态体系的建设与实践逻辑，聚焦社会组织发展所依赖的具体制度条件及其在当前中国的实际状态，以此拓展我们对我国社会组织当代发展特征的理解，进而回应我国社会组织健康发展与功能发挥所依赖的高度复杂的支持体系问题。第四，梳理不同国家及地区的社会组织发展经验与教训，为改善我国社会组织的支持体系、推动政府职能转型、推动现代社会组织体制建设等方面提供借鉴。第五，在上述系统深入的研究基础上，诠释我国社会组织建设的政策改革空间，提出兼顾当前与长期，扎根中国国情与经济社会基础的社会组织建设管理的政策建议，推动我国社会组织的发展不断生发出与国家治理能力现代化相适应的公共性与合作能力。

第一章

社会组织、公共性与社会建设

作为社会领域内的有组织力量，社会组织因经济社会发展的不同阶段而呈现出不同的态势。进入 21 世纪以来，随着我国经济社会发展进入"新常态"，经济领域改革的深化，也日益要求社会治理精细化水平进一步提升。作为社会公共性的重要载体，社会组织在社会治理中的作用日益凸显，在现实社会里介于民众与公权力机构之间；引导民众自我组织与自我管理；发挥专业优势来承担部分社会功能。相比之下，我国社会组织的建设和发展仍然存在着一些深层次的问题：由公共性发育不足表现出来的公共生活的原动力、社会成员的公民素养以及市场理性的边界设置等方面的"短板"，都直接制约着社会建设与社会治理的进一步提升。在本章中，我们在讨论社会组织发展的理论与现实基础的同时，将会进一步阐明，加强社会组织管理与着力转变政府职能、强化党组织覆盖处于同步进行的态势，这也是我国特有的社会组织发展道路。

社会秩序的维系和发展不仅需要政府和法治的投入，各种社会性因素的自我组织和自我管理也是不可或缺的。这一点已被中外历史发展的事实所证明。此前的历史资料显示，中国在漫长的封建时期，自秦汉建立郡县制以来，由于皇权不下县，底层民众的生活和生产主要依赖于各种血缘（如宗族）、地缘以及宗教的纽带来组织，形塑出各种规范和共同体，以此来调节和维持其基本的生活秩序。

但是，自从康熙年间推行保甲制度以来，底层社会的自我组织和自我管理的空间就出现了萎缩。这是由于当时的帝国处于心有余而力不足的状态，受限于当时国家财政能力以及科层体制本身的不健全和低效，保甲制度对于底层社会的影响并不如当政者所想象的那样有效。民国时期延续了保甲制度并推动政治力量在乡村的蔓延，试图进一步加强对乡村社会的控制。但由于当时的政权在相关方面的能力不足以及乡村自治力量的强大和战乱频发、土地私有制等因素的存在，实现乡村全面政治化的目的对于民国政府而言还是不可能完全实现的。

1949 年新中国成立之后，这些问题有了根本性的转变。我国以建立公有制为目标，实现了从农村土地到城市工商业的公有化改造，公有化改造的自然结果是实现了生产资料的公有化和集体所有制，这又为单位制与人民公社制度建设奠定了基础。1949～1978 年，我国社会组织体制的历史特征，可以概括为"国家—单位—个人"一元主体的社会管理格局，这种社会组织体制持续到 1978 年，是过去 30 年我国社会认同的基础性支撑。这一时期，在计划经济体制下，依赖于一元化意识形态的政府全能的社会组织体制，与经济、文化、政治体制相互间高度匹配，从而形成了政治经济社会高度重合的"总体性社会秩序"，这极大地增强了国家对社会的动员能力和组织能力，实现了对全社会的有效整合。然而，政府在把一切权力集中到自身的同时，也把一切责任集中于自身。当政府把社会纳入自己怀抱的同时，社会不仅缺乏流动和活力，也失去了自我调节的机制和能力。①

改革开放以来，我国社会的组织方式发生了重要变化，传统的"个人依赖单位、单位依赖国家"的格局被消解，个人越来越走向了市场，但这个过程并没有使个人在公共物品需求上脱离对国家的依赖。随着经济形势的发展和私营经济形态地位的提升，社会流动性不断增强，社会分化变得更加细致和多元，社会关系的变化也日益显著。政府需要面对经济增长过程中各种新的社会需求和社会问题，并从这些需求和问题的解决中获得经济发展的新动力。在这种背景下，1984年，城市经济体制改革全面推进，"单位制"加快消解。1994 年以后，经济领域的市场化改革不断向公共服务领域、社会服务领域渗透。到 1998 年，国家层面相关部门出台了三个文件，将住房、教育、医疗领域引入了市场改革的思路。2002 年，我国政府工作报告中首次提出"弱势群体"的概念。2007 年，国家相关部门对市场逻辑向社会福利领域渗透的问题进行了反思，出台了有针对性的三个文件，使社会福利制度改革向社会倾斜。从这个时期开始，特别随着全球化进程的加速，我国社会组织兴起，这些社会组织在解决社会问题、缓解社会矛盾以及满足不同类型的社会需求等方面发挥了很大的作用。②

具体言之，社会组织在中国的发展，有三个基本的目标和作用：首先，在经济发展水平不断提高的背景下，发展社会组织是化解社会矛盾、提高社会服务水

① 参阅李友梅：《关于城市基层社会治理的新探索》，清华大学"社会治理与社区建设"研讨会发言，2016 年 12 月 10 日。
② 参阅李友梅编著：《城市社会治理》，社会科学文献出版社 2014 年版，第 1～19 页。

平的重要依据；其次，在市场化背景下，转变政府职能，精简政府规模，需要社会组织承担更多的曾经由政府承担或者新出现的社会服务职能的必由之路；最后，社会组织的发展能够提升公民的自我组织、自我管理和自我服务能力，也即其理性化和利他主义的能力，最终推动社会的文明化进程。因此，毋庸置疑的是，社会组织之发展在市场经济和全球化背景下是不可规避的现实，对于现代社会而言，社会组织既不可或缺又不可消灭。有鉴于此，我们可以认定，关键的问题不是如何防止社会组织的生长，而是如何引导社会组织为社会的进步作出积极的贡献。

我们国家关于社会组织的政策的重要变化发生在 2005 年以后。党的十六届四中全会上，党确立了构建社会主义和谐社会的重大决策，并通过了具有历史意义的《中共中央关于加强党的执政能力建设的决定》。自该决定公布以来，中国共产党日益重视推进社会建设：党的十七大报告指出，"要健全党委领导、政府负责、社会协同、公众参与的社会管理格局，健全基层社会管理体制"，"重视社会组织建设和管理"，"和谐社会要靠全社会共同建设。我们要紧紧依靠人民，调动一切积极因素，努力形成社会和谐人人有责、和谐社会人人共享的生动局面。"在建党 90 周年庆祝大会上，胡锦涛又重申："发展为了人民、发展依靠人民、发展成果由人民共享"。这些论断不仅精辟地阐述了社会主义和谐社会建设的核心观念，而且把社会组织的发展与构建和谐社会这一重大目标结合起来：第一，社会主义和谐社会建设需要全社会力量的共同参与和分工协作；第二，人民群众是社会主义和谐社会构建的依靠力量，扎根生活的原初创造力是和谐社会建设的重要法宝；第三，作为社会建设的题中应有之义和重要凭依的社会组织是人民群众自我组织的结果，也是人民群众自我管理、自我协调的不可或缺的基础。与国家层面的和谐社会建设着眼于一元的、显性的制度（system）和体制（structure）的完善不同的是，来自民间的力量主要是以多元的、隐性的、微观的、自发的机制（institution）发挥自我协调各种社会关系的作用。质言之，科学引导和发展各种社会力量和社会组织，处理好制度建设与机制完善之间的关系，是社会主义和谐社会构建的重要保障。

在总结前 10 年社会建设的成就和经验的基础上，党的十八大进一步提出，要在改善民生和创新社会管理中加强社会建设，必须加快推进和深化社会体制改革，加快形成政社分开、权责明确、依法自治的现代社会组织体制和"党委领导、政府负责、社会协同、公众参与、法治保障的社会管理体制"。党的十八届三中全会又提出要创新社会治理体制，激活社会组织活力。这些重大决策的提出，补充了社会组织建设和发展同依法治国之间的内在一致性，为社会组织发展政策提供了更为清晰的政治依据。由此可见，党和政府日益重视社会组织的建设和管理，为社会组织的发展创造了更为宽广的前景。

第一节　社会组织的本体性价值

社会组织为什么在社会治理中发挥不可或缺的作用？根本性的原因在于社会组织内在的公共性（publicity）特质。众所周知，每一个个体都不可能是遗世独存的，而必须与他人交往，这正是"社会"出现的基本前提。因此，人的存在一方面是个体性的，有着自身特殊的利益、人格和需求；另一方面是公共性，必须以他人利益和尊严为取向。即使社会构成后，公共性问题也非一劳永逸地得到解决，因为公共性不是简单地依附于个体的心理和道德层面，而需要更为具体的社会组织、意识形态、教育等各种载体来不断再生产民众的公共性意识和行动。在这些各种公共性生产的载体中，社会组织无疑是最为重要的，因为它处在日常生活的实践层面，直接关系到个人的日常生活和切身利益。而且，社会组织一方面是具体的、地方性的，其公共性建构是每一个个体都能感受到的，它所指向的对象也是其中的个体所熟知的，这是公共性生产最为丰饶的土壤；社会组织在另一方面又具有超越性和抽象性，指向陌生他者和其他社会组织。这样，社会组织就在公共性生产中处于最为核心有效的位置。

如何来理解这里的"公共性"问题，还需要我们回到思想史和人类实践历史中来具体分析。

一、基于理性与利益的"公共性"

根据哈贝马斯的观点，康德的启蒙学说是"公共性"之意义凸显的重要起点，标示着资产阶级公共领域的成熟理论形态。[①] 从 1784 年的论文"对这个问题的一个回答：什么是启蒙"到 1785 年的《道德形而上学基础》再到 1795 年的《永久和平论》及至 1797 年的《道德形而上学》，康德一直在凸显政治和道德思想中的几个核心概念：自由、理性、尊严、权利、公共权利以及公共性和公开。其中，"公共法权"（public right）和"公开运用"（public use）是其"公共性"内涵的两个不同向度。

康德在论述道德规律时区分了人的几重境界。至高境界当然是像上帝一样，

---

① ［德］哈贝马斯著，曹卫东、王晓珏、刘北城、宋伟杰译：《公共领域的结构转型》，学林出版社1999 年版，第 120 页。

随心所欲而自始至终按照道德规律行事，目的与行动同道德规律始终合一，达到绝对自由之境地；但人毕竟不是上帝，而是同时生活在感性世界和理性世界之中，受到幸福追求与自由追求的双重牵引，并难以避免有时完全为感性目标所限制的命运。因此，人要自己为自己立法并信守这种道德规律，必须坚持反身性原则，即"要只凭依你同时认为它能成为一条普遍性规律的准则行动"（Kant，2005：38）。这一定言命令被康德多次重复，是理性存在者为自己立法的必由之路。但是，对于现实中具有双重存在性的人而言，这种反身性要求看似简单但实际上很难摆脱现实的各种利益和欲望的羁绊而得以有效实现。特别是在康德将之置于原子主义的人本主义语境中，其实践完全取决于个人内心的自我命令的条件下。因此，超出个人自我的道德命令在人与人的相互制约中无疑有助于进一步推动人实践道德规律走向自由之路。有鉴于此，在"什么是启蒙"一文中，康德祭起了"公共性"这一重要武器。康德（2006：17－24）指出，"公开"指涉"在所有情况下对自己理性的公开使用的自由"（public use one's reason in all matters）。在该文中，康德区分了理性的"公开使用"与"私人使用"（private use）。前者指"任何人作为一个学者在整个阅读世界的公众面前对理性的运用"；后者指"一个人在委托给他的公民岗位或职务上对其理性的运用。""理性的公开使用"是"人类的神圣权利"，也是康德所谓的启蒙的根本目标。对于康德而言，"公共性"是一个反身性概念，即让某人的公开宣称具有自我指涉意义。

此外，康德按照其一贯的二元论逻辑区分了道德规律的两种实现形式，一种是法权论意义上的，另一种是道德论意义上的。前者是外在的强制，后者是内在的强制。外在的强制即公共法权的建立。康德关于自然状态中的"私人"的想象与霍布斯基本一致，是"每个人都按自己的想法行事的自然状态"。为避免由此带来的暴力行为，人们必须"与所有其他人（他不可能避免与他们陷入彼此影响中）联合起来，服从一种公共法律的外在强制，因而进入这样一种状态，在其中每个人都在法律上被规定了他应当得到的东西，并通过充足的权力（不是他自己的权力，而是一种外部的权力）去分享它。也就是说，他首先应当进入一种公民状态"。[1] 当然，这种状态不仅存在于史前的自然阶段，即使现实中的不同国家、民族之间也处在这种关系行为之中："公共法权是对于一个民族亦即一群人而言，或者对于一群民族而言的一个法律体系，这些民族处在彼此之间的交互影响之中，为了分享正当的东西而需要在一个把他们联合起来的意志之下的法权状态，需要一种宪政。"[2] 法权状态是"按照一个普遍立法的意志的理念，就是公正的

---

① ［德］康德著，李秋零译注：《纯然理性界限内的宗教　道德形而上学》，中国人民大学出版社2007年版，第322页。

② 同上，第321页。

正义"而建立起来的人们相互之间的一种关系。① 公共法权相对于"私人法权"或者"自然的法权"而存在,② 是对后者的超越但又以自然权利理念为前提。而公共立法的前提是人走出自然状态或者私人状态而变成公民,③ 公民状态就是"为了立法而普遍现实地联合起来的意志的状态"。④ 公民社会是人走出自然或者私人状态后所塑造的崭新的社会。⑤

康德认为,公共性是唯一能够保证政治与道德同一性的原则。首先,"公共性"同"公民"是一致的,虽然公共法权以自然法为基础,但在很大程度上超越了自然状态下的自然法的效力。在自然状态下,人们虽然能获得其自然权利,践行道德规律,但这一切都是偶然的、不稳定的和不自觉的,只有基于公共立法,公民之间的自由、平等和独立的法律属性才能得到确立和保护。⑥ 其次,一个私人只有在公共性即公众中才能获得主体性、理性和自我反思能力,才能用自己的理性而不是依赖别人来思考,从事批判,这就是启蒙。这个命题有两个意思,一是私人只有依赖公众才能获得理性;二是获得理性的人必定是公众的一员,属于公共性范畴,其理性的使用必须在公众中进行,否则启蒙既不可能也无必要。在此基础上,接受启蒙的人能完全按照自己的理性来反思和从事批判,从而对人类的利益有着根本性把握,实现道德和法律的统一,即形塑出完美的公共性。康德对公共性的上述理解,特别是后一种理解,显然受卢梭的影响非常大。

"公共性"也是卢梭的政治理论的核心概念。卢梭终身关心的问题是个人的特殊利益同集体的普遍利益或者公共利益的关系问题。在《日内瓦手稿》中,卢梭充满激情地写道:"一旦人们相信在引导人们通过各种自愿性纽带而彼此结合的那些动机中不存在任何达致统一的东西,一旦人们相信不能寻找一个共同福祉的目标,每个人都可能从中获得属于自己的部分,那么,一个人的幸福就会成为另一个人的苦难。最后,一旦一个人认为他们走到一起来不是为了寻求普遍的善,而仅仅因为所有人都疏离了它;人们也必定会感觉到,这样一种状态的维持,将是各种犯罪和苦难的来源,因为每一个人都只看到他自己的利益,遵守的仅仅是他自己的欲望,留意的仅仅是他自己的激情。"⑦ "如果普遍社会(general

---

① [德]康德著,李秋零译注:《纯然理性界限内的宗教 道德形而上学》,中国人民大学出版社2007年版,第318页。
②③ 同上,第251页。
④ 同上,第273页。
⑤ 同上,第319页。
⑥ 同上,第324页。
⑦ Jean – Jacques Rousseau:*The Social Contract and Other Later Political Writings*, Cambridge University Press, 1997, pp. 154.

society）不是存在于哲学家们的理论体系中而是存在于任何其他地方，它就会如我所说是一个道德的存在物，它有它自己的、区别于构成它的各种特殊存在物的品质的各种品质，它或多或少就如各种化合物，其诸品性完全不属于组成它们的各种成分的品性；它有一种普适性语言，自然把它教给所有人，是人们相互交流的第一种工具；它有一种有助于各个部分之间的和谐的共同感觉；公共的善或者恶不仅仅就如一个简单的堆集物中各种特殊善或者特殊恶的总和，而蕴含于它们的关联中，并大于其总和；公共福祉远非以各个人的幸福为基础，而是这些幸福的来源。"① 熟悉涂尔干的读者从这两段话中应该能够清楚地看到百年后涂尔干的思想来源。在这两段文字中，卢梭凸显的是"普遍意志"，它是作为社会团结的最为根本的甚至唯一的力量。卢梭在《社会契约论》中提出了多重概念用以阐述社会团结机制的公共性，如"普遍意志"（general will）、"共同意志"（common will）、"公共利益"（public interests）、"共同利益"（common interests）、"公共福祉"（public felicity）、"共同福祉"（common felicity），"公共意见"（public opinion），等等。他还设计了一套复杂的政治制度来保障公共性的达成。首先，卢梭认为如果所有人把自己的所有权利毫无保留地奉献给出来，不仅会制造出一个共同体，而且将使每一个个体在共同体之间是平等的。这种社会契约模式的结果是人人都处在普遍意志的支配之下："我们每一个人都把他个人和他的全部权力共同置于普遍意志的最高指导下；在这个政治体下，我们视每一个人都是这个整体的不可见的一部分。"这样，"代替每一个立约部分的私人的是，这种协作行动生产出一个由该几个所宣称的那么多成员组成的道德体和集体，这个道德体和集体也凭这种行动获得其统一性、共同的自我、生命以及意志。"②

但是，卢梭的思想存在严重的矛盾性。一方面，他认为所有立约人都是主权者，都拥有普遍意志；另一方面却又不认为他们是具有理性的人，能够认识和坚持普遍意志而不被自己的特殊利益所左右。因此，卢梭一方面反对民主制，认为民主制必然会带来专制和暴政，另一方面又认为普遍意志的维续需要主权者而非代理人的一致参与，妥协的方案是贵族制，即为群氓提供立法者。由此可见，卢梭的公共性主要停留在静态层面，这一方面是由于他对人们是否能发挥自己的理性能力持怀疑态度；另一方面也许源于卢梭对自己作为"立法者"角色的期待。当然，仅仅指出这些理论缺陷是不足够的，卢梭在制度设计上还是强调了民众的参与，但这种参与受前面两种矛盾思想的影响也基本上是无效的。卢梭的这种相互矛盾的态度一方面来自他对人权的彰显，另一方面则来自他对人是否能够不被

---

① Jean – Jacques Rousseau: *The Social Contract and Other Later Political Writings*, Cambridge University Press, 1997, pp. 155.

② 同上，1997，pp. 50.

个人的特殊利益所左右而自动皈依普遍意志持怀疑态度。卢梭认为，"事实上，假如公意就是每个人纯理智的行为，它能在激情平静的时刻对于一个人所可能要求于自己同类的以及自己同类有权要求于自己的事物进行推论；那就万事大吉了。可是哪里会有能够这样地自己摆脱自己的人呢？"①

但是，如何区分普遍意志与众人意志之和？公共意见又何以能等于普遍意志而非众人意志之和？卢梭在这些问题上显然处于游移状态。卢梭担心的不是多数人的暴政，而是担心多数人被少数人所绑架，所以支持贵族制。但是他所担心的问题还是不可避免地发生了。事实证明，暴政还是在卢梭身后发生了。

在卢梭的思想中，问题的关键在于他不承认普通个人的理性能克服特殊意志而走向普遍意志，所以他始终怀疑个人的能力。这正是康德与卢梭的关键性分歧所在。卢梭坚持认为普遍意志的伸张需要建构超越个人的公共性空间和制度，这就是他所谓的政治制度；而康德的思想分为两部分，首先是肯定个人理性的作用，从个人的道德追求即纯粹个人主义之中运用反身性原则达到一个人类普世价值的境界。所以他对道德规律，对启蒙委以重任；其次，康德也像卢梭一样，发现人的两重性可能让人难以达到上述境界。因此，他主张理性的公开性运用以保障上述目的的实现，亦即通过公共意见的表达和制约来实现人类普世价值。但康德不认为这只有通过政治制度方能实现。

阿伦特把"公共性"的生长史追溯到古希腊的城邦国家，使其一出现就与公民身份以及政治活动联系在一起。阿伦特指出，人的积极生活有三种形态，即劳动（labor）、工作（work）与行动（action）。"劳动"是人基于身体的物质需求而从事的活动，其成果服务于果腹之用，无以存留，其活动方式也是私人性的，其承担者也只能是自然和地球的仆人，不能把人从动物性的存在提升到德性和卓越的层次；"工作"虽然同"劳动"不同，其所改造的是外在世界，并以制造具有可存留作品为目的，其承担者以自然和地球的主人自居，但其本质依然是工具理性意义上的，"这个制作过程完全是由手段和目的的范畴来决定的。制造物在双重意义上是一个目的的产品：一是生产过程在产品中达到了目的（马克思谓之'过程消失在产品中'），二是生产过程仅仅是达到这个目的的手段。""工作"创造了被叫做"市场"的公共领域。②"行动"则不然。在希腊语中，行动既指涉开始、领导和统治，也指涉经历、赢得和完成。"每个行动都分为两部分，一部分是单个人造成的开端，另一部分是许多人加入，'忍受'、坚持到底、把事业

---

① Jean - Jacques Rousseau：*The Social Contract and Other Later Political Writings*，Cambridge University Press，1997，pp. 195.

② ［美］汉娜·阿伦特著，王寅丽译：《人的境况》，上海世纪出版集团 2009 年版，第 110 页。

'完成'而得到的成果。"① 行动在其后来的演变中成了一种统治者和臣民之间的统治关系，变成了支配与被支配的关系，这就是政治。政治的直接动机是追求个人价值之实现，即追问"我是谁"。② 但是，该目标之实现只有在人与人的关系建构中方能进行，"行动者总是在其他行动的人当中活动的，与其他人联系"。③ 当然，行动中的人"既不是为他人而活，也不是与他人为敌"。④ 从这个意义上说，阿伦特想象中的"政治"一方面在创造着个人主义，推动个人自身的显现（appearance）和实现（actualization）这一最为伟大的个人成就，另一方面又在创造着作为"人们纯粹为了显现所需要的一个世界内的空间"的公共性或者公共领域。⑤ 虽然在古希腊城邦国家中，城邦和法律构成了先在的公共领域，但是，个人参与公共性的营造与显现自身的卓越性、彰显个性，进而寻求并维护自身的持久品质的目标本质上仍然是同一个过程："政治领域直接出自于人们的共同行动，出自于'言与行的共享'。因此行动不仅与我们所有人共有的世界的公共部分有最直接的联系，而且就是构成它的活动"。⑥ 可是，在阿伦特看来，自从阿奎那把亚里士多德的"人是政治的动物"翻译成"人是社会的动物"后，公共性就开始其沦丧的历程了。这是因为"社会的"与"政治的"具有本质的差别，"政治的"的本质是行动，而"社会的"停留在基于人的最为基本的物质需要和改造物质世界而出现的合作层面，既不具有道德内涵，也不能呈现和提升人之为人的独特性，即不能区分人与动物，本质上只是"私人的"。

在把公共性追溯到古希腊传统并从政治角度理解公共性这一点上，列奥－施特劳斯与阿伦特是一致的。但施特劳斯的论述暗含着"公共性"或者"公共利益"等同于人类的"共同善"的意思，区别于任何的"集体个人主义"（collective individualism）即群体利益（group interest）。施特劳斯进一步指出，虽然17世纪以来的新政治科学不接受"共同善"的主张，认为这样会忽视少数人群或者个人的利益，但是，霍布斯又认为个人理性应该让位于公共理性。霍布斯的公共理性的操作逻辑是：它根据普遍正当的或者客观的方式判断每个人的利益是什么，因为它向每一个人表明，为了达到他可达到的诸目标——不论这些目标具体可能是什么——他必须选择哪些方式。施特劳斯指出，霍布斯提出的公共理性的新形式实际上是重蹈了公共理性的老形式即亚里士多德式的政治学的覆辙（Leo Strauss，1995：219–220）。我们在这里无须陷入施特劳斯关于新旧政治科学的

---

①③　［美］汉娜·阿伦特著，王寅丽译：《人的境况》，上海世纪出版集团 2009 年版，第 148 页。
②　同上，第 140 页。
④　同上，第 141 页。
⑤　同上，第 163 页。
⑥　同上，第 152～155 页。

争辩陷阱中，单看施特劳斯视野下的公共性，就可以发现，它是普世的，而非特殊的。这一点同我们在后文要讨论的社群主义的公共性有着本质的区别。

阿伦特基于政治对公共性的想象给后来的公共性研究规范了方向，但她对政治和公共性的神圣化在现代性条件下只能作为一个发思古之幽情的载体，而不具有任何现实性。既推进了阿伦特关于公共性的讨论，又让公共性从神坛上走下来进入寻常政治生活领域，并揭示其内涵的多样化的，是哈贝马斯。

在《公共领域的结构转型》中，哈贝马斯开篇就陈述了公共性及其作为其载体的公共领域（public sphere）的内涵的多样性。从16世纪巴黎的咖啡馆到各种文学沙龙，从茶馆、读书会到共济会等秘密宗教结社，从公共权力到公共舆论，从商品交换场所到社会劳动领域，但凡涉及共同利益、共同生活以及共同权力等论题的领域和行动都属于公共领域范畴，都具有公共性。历史地看，虽然西欧历史上一直存在所谓的代表性公共领域，但是，现代性意义上的公共性的真正产生是在资本主义萌芽、发展和成型的过程中。交往及通商的技术和制度的发展完善使资产阶级演化为一个阶级即"市民社会"。阅读的普及及"公共舆论"力量的发轫和壮大，使得公共领域在18世纪的欧洲国家开始出现。法国大革命促成了这些公共领域向政治性方向的转变，使其变成政治性的公共领域。从根本上说，公共性产生的前提一个是启蒙运动带来的公众的启蒙和权利意识的觉醒，另一个是市场经济带来的经济独立和私人化。因此，哈贝马斯说，"成熟的资产阶级公共领域永远都是建立在组成公众的私人所具有的双重角色，即作为物主与人的虚构统一性基础之上的。"① 反之，公共性的形成和制度化，又进一步巩固和制度化了人权和私有财产权，推动着公共性作为国家机构的基本组织原则而发挥作用。人权进入宪法，一方面是公共性建构的成果，另一方面也是公共性得以法律化和成为国家权力结构基本组织原则的标志。②

"公共性"的形塑同民主制度的构成是同一个过程，二者互为条件。③ 作为民主制度的基础，"公共性"以批判的方式对待公共权力领域，使本身无任何统治权的私人或者市民阶层能够借此实现对统治的约束："资产阶级公共领域首先可以理解为一个由私人集合而成的公众的领域；但私人随即就要求这一受上层控制的公共领域反对公共权力机关自身，以便就基本上已经属于私人，但仍然具有公共性质的商品交换和社会劳动领域中的一般交换规则等问题同公共权力机关展

---

① ［德］哈贝马斯著，曹卫东、王晓珏、刘北城、宋伟杰译：《公共领域的结构转型》，学林出版社1999年版，第59页。

② 同上，第93~94页。

③ ［美］罗伯特·帕特南著，刘波、祝乃娟、张孜异等译，燕继荣审校：《独自打保龄：美国社区的衰落与复兴》，北京大学出版社2011年版。

开讨论。"当然，公共性对公共权力领域的约束不是基于传统的暴力方式，而是依靠公共舆论（public opinion）和其他制度化路径，遵循公开批判的机制，以保证公共权力领域按照理性标准与法律形式行事。① 其中，公众舆论的提法削弱了少数政治和知识精英的话语权，而彰显了普通民众——在资产阶级社会当然首先是指资产阶级——运用自身理性对公共事务发表见解的能力。正因为如此，政治公共性产生了一个悖论性结果："公共领域本身在原则上是反对一切统治的，但是，在公共性原则的帮助下，却建立起了一种政治制度，其社会基础并没有消灭统治。"② 哈贝马斯的这个结论与葛兰西关于公民社会在现代国家中的"霸权"（hegemony）功能的论断暗合符节，前者对欧洲公共性历史的重建，起到了为后者提供佐证的作用。

但是，哈贝马斯看到了资产阶级公共领域的衰败趋势，并想通过建构交往理性来重建阿伦特意义上的公共性。这种努力在罗尔斯那里表现为"公共理性"（public reason），在博曼、雷吉那里则表现为"协商民主"（deliberative democracy），③ 在桑德尔那里则表现为共和主义公共哲学。④ 虽然这些关于公共性的想象基于不同的理论立场，但总体上看都以实现"共同的善"为目标，都以享受完全自由和平等权利的公民充分、公开地使用自己的理性为前提，都试图超越简单的政治多元主义而形塑出一个现代社会的团结基础。例如，"公共理性"在三个维度上展现其"公共性"取向：它是民主制下的公民们，或者说分享平等的公民身份地位的人们的理性，因此，也是公众的理性；其目标是公众的善和基础性正义；其本性和内容是（政治正义意义上和以政治正义为基础的）公共的。"公共理性"关乎"宪政诸基本点"和"基础性正义"。⑤ 同样，在"协商民主"中，公民是通过公共讨论和辩论过程来赋予自身规则，因此，公开性是其首要原则；同时，要赋予每个公民平等的机会表达自己的意见，运用自己的实践理性驳斥他人的根据；对话必须是自由和公开的，只遵循"更好观点的力量"；唯其如此，决策的理由才能更为理性，结果也才能更为公正。⑥

① ［德］哈贝马斯著，曹卫东、王晓珏、刘北城、宋伟杰译：《公共领域的结构转型》，学林出版社1999年版，第32～33页。

② 同上，第97页。

③⑥ ［美］詹姆斯·博曼、威廉·雷吉著，陈家刚译：《协商民主：论理性与政治》，中央编译出版社2006年版。

④ ［美］迈克尔·J. 桑德尔著，曾纪茂译：《民主的不满：美国在寻求一种公共哲学》，江苏人民出版社2008年版。

⑤ Rawls, J., *Political Liberalism*, New York: Columbia University Press, 1993, pp. 213－214.

二、基于情感与道德的"公共性"

桑内特在给《公共人的衰落》中文版写的序言中，总结了三种公共性学说：阿伦特相信一个纯粹的公共政治领域的存在；哈贝马斯受马克思主义影响，试图以"公共"作为一种政治力量来克服阶级分化；桑内特自己则更加唯物主义，从城市空间和人格变迁角度研究日常行为和艺术领域中的表达性（expressive）。具体言之，桑内特把"公共性"理解为发生在大城市中的陌生人之间的"公共生活"。参与公共生活的每一个"公共人"（public man）都是一个演员，其身份是"情感呈现"（presenting emotion）即"表达"（expression）。当然，"这种表达理论同把个人人格作为表达的理念是不相容的"，后者是"非社会性的"（asocial），"相反，在作为情感呈现的表达体系内，公共人具有作为演员……的认同，而这种认同把他和他人就被社会地连接在一起。……而当他缺失一种有意义的认同时，表达本身就会日益丧失其社会性。"① 公共性是开放的，非人格的。大城市这个陌生人组成的巨大空间就是人们在其中认识各色人等，分辨不同利益，体验差异的公共性的载体："城市应该是非人格行动的老师，是一个古罗马意义的广场（forum），在这个广场上，只要参与到他人活动中就是有意义的，而无须有知悉他人的冲动。"② 但是，到 19 世纪，随着城市公共空间设计的变异以及人之自恋主义的兴盛，城市作为公共性载体的功能逐步式微了。

桑内特的这种区分以及他自己的学术努力，使得"公共性"的使用延伸到社会领域，虽然对"人格"与"非人格"的区分使得桑内特所谓的公共性的具体内涵同其他学者关于这个概念的想象并不完全一样。

"公共性"作为一种社会性范畴而存在可以追溯到托克维尔。托克维尔强调了美国生活中志愿性结社（voluntary association）的普遍性及其所扮演的重要角色："美国人不论年龄多大，不论处于什么地位，不论志趣是什么，无不时时在组织社团。在美国，不仅有人人都可以组织的工商团体，而且还有其他成千上万的团体。既有宗教团体，又有道德团体；既有十分认真的团体，又有非常无聊的团体；既有非常一般的团体，又有非常特殊的团体；既有规模庞大的团体，又有规模甚小的团体。为了举行庆典，创办神学院，开设旅店，建立教堂，销售图书，向边远地区派遣教士，美国人都要组织一个团体。他们也用这种办法设立医院、监狱和学校。在想传播某一真理或以示范的办法感化人的时候，他们也要组

---

① Sennett, R., *The Fall of Public Man*, London: the Cambridge University Press, 1977, pp. 107 – 108.

② 同上，pp. 339 – 340.

织一个团体。在法国，凡是创办新的事业，都由政府出面；在英国，则由当地的权贵带头；在美国，你会看到人们一定组织社团。"① 依据托氏的观点，美国民主是由平等理念支配的，虽然它的优点明显，但也可能导致个人的孤立和原子化。因此，志愿性结社网络是克服民主的上述消极后果，从而带动这个社会重归团结的可能路径。在托克维尔之后，涂尔干基于"社会团结"的需要，对欧洲中世纪"行会"在现代性条件下重建的可能性展开了深入思考，并细致想象了高度分工社会背景下"法人团体"的功能与运作方式。由此，涂尔干开启了在传统共同体基础上建构"公共性"的先河，所以渠敬东说"法团的特点是公共性"。② 这种"公共性"固然是综合的，但道德性即"社会性"无疑是其核心内涵。与此同时，我们需要注意的是，涂尔干的"共同体"不是滕尼斯建立在等级制和血源基础上的封闭的和强制的空间，也不是桑内特看到的在现代大都市中存在的，建立在他者即敌人的对立思维上的部落主义，即通过狭隘的集体情感的渲染和强制来维护小群体利益的封闭群体，③ 而是具有两重现代性质：第一，基于社会分工而建立的各种"法人团体"必然带有自身的狭隘性，从而妨碍其"公共性"，但可以通过统领各个法人团体的国家来限制甚至消弭这种狭隘性；当然国家利益本身也是狭隘的，只有"人类利益"才是至高无上的统领者；由此，涂尔干在理论上克服了法人团体天然拥有的托克维尔所谓的"集体个人主义"，或者黑格尔所谓的"特殊公共利益"，而达致绝对"公共性"程度。④ 第二，既然法人团体是建立在社会分工基础上，其所追求的目标是"有机团结"，那么其所承载的"公共性"必然与"道德个人主义"悖论性地勾连在一起。有鉴于此，渠敬东认为，法人团体"既可以成为现代个人主义的道德载体，也可以成为处理现代个人与民族国家之间各种连带关系的中介（如把个人建构成为公民），同时也可以起到类似于市民社会的对举作用。所以，法团的形态不能单纯体现为自由商人，也不能单纯体现为一种国家机器，而是一个公共性的次级组织。"⑤

重建"公共性"是所有社群主义的基本取向。罗伯特·贝拉等人的《心灵的习性》与《美好社会》可以作为这个取向的典范，这些著作论证了"公共性"对于人们日常生活的价值。帕特南受托克维尔的影响，确定了强结社生活在培育

---

① ［法］托克维尔著，董果良译：《论美国的民主》，商务印书馆 1988 年版，第 635 页。

②⑤ 肖自强、渠敬东、姚燕福：《涂尔干的现代性主题：道德个人主义与法团公共性——青年学者渠敬东访谈录》，载于《中国图书商报》，2001 年 1 月 24 日。

③ Sennett, R., *The Fall of Public Man*, London: the Cambridge University Press, 1977, ch. 13.

④ 肖瑛：《法人团体：一种"总体的社会组织"的想象——涂尔干的社会团结思想研究》，载于《社会》，2008 年第 2 期。

信任、社会资本和团结方面的价值。① 帕特南以大量的经验资料论证了以共同体为基础的公共生活在通过增进社会资本从而进一步超越集体行动的困境，提升公民安全感，促进经济繁荣，推动公民健康和幸福以及增进民主等方面的积极价值，并证明了美国近几十年来公民的公共参与程度降低及其所造成的社会资本丧失的事实，提出应该"建立新的结构和政策（公共的和个人的）来使公民参与更加便利"。② 帕特南让"公共性"③同社会资本亦即社群生活之间的相互促进关系清晰起来，确定了公共性的社会性质。

从社群主义的角度看，公共性指涉的不仅仅是理性和利益而更是情感和道德。共同体，包括家庭、社区等，是每一个人情感需求得以满足的前提，因此，组织和参与共同体的活动，就是营造公共性。

三、作为市场控制力量的"公共性"

"公共性"不仅是约束公共权力的力量，而且是抵制经济自由主义的中坚。波兰尼虽然没有使用"公共性"，但他所谓的"社会"即"公民社会"，④同"公共性"并无本质的差别。波兰尼指出，经济自由与社会自由本质上是水火不容的，以"自利"为基础的经济自由主义必然以损害社会的道德自由、精神独立、不服从的权利为代价，并导致社会扰乱，因此，"社会保护与想象的自我调控的市场如影随形"，"一旦这些市场的运转产生破坏社会的威胁，共同体的自我保护行动就意味着阻止这些市场建制，或者干预已经建立的市场的自由运作。"⑤"社会"自我保护的方式多种多样，既表现为欧文主义式的，拒绝把社会分割为经济和政治两个独立领域的社会主义路径，也表现为贵格派教徒在穷人之间运用的集体自助和交换劳动的方式；既表现为制定"斯品汉姆兰法令""工厂法"等保护性立法方式，也表现为各种限制性结社；既表现为地主阶级重回传统的努力，也表现为工人阶级从未来寻找解决方案；既表现为传统行会的重建，也表现

---

① Parehk, R., Putting Civil Society in its Place, in, Glasius, M. &David Lewis & Hakan Seckinelgin eds., *Exploring Civil Society*, London: Routldege, 2004.

② ［美］罗伯特·帕特南，刘波、祝乃娟、张孜异等译，燕继荣审校：《独自打保龄：美国社区的衰落与复兴》，北京大学出版社 2011 年版，第 470 页。

③ 帕特南没有直接使用"公共性"，但使用了相当多可以替代"公共性"的概念，如公民精神、公民参与、公民活动、公共参与，等等。

④ Alexander, J., Cultural Pragmatics: Social Performance between Ritual and Strategy, in J. Alexander, B. Giesen, and J. L. Mast, eds., *Social Performance*, Cambridge: Cambridge University Press, 2006, pp. 29 – 37.

⑤ Polanyi, K., *The Great Transformation: The Political and Economic Origins of Our Time*, Boston: Beacon Press, 2001, pp. 210 – 211.

为法西斯主义的兴盛。总之，这样一种社会的自我保护运动——波兰尼称之为"保护主义"——就是由公众参与的为着公共目标和利益而起的公共性行动。

虽然金钱利益必然由与之相关的那些人独自地鼓吹，但其他利益有着更为广泛的支持者。它们以无数的方式影响着不同个体，如邻居、职业人士、消费者、步行者、通勤者、运动员、徒步旅行者、园丁、病人、母亲或者恋人——并相应地能被几乎所有地域性的或者功能性的社团所代表，如教会、镇区、兄弟会、俱乐部、工会，或者更为一般的组织，即建立在广泛的忠诚原则基础上的政党。一个太过狭隘的利益概念实际上必然导致一种扭曲的社会和政治史观，而对利益不是从纯粹的金钱角度做出的界定则能为社会保护的至关重要性留有空间，而对后者的代表通常会落到负责共同体的一般利益的人身上——在现代性条件下即政府。恰恰是因为不同部分人们的社会利益而非经济利益遭到市场的威胁，属于不同经济等级的人才无意识地联合起来以应对危险。[1]

与波兰尼的观点类似的还有汤普逊关于英国工人阶级形成史的讨论，[2] 它推动着公民社会在资本主义国家的中低层社会的形成和民间社会的再生产。[3]

四、以社会组织为载体的"公共性"

艾维特对"公共性"做了较为具体的界定。他指出，"'公共性'指人们建立各种公共领域并参与其中的努力"，囊括了寻求创造公共生活的所有活动。在这些活动中，人们表达自己的坚定信念，寻求在共同生活问题上达成共识。其中，坚定信念的表达是前提，唯其如此，共识才能立基于忠诚的承诺与相互信任之上。"公共性"的四个核心特征分别是"参与"（participation）、"多样性"（plurality）、"说服"（persuasion）和"共性"（commonality）。"参与"指个人在寻找共同善的过程中有能力在别人面前表达自己的意见与信仰，从而推动参与者之间理论上的平等关系转化为行动上的平等关系，防止一些人对另一些人的暴政；"多样性"不是指许多不搭界的个人立场而是指许多群体涌现在公共领域，因为人唯有通过结社和群体才能达到更大的智慧与真理；"说服"是一个把参与者带入到一个建立在共享的信念、利益或者关于手边个案的共同结论基础上的共同行动之中的过程。"说服"需要我们具有清楚地表达我们的各种目的、需求，

---

① Polanyi, K., *The Great Transformation*: *The Political and Economic Origins of Our Time*, Boston: Beacon Press, 2001, pp. 162.

② Thompson, E. P., *The Making of English Working Class*. New York: Vintage Books, 1966.

③ 肖瑛：《复调社会及其生产——以 civil society 的三种汉译法为基础》，载于《社会学研究》，2010年第 3 期。

投合倾听者当时信念的能力，还要求我们能倾听他人的声音以探知我们可以据此达成同意的共同基础，当然，它还要求我们有一种提出新路径的想象力和勇气，以将我们彼此分离的生活的各个片段拼接起来成为一个共同整体。"说服"不是命令，而是理性的运用，支持它的是一种对某种共享合理性的信任，通过这种共享合理性，说话者和倾听者能让自己进入到一种讨论状态。"共性"指存在于人们的意义共享世界之中的、使公众的志愿性讨论成为可能的共同语言和指涉架构。①

从上文引述中可知，"公共性"至少具有如下基本特点：作为目的和价值取向的"公共性"指涉的是特定空间范围内的人们的共同利益和价值；从参与者角度看，"公共性"指涉的是人们从私人领域中走出来，就公共性问题开展讨论和行动，在公开讨论和行动中实现自己从私人向公民的转化；从参与程序角度看，"公共性"指涉程序的公开、开放和公平，人们在平等对话中达成共识；从精神角度看，"公共性"指涉个体一种基于理性与符合理性的法律而批判性地参与公共活动，维护公共利益和价值取向的公民精神。由此可见，"公共性"不能完全等同于中国传统语境下那种由政府事先安排好的"公"以及卢梭的"公意"（general will），而着重于参与机制和公民基于参与机制参与公共活动的过程，唯当"公"或者"公意"是在这种参与机制中所达成时才具有公共性，否则就是反公共性的威权主义的产物。这种理想形态的公共性在哈贝马斯、罗尔斯以及博曼等人的主张中有充分论述。哈贝马斯对商谈伦理的强调，表明的就是公共性是通过辩论、协商而获得的，甚至可以说，辩论和协商持续的过程既是生产公共性的过程也是公共性的具体呈现。罗尔斯对"公共理性"的伸张，实际上表明"理性"应当构成现代社会不言而喻的最终基石，只有基于这种普遍的理性，"理性多元主义"才会出现。在这种背景下，各种互有抵触的统合性学说之间的对话才有实现的可能，进而可以形塑作为公平的正义这一现代社会的"重叠共识"。当然，现实中的公共性不可能像这些政治哲学家们所想象的那般理想化，而是存在着各种各样的缺陷，但这绝对不是取消公共性的理由。因为首先如康德所言，公共性是人成为人的基本条件，是人的本质存在，是社会成为社会的根本，其次就如作为公共性的具体表征之一的"公共舆论"一样，虽然可能带有偏见，甚至可能成为一种意识形态，但它"在这样一种混沌状态下还是'反映了真正的现实需要和现实趋势'"。②

---

① Everett, W. J. , *Religion, Federalism, and the Struggle for Public Life*, New York: Oxford University Press, 1997, pp. 10 – 15.

② ［德］哈贝马斯著，曹卫东、王晓珏、刘北城、宋伟杰译：《公共领域的结构转型》，学林出版社1999年，第137页。

从操作性层面来看，"公共性"可以被理解为"参与"，即公民自愿地"参与塑造公共空间"。"参与"可以区分为"政治参与"和"社会参与"。"政治参与"指参与政策的制定，或者说参与社会"成员参与调节整个社会或部分群体的共同公共事务"；"社会参与"则指参与政策之实施，即自愿提供福利服务、环境保护、保安巡逻等公共产品。这种"共同生产"的"社会参与"不仅能减轻国家财政负担，而且比国家的产品提供更有效率，其结果不仅是公民对于其所属集体的构建和照料更感兴趣，而且是公民对国家信任度的增强。① 正是从这个意义上看，社会组织的公共性还体现在对日常社会（区）生活的参与上，或者说，社会（区）的日常生活可以被看做是更为基本的公共性来源，而作为其载体的社会组织在这些领域的发展，将能够进一步推动我国社会公共性的发展。

从上述理论脉络梳理中我们还有另外一点重要认识，即"公共性"的载体有三，第一是公权力机构，第二是公民个体的心灵的习性，第三是社会组织。其中，心灵的习性显然是最为根本的，也是最为理想化的，当然也是最不稳定的。它的显现需要其他的制度性的力量来提供稳定的支撑平台，即公权力机构和社会组织。公权力机构是合法的制度化的"公共性"尤其是公共权力的载体，它被赋予合法的公权力来落实国家边界内民众对公共性的诉求。但是，第一，公权力机构并不一定能自觉地始终如一地坚持一个社会或者一个国家的公共理想、公共诉求，也不一定能始终如一地把公共权力运用到公共福祉的谋求上而不会出现以权谋私的情况；第二，公权力机构的作用能力是有限的，任何时代任何国家的公权力机构都不可能始终有效地满足和适用于社会成员提出的各种要求，因为一个国家用以滋养公权力机构及其实践的财政总量是有限的，公权力机构的规模也是有限度的，而且如前所述，这些要求的内容和类型随着经济的发展会无限制地扩张，远非公权力机构所能满足。有鉴于此，必须发展另外的公共性载体，这种载体就是社会组织。

如果我们以公权力机构作为参照系，那么，社会组织作为公共性的载体具有如下作用：第一，向公权力机构反映民众的诉求，起到民众与公权力机构之间的中介的作用，以帮助公权力机构迅捷和全面地掌握民众的公共性诉求；第二，作为民众的自我组织和自我管理的载体，自觉地维护社会秩序，推动公共性的再生产；第三，购买政府的各项社会服务，发挥自身的专业化优势来承担部分社会服务功能，减轻政府负担，提高社会服务质量和民众满意度。

---

① ［德］托马斯·海贝勒、君特·舒耕德，张文红译：《从群众到公民——中国的政治参与》，中央编译出版社 2009 年版，第 6 ~ 12 页。

第二节 社会组织发展的困境及其根源

我国正处在复杂多变而又深刻的社会转型期，社会组织的发育与成长是这一转型期的标志和结果。但也正因为处在社会转型期，社会组织的发育和发展也存在诸多的问题。诊断这些问题，为社会组织发展提出可以操作的科学决策建议，使得社会组织发育尽早走出转型期的困境，是本书的重要议题。

一、公共性不足的发展困境

如前所述，公共性是社会组织的内在特征，也是社会组织存续的依据。但是，在今日之中国，公共性发育不足或者说"公民精神之缺损"（incivism）① 却是社会组织的一个总体性状态，具体表现如下。

（一）基层民主的建设与参与不足

自党的十七大以来，理论界和公共政策部门逐步达成了一种新共识：发展民主与改善民生是相辅相成，互为促进的，② 因此，国家在社会建设的新阶段必须进一步探索同民生问题相呼应的民主实现形式。③ 在这种新共识的主导下，国家在多个层面加大了民主建设力度：2005 年以来，国家和各级地方政府围绕公民的知情权、参与权、表达权、监督权开展了制度建设，以保障普通公民对于政府公共事务有一定的参与渠道；各级人大、政协也探索了许多有利于增强民主协商效果的新方法；民政部多次发文要求各地加强和改善村委会选举，将村委会民主选举工作不断推向深入；北京、上海等许多城市到"十一五"末时，社区居委会直选比率大幅提高（其中上海 2009 年全市居委会直选率达到 80%）。由此可见，在我国，民主建设的制度保障体系正在走向完善。然而，在许多领域，特别是在

---

① ［美］罗伯特·帕特南著，刘波、祝乃娟、张孜异等译，燕继荣审校：《独自打保龄：美国社区的衰落与复兴》，北京大学出版社 2011 年版，第 147 页。
② 俞可平：《关于民主亟待厘清的六个关系》，载于《半月谈内部版》，2009 年第 4 期。
③ 李培林、陈光金：《中国当前社会建设的框架设计》，载于《经济体制改革》，2011 年第 1 期。

城市基层民主建设上，① 公众参与民主活动的积极性的提升与民主制度（机制）建设的步伐并不同步。

居委会"直选"的居民参与度问题。2003年以来，北京、上海、深圳等许多城市都开始在"面"上推动居委会直选，② 以支持社区居民在居委会选举中充分表达意见，直接选出自己信任的人。为了保证选举的有效性，有关部门还借鉴村委会选举的经验，设计出一套直选流程，③ 以保证每位选民能有效地参与选举。但是，这种直选制度在操作时仍然出现了一些普遍性的问题，比如，选民的参与结构有较大局限性，积极响应选举动员的大多是平时和居委会联系较多的群体（包括居民楼组长、社区党员、群众兴趣团队成员以及一些弱势群体），青年选民和富有群体比较淡漠；许多居民认为社区选举不会给他们带来直接的利益，对选举采取漠视态度；由于居民的参与积极性不高，多数社区不同程度地出现了委托写票和投票现象，选举的直接民主程度由此大打折扣。④ 居民参与度的有限，一方面是因为社区自治活动的"产出"具有"公共物品"的特征，由此导致了居民的"搭便车"心态；⑤ 另一方面则与居民缺乏对社区及其公共生活的认同有关。这种低水平的社区参与度最终使基层民主自治活动遭遇到"无源之水"的困境。

基层民主制度的空转问题。为保障居民对社区公共事务充分的知情权和参与权，国内许多城市社区建立了一些保障制度，但在实际操作中，这些制度的"空转"问题较为严重，原因包括：与西方国家市镇层面的民主自治不同，我国城市社区的自治活动与公共财政、公共资源配置并没有直接的关联；许多民主参与制度没有得到其他相关制度的支持和强化。比如，最近几年国内许多城市广泛运用的"议行分设"制度，其初衷是让居民代表更好地"议"社区公共问题，专业社工队伍根据"议"的结果采取行动，这样既可以充分发挥民主制度的集思广益的优越性，又可以增加行动的效率。但由于社区管理部门倚重"行"，"议"对

---

① 城市基层社区与农村社区不同，前者的自治活动并不涉及诸如"村产""集体资产配置"等问题，因而其普遍面临着参与不足的问题。不过，虽然相比之下农村社区的参与度较高，但其也面临着其他的公共性问题，下文将具体讨论。

② 从面上推动居委会直选意味着地方政府开始更为关注居委会构成人选的民主代表性。从全国的情况来看，北京、上海都是从2003年开始大规模推广这一民主活动，以上海为例：2003年，有关部门要求全市居委会的直选率要达到20%；2006年，这一比例达到了40%；2009年这一比例达到了80%。

③ 经过多年的总结与归纳，民政部门在直选中设计了一套极为严格的流程，包括：选民登记、召开居民代表会议、提名和确定候选人、选举动员、投票和结果宣布等环节。

④ 敬乂嘉、刘春荣：《居委会直选与城市基层治理——对2006年上海市居委会直接选举的分析》，载于《复旦学报（社会科学版）》，2007年第1期。

⑤ ［美］曼瑟尔·奥尔森、陈郁、郭宇峰、李崇新译：《集体行动的逻辑》，上海三联书店1995年版。

于实际的"行"影响甚微,居民参与"议"的积极性因此受挫,"议"的程序也就日趋"空转"。[①] 基层民主制度的空转从一个侧面折射出当前中国公共性建设的困境。

(二)社会公共事务营造与实践中的私人化取向

社会公共事务是激发公众参与意识、培育"公平正义"社会价值、提升社会自我协调和管理能力的基础所在。没有社会公共事务,公共性的生产就会面临缺乏现实载体的问题。近年来,随着社会建设的不断深入推进,中央和各级地方政府都开始探索以多种方式营造社会公共事务,吸引公众参与公共管理与服务活动。然而,在某些领域,特别是在乡村公共事务的治理中,公共事务私人化与营造社会公共事务的努力在现实中总是悖论性地纠缠在一起。

村庄选举中的贿选问题。村庄选举是当前国家在乡村中营造的重要公共事务,其要义在于通过公开、公平的选举,建立代表村民利益、具有公信力、为村民谋福利的村庄自治组织。然而,由于村委会主任这一职务对于村庄公共资源的配置有着重要的决定权,近年来在许多经济发达区域,贿选现象变得越来越严重。据浙江媒体报道,该省至少有 1/3 的村庄存在贿选现象。参与贿选的主力来自两方面,一是当地宗族势力,二是新兴的富裕阶层。[②] 贿选不仅破坏了村庄选举的公正性,更重要的是把原本关系公众利益的公共选择行为转变为基于个体利益的私人(或小集团)行为。贿选人由于在拉票过程中投入了大量资源,因此当选后的首要考虑是"回收成本"并使自身收益最大化,而将公共福祉置于次要位置,使得作为公共事务的选举蜕变为私人牟利的经营行为。[③]

乡村治理中的宗族问题。20 世纪 90 年代以来,在中国乡村治理中出现了两个并行的历史进程:一是国家推进的农村基层民主建设,二是宗族组织的重建与复兴。这两个进程常常相互交错,以极为复杂的机制相互纠缠在一起。宗族组织渗透或介入乡村公共事务,可以发挥一定的积极作用,如提供公共物品,宗族内部的信任网络对可能损害共同利益的"机会主义"取向的克服。[④] 但就公共性的生产而言,宗族组织遵循的是"非普遍主义"的行为逻辑和"差序格局"的行为伦理,往往会将村庄整体性的公共事务切割或碎片化。尤其在由多个宗族构成

---

① 姚华:《社区自治:自主性空间的缺失与居民参与的困境——以上海市 J 居委会"议行分设"的实践过程为个案》,载于《社会科学战线》,2010 年第 8 期。

② 大江:《贿选威胁新农村建设》,载于《中国改革报》,2007 年 7 月 17 日。

③ 张静:《基层政权:乡村制度诸问题》,上海人民出版社 2010 年版。仝志辉:《选举事件与村庄政治》,中国社会科学出版社 2004 年版。

④ 王培暄、毛维准:《宗族竞争下的村治模式探索——以山东省中东部 XL 村为调查对象》,中国研究服务网,2004。

的乡村治理中，宗族之间的相互抗衡和竞争会给公共事务赋予私人化的意义，由此削弱村民对更大范畴共同体的认同。

（三）发展社会组织与主体意识缺位

社会建设的重要目标之一是不断提升社会自我协调、自我服务之能力，即"引导各类社会组织加强自身建设、增强服务社会能力"，① 因此，培育和发展社会组织对于社会建设具有重要意义。正因为如此，过去几年来，国家在政策导向上鼓励发展社会组织以使其成为社会建设的合格主体，各级地方政府也在政策上积极响应，有些地区甚至将社会组织发展速度作为区域经济社会发展的重要考核指标之一。

在此背景下，"十一五"期间我国社会组织发育和发展的制度环境越来越宽松：降低社会组织登记和注册的要求，广泛使用备案制度；② 许多发达地区加大对社会组织的资金支持力度。在相对宽松的制度环境下，中国社会组织在数量和规模上都有了很大的发展，到 2009 年年底，全国登记注册的社会组织总量达到431 069 个，比 2005 年增长 35%。③

然而，与社会组织的总量和规模的快速发展相比，社会组织参与社会管理和公共服务的主体意识之提升则非常有限。这突出表现在三个方面：首先，在资源汲取诉求较强以及所处制度环境较为复杂的双重背景下，许多社会组织都坚持"工具主义"的发展策略，其目标为资源获取的冲动所决定，而不是依据特定公益价值而设置。有研究因此指出，如果在研究当代中国社团现象时不局限于研究对象的名称和形式，而是聚焦于它们的功能以及社会参与角色，恐怕很难不得出如下结论：至少在现阶段，这些社会团体既不具有"市民社会"的功能，亦缺失"法团主义"的诉求，是真正的"形同质异"的组织。④ 其次，许多研究都认为，中国社会组织面临着"官民二重性"难题，即一方面社会组织具有模拟政府的行政性或自上而下的官僚性；另一方面又具有一定的自治性，以及基于不同利益形成的面向市场和社会不断增长的自我意识。这种双重属性形成了两种相互对立的力量，即回归政府的行政化倾向和走向民间的自治化倾向，二者之间的张力限制

---

① 胡锦涛：《扎扎实实提高社会管理科学化水平》，新华网，2011 年 2 月 19 日。

② 李爽、沈晓宇：《青年自组织备案制度初探》，载于《上海青年管理干部学院学报》，2010 年第 1 期。

③ 这两个数据根据国家民间组织管理局公布的统计数据计算而出，数据网址：http：//www. chinan-po. gov. cn/web/showBulltetin. do？id =48276&dictionid =2201&catid =。国家统计对象只包括正式登记注册的社会组织，若把在地方政府备案登记的社会组织纳入统计范围，实际增长率会更高。

④ 沈原、孙五三：《制度的形同质异与社会团体的发育》，载于《处于十字路口的中国社团》，天津人民出版社 2001 年版。

了中国社会组织的发展，也限制了社会组织主体性的不断再生产。① 最后，近年来快速发展的社区层面社会组织，大多仍停留于"自娱自乐"阶段，或仅提供"俱乐部产品"，② 换言之，这些社会组织没有按照人们最初的预期在表达群体诉求、参与公共管理或提供公共产品等方面发挥公共权力部门所不具有的功能。

二、社会组织公共性不足的诊断

上述分析在一定程度上揭示了当前中国推进社会体制建设面临的各种"软约束"，我们不能简单地将这些后果归因于或者仅仅归因于制度供给不足或体制架构存在缺陷，还必须从公共生活的原动力、社会成员的公民素养以及市场理性的边界设置等更为深层次的要素中查找原因。

（一）差序格局的当代嬗变与公共性的阙如

公共领域出现在把家庭、工作、土地和宗教捆绑在一起的保险带松弛之时（Everett），"公共性"的发育亦有赖于一个社会在制度、文化和心理层面形成关于"公"与"私"及二者之间关系的合理安排。对中西社会在这个问题上的不同立场的比较一直是学术界的研究重点。学者们大多认可，西方社会自古希腊时代以来就有效地区分了"公域"和"私域"，并在启蒙运动以来进一步界定了这二者之间的关系。在这个过程中，"公"不再简单地等同于集体主义或者卢梭所谓的"公意"，"私"也不简单地表现为利己主义意义上的物质诉求，二者之间的关系也不是纯粹二元对立的；相反，协商、妥协日渐重要，"公域"不仅是协商和妥协的结果，更重要的是个人之间达成关于"公""公域""私域"及其间关系的共识的空间，由此而生成"公共性"。在中国社会，虽然对"公"和"私"及其关系的教导始终绵续不绝，但其逻辑与西方有着根本差异："公"与"私"尖锐对立，"私"是负面的，"公"是正面的，在伦理层面上始终宣传以公灭私，"公"主要指政府的利益和价值，而很少涉及社会生活。③ 当然，这种公私关系之分析尚不足以充分揭示中国公共性生产之艰难的文化和心理原因，还有必要进入到对个人主义与利己主义之关系及其对公私边界之影响的分析之中去。

韦伯在比较基督教新教与中国儒教两种宗教伦理时，天才地想象了中国社会

---

① 王名、贾西津：《中国 NGO 的发展分析》，载于《管理世界》，2002 年第 8 期。

② 王瑞华：《社区自组织能力建和面临的难题及其成因》，载于《城市问题》，2007 年第 4 期。赵魏、齐绩：《中国城市社区非营利组织面临的问题与发展趋势》，载于《社会主义研究》，2004 年第 4 期。

③ 陈弱水：《公共意识与中国文化》，新星出版社 2006 年版，第 99～105 页。

的文化和心理特点：一方面缺乏自然法意义上的"个人自由"（personal liberty），即独立个人；另一方面是功利主义和可悲的物质主义的普遍流行。一方面是人们互动中普遍存在的信任缺失和不诚实，以及抽象的、非个人的和纯粹目的性的社团、公司等真正"共同体"的匮乏；另一方面是依凭个人关系建立的政治和经济组织的不可替代的作用，"所有的共同行动（communal action）都被卷入到纯粹的个人关系，特别是各种亲戚关系中，被它们所限定。"① 韦伯的这种想象后来被费孝通证实。

费孝通指出，在中国，"私"不能被简单地划入人之本性范畴，而跟"群己、人我的界线怎样划法的问题"联系在一起，要放在"整个社会结构的格局"中方能得到清晰的认识。他认为，中国社会的构成不是像西方社会那样是基于个人主义即人人平等的"团体格局"理念逻辑展开的，而是以基于"自我主义"（selfishness）即一切以"己"为中心的，根据"己"之血缘、资本而伸缩自如的"差序格局"为基本衍生逻辑。"差序格局"社会下缺乏普世的公德，而只有基于一己之利的，不同差序上各个有别、内外有别的，切合帕森斯的"特殊主义"（particularism）原则的私人道德丛："在差序格局中，社会关系是逐渐从一个一个人推出去的，是私人关系的增加，社会范围是一根根私人联系所构成的网络，因之，我们传统社会里所有的社会道德也只在私人联系中发生意义。"这种伸缩自如的私德模糊了公共利益与私人利益的差别，既可以实现克己复礼的崇高目标，更可以频繁发生牺牲大家成就小家甚至个人的卑鄙举动。②

由此可见，"差序格局"不可能成为"公共性"发育和生长的沃土。值得注意的是，在市场化的今天，"差序格局"逻辑尽管在理论上同现代市场经济的基本原则以及现代科层体制要求排除私人感情的工作纪律是对立且不相容的，但并没有因后者进入中国社会而退出历史舞台，反而以其独特的机制与后者结合在一起。一方面，"差序格局"在传统乡土社会中建构道德共同体的功能已遭到破坏，另一方面它从市场、科层制以及学术体制内部瓦解并置换其应有的现代游戏规则，破坏了经济、政治、文化和学术之间本应存在的边界。总之，"差序格局"的复兴既放大了"利己主义"的效应，又挤压了"个人主义"及其制度保证生长的空间。③ 在这种情形下，"公共性"虽然可能会以特定群体利益的面目出现，其实质却是对更大的公共性的牺牲和对真实的利己主义的遮蔽，未能超出费孝通

① Weber, M. 1951, The Religion of China: Confucianism and Taoism, Glencoe: The Free Press, pp. 147, 242, 231–232, 241.

② 费孝通：《乡土中国　生育制度》，北京大学出版社 1998 年版，第 30 页。

③ 肖瑛：《把个人带回社会》，载于《社会理论：现代化与本土化》，应星、李猛主编，生活·读书·新知三联书店 2012 年版。

的"自我主义"或者托克维尔的"集体个人主义"的范畴。

差序格局在中国社会组织和公共性发育中处于基础性地位,[①] 在具体条件下,它会根据某种社会心理的或者结构的原则把一个社会组织的成员构成以及目标追求区分为各种等级,从而削弱社会组织内部的平等关系,弱化社会组织的普遍性的公共性诉求。我国传统的血缘性和拟血缘性以及地域性社会组织的构成逻辑就是如此。即使处在同样的社会组织中,与中心的祖先的关系有远近和性别之别,因此就会产生亲疏的界定,从而在组织内部享受不同的权力和权利。在中国民间话语中几千年来一直主导话语权的"桃园三结义"就是一种值得研究的典型代表。如果把汉蜀当作一个大的社会组织,那么,处于最核心地位的是刘备,第一层是刘备的两个结拜兄弟关羽、张飞,其他的杰出力量如诸葛亮、赵云都处在接近核心但又不及其三人关系的位置,然后是不同层次的其他关系,这些一圈一圈的关系构成刘备政权。对于刘备而言,光复汉室是其政权合法性的根本来源,但在实际的操作中,鲜活的准兄弟情谊是重于更为抽象的刘家汉室利益的,所以与后世的怒发冲冠为红颜的吴三桂相比,刘备却是怒发冲冠为兄弟,而把汉室利益抛之脑后,张飞更是为表达兄弟之情动辄滥杀手下将士。这种差序格局的逻辑在中国历史上是再正当不过的社会组织和交往方式,唯其如此才能彰显个人的道德优越性。但相对于普遍的公共性而言,这种社会组织的逻辑恰恰只是满足了局部的公共性和道德性诉求,会形成托克维尔意义上的"集体个人主义",本质上是与现代性背道而驰的。但即使在今天的中国,差序格局肢解社会组织,削弱其普遍性和平等性的现象还是比比皆是。从具体社会组织构成的差序式结构到社会组织的区域性分割,再到整体上看社会组织类型的自我娱乐型高于社会责任型的结构特征,都在说明,差序格局是阻碍社会组织的公共性发育和延展以及实践的重要社会心理基础。

(二) 非协同的技术治理与公共性的缺损

由于治理技术的精致化发展大多只触及行政体制中的工具和操作层面,未从根本上改变行政权力运行的布局和架构,[②] 因此,不同部门、不同地区以自身为中心展开的制度设计往往容易使具有整体特征的公共空间被技术化地"碎片化"。比如,新中国成立以来,中央与地方关系领域的调整和改革,基本延续了传统中国的治理逻辑,即以属地管辖和行政内部发包制为特征,由职权同构和行政分权

---

① 肖瑛:《差序格局与中国社会的现代转型》,载于《探索与争鸣》,2014 年第 6 期。
② 渠敬东、周飞舟、应星:《从总体支配到技术治理——基于中国 30 年改革经验的社会学分析》,载于《中国社会科学》,2009 年第 6 期。

构成多层级的地方政府结构。① 在央—地关系未有根本改变的情况下，自改革开放以来，中国地方政府逐步形成了独特的 M 型结构（multidivisional structure）②。在这种结构中，分权不仅发生在不同层级政府层面，而且还发生在同一层级政府管辖的不同区域层面，进而形成职权交叉重叠、高度分权的政府层级间关系，以及很少相互依赖的同级间政府关系。③ 这种结构导致了公共空间、公共利益的部门化和碎片化。

具体言之，地方行政治理的总体结构中存在三类制度生产主体，即"条""块"和党群部门。所谓"条"，一般指的是从中央到地方各级政府中业务内容性质相同的职能部门，④ 包括公安、劳动、绿化、民政等部门。"条"上部门往往都有相对具体的业务领域，强调标准化和技术化的行政职能履行。在"条"的认知结构里，"草根"组织主要被定义为公共服务的承接者。因此，只要"草根"组织的能力足够强，服务社会的形式足够新颖且有效，其他因素如主管单位、注册地都不重要。另一方面，"条"上政府部门的组织监管能力相对有限。除公安、税务等极少数部门有层层部署的组织网络外，大多数"条"上部门在区以下都没有直属的下级机构，只能通过指导或联系街道办事处、镇政府内设的相应职能部门来开展工作。这种组织能力的特征，决定了它们实际上很难对"草根"组织承接服务的运作过程进行有效监管，因而普遍允许与之挂钩的"草根"组织充分发挥自身能动性，对"草根"组织跨地域活动持宽容立场。但是，由于每个"条"都有相对清晰的业务领域，因此"条"上政府部门大多仅支持"草根"组织在与自身业务相关的领域开展活动。这意味着，与"条"上政府机构关联的"草根"组织在自主设计活动领域方面具有较低自主性，但在自主决定运作过程方面有较大的自主性。

所谓"块"，指的是由不同职能部门组合而成的各个层级的地方政府，通常包括省、市、县、乡（镇）四个层级，城市的街道办事处作为区政府的派出机构通常也被视为城市基层管理的"块"上机构。作为对属地管理负综合责任的政府机构，"块"上政府对"草根"组织的认知相对复杂："草根"组织不仅是公共服务的承接者，还是"块"的工作绩效指标之一。党的十八大提出要"加快形成社会组织体制"后，各级"块"上政府都逐步将培育社会组织看成是自己的

---

① 陈剩勇、张丙宣：《建国 60 年来中国地方行政区划和府际关系的变革与展望》，载于《浙江工商大学学报》，2009 年第 5 期。

② M 型结构原本是管理学名词，用以指称根据产品或地区建立的（单层）多部门企业形式，它又被称为多元结构、多事业部结构，总部与部门之间存在着高度的分权。

③ 钱颖一、许成钢：《中国的经济改革为什么与众不同——M 型的层级制和非国有部门的进入与扩张》，载于《经济社会体制比较》，1993 年第 11 期。

④ 周振超：《当代中国政府"条块关系"研究》，天津人民出版社 2009 年版。

工作领域。在此背景下，"块"基于政绩需求倾向于集中力量扶持辖区内"自己的草根"组织。就组织和监管能力而言，"块"上政府的能力要强于"条"上大多数部门，可以动用渗透于基层社区的由居委会、社区积极分子、楼组长等整合而成的组织网络。但现实中，"块"上部门所整合的这张组织网络常忙于应付上级布置的工作，因此除非"草根"组织的发展出现了较为明显的问题，"块"上政府不会频繁动用自身组织网络来引导"草根"组织发展。

与"条""块"部门不同的是，党群部门自身并没有明确的公共服务目标，因此更侧重通过组织建设逐步加强党对基层社会的引领。这决定了在党群部门的认知结构中，"草根"组织实际上被视为开展党的群众工作的重要载体。换言之，党群部门不仅关注"草根"组织的实际服务功能，更注重通过对其进行组织引领来有效提升自己影响社会的能力。在组织与监管能力方面，党群部门普遍重视组织网络的建设，尤其像组织部门、团委和工会都发展出了相互叠加的层层组织网络。这些组织网络不仅成为"草根"组织活动的组织环境，而且有时还紧紧嵌入到后者内部。借此，党群部门影响"草根"组织内部运作过程的能力远比"条""块"要更强。

上述三种不同权力之间具有差异性的制度逻辑交织在一起，共同构成一种"非协同治理"的制度环境。这些制度逻辑为社会组织提供了不同的机遇—约束结构，使其只能采取机会主义的和"策略性应对"的方式来获得发展机会。换言之，它们只能基于"事本主义"和"工具主义"的发展逻辑对其所处的制度环境进行评估，并根据其对制度约束的理解而采取相应的策略。这样，我们就不难理解当前我国社会组织在发展过程中一方面是自主性发展不平衡，另一方面难以基于长远诉求构建自身的公共性能力。

第二章

社会建设与发展社会组织

改革开放 30 多年来，随着经济社会转型的加速，社会结构的分化也在加剧，多样化的社会利益格局逐渐形成。面对全球化、市场化以及信息化的挑战，社会领域的进一步发育，党和国家于 2004 年提出"建设社会主义和谐社会"的目标，2006 年明确创新社会管理，形成"党委领导、政府负责、公众参与、社会协同"的社会管理格局，2013 年又提出了"构建国家治理体系和提升国家治理能力"，增强社会发展活力，提高社会治理水平。由此，也意味着中国社会建设开始从社会管理创新走向了推进社会治理的新时期。其中，社会组织作为社会发育和社会建设的重要主体，一直是学术界与政府部门关注的焦点所在。从 2004 年党中央提出建设社会主义和谐社会开始，社会组织的培育和发展就成为其中极为重要的内容；党的十八届三中全会进一步指出，要激发社会组织的内在活力，加强国家治理体系建设和能力建设，更是赋予了社会组织在社会治理中的重要主体性地位。展望新时期的社会建设，社会组织必将在激发社会内在活力、创新社会治理中发挥重要作用。因此，我们将在分析社会组织发展的内在逻辑、展现不同利益主体对于社会发展的意图的基础上，重点考察社会组织发展的重要转向及具体面向，即社会组织在专注于民生建设、提供公益服务的同时，积极转向参与社会关系协调，促成社会联结，进而强化主体性的建构。同时，与新时期社会关系纽带的变迁相关，社会组织发展存在三个不同的面向：治理与秩序建构的主体、社会自组织以及组织社会的实践过程。社会组织这三个面向作用的发挥，将在推动自我生产的同时直接推动社会公共性的生产。

第一节　社会组织发展的理论想象

　　作为社会连接的载体，社会组织一方面将社会个体凝聚在一起，同时又与更广阔的社会领域相联系。就此而论，社会组织不仅意味着能够将不同的社会成员整合起来，同时也意味着能由此形成社会秩序。因此，从社会秩序建构的角度来看，基于社会关系纽带的社会组织不仅代表着源于社会的内在活力，同时也在建构着社会秩序。正是从这个角度来看，社会组织是个体与更广阔的社会秩序的中介纽带，并因此种关联的存在能够重新建构社会秩序，推动社会进步。可以说，改革开放以来尤其是近十多年来社会组织的快速发展，正反映了当代中国社会关系方式与秩序形成的变动，随之而来的问题是，社会组织发展的内在逻辑是什么，是走向市民社会还是仅仅作为国家力量的补充，这就要从社会组织发展的现实背景来着力分析。

一、社会组织发展的理论逻辑

　　一直以来，国内外学术界对于社会组织发展的研究，基本上存在着两种不同的趋向：一种是将其置于国家—社会关系的研究范式中，强调其与国家的抗衡；理论家们假定了社会组织与国家的抗衡关系，并由此得出其导向"市民社会"的最终趋势；另一种是将其视为社会系统中关键的组成部分，承担着解决社会问题并由此实现社会整合的功能，也就是所谓的功能主义视角。从某种程度上看，国内关于社会组织发展的研究，基本上都从属于这两种基本理论取向，其背后所隐含的是不同行动主体所希望实现的价值意图，而社会组织发展本身则成为行动者借以实现自己功能设定的工具性实践过程。从理论源头上来看，这两种对于社会组织的定位，基本上都来自于"国家与社会关系"的分析范式。

　　20世纪后半期以来，在社会科学研究中占主导地位的"国家—社会关系"分析范式，一般预设了国家与社会的分立，关注的是"那些不能与国家混淆或不能被国家淹没的社会生活领域"。① 作为社会力量和社会领域的代表，社会组织就被赋予成为市民社会的主体性力量和代表，在此基础上通过捍卫市民社会与国

---

　　① ［加］查尔斯·泰勒：《市民社会的模式》，载邓正来、亚历山大：《国家与市民社会———一种社会理论研究路径》，中央编译出版社1999年版，第3页。

家的界分来推进民主化进程、与日益扩张的国家科层制相抗衡并抵御国家对社会的侵害。换言之，从理论上看，以社会组织为代表的市民社会是抗衡国家的重要力量展现。在许多学者看来，改革开放以来中国的经济领域市场化进程，使越来越多的权力要素流入社会，带来了社会领域的自治化进程，导致了国家与社会关系的转型。尤其是随着 20 世纪 80 年代以来民间组织在国内大量涌现，市民社会论者认为这标志着"市民社会"在中国的出现，并且指出中国转型的方向可以概括为市民社会的发育和成长。如王名等指出，社会组织当前和未来的发展方向必然是推动中国社会坚定地走向市民社会。① 康晓光也基本从这一理论出发，讨论了政府与社会组织之间的关系，强调社会组织的依附性发展。② 尽管当今不少市民社会论者已经更多地倾向于将各种社会团体看作国家与社会进行体制外合作的联结点，把社会变迁放入体制内（国家）外（社会）的互动关系中来认识，从而试图跳出"国家—社会"二元对立的框架，比如有学者开始更多地关注国家与社会之间互动的复杂背景。③ 但是，市民社会理论对于个人主义、自由主义和多元主义的一贯信仰，既鼓励社会的自由竞争，又强调社会对国家的分权与制衡，决定了它始终是作为防御国家威胁的工具出现的，摆脱不了"社会中心论"的支配。在这种视野下，社会组织作为市民社会的代表，其自身的发展意味着导向市民社会的最终结果。我们可以将这种观点视之为目的论导向的社会组织分析。

与市民社会论对社会组织发展的愿景相类似，在社会组织发展的理论定位上还普遍地存在着功能分析的影子，即将社会组织看作是介于市场、国家之间的"第三领域"，在经济社会结构中承担着重要的社会功能。从经济学的分析路径来看，社会组织是对市场失灵和政府失灵的有益补充，甚至是独立的第三部门。社会组织发挥这些作用的基础在于他们的盈余不能用于分配的限制，而更深层原因则在于社会组织具有社会价值基础，它们与市场中的理性自利者是不一样的，两种人性假设与两个运行体系、两套运作原则相对应。从政治学的分析路径看，社会组织被考察的重点是他们与国家的关系和它们之间的利益关系。任何一个关系方面都存在着积极与消极两种相互对立的观点，这与社会组织的具体类型、对国家性质的认定和宏观文化及其背景有关。从某种程度上看，这些取向的分析都采用了"国家——市场——社会"的三元分析模式，这一理论取向更多的是突出以社会组织为代表的社会在弥补国家与经济领域所出现的弊病的功能。如哈贝马斯

① 参见王名：《中国民间组织 30 年》，社会科学文献出版社 2008 年版；王名：《社会组织论纲》，社会科学文献出版社 2013 年版；王名等：《社会组织与社会治理》，社会科学文献出版社 2014 年版。

② 康晓光：《依附式发展的第三部门》，社会科学文献出版社 2009 年版。

③ 朱健刚：《行动的力量：民间志愿组织实践逻辑研究》，商务印书馆 2008 年版；[荷] 皮特·何、瑞志·安德蒙，李婵娟译：《嵌入式行动主义：社会运动的基于与约束》，社会科学文献出版社 2012 年版。

指出，"市民社会的核心机制是由非国家和非经济组织在自愿基础上组成的"，① 这些组织的功能与使命在于"通过两个相互依赖而且同时发生的过程，来维系并重新界定市民社会与国家的界限：一个是社会平等与自由的扩展，另一个是国家的重建与民主化"。② 在此基础上，科恩和阿雷托进一步提出，市民社会是一种介于市场和国家之间的东西，从而将其与政治社会和经济社会相区别。他们将市民社会"理解为一个介于经济和国家之间的互动领域，构成这个领域的首先是亲密领域（尤其是家庭）、结社领域（尤其是自愿结社）、社会运动以及各种形式的公共交往。"③ 与此同时，国内市民社会论者也对西方的概念范式作了改造与修正，邓正来提出要建构"良性互动的国家与社会关系"，④ 黄宗智则指出，中国实际的社会政治变迁过程从未真正地来自对针对国家的社会自主性的持久追求，而是来自国家与社会在第三领域中的关系作用。⑤ 此外，包括萨拉蒙等学者也基本上将社会组织看作是介于国家政治领域与市场经济领域之外的"第三领域"。萨拉蒙指出，"四场危机和两次革命性变革一道导致了国家地位的衰落，并为有组织的支援行动的发展开辟了道路。"⑥ 所谓的四场危机是福利国家制度危机、发展危机、环境危机和社会主义危机。从近年政府推动的社会组织发展实践来看，也正是暗含了这一分析脉络，即将社会组织发展定位于政府和市场无法有效发挥功能的替代者，强调的是社会组织在弥补政府失灵、市场失灵方面所能够承担的功能。⑦ 从某种程度上看，这一层面上的理论分析，着重于社会组织发展对政府和市场失灵后社会问题的干预和处理，体现出较为明显的功能分析的特征。

综上所述，无论是作为市民社会的主体，还是作为弥补政府失灵、市场失灵的功能性手段，现有的社会组织分析基本上都是一种结构分析。换言之，更多的是一种基于宏观或者中观层面的分析。正如有学者所指出的，"国家—社会关系"分析范式的理论预设存在着系统论与功能主义的倾向，其在中国语境下的运用，

---

① ［德］哈贝马斯，曹卫东、王晓珏、刘北城、宋伟杰译：《公共领域的结构转型》，学林出版社1999年版，第29页。

② John Keane, *Democracy and Civil Society*, Verso, London/New York, 1988, pp.14.

③ ［美］简·科恩、安德鲁·阿雷托：《市民社会的美德》，载邓正来等编，《国家与市民社会》，中央编译出版社1999年版，第177页

④ 邓正来：《国家与社会——中国的市民社会研究的研究》，载于《中国社会科学季刊》，1996年总第15期。

⑤ 黄宗智：《中国的"公共领域"与"市民社会"——国家与社会间的第三域》，载邓正来、亚历山大编：《国家与市民社会》，中央编译出版社1999年版，第443页。

⑥ ［美］李亚平、于海：《第三域的兴起——西方志愿工作及志愿组织理论文选》，复旦大学出版社1998年版。

⑦ 李培林：《社会改革与社会治理》，社会科学文献出版社2014年版。

存在着先入为主，以理论简化现实的倾向。① 这种功能分析预设了社会组织在社会系统中的角色、地位和应发挥的功能，在实质上与目的论的理论取向是一致的。近年来，米格代尔等学者开始主张"国家在社会中"，② 国内学者如郁建兴等也主张国家与社会的相互融合，国家寓于社会之中，③ 这些都意味着传统"国家—社会关系"范式也在不断改进，李友梅等提出的"制度与生活"视角则提供了重要的理论基础。④ 在"制度与生活"的视角下，社会组织在社会生活实践中的自身角色、所发挥的作用以及产生的社会影响并不是一成不变的，这种变动性使得我们不能仅仅局限于对社会组织形式功能的分析，而是有必要从社会组织的社会性、关系性特征入手，分析其自身的变动性，尤其是伴随着现代技术进步、生产方式转变而带来的新社会性（New Social）的发展，更加关注社会的关系纽带属性。由此，要在深化新时期社会建设的过程中进一步加强社会组织建设，从这一基本点出发将使我们能够较为深入地把握社会组织发展的内在规律。

二、社会组织的社会性

现代经济社会的快速发展与结构转型带来社会关系纽带及其性质的变动，使得社会秩序的建构出现持续转变，传统上基于结构的社会性逐步为新社会性所取代，促成了社会秩序建构方式与内涵的转变。由此，基于社会成员个体及其相互之间关系纽带集合的社会组织，在一定程度上也会受到这种变化的影响，从而展现出其内在不同的社会性特征。

人们在社会变革背景下应该探寻怎样的秩序？个人与社会之间的关系又是怎样的？古典社会学家都试图在总体上对"社会"进行解释，在理解整个社会的运作逻辑后描绘一个未来社会的美好图景。马克思在《资本论》的序言中写道，"一个社会即使探索到了本身运动的规律……它还是既不能跳过也不能用法令取消自然的发展阶段"。马克思从政治经济学视角出发，预想了社会发展的三个阶段：即人群共同体阶段、物的依赖性阶段、个人全面发展阶段。马克思对美好社会的想象，是这个社会中的所有人都是"社会化了的人类"，资本主义社会的弊

---

① 肖瑛：《从"国家与社会"到"制度与生活"：中国社会变迁研究的视角转换》，载于《中国社会科学》，2014 年第 9 期。

② ［美］乔尔·S. 米格代尔，李杨、郭一聪译：《社会中的国家：国家与社会如何相互改变与相互构成》，江苏人民出版社 2013 年版。

③ 郁建兴、关爽：《从社会管控到社会治理——当代中国国家与社会关系的新进展》，载于《探索与争鸣》，2014 年第 12 期。

④ 李友梅、黄晓春、张虎祥等：《从弥散到秩序："制度与生活"视野下的中国社会变迁》，中国大百科全书出版社 2012 年版。

端都不再存在。[①] 涂尔干则认为社会处于不停地分化和分工之中，正是在这一基础上，人的个性能够被发挥，因而他相信建立在现代工业化背景之下的分工会带来一种"有机团结"。[②] 吉登斯指出，工业主义的进一步扩张，将建立一种和谐而完美的社会生活，并且，这种社会生活将通过劳动分工与道德个人主义的结合而被整合。[③] 与马克思、涂尔干不同，韦伯认为从个人的社会行动成长出来的社会能够具有一种强大的反噬性，韦伯将现代化称为工具理性的扩张，社会转型是从传统社会向现代社会的转型。[④] 另一位德国社会学家滕尼斯指出，社会转型是从共同体到社会，共同体与社会是人类共同生活的两种表现方式。共同体是"一种持久和真正的共同生活"，是通过血缘、邻里和朋友关系等建立起来的人群组合，它与生命历程密不可分。血缘共同体、地缘共同体和宗教共同体是共同体的基本形式，人们的相互联系是建立在亲密的、排他的、纯朴的自然感情基础上的有机联系体。社会则是建立在外在的、利益合理基础上的机械组合的群体，社会是靠人的理性即"选择意志"建立起来的人群组合，是通过权力、法律、制度的观念组织起来的。[⑤] 上述理论范式不仅是社会学家对个人自由与社会秩序的解释路径，同时也是他们进行社会批判和社会建设的基本路径。

作为社会秩序的现实基础，社会纽带与联结的形成与变迁一直以来为人们所关注，并且理论脉络不同的学者往往会给出各自不同的解释。在生物学取向的学者看来，人类之所以能够结成关系、形成社会，往往是人自身本能所决定的。这些学者将人类之间的合作动因归结为内部基因，或者是由于互惠、信任对于生存的重要性等方面来解释人类的结群行为；[⑥] 当然，这些生物学取向在早期的社会学理论中有所反映，比如吉丁斯认为社会的基础是同类意识；塔尔德认为，社会就是由互相模仿的个人组成的群体，[⑦] 等等。此外，有些社会学家也认为，社会团结的纽带是社会分工所形成的功能依赖[⑧]、人际之间的信任，[⑨] 等等。近年来，随着社会变迁速度的加快，社会关系日趋复杂，许多学者开始将社会团结归因于

① ［德］卡尔·马克思著，中共中央马克思恩格斯列宁斯大林著作编译局译：《资本论》（第一卷），人民出版社2004年版。
② ［法］埃米尔·涂尔干著，渠敬东译：《社会分工论》，生活·读书·新知三联书店2000年版。
③ ［英］安东尼·吉登斯著，田禾译：《现代性的后果》，译林出版社2000年版。
④ ［德］马克斯·韦伯著，阎克文译：《经济与社会》，上海世纪出版集团2010年版。
⑤ ［德］斐迪南·滕尼斯著，林荣远译：《共同体与社会》，商务印书馆1999年版。
⑥ Bowles, Samuel & Gintis, Herbert, *A Cooperative Species：Human Reciprocity and Its Evolution*, Princeton University Press, 2011. Tomasello, Michael, *Why We Cooperate*, MIT Press, 2009.
⑦ ［法］让·加布里埃尔·塔尔德著，何道宽译：《模仿律》，中国人民大学出版社2008年版。
⑧ ［法］埃米尔·涂尔干著，渠敬东译：《社会分工论》，生活·读书·新知三联书店2000年版。
⑨ Misztal, Barbara A., *Trust in Modern Societies：The Search for the Bases of Social Order*. Polity, 1996. Misztal, Barbara A., Informality：*Social Theory and Contemporary Practice*, Routledge, 1999.

人们之间的双向互益，由此直接导致了承认（recognition）作为现代社会整合和凝聚力的关键因素所在，[1] 这反映出传统的自上而下的、国家中心导向逐步转向为"更松散和灵活的网络"，[2] 从关注关系纽带的外在制约转而关注纽带的内生性。由此可以看出，社会关系纽带的变动，在很大程度上也反映了经济社会的结构性变迁。这些理论分析的核心，在一定程度上转变了社会本身的系统性、结构性和静态性内涵，许多学者开始用关系网络来定义社会，比如曼认为，"不存在一个关键的'社会'概念或基本的'社会'单元。""社会（Societies）是由多重相互迭压和交织的权力的社会空间网络（Socio-spatial Networks of Power）构成的。"[3] 在这个网络中，不存在严丝合缝的系统，有的只是行动者之间相互依赖又彼此冲突、既日常又突生的（emergent）权力关系网络。拉图尔进一步提出，社会中并没有什么独特的东西，没有一个独特的现实领域能够被表示为"社会的"或者"社会"。每个行动者都知道自己在做什么，他们没有嵌入什么社会情境。他们有自己的判断和能动性，并不只是为观察者提供信息。[4] 这种从"行动者—关系"取向的研究，进一步强调了关系纽带在社会建构中的重要作用。换言之，社会关系是人类社会的基本元素。而纽带作为人际之间的黏合剂，则是将人们联系起来形成群体、组织和社区的关键所在，直接影响到社会秩序的构建与再组织；并且，人类社会的变迁往往也直接体现在关系纽带的变动上面。区别于结构性的社会认知，这种强调关系纽带、社会联结的观点，我们可以称之为新社会性的视角。

人类社会，特别是在从农业社会向工业社会乃至于后工业社会的发展阶段中，其生产方式、生活方式以及社会秩序的建构与重组，在很大程度上体现为社会关系纽带的转变，或者说社会性的新旧转换上。可以说，人类社会发展的过程，也正是关系纽带推动社会再组织的实践过程。尤其是从 20 世纪末到 21 世纪以来，随着人类社会现代性与后现代性的不断强化，信息技术发展迅猛，社会的生产方式、生活方式乃至于人们的行为方式都发生了极大的转变，关系纽带的转变就成为观察人类社会世纪变迁的窗口。通过这一视角，人们将能够加深对社会运作与变迁规律的认识，并借鉴其理论意义在实践中推动社会组织机制的建构与社会管理的创新。可以说，现代国家政治社会制度的兴起，总是与将国家成员联

---

① Crow, Graham, Social *solidarities*: *theories*, *identities*, *and social change*. Open University Press, 2002. Juul, Soren, *Solidarity in Individualized Societies*: *Recognition*, *Justice and Good Judgement*, Routledge, 2012.

② Taylor, Charles, *Philosophical arguments*. Cambridge: Harvard University Press, 1995, pp. 109.

③ ［美］迈克尔·曼著，李少军、刘北成译：《社会权力的来源》（第一卷），上海人民出版社 2002 年版。

④ Latour, Bruno, *Reassembling the Social*: *An Introduction to Actor Network Theory*, New York: Oxford University Press, 2005.

系在一起的社会纽带的变化密不可分。人类社会在发展中基本形成了两类社会纽带：一是以血缘、地缘、族缘为基础的初级社会纽带；二是以社会分工、集体化生产、再分配、交换需要和功能互赖为基础的社会再生产纽带。这两类社会纽带从抽象或理想类型的意义上说，串联起不同的社会群体组织型态：以初级社会纽带为基础的传统社会，每个人的生活空间基本是固定的，参与社会交往的人基本也是确定的，个人担任的社会角色甚至是先赋性的，在这样的社会环境中，社会秩序的整合较为容易。以社会分工、集体化生产等为基础的社会纽带是在社会发展过程中不断产生并深化的，特别是现代社会中人们通过现代通信、网络与交通技术不断变换空间、时间乃至文化概念，就业形式日益弹性化，过去较为确定的交往网络不断发生着变化，社会成员的自主性、异质性、互赖性、流动性日显。现代国家的发展面临着这样一些问题：如何黏合初级社会纽带与再生产社会纽带的关系，以便于整合变迁后的更大社会；如何将基于不同社会纽带基础的多元"共同体"整合为更大的"社会"，最终集中于统一的民族—国家认同之上。[1]

正如我们所看到的，社会成员个体以及相互之间的关系纽带构成了社会组织的实体本身，由此，当我们深入到社会个体及其关系层面，就有可能较为深入地揭示社会组织的本体性特征及其运作逻辑。这一研究视角的转换，意味着要将社会组织发展的实践置于其在社会联结的促成、维续与协调等方面，着力于考察社会行动者如何结成社会关系并推动社会力量的组织化运作，进而实现社会秩序的动态建构。相对于传统基于"国家—社会"关系视角而强调其在促成公民社会、承担社会功能等方面作用的分析原则，这种视角更能够揭示社会组织发展的内在过程与实践逻辑。并且，通过分析社会纽带与联结的变动，也能够展现作为载体的社会组织的发展变动，并由此能够把握现代社会发展变迁的内在规律。

第二节　社会建设进程中的社会组织

作为社会关系与联结的现实载体，社会组织在人类社会从传统向现代转变的过程也在不断改变其形式与功能。进入 21 世纪以来，随着中国日益融入全球经济体系，外部环境对国内经济社会的影响日益显著。与此同时，市场经济的进一步发展也催生了许多失范的现象，形成了许多社会问题与社会矛盾。此外，信息技术的发展及其在社会生活中的普及，使得社会公共领域的发展日趋明显。这些

---

[1]　李友梅、汪丹：《改善民生创新治理——社会发展活力的源泉》，上海人民出版社 2014 年版，第 5 页。

都使得一个相对独立的社会领域逐步浮现，进而对社会治理提出了新的更高要求。新时期社会建设的进一步深入，意味着其内涵和功能领域已经发生了极为重要的变化。2004 年党中央初次提出以民生为重点的社会建设，到 2013 年党的十八届三中全会提出建立"国家治理体系"与提高"国家治理能力"，意味着我国社会建设的深入，已经进入到推动社会治理，建构基于本土化的、具有中国特色的社会秩序与社会整合模式的新时期。正是在此背景下，伴随着新时期社会建设主题的转换，社会组织也在社会发育与发展过程中获得了较为广阔的社会空间和功能领域，其职能定位以及与其他主体之间的关系进一步明确。这将直接推动社会组织的自我发展，从而使其在一定程度上摆脱从属和依附地位，在新时期的社会建设和治理实践中发挥其具有相对自主性的作用。

一、应对转型的挑战

20 世纪 90 年代以来，随着市场经济的快速推进，社会领域也在发生着极为重要的变动。这种变动着重体现为改革开放以来所形成的经济"双轨制"所产生的进一步社会分化，这种分化产生了体制内外两个不同的世界，其运行逻辑也存在着极大的差异，而这种差异也使得我国社会呈现出结构性分割的特征，并反作用于经济社会的发展。进入 21 世纪以来，这种双轨制发生了新的变化，出现了所谓的"新双轨制"，也就是以公共权力为背景，自下而上地寻找和套取已经市场化了的商品和服务价格体系，以及远未市场化的资金、土地、劳动力等要素价格体系，这两大体系之间的巨额租金。[①]"新双轨制"反映了中国市场经济改革的不彻底性，并且在快速市场化的过程中，逐渐成为导致社会利益巨大分化与不平等的关键因素所在。我国社会建设的推进正是在这种背景下展开的，也因此而具有了极为复杂的特征。

20 世纪 90 年代以来的中国，正处于市场经济快速推进并高速发展的时期，经济社会结构发生了剧烈的变动。自 1992 年以来，"旧双轨制"逐步退出了历史舞台，社会主义市场经济体制得以确立，各种生产要素市场、价格市场以及资本市场的市场化程度不断提升，经济社会迅速发展。但与此同时，也出现了一些基于"新双轨制"的现实性问题。首先是经济快速发展与贫富差距的拉大同时并存。据国家统计局 2016 年 1 月 19 日发布的数据[②]显示，2015 年全国居民收入基尼系数为 0.462，虽然这是基尼系数自 2009 年来连续第 7 年下降，但仍然超过国

---

① 钟伟：《解读"新双轨制"》，载于《中国改革》（综合版），2005 年第 1 期。
② 搜狐新闻，2016 年 1 月 20 日，http://news.sohu.com/20160120/n435165350.shtml。

际公认的 0.4 贫富差距警戒线。近 10 年的基尼系数从 2003 年的 0.479 一路走高至 2008 年的 0.491，然后逐步回落至 2015 年的 0.462，但始终在 0.4 以上，收入分配持续处于收入差距较大的区间。究其原因，在所有界定和维持不平等的社会种类（category）中，所有制、行业、地域和工作组织这四个种类无论是在计划经济时代还是在改革时期，都对塑造中国城市的不平等起到了关键作用。[①] 也有学者指出，中国的不平等很大程度上可以归因于集体的因素，比如区域、户籍、工作单位、社会关系、村镇、家族、家庭等。也就是说，目前中国的许多不平等现象并不是个人层次上的，而是集体层次上的。[②] 虽然按照这些学者的观点，较大的利益差距并不能导致社会动荡，但在现实中却使得社会矛盾不断尖锐。

与此同时，由"新双轨制"所产生的"新二元结构"正在影响社会整合。改革开放以来，我国推进了城乡二元结构转化，但农村劳动力的就业非农化并未导致劳动者本人及其家属的身份市民化。其结果是，一方面以农业－非农产业劳动生产率反差为特征的传统二元结构正在转化；另一方面，城市内部以外来务工人员－城市户籍人口社会福利反差为特征的新二元结构日渐突出。有学者指出，20 世纪 90 年代以后在"市场主导型二元结构"作用下，社会生产要素重新向城市和政府部门集中，刚刚缓解的中国城乡矛盾又重新激化，刚刚缩小的城乡差距又继续扩大。并且"市场主导型二元结构"的不断强化，导致了经济结构、分配结构、投资结构失衡等一系列内部失衡经济发展在质量方面受到严重损失。[③] 有学者将其称之为"新二元社会"，即传统计划体制的社会机制和市场化社会机制共生的社会结构，以及两种社会机制在不同地区的非平衡状况对中国社会的影响，造成了新的社会分割。[④]

伴随着社会利益格局的分化与新二元结构的形成，各类社会问题和社会矛盾近年来也日益凸显，群体性事件不时发生。有学者统计，自 20 世纪 90 年代初以来，中国发生的群体性事件在迅速增加。1993 年全国共发生 8 709 宗，此后一直保持快速上升趋势，1999 年总数超过 32 000 宗，2003 年 60 000 宗，2004 年 74 000 宗，2005 年 87 000 宗，上升了近 10 倍。[⑤] 需要指出的是，如企业改组改制、国企解体破产、下岗失业、建设征地、旧城改造、拆迁、劳资纠纷等各类经济利益纠纷等引起的群体性事件，参与者多是直接的利益相关者。在与参与者直接利益相关的群体性事件日益增多的同时，与多数参与者直接利益无关的群体性

① 王丰著：《分割与分层：改革时期中国城市的不平等》，浙江人民出版社 2013 年版。
② 谢宇：《认识中国的不平等》，载于《社会：社会学丛刊》，2010 年第 3 期。
③ 林风：《断裂：中国社会的新变化》，载于《中国改革》，2002 年第 4 期。
④ 刘平：《新二元社会与中国社会转型研究》，载于《中国社会科学》，2007 年第 1 期。
⑤ 于建嵘：《转型期中国的社会冲突》，载于《凤凰周刊》，2006 年第 176 期。

事件也日趋增多。需要指出的是，非直接利益群体性事件的增多，意味着社会矛盾的发展有其一般化的方面。

正是在这一背景下，2004 年党中央提出了"构建社会主义和谐社会"的战略目标。其目标在于扭转以往重视经济建设、重视市场推进的偏颇，转而强调社会建设，"要'把构建社会主义和谐社会摆在更加突出的地位'，使社会主义物质文明、政治文明、精神文明建设与和谐社会建设全面发展。"党的十七大报告首次将社会建设同经济建设、政治建设、文化建设并列，强调"社会建设与人民幸福安康息息相关，必须在经济发展的基础上，更加注重社会建设，着力保障和改善民生，推进社会体制改革，扩大公共服务，完善社会管理，促进社会公平正义，努力使全体人民学有所教、劳有所得、病有所医、老有所养、住有所居，推动建设和谐社会"。社会建设的提出，在一定程度上意味着社会生活领域的问题如社会阶层分化，收入分配差距特别是城乡差距、行业差距拉大等问题开始得到了重视，而不同利益群体的出现，以及利益群体之间错综复杂的矛盾也开始进入党和政府的视野。此后，党和政府进一步加强了"以民生为重点的社会建设"，相继在教育、医疗卫生制度、劳动就业、社会保障与福利制度等领域推出了一系列社会政策和改革，在满足民众社会生活需求的同时也在一定程度上缓和了社会矛盾。有学者指出，在 20 世纪 90 年代短暂地经历了"市场社会"的梦魇之后，中国已出现了蓬勃的反向运动，并正在催生一个"社会市场"。在社会市场里，市场仍然是资源配置的主要机制，但政府通过再分配的方式，尽力将对与人类生存权相关的领域进行"去商品化"，让全体人民分享市场运作的成果，让社会各阶层分担市场运作的成本，从而把市场重新"嵌入"社会伦理关系之中。[1] 在民生建设中，社会组织也正在发挥着越来越重要的作用。正如有学者所指出的，社会组织参与民生建设具有独特优势。一方面，社会组织具有灵活性、便捷性的特点。政府直接服务民生很难兼顾到具体地域、具体领域、具体群体的特殊需求，在时间上也难以持续下去。而社会组织则是自下而上形成，更加接近"社会"、接近群众，对社会在民生方面的需求更为敏感，反应也比政府更为快捷。另一方面，社会组织具有社会关怀的特点。市场追求利益最大化的特点也难以照顾到弱势群体，社会组织的使命往往与某些特殊群体紧密相连，更容易从微观入手来确定民生问题的症结所在，定位更加准确，手段更为有效，这时社会组织作为"社会协同"的重要组成部分在民生建设中就发挥了重要作用。因此，社会组织参与民生建设可以更好地提高公共服务的效能与效率。[2]

---

① 王绍光：《大转型：1980 年代以来中国的双向运动》，载于《中国社会科学》，2008 年第 1 期。
② 李春霞、吴长青、陈晓飞著：《民间平谷：新时期社会组织在民生建设中的作用研究》，九州出版社 2013 年版。

与此同时，社会管理格局的重新构建也成为党和国家社会建设战略的重要组成部分。2006年党的十六届四中全会提出，要"建立健全党委领导、政府负责、社会协同、公众参与的社会管理格局"。自2011年以来，随着国际国内经济社会形势的变动，党和国家开始着力将创新社会管理作为推动社会建设的关键所在。党和国家领导人在不同场合反复强调，要提高社会管理科学化水平，完善党委领导、政府负责、社会协同、公众参与的社会管理格局，加强社会管理法律、体制、能力建设，维护人民群众权益，促进社会公平正义，保持社会良好秩序，建设中国特色社会主义社会管理体系，确保社会既充满活力又和谐稳定。对社会管理的强调，意味着党和政府在关注市场失灵所导致的社会问题应对、确保民生保障的同时，进一步将重点转移到了建构社会秩序与加强社会整合上来。在这种状况下，社会建设的内涵进一步丰富，从原先的以民生——与民众生活相关的各种物质性利益的分配逐步转向了社会利益关系的协调和社会秩序的重建，从而为社会治理的转向提供了理论上的基础。

当代中国社会建设的走向开始转向创新社会管理的实践。这种转向深刻反映了市场经济转轨以来，在经济社会领域中正在进行着的社会治理实践。事实上，正如前文所分析的，伴随着改革开放以来经济社会领域内权力格局的变动，虽然国家仍然具有主导地位，但作为相对独立主体的经济和社会组织已经开始在经济社会各项事务中发挥其影响力，实践中的社会治理格局正在改变着当代中国社会的面貌。同时，这一转向，也为社会组织的发展提供了现实基础和社会氛围，促成了国家与社会良性互动的现实可能。

二、社会治理创新的提出

随着社会建设的进一步深入，经济社会中原先积累着的许多深层次问题逐步显现出来，简单地靠政府在民生领域的社会政策已经难以解决，尤其是随着政府行政的转型，原来的全能主义政府已不复存在；市场化转轨以来所兴起的经济主体的多样化，与日益兴起的公民社会组织的出现，使得社会权力结构日趋复杂化。与之相应的是，经济社会领域事务和问题的复杂性程度不断提升，单靠任何单一主体已经很难以有效应对。正是在这种背景下，传统社会管理的思路逐步被社会治理的思路所取代，并且随着全社会逐步形成了对经济社会领域治理实践的共识，建构国家治理体系和提升国家治理能力于2013年成为党和国家新时期的重要任务，并由此为社会治理创新提供了理论指引和现实基础。

其实，自20世纪90年代以来，治理转型就已经成为全球经济社会发展的一个重要的趋势。随着新自由主义推动的全球化的加速拓展，西方国家出现的"市场失灵”与“政府失灵”使得政治的合法性降低，同时全球经济一体化的趋势又使得各民族国家在面临共同问题时需要协调的彼此行动。“治理”一词（governance）开始取代长期以来的“统治”（government），主要用于与国家的公共事务相关的管理活动和政治活动中。自 20 世纪 90 年代以来，西方政治学家和经济学家赋予“治理”以新的含义，将治理定义为一系列活动领域里的管理机制：它们虽未得到正式授权，却能有效发挥作用，指的是一种由共同的目标支持的活动，这些管理活动的主体未必是政府，也无须依靠国家的强制力量来实现。“治理就是这样一种规则体系：它依赖主体间重要性的程度不亚于对正式颁布的宪法和宪章的依赖。”① 从这一概念强调的要素来看，“治理”更强调一系列不限于政府的社会公共机构和行为者、公民社会即各种私人部门和公民志愿性团体承担越来越多的原先由国家承担的责任、各社会公共机构之间存在着权力依赖、参与者自主的网络以及在公共事务的管理中的管理方法和技术。② 在治理过程中，政府和社会的关系不再是统治和被统治关系，而是一种合作关系：即在各种不同的制度关系中运用权力去引导、控制和规范公民的各种活动，以最大限度地增进公共利益。此外，要使治理成为“善治”，就必须使治理具有合法性、透明性、责任性、法治、回应、有效，③ 从而达到政府与公民对公共生活的合作管理。

《中共中央关于全面深化改革若干重大问题的决定》在对社会治理的阐述中包括了创新社会治理、改进社会治理方式、激发社会组织活力、创新有效预防和化解社会矛盾体制、健全公共安全体系五个方面。其中创新社会治理和改进社会治理方式是最关键的，创新社会治理提出了社会治理所要达到的基本目标，改进社会治理方式规定了社会治理的基本路径。相较于西方发达国家提出的治理理论，执政党提出的社会治理具有明显的差异：社会治理同时包括实现社会和谐、维护社会秩序和国家安全；强调党委领导和政府主导，鼓励和支持社会各方面参与……因此，执政党提出的社会治理虽然吸收了西方发达国家治理理论的有益成分，但是从本质上来说是在对西方治理理论基础上进行的“创新”或改造，或者说当下中国的社会治理实际上是为了重建与社会主义市场经济和社会结构相适应的社会秩序和政治秩序。

正如前文所述，社会治理格局的形成来自于政府自身角色和地位的转型，在市场经济条件下，政府不能也没必要成为计划经济时代的全能政府，“小政府，

---

① ［美］詹姆斯·N. 罗西瑙著，张胜军、刘小林译：《没有政府的治理》，江西人民出版社 2001 年版。

② 格里·斯托克：《作为理论的治理：五个论点》，载俞可平主编：《治理与善治》，社会科学文献出版社 2000 年版。

③ 玛丽－克劳德·斯莫茨：《治理在国际关系中的正确运用》，载于《国际社会科学》（中文版），1999 年第 2 期。

大社会"成为服务型政府转型的内在方向。自 2001 年以来，成都，南京，上海提出建设服务型政府的目标，2005 年政府工作报告第一次提出，"寓管理于服务之中，努力建设服务型政府"；此后，党的十七大报告进一步提出，"加快行政管理体制改革，建设服务型政府"。这一政府转型意味着政府要以社会公共利益为目标追求，以社会公众为本位，以管理就是服务为理念，以人文关怀、民主、透明、责任、法治等价值为基础，在社会公众的参与和监督下，以有效解决社会公共问题为目标，提供公平、优质、廉洁、高效的管理和服务。要建成服务型政府，除了依靠政府自身建设的转向之外，还需要激活社会主体的内在活力。与政府转型同步的是，政府向社会组织购买服务开始成为推动治理实践的重要方式。为破除政府包办公共服务的弊端、提高社会服务效率，上海率先于 2000 年在改革社会管理体制时提出并推行政府购买服务，在卢湾等六个区的 12 个街道开始依托养老机构开展居家养老试点。十多年来，从上海、北京、广东等地区陆续开始的政府购买社会服务试点探索，已然将政府购买服务的内容和范围逐渐扩大到医疗卫生、教育、社区服务、培训、计划生育等领域。伴随着政府向服务型政府的转型，蓬勃发展的社会组织的内在活力也得到了激活，并由此形成了社会组织发展的高潮。[1]

自 21 世纪以来，无论是基层社区还是在民间社会组织，甚至于普通公民，都在一定程度上转化为社会治理的主体并积极地参与到社会治理实践中来。从基层社区的实践来看，随着 20 世纪 90 年代以来住房商品化的改革，基层社区生活离行政管理体系的影响越来越远，并日趋显露出它的社会性，出现了各种非体制的组织，比如居民区的物业管理公司、业主委员会等。这些分属不同"关系共同体"的社会组织均具有正式组织的特征，但它们相互之间没有隶属关系，当这些组织在处理社区公共事务时，往往会进入到"社区共治"格局并由此围绕公共事务展开一系列处于动态过程的横向协商，而协商的最终目标是建立起基于公共利益之上的合作模式。[2] 与微观基层社区相似类似的，在社会公共问题的治理过程中，社会组织的参与也是必不可少的。与项目制的推广相类似的，近年来兴起的"公益创投"，就是将经济领域中的"风险投资""创业投资"理念运用到社会公益服务领域，以提升资金使用效益，促进政府把部分公益服务职能更好地"外包"给正规专业的社会组织，由此推动社会公共问题的有效解决。[3] 正是这种社会治理的转向，为社会组织的发展提供了客观条件，由此，社会组织作为参与社

---

① 高炳中、袁瑞军著：《中国公民社会发展蓝皮书》，北京大学出版社 2008 年版。
② 李友梅：《社区治理：公民社会的微观基础》，载于《社会》，2007 年第 2 期。
③ 敬义嘉：《政府与社会组织公共服务合作机制研究——以上海市的实践为例》，载于《江西社会科学》，2013 年第 4 期。

会治理的重要主体开始显现其重要作用。在上海，目前注册的青年社会组织数量大约近 5 000 家，青年社会组织及其发起的城市行动、公益事业逐渐成为上海城市发展的重要力量。上海青年公益联盟、上海青年社会组织联盟及各种公益服务中心的成立，为青年社会组织提供了公益资源共享、公益项目孵化的平台，为青年社会组织参与社会治理和基层建设提供了广阔的舞台，使青年社会组织获得了全面发展和广泛参与的机会。这些青年社会组织的活动所采取的形式各种各样，包括提供资金、物资等援助、开展教育和启蒙活动、提供公益服务、调查研究等。[①] 这些社会组织的参与，既能提升解决现实社会问题的效率和水平，又能在协作过程中形成较为密切的社会联系，进而促成社会团结并以此为基础重塑社会秩序。

由此看来，随着新时期社会建设主题的转换，社会组织在其中得以发展的社会空间及其功能作用领域进一步扩大，在经济社会建设中的作用和影响力进一步增强。尽管当前社会组织仍然存在着一些现实性问题，如资金缺乏、合法性地位的获得，但是其在社会管理创新与社会治理推进过程中的重要地位逐步得到了各方面的认同。并且，在社会管理乃至于近来的社会治理转向中，随着政府职能的进一步法制化、规范化，其原有职能得到了进一步剥离而进入社会领域，社会组织由此获得了得以发展的社会空间。正是在这个转变过程中，社会组织必然逐步实现其自身的主体性建构，发展成为社会建设的主体之一。

三、我国社会组织的历史过程：从近代起源到当代发展

关于社会组织的功能定位，国内学者也基本达成了共识，比如，有研究者指出，非政府组织（社会组织）的作用可以是：推动社区服务功能的开拓和服务体系的建立；帮助政府摆脱对社会事务的具体服务，实现小政府、大社会的管理格局；积极沟通民选官员与社区居民之间的联系，为居民的政治参与提供服务；带动社区各类服务业的全面发展增加就业岗位，促进社会稳定。[②] 郑杭生从社会建设的角度去看待社会组织的功能重要性，他认为，社会组织既能在一定程度上弥补政府失灵，又能在一定范围内弥补市场失灵；既能减少政府成为社会矛盾焦点的概率，又能较好处理市场不能或无力处理的问题和矛盾。相对于政府行政运行，社会组织的运行方式能够降低社会管理的成本；相对于市场调节，社会组织

---

① "上海目前已有近 5 000 个青年社会组织"，中新网，2015 年 1 月 13 日。

② 蒋学基、叶海燕、俞志宏、叶真：《美国社区非政府组织的运行情况及其启示》，载于《浙江社会科学》，2002 年第 4 期。

的调节方式能够更好地保证社会公益的目标，从而也有利于把社会公平正义落到实处，让广大人民群众共享发展成果，更好地弥合分歧、化解矛盾、控制冲突、降低风险、增加安全、增进团结。[1] 对于社会组织这些功能的共识，也就暗含了对于社会组织这样一种理解：社会组织不是按照政府行政逻辑和市场逻辑运行的机构，而是在自治、自主原则下独立开展社会服务、社会关系协调的组织机构。[2] 其实，社会组织的功能是一个历史演进的实践过程，在不同历史时期，由于当时社会经济状况与社会权力格局的不同，社会组织的功能发挥也存在着一定的差异。

自晚清以来，现代国家政权建设的共同特征是国家力量不断地向传统社会渗透与控制，[3] 而不论国家政权的基层组织是否真正代表国家利益。总之，它在改变传统基层社会格局，将双轨政治变为单轨政治，进而增强国家的力量，即便是象征性力量。在乡村，面对外来工业商品的冲击，农村经济加速破败，而国家政权下移也破坏了由士绅等地方精英主导的自治传统，整个社会呈现出普遍贫困化以及社会结构的恶化趋势。而在城市中，近代以来，随着中国近代城市化的过程加速，传统社会原有的士农工商等社会阶层被新兴的社会阶层所取代。传统社会的中间阶层如士绅，开始逐步与商业相结合，由此而成为绅商。以工商业者、中高级专业人员、自由职业者为代表的中间阶层逐步形成。[4] 与此同时，在一些较为发达的沿海城市，新式社团组织也发展起来，如 19 世纪末的上海，不仅出现了会馆、公所设立的热潮，还出现了不同于旧式同乡团体、同业团体的新式社团组织，如商团、救火会、教育相关团体、学术团体以及风俗改良团体等。在这些社团的基础上，20 世纪初上海形成了地方自治机构，并成为社团网络的中心。民国时期，上海的社团网络主要包括由各阶层人们结合而成的社团如同业同乡团体、商会、工会、学生会、知识分子所组成的自由职业团体；以及为了特定目的结合而成的团体，如慈善团体、文化团体和革命团体等。这些活跃的社团组织不仅实现了不同阶层人群的社会结合，同时还较为深入地介入社会公共事务如慈善救济、文艺发展、教育以及革命运动中，并由此经由同时属于多家社团的个人而形成社团网络。[5]

新中国成立以后，进入现代以来，中国传统的社会组织体制发生了巨大变

---

① 郑杭生：《培育和发展社会组织的意义和思路》，载于《人民日报》，2007 年 11 月 24 日，第 7 版。

② 郑杭生：《培育和发展社会组织的意义和思路》，载于《人民日报》，2007 年 11 月 24 日第 7 版；俞可平：《中国公民社会：概念、分类与制度环境》，载于《中国社会科学》，2006 年第 1 期。

③ ［美］杜赞奇著，胡福明译：《文化、权力与国家：1900～1949 年的华北农村》，江苏人民出版社 2003 年版；费孝通：《乡土中国生育制度》，北京大学出版社 1998 年版。

④ 李明伟著：《清末民初中国城市社会阶层研究》，社会科学文献出版社 2005 年版。

⑤ ［日］小浜正子著，葛涛译：《近代上海的公共性与国家》，上海古籍书店 2003 年版。

化。新中国成立之际，毛泽东在第一届全国政协会议闭幕会上号召，"我们应当将全中国绝大多数人组织在政治、军事、经济、文化及其他各种组织里，克服旧中国散漫无组织的状态，用伟大的人民群众的集体力量，拥护人民政府和人民解放军，建设独立民主和平统一富强的新中国。"从此，我国开始在城市确立"单位制"和"街居制"，在农村则确立"人民公社制度"，并在这些制度的基础上，逐步形成了"国家—单位—个人"一元主体的社会管理格局和由国家集中计划分配各种社会资源和社会机会的模式。单位制的建立，一方面为国家在一穷二白的基础上调动一切资源迅速完成工业化体系和基层政权体系建设发挥了重要作用，另一方面则将弥散的社会生活纳入统一的秩序轨道，使国家对社会的组织动员能力和管控能力得到了极大的增强。[①] 比如在城市，一是以"单位"为基础，政府通过"充分就业"、劳保福利、分配住房、子女入学等制度，建立了从业人员管理的组织体制。在这种体制下，国家机关、企事业单位都隶属于一定的政府部门，"单位"既是工作场所，也是生活保障部门和社会管理部门，同时也是社会问题的化解机构。二是以"街居"为基础，政府通过管理社会无工作人员、民政救济和社会优抚对象等，建立起辅助性的社会组织体制。

直到1978年改革开放前，"单位制"和"街居制"这两种既相对独立又相互补充的社会组织体制，与其他体制共同作用，在城市公共资源配置过程中始终发挥着重要的组织功能。单位包揽一切，几乎掌握着一个人的生老病死所需的所有资源的配置权力，无人可以逃脱单位制而独存。与单位制主导社会领域相应的是，体制内的工青妇等党群社会组织的功能基本上处于从属地位，主要承担着为党组织联系工人、青年以及妇女等群众、并且组织这些人群的社会活动、维护他们的利益以及提供一定的社会福利和保障。总体上看，改革开放之前，国家主导的单位制和街居制基本上承担了绝大多数的社会职能，社会组织（主要是体制内）作用发挥的空间和领域都相对有限，其功能和地位基本上从属于政府行政。

改革开放以来，随着经济领域内改革的启动与推进，自由流动资源和自由活动空间逐步出现并日趋扩展，体制外社会组织开始快速发展起来，并由此形成了社会组织发展的高潮。从1999年开始每年新增民间组织的数量大致以每年30%的增长率递增。进入21世纪以来，这种快速增长的势头一直持续下来。[②] 当然，社会组织的快速发展不仅得益于政府职能转换与剥离，还来自于经济社会发展空间的扩展以及由此带来经济社会职能的增长。正如有学者所指出的，社会组织的快速发展，与其所能发挥的经济社会功能密切相关，主要体现在：支持市场的发

① 李友梅等：《改革开放30年：社会生活的变迁》，中国大百科全书出版社2009年版。
② 刘求实、王名：《改革开放以来我国民间组织的发展及其社会基础》，载于《公共行政评论》，2009年第3期。

展，协助市场提供社会服务，满足社会需求，从而保障市场的有效发展；提供社会服务，弥补政府在提供公共服务方面的不足；促进社会创新，提高服务的质量和效率；影响公共政策，参与公共政策的制定与执行；反抗市场暴政，维护社会公正；制约政府权力，促进政治民主化。[①]

从新时期社会建设的角度来看，随着政府职能的进一步转变，即从全能主义逐步转向公共服务型政府，由此带来大量政府社会职能向市场与社会的转移；而与此同时，社会主义市场经济的进一步发展，也出现了一些难以避免的弊病和失灵状况，这些都需要社会组织的进一步发展来加以应对。正如有学者所指出的，伴随着社会建设的进一步发展，从社会管理转向社会治理的过程中，社会组织的主体性作用开始凸显。从社会治理角度看，作为第三部门的非营利组织相对于政府和企业的比较优势在于：行为灵活，能够根据居民服务需要的变化很快做出调整；通常都贴近社区和群众的日常生活，对群众的需要有更深切的理解，其人员的工作方式也更人性化；运行成本比政府相关部门低，而且要通过降低服务成本、提高服务质量的竞争来获得政府的资金支持；追求公益目标，不以盈利为目的；提供的服务更加丰富多样，可以满足多样性的需求。由此，展望将来的社会建设，很有必要形成"有效政府、有序市场、活力社会"的组织运行状态。[②]

其实如果将社会组织所涉及的领域看作一个连续统，以政府和市场为一端、以居民日常生活为另一端的话，不难将社会组织的功能描画出来：首先是与市场和政府距离较近，功能主要集中于经济活动领域的社会组织，如行业协会、商会、职业培训学校等；然后是与政府距离较近，功能主要集中于社会服务需求的满足的社会组织，如公益慈善组织、各种社会团体、基金会等；以及与政府距离较近，功能主要集中于促进社会秩序与管理的社会组织，比如工青妇组织、一些枢纽型的社会组织、一些维权组织等。其次是与政府距离较远，功能主要集中于自娱自乐目标的社会组织，比如大量的社区"草根"社会组织。在这两端之间，存在着一些在正式规则管理范畴之外的大量网络社会组织（如同乡会）、虚拟社会组织（网络论坛）、作为过程性的社会组织（比如一些临时性的社会集体行动）。由此而论，社会组织从自上而下地参与经济和社会秩序的建构到自下而上地组织人们日常生活，可谓是成为勾连宏观的社会经济秩序与微观社会日常生活的关键中介。而正是在这个过程中，社会组织正在成为社会经济发展中的重要主体之一。

综上所述，我国社会组织的发展基本上反映了 20 世纪以来中国经济社会发

---

① 康晓光等：《第三部门观察报告》，社会科学文献出版社 2011 年版。
② 李培林：《中国社会组织体制的改革与未来》，载于《社会》，2013 年第 3 期。

展的特征,其中又在很大程度上受到国家在特定时期的职能角色与组织体制的影响。换言之,我国社会组织体制的发展与变迁,既受其自身发展规律的影响,同时也受到不同历史时期社会环境的变动、国家职能"替代性"的程度等方面的作用,而我国社会组织体制的发展演变过程正由此体现出与西方社会组织发展不同的走向。

第三节　社会组织的本体性建构：社会联结的再生产

在人类社会的发展历程中,伴随着工业革命以来的经济社会变迁,在深刻改变社会生产方式与生活方式的同时,也在极大程度上影响着社会关系纽带的转变,而正是基于这一转变,社会结构与秩序才能不断发展与变迁。作为社会关系纽带的重要载体,社会组织也在关系纽带的转变中发生了变化,其作用形式也正在发生着巨大的转变。从新时期社会纽带的新变化来看,现有社会组织的分析必须着力于推进社会关系纽带的整合;或者说,促成社会联结,并由此发挥出主体性作用。社会组织这一主体性作用的发挥,离不开其对社会公共性的重新构建,正是从这个意义上讲,社会组织能够进一步推进社会建设与社会治理的展开与深化。

一、当代社会联结纽带的转变：现代与后现代的交互

从工业革命以来,随着大工业组织的出现以及大众消费生活方式的形成,大量人口集中到城市的同时也加强了社会的流动性,由此带来了对传统社会关系和共同体的冲击。在一些学者看来,工业化、城市化和现代化打破了人们之间的传统联系,传统规范和价值观式微,随着劳动分工和社会差异的增大,人与人之间的距离也在扩大,社会逐步被原子化,个体之间彼此相互隔绝,只有通过正式的司法、契约和大众传播相互联系,社会蜕化为"大众社会"。[1] 个体逐步从传统血缘和地缘关系的约束中解放出来,个体的自主性增强,进入到新的关系模式之中。正如梅因所说,"在运动发展的过程中,其特点是家族依附的逐步消灭以及取而代之的个人义务的增长,'个人'不断代替了'家族',成为民事法律所考虑的单位……我们也不难看到:用以逐步代替源自'家族'各种权利义务上那种相互关系形式的……关系就是'契约'……在这种新的社会秩序中,所有这些关

---

[1]　Kornhauser, William, *The Politics of Mass Society*, Glencoe: The Free Press, 1956.

系都是因'个人'的自由和议而产生的。"① "从身份到契约"的过程，其实就是
个人不断走向自由和独立的过程，是个人人格发生根本性变化的过程。但与此同
时，生产技术的发展也大大提高了现代社会的互相依赖性，"工业技术的稳定增
长大大降低了普通市民的经济自立程度。"② 不同于斯密所主张的个人也组成了
"社会"，并在相互"同情"和"交换"的基础上建构了具有道德色彩的社会团
结，在涂尔干看来，正是功能性的相互依赖，形成了社会联系，"有了分工，个
人才会摆脱孤立的状态，而形成相互间的联系；有了分工，人们才会同舟共济，
而不一意孤行。总之，只有分工才能使人们牢固地结合起来形成一种联系，这种
功能不止是在暂时的互让互助中发挥作用，它的影响范围是很广的。"③ 换言之，
工业社会在摧毁传统的共同体情感联系纽带的同时，也通过现实性的经济与利益
的功能性联系而结成理性社会关系。在这个过程中，传统基于情感的强关系主导
的关系格局也逐步让位于以事本原则的"弱关系"主导的理性模式。在此基础
上，人类社会开始形成外部性的理性化社会秩序。在这个转变过程中，之前长期
存在着的基于传统、情感性的社会秩序逐步被理性秩序所取代。④

　　自20世纪70年代以来，资本主义生产模式开始采取"弹性专业化"模式，
因而超越了福特主义与泰勒主义的生产原则，这也被皮奥里和萨贝尔称之为"第
二次工业革命"。在他们看来，以手工生产为特征的弹性专业化并没有被大规模
的生产模式取代。相反，许多行业的生产是建立在手工业生产的传统基础之上
的，这种生产方式是一种持续创新的战略，而且适应于不断变动的环境。⑤ 可以
说，消费社会的进一步发展，其神启般的后果就是极大地解放了个人，个性生活
取代了集体的共性。从生产社会到消费社会的转变，在很大程度上促使个体实现
了"第二次解放"，即"制度化个体性"。在贝克看来，晚期现代性的个体化是
劳动力市场的产物，教育、流动和竞争共同促进了这种主观生涯的个体化潮流，
其主要特征之一就是，"社会形式的解体，比如阶级、社会地位、性别角色、家
庭、邻里等范畴的日趋弱化"。人们从传统的一系列范畴中解脱出来，在这种个
体化过程中，既有的邻里关系瓦解了，家庭成员在自己的网络中选择关系和生
活。一方面，个体自身成为生活世界中的社会性的再生产单位，他们成为以市场
为媒介、对自己的生涯进行规划和组织的行动者；另一方面，制度的外表成为个

　　① ［英］梅因，沈景一译：《古代法》，商务印书馆1959年版，第96~97页。
　　② ［美］罗伯特·海尔布罗纳、威廉·米尔博格，李陈华等译：《经济社会的起源》，上海人民出版
社2010年版，第83页。
　　③ ［法］埃米尔·涂尔干，渠东译：《社会分工论》，生活·读书·新知三联书店2005年版，第24页。
　　④ ［德］马克斯·韦伯，阎克文译：《经济与社会》，上海人民出版社2010年版。
　　⑤ Piore, Michael J. & Sabel, Charles F., *The Second Industrial Divide: Possibilities for Prosperity*, New
York: Basic Books, 1984.

体生涯的内在品质、个体生涯和生活境况被从制度上加以塑造以及在政治上加以结构化了。确切地说市场同时带来了个体化和标准化。① 蔓延的个人主义的发展，个体自主性也得到进一步增强，与组织之间的关系纽带逐步趋于松散，弱关系纽带进一步凸显出其重要性，② 由此带来社会权力与支配格局的变动。在图海纳看来，在后工业社会（"程序化社会"）中，"具有普遍性的个人主义变成了政治秩序的基础，它通过个人利益、传统习惯和非理性主义对社会秩序起着支配作用。"③ 个体自主性的增强，在很大程度上改变了社会再组织的内在逻辑，即外部强加的理性化秩序开始走向更为变动的、个体性的、不确定性的社会再组织过程，借用马克思的一句话来说，就是，"一切坚固的东西都烟消云散了"。④

自20世纪末期以来，随着信息技术的发展，人类社会进入了一个新的时代。依托现代信息技术尤其是互联网在全球的扩展，智能技术的广泛应用并与新能源利用相结合而产生的"第三次工业革命"日益兴起，⑤ "众包""维基经济学"以及"大规模的社会协作"等新生产模式在生产领域和生活领域正促成一种革命性的转型。在这一过程中，合作与共享成为人类社会关系纽带的新特征。

随着生产方式的快速转变，传统消费者的角色也随之改变，人们生活方式的面貌也焕然一新。正如前文所述，随着大规模流水线制造的终结，人们可以完全按照自己的意愿来设计产品。在维基模式下，消费者同时也是生产者，消费的同时就是生产，边消费边生产，产品完全适应消费者个性化的需求偏好，定制以后也不产生产品库存，可以在减少碳排放和原材料消耗的前提下，保持更高的生产效率。⑥ 这一变化在某种程度上验证了托夫勒在20世纪80年代提出的"产销一体化"，人们在未来时代将既是生产者，又是消费者。⑦ 这种参与性生产过程在改变传统生产组织的同时，也改变了人们的生活方式，生产过程不再是外在于日常生活而是真正成为人们生活方式的一部分，由此个体在生产领域的自主性不断增强，促成了社会关系建构的新纽带：即出于分享、兴趣、利他、成就感、社区虚荣心等各种原因而贡献智慧，在持久的互动与分享过程中实现社区乃至社会的

---

① ［德］乌尔里希·贝克，何博闻译：《风险社会》，译林出版社2000年版，第30页。

② ［美］马克·格兰诺维特，张文宏译：《找工作：关系人与职业生涯的研究》，格致出版社2008年版。

③ Touraine, Alain., *The Post-Industrial Society. Tomorrow's Social History: Classes, Conflicts and Culture in the Programmed Society.* New York：Random House，1971，pp. 14.

④ ［美］马歇尔·伯曼，张缉等译：《一切坚固的都烟消云散了：现代性体验》，商务印书馆2003年版。

⑤ ［美］杰里米·里夫金，张体伟译：《第三次工业革命：新经济模式如何改变世界》，中信出版社2012年版。

⑥ ［美］克里斯·安德森，萧潇译：《创客：新工业革命》，中信出版社2012年版。

⑦ ［美］阿尔·托夫勒，黄明坚译：《第三次浪潮》，中信出版社2006年版。

繁荣和辉煌。可以说，人类社会正在进入所谓的"后社会关系"（post-social relations）时代，① 互联网等工具（实体）如克莱·舍基所谓的"社会性软件"（social software）等的广泛应用，人类的关系联结与组织形态不断发展演化：随着从个人分享到公共分享、公用分享，直至公民分享，由此大大降低了传统集体行动所需要的成本，弱关系开始真正成为推动整体社会运作的关键性力量。克莱·舍基认为，作为个体行动的汇总，集体行动经历了四个关键步骤：第一是基于一种"始于自我协作"的分享，这样的社会影响随之增大；第二是对话，也就是人与人的同步性对话，彼此了解更多的东西，并使之变得更好；第三是协作，一群人出于共同努力协作的目的，协作需要分工和团队合作；第四是集体行动，即未来的集体行动，其关键是一群人作为整体变得很重要。② 可以说，人们正经历一个乐于创造和分享的年代，相对于消费而言。由于技术使创造和分享变成可能，我们将看到一个人人参与、"群体智慧"的新时代，这将导致巨大的变化。③

与网络社会的兴起相适应的是，社会权力格局正在呈现出多中心的态势，社会支配形式也发生了转变，随之而来的挑战是社会整合难度的加大。在信息社会，动用资产的主要目的不再仅仅是为了利润的占有，而且也是为了掌握决定、影响和操纵权。统治从企业延伸到社会生活的所有其他方面，个体必须面对"延伸到比以前更紧密地把制造，信息，培训和消费归并在一起的生产系统的一种统治"，④ 在他看来，这种社会支配形式的变动，弱化了信息社会的整合。"日益复杂的程控社会，只会造成整合的衰退。它对应于一种比前工业社会更不单纯、更不稳定和更不机械化的组织模型。大家都感觉到：我们从对这个社会的参与中所得到的不同经验，不是将我们导回到某一中心点，而是分散至几个不同的决策中心，这些中心分布结构更像是马赛克而非金字塔。"⑤ 由此可见，伴随着网络对社会成员自主性的极大释放，整体社会格局的去中心化趋势逐步强化。经济的运作已经开始围绕信息的生产、识别、利用等环节展开，由此带来的是个体自主性增强与大规模社会协作的展开，这也意味着有效合作成为经济社会发展的内在需求，对公共性的要求也随之产生。⑥

---

① Knorr Cetina, Karin, Post-social Relations: Theorizing Sociality in a Post-social Environment, in George Ritzer & Barry Smart (eds.), *Handbook of Social Theory*, SAGE Publications, 2001.

② ［美］克莱·舍基，胡泳译：《认知盈余：自由时间的力量》，中国人民大学出版社 2011 年版。［美］克莱·舍基，胡泳译：《人人时代：无组织的组织力量》，中国人民大学出版社 2012 年版。

③ ［美］詹姆斯·索罗维基，王宝泉译：《群体的智慧：如何做出最聪明的决策》，中信出版社 2010 年版。

④ Touraine, Alain, *The self-production of society*, Chicago: The University of Chicago Press, 1977, p. 195.

⑤ ［法］阿兰·图海纳，舒诗伟等译：《行动者的归来》，商务印书馆 2008 年版，第 144 页。

⑥ ［英］保罗·霍普，沈毅译：《个人主义时代之共同体重建》，浙江人民出版社 2010 年版。

当然，社会关系纽带的变动也直接反映在我国的社会建设中，在市场化、信息化等力量的推动下，由于不同地区处于不同的发展阶段，使得现代与后现代的社会关系纽带在我国社会中交互存在并相互作用，由此也导致了社会关系与结构的复杂性和变动性：一方面，我国已经出现了后现代性的"个体化"现象，但呈现出与西方不同的特点，即伴随着流动性带来的脱嵌，个体身份重要性增加以及身份认同政治，新型社会性的出现即作为个体的个人之间的社会互动；① 另一方面，工业时代所存在着的现代性的社会关系依然在延续，并且由于其与后现代因素的交互影响，而使得前文谈及的"中国的个体化"呈现出与西方不同的特征。有鉴于此，面对社会关系纽带复杂化的挑战，新时期社会建设的关键就在于如何重建社会关系纽带。正如有学者指出，对于基层社会的整合而言，我们的历史能够提供的主要是两种经验：基于原初的血缘、地缘特征结成的社会纽带与基于集体化生产和再分配特征形成的社会纽带。前者有相当强的局部性和分割性，其亲疏有别的个人关系规则很难在公共社会中发挥作用；而后者的被动性连接方式，妨碍了经由社会成员自主选择建立的主动认同和归属。所以，社会整合"事"虽在基层行动领域，"理"却在宏观结构领域，它看起来是求诸管理之道，实质上是探寻社会成员共享的利益及价值的协调机制，关键是公共制度建设。这一机制依赖于人们的选择性认同，如果传统经验不需面对公共选择，就难以给今天异质社会的整合问题提供现成模式。②

二、新时期社会组织的形态：结构、关系与过程

伴随着社会关系纽带性质与形态的转变，作为其载体的社会组织及其运作形态也发生了极为重要的转变。从现实社会来看，这种组织与形态的转变集中体现为社会组织作为社会关系纽带和社会秩序的中介，并由此将多样化的社会联结勾连而形成社会秩序，这也体现了社会组织化的动态演变过程。

在工业化、市场化以及信息化等多重逻辑的作用下，当代中国社会已经并且将长期处于"复杂社会"（有学者也称之为"复调社会"）的环境之中，即由不同发展阶段、不同利益群体（如政府、知识分子以及"草根"民众等）各自建构的社会空间，以及在此基础上不同关系层次（血缘、地缘以及业缘等）所建构的行动过程。这些组成部分之间的关系是动态的，是对立和斗争的，同时也是对话、协商和渗透的，是均衡和协调的也是不平衡的、矛盾和悖论的，正是这些要

---

① 阎云翔、陆洋等译：《中国社会的个体化》，上海译文出版社 2012 年版。
② 张静：《社会建设：传统经验面临挑战》，载于《江苏行政学院学报》，2012 年第 4 期。

素之间错综复杂的关系形塑出一个"复杂社会"的现实构造。[1] 其中，不同的社会利益主体基于自身的思维方式、围绕着自身所要解决的现实问题所建构的社会及其管理方式，虽然有其合理性，但是诸种不同的社会关系碰撞过程中必然会产生结构性的张力：比如政府关注的是社会稳定与社会福利层面上的社会，知识分子关注的是与公民权利相关的公民社会，民众关心的是日常生活的"草根"社会。构成"复杂社会"各领域期待和力量及其之间的对比关系并非始终如一的，而是随着历史条件的变化，在相互斗争和对话中不断改变，这些构成部分的"未完成性"使其也始终处于未完成状态。[2] 因此，从某种程度上看，无论是在理论上还是在实践上，都不能简单地用某一种社会类型替代甚至遮蔽其他的社会类型，不能天真地以为只要抓住某一个社会环节，就能起到纲举目张的效果，带动整个社会的良性运行和协调发展，而应该洞悉它们在具体历史条件下既共存又对立的关系，在此基础上容忍，鼓励和推动它们各自的生长和发展。

面对这样一个"复杂社会"，快速发展的社会组织则成为这些不同利益群体、不同层次关系借以表达自身不同利益诉求的开放平台，并在此基础上进一步得到整合从而实现其解决现实问题的工具性效用。从现实条件来看，社会组织这种中介作用的发挥和展现，主要体现在三个维度：即治理与秩序建构的主体、社会自组织以及组织社会的实践过程。

首先，从结构与秩序的层面，社会组织可以被理解为参与社会治理及建构社会秩序的重要组织主体，它是和现代政府组织、现代企业组织等具有对等法人地位的形式化建构。近年来，社会组织作为组织主体参与社会建设已经成为一个普遍的共识，并已经转化为具体的参与实践。比如，以 2002 年成立的"社区参与行动"为例，这次活动以提高社区居民参与能力、推动社区参与式发展、促进和谐社区建设为目标。在实践中，不仅开展"城市社区参与式治理"能力建设培训，还在此基础上与北京、天津、重庆、兰州等地方政府合作探索社会创新的路径和机制，推动政府、社区和社会力量共同参与社区建设，实践以需求为导向的参与式社区服务项目化管理；此外，这一社会组织还积极参与调节、化解社区利益矛盾冲突，并在近年来取得了政府和社会各界的认可与认同。[3] 再如都市支持型社会组织恩派（NPI），不仅适应了经济社会发展与政府职能转变的现实背景，同时还承担着对相关非营利组织 NPO（non-profit organization）进行管理和监督的功能。相较于政府来说，NPI 本身对 NPO 组织的运行情况更为了解和熟悉，对

---

① 李友梅等：《社会的生产：1978 年以来的中国社会变迁》，上海人民出版社 2009 年版。

② 肖瑛：《复调社会及其生产——以 civil society 的三种汉译法为基础》，载于《社会学研究》，2010 年第 3 期。

③ 康晓强：《社会组织与现代国家治理——基于案例的分析》，中国政法大学出版社 2014 年版。

NPO 组织的工作方式也更为适应。因此，比起政府，NPI 对 NPO 组织的监督和管理更为有效。而 NPO 组织也乐于接受 NPI 的服务和监管。服务可使它们发展，监管可助它们提高绩效，为进一步的壮大提供基础和机会。可以说，社会"需求"、政府"赋权"和都市"介质"诸要因促进了 NPI 的快速成长。作为一个支持型社会组织，NPI 沟通了政府和社会，既帮助政府有效地履行了政府职能，又对社会需求进行了回应。由此，通过与市场、政府、社会的良性互动，社会组织的作为在当代中国的现实条件下可以有效地解决社会问题、推动社会创新。① 这个意义上的社会组织的运作，我们可以理解为在宏观层面促成了政府、市场与社会之间的合作与协同，其作用的发挥基本在结构层面展开。

其次，从其自身的生成、发展与变迁的主体角度，可以将社会组织视为是社会自组织的结果。在参与社会治理的过程中，社会组织有其特有的目标诉求、一定程度的自主性和资源获取网络，以及相应的行动能力与策略。因而，并非简单地被动式地嵌入到一个由政府行政主导的社会治理结构之中，它本质上是一个理性工具主义、理念价值主义与策略性等特征综合的行动主体。据此，有学者在嵌入式行动的前提假设下，对中国转型期间与政府组织（如工青妇、民主党派工商联等）相对应的非政府组织的生成、发展及运作进行了考察，对中国方兴未艾的环境保护行动进行了多角度的实证分析，从内蒙古的"草原大寨"运动及其后的生态修复，到云南省怒江大坝的论争，再到上海绿园新村社区的绿色行动，以及中国非政府组织国际合作的机会、挑战、风险与收益等。社会组织在获得合法性的同时，对党和政府的依赖也同时带来了对组织自身的约束，由此，大量社会组织通过非正式纽带关系，能够发展出更有效调动资源的组织结构，对市民察觉到的或渴望获得的权利加以呼吁，并且可以采取适当的方式与国家主导的信息发布体系对话。② 从社会公益组织的自身发展来看，有学者通过对八个民间志愿组织个案的研究，集中分析了这些志愿性集体行动的意义框架和行动策略后指出，对于组织化的志愿行动来说，自我实现逻辑和团体归属逻辑，这些外在和内在意义的双重框架的变迁构成了志愿行动动力变迁的基础揭示了中国基层社会发生的变迁；同时，意义赋予影响了行动策略的选择，而行动策略又促使集体认同得以形成；整个意义框架部署存在于志愿行动的领袖的头脑中，而是在行动中被志愿者所分享，并反过来成为推进行动策略实施的工具。③ 这个意义上的社会组织运作，

---

① 阮云星、赵照：《都市支持型社会组织何以快速成长：上海 NPI 的政治人类学研究》，载阮云星、韩敏：《政治人类学：亚洲田野与书写》，浙江大学出版社 2011 年版。

② ［荷］皮特·何、瑞志·安德蒙，李婵娟译：《嵌入式行动主义在中国：社会运动的机遇与约束》，社会科学文献出版社 2012 年版。

③ 朱健刚：《行动的力量——民间志愿组织实践逻辑研究》，商务印书馆 2008 年版。

可以被理解为在中观层次上社会组织作用的发挥，即作为自为体的社会组织，在现实性的社会情境约束下所产生的寻求自身内在意义的实践过程，该意义就在于将一部分具有"共意"或"共利"的社会人群凝聚起来，并由此形成社会联结点。

最后，从社会关系纽带、联结组织社会的实践过程的角度来看：作为一个连续谱，社会组织的存在形态可以是正式化、结构化程度最高的法人组织，也可以是非正式化、权宜性、偶然性程度最强的集体行动过程。处于不同形态和阶段的社会组织都现实地作用于社会秩序与合作的达成。正如费埃德伯格所指出的，组织不是一个单一的结构，组织既是结构又是过程。组织内部很活跃，与外界也充满着交流。行动者尽管受到诸多约束，却依然活跃，围绕权力关系构建了许多的权力游戏。因此，组织进行着持续的变化和调整，它就是一连串的权力游戏。[①]近年来，随着网络信息技术的兴起，后工业社会与风险社会的多重逻辑并存，社会组织的形态更加趋向复杂化。比如近年来随着社交媒体的发展，"微博打拐""免费午餐"等活动活跃在微博中，"微公益"成为热词，从线上到线下，从公益组织到政府、企业，从精英到普通老百姓，微公益渗透在中国的各个角落。中国微公益呈现出与其他国家不同的景象和特征，它影响着中国的第三部门发展，影响和改变着中国政府的行为方式以及政府与社会之间的关系；影响和改变着人们参与公益、参与社会，以及参与政治的理念、态度和行为；影响和改变着公益组织的行动理念、行动方式，甚至内部治理；影响和改变着企业的行为；影响和改变着社会舆论、政治文化、慈善文化等。[②] 与之同步的是，社会行动者开始利用各种社交性媒体，进一步推动了社团行动的展开与组织形态的建构。[③] 在借助互联网技术、拓展自身社会行动网络的过程中，社会组织也实现了自身的组织建构，并在此基础上进一步展现了其中介性的地位和作用。从这个意义上看，我们可以理解为在微观或在行动层面上展开的社会组织，相比于作为结构对象和联结实体的社会组织，社会组织的这种属性或特征更加具有变动性，关系联结也更具有临时性和复杂性，但其反映了社会关系建构和变动的实践过程，对社会联结的变动具有极为重要的影响。

综上所述，不难发现，在后工业社会的语境下，社会组织的生成与发展，都在很大程度上充当了个体与宏观社会的中介，其中介功能的进一步展现将直接影响到个体行动与社会秩序建构，并由此促进了社会的进一步整合。从某种程度上

---

① ［法］埃哈尔·费埃德伯格，张月等译：《权力与规则：集体行动的动力》，上海人民出版社 2005 年版。

② 康晓光等：《第三部门观察报告 2013》，社会科学文献出版社 2013 年版。

③ 杨国斌：《连接力：中国网民在行动》，广西师范大学出版社 2013 年版。

看，社会组织在民生建设和社会服务方面发挥的作用正是这一功能的具体实现形式。

三、社会治理中的社会组织：公共性的自我生产

作为社会联结的现实载体之一，社会组织在促成社会关系、建构社会秩序过程中发挥着极为重要的作用，而这种作用过程则指向社会公共性的生产与再生产，并由此促成社会建设与社会治理的进一步展开与深化。在此基础上，社会组织才能够发挥其作为勾连个体与更宏观社会领域的中介性角色和功能，促成整体社会的关系协调与秩序稳定。

西方治理理论和实践是因为市场失灵和政府失灵而出现的，社会治理要能有效而持续地发挥作用关键还是在于形成"政府目标和地方非官方制度安排的融合，能够使国家和社群共同参与，官方职能与地方制度安排交织在一起"。从现实状况来看，中国社会还处在社会主义初级阶段，我国还没完成工业化建设；城乡之间、地区之间的现代化水平相差很大，两极分化严重，社会矛盾积累并高发；社会结构滞后于经济发展。因此，虽然中国遇到了与西方发达国家类似的市场失灵和政府失灵，但是这种市场失灵和政府失灵更多地表现为市场不完备，制度不健全，法治缺失以及政府行政体制僵化、官僚主义和官员腐败等因素导致的合法性危机。东西方国家在实现这种有机结合的过程中都有其成功或失败的经验，其实质在于能否在社会治理过程中，形成一套包括国家在内的大家都能遵守的或认同的共同规则，从而形成的可预期的秩序模式。奥斯特罗姆认为，任何社会中的秩序模式都有赖于一套共同的规则，这套规则使得大众和个人能够按照一种共同的知识而行动，进而把大众改变成为一个有秩序的关系共同体。① 社会治理的最终要求是为共同体成员提供有关行为规范和价值预期的制度，从而形成包括国家在内的共同体成员的秩序模式。

从传统国家治理体系向现代国家治理体系转型的关键，也在于从国家单方面支配社会过渡到国家与社会的良性互动，这就需要重新思考国家与社会之间、政府与公民之间的关系。社会管理的对象并非社会本身，而是社会生活得以被组织起来的机制，社会被凝聚起来并形成良好的秩序是需要一定的纽带和规则的。换句话说，社会建设意在凝聚"共识"，社会治理意在发掘社会纽带提供整合社会秩序的机制。由此，公共性作为能够为社会秩序提供的机制和纽带，就成为推动

---

① ［美］V. 奥斯特罗姆、D. 菲尼、H. 皮希特著：《制度分析与发展的反思——问题与抉择》，商务印书馆 1996 年版。

社会治理与社会秩序建构的关键性要素。作为公共性的载体，社会组织的发展在社会治理中将不断实现生产与再生产过程。

从某种程度上看，公共性源于人类的共同生活。在阿伦特看来，"一切人类活动都要受到如下事实的制约：即人必须共同生活在一起。一旦超出了人类社会的范围，行动甚至是不可想象的，并且也唯有行动是如此。"① 而作为人类社会共同体之一，社会组织天然就是一种公共生活。正如滕尼斯所指出的，"关系本身即结合，或者被理解为现实的和有机的生命——这就是共同体的本质"，"一切亲密的、秘密的、单纯的共同生活，被理解为在共同体内的生活"，它构成"一种持久的和真正的人的共同生活"，"人们在共同体里与同伙在一起，从出生之时起，就休戚与共，同甘共苦"。② 由此而论，作为"公民社会参与者是作为主体利益代言人和社会服务提供者而进行各种活动的"，③ 公共性是社会组织的内在天然属性。有学者指出，所谓社会组织的公共性，其实涉及的是社会组织所开展的活动与公众、共同体（集体）之间的关联程度，也可以说涉及的就是社会组织在公共空间中角色与功能的塑造和发挥问题。也就是说，对于社会组织而言，其在公共空间中的角色与功能，主要体现在两个方面：一是公共利益表达；二是公共服务提供。这两个方面所关涉的人群范围越广，产生的社会效应越大，社会组织的公共性就越强。④

在社会治理中，公共性的获得不仅来自于社会组织形成的实践，还在于其能够积极地参与社会公共生活，在合作机制建构中发挥其主体性作用。正如有学者所指出的，自后工业化以来的历史进程中，随着社会自治力量的成长，公民国家与市民社会的界限会变得模糊起来，进而使得民主原则下的整个治理体系发生根本变化。在这个过程中，信任是社会整合、公民参与以及有活力民主制度所必不可少的，而信任产生于公民社团的公共责任认同。⑤ 换言之，在新的历史条件下，社会组织的发展将加强社会信任，并由此直接促成社会合作进而实现社会关系的整合，由此，社会公共性也被不断地生产出来。正是从这个意义上讲，社会组织成为一种新的社会共同体形式。

作为一种社会共同体，社会组织内的社会成员往往具有较为频繁的社会互动、较为亲密和相互信任的社会关系并在此基础上形成相互依赖。从某种程度上看，社团（共同体）即代表了一种人们的理想生活。在理论上，鲍曼将人类共同

① ［美］汉娜·阿伦特，王寅丽译：《人的境况》，上海人民出版社2009年版。
② ［德］斐迪南·滕尼斯，林荣远译：《共同体与社会》，商务印书馆1999年版。
③ 康保锐、隋学礼译：《市场与国家之间的发展政策：公民社会组织的可能性与界限》，中国人民大学出版社2009年，第113页。
④ 唐文玉：《国家介入与社会组织公共性生长》，载于《学习与实践》（武汉），2011年第4期。
⑤ 孔繁斌：《公共性的再生产：多中心治理的合作机制建构》，江苏人民出版社2012年版。

体区分为想象的共同体和实际存在的共同体。所谓想象的共同体，提供的是人类对现实生活的内心体验和需要，意味着人类的一种舒适、安全、相互信任和相互依赖的生命栖息的场所。在现实生活的残酷现实中，人们实际存在的共同体则与之有着严重的分歧，主要体现在，实际存在着的共同体使得人在获得确定性和失去自由之间不断徘徊。① 或者说，在社会组织（共同体）中，更为集中地体现了个体自由和集体生活之间的矛盾与统一。

从我国社会组织发展的现实目标来看，要积极地参与到社会治理过程中，并由此创建具有中国特色的社会主义的公共性。从某种程度上看，公共性的建构既有其普遍性的一方面，同时更为重要的是要与本土社会相联系。从中国社会由传统到现代的发展历程可以看出：凸现公共性是社会主义的应有之义和本质要求，然而，在社会主义建设过程中，公共性问题往往会被忽视或扭曲。我国社会主义建设中的公共性偏多，认为社会主义公共性的回归要从国家、社会和公民三个层面展开。在国家层面，要凸现公共性，重构国家共同体认同；在社会层面，要培植公民领域，重构国家与社会的关系；在公民层面，要培育公民公共精神，构建公正有序的公共秩序。② 而在社会主义公共性的培育和引导过程中，社会组织要能够发挥作用，就必须明确自身的社会定位，推动社会关系与联结的形成，并由此实现其组织价值。

综上所述，随着人类社会从现代向后现代的快速转型，人类社会关系纽带——联结正在发生着极为重要的变化，正如我们所分析展示的，作为社会成员及其社会关系的集合，社会组织的本体性特征也在发生着转变，我们也正是从这一视角出发来研究新时期社会建设中社会组织的定位。不难发现，新时期社会管理创新与有效社会治理的实现在某种程度上都离不开社会组织的发展与作用的发挥，而不同利益主体对社会组织发展的不同意图都极大地影响到社会组织发展的定位，并进而由此影响到其职能定位及其作用领域的拓展。我们认为，新时期社会组织将在专注于民生建设、提供公益服务的同时，更多地参与社会关系协调，促成社会联结，并由此促成新的社会秩序。由此而论，依据社会组织的领域和作用方式，新时期社会组织建设领域呈现出三个不同的面向：治理与秩序建构的主体、社会自组织以及组织社会的实践过程。并且，在某种程度上，社会组织发展及其作用的发挥，也是社会公共性形成的过程，在社会治理的过程实践中，社会组织必将扮演极为关键的角色，并由此促进中国社会领域的进一步发育和成长。

---

① ［英］齐格蒙特·鲍曼，欧阳景根译：《共同体》，江苏人民出版社 2003 年版。
② 吴文勤：《我国社会主义建设中的公共性偏离与回归》，载于《攀登》，2010 年第 4 期。

第三章

社会组织的结构形态与运作实践

当前中国的社会组织在民生和社会建设方面发挥了越来越大的作用,不仅如此,社会组织还在三个维度上逐步展现出其连接个人与社会的中介作用,即治理与秩序建构的主体、社会自组织以及组织社会的实践过程。本章将社会组织放置于社会建设领域更广泛的组织体系之中,从组织环境与组织关系的角度着重讨论社会组织自身建设和功能释放的环境需求及其实践结果。一方面,通过大量的数据资料展示当前我国不同类型社会组织的数量、分布、功能领域及由此形成的组织生态结构,重点分析各类社会组织在功能发挥方面的关系;另一方面借助"制度与生活"分析视角解读各类社会组织发展运作的典型案例,力图展示改革开放以来中国社会组织的生长发育实践,中国社会组织独特的生成机制和运作逻辑。在上述分析的基础上进而探讨社会组织如何发挥社会协同和社会自我协调、自我管理的作用。

已有资料显示,改革开放以来新生的体制外社会组织(无论是否注册)主要在社会事业、社会服务领域发挥作用,这种作用不断增加但依然有限,总体上仍是对体制内组织之主体作用的补充,与"社会协同"作用的充分发挥仍有距离。这样一种功能格局主要是强大的制度引导与约束的结果,对于任何社会组织而言,处理好与体制的关系几乎都是影响其发展的最关键的因素。就此而言,如果期待社会组织在社会建设领域发挥更大的积极作用,就需要有更为有机、合理、细致的制度政策设计。进而言之,在从社会管理格局向社会治理格局转变的过程中,即使是在基层社区服务领域,社会组织的角色与功能也不能仅限于公共服务供给中政府主导力量的工具性补充,还需要成为凝聚社区和公共性生产的载体。

只有如此，社会组织才可以称为城乡基层社会治理的真正主体。

第一节 当前中国社会组织的结构形态

一、中国社会组织的类型学

从最宽泛的意义上说，存在于人类社会的一切组织都是社会组织，无组织则无社会。政府是政治领域最重要的组织形式，企业则是市场经济中最为普遍的组织主体，除此之外的非政府组织（NGO）、非营利组织（NPO）往往被称作"第三部门"，或被划分到市民社会或公民社会（civil society）中，构成了社会组织的基本范畴。官方意义上我国的社会组织主要包括三类：社会团体、民办非企业单位和基金会。许多学术讨论也是以此为分析对象，但也有对社会组织更为宽泛的理解与运用（康晓光、韩恒，2005、2007；俞可平，2006；王名，2008；李培林，2010、2014）。本书主要在宽泛的意义上使用社会组织的概念，具体所指的社会组织是：政府机构和企业组织以外的，以承担社会责任、实现社会目标为宗旨，体现公益和互益价值，履行民生服务、联系社会需求、维护社会有序运行等功能的制度化组织形态，包括体制内的传统社会组织与改革开放后在市场和社会领域出现的各类新兴社会组织。因而，这里的社会组织是 NGO、NPO 的概念，其范畴要远远大于政府话语体系中的合法注册的社会组织。

社会组织有多种不同的分类标准，中国的社会组织类型尤为复杂。按照联合国的产业分类标准（ISIC），非营利组织被分成教育类、医疗和社会工作类、其他社会和个人服务类共 3 个大类 15 个小类，[①] 这主要是一种以社会组织功能为标准的分类方式。康晓光、韩恒[②]重点关注工会、行业协会和商会、城市居委会、宗教组织、官办 NGO、"草根" NGO、非正式组织及政治反对组织等 8 类社会组织，分类标准是其组织集体行动的能力和提供公共产品的差异。俞可平[③]曾对第

---

① 教育类包括小学教育、中学教育、大学教育和成人教育；医疗和社会工作类包括医疗保健、兽医和社会工作；其他社会和个人服务类包括环境卫生、商会和行业协会、工会、娱乐组织、图书馆、博物馆及文化、体育和休闲组织等。

② 康晓光、韩恒：《分类控制：当前中国大陆国家与社会关系研究》，载于《社会学研究》2005 年第 6 期。康晓光：《行政吸纳社会——当前中国大陆国家与社会关系再研究》，Social Sciences in China2007 年第 2 期。

③ 俞可平：《中国公民社会：概念、分类与制度环境》，载于《中国社会科学》2006 年第 1 期。

三部门、民间组织、非政府组织、非营利组织、中介组织、群众团体、社会团体、人民团体等概念进行辨析，认为当前中国的民间组织从学术研究的角度可以根据其本质特征划分为行业组织、慈善性机构、学术团体、政治团体、社区组织、社会服务组织、公民互助组织、同人组织、非营利性咨询服务组织9类，从行政管理的角度则可划分为人民团体、自治团体、行业团体、学术团体、社区团体、社会团体、公益性基金会7类。王名①区分了狭义、广义的民间组织概念，认为民间组织的主体包括社会团体、基金会、民办非企业单位、商会、社区基层组织、农村专业协会、工商注册非营利组织、境外在华NGO 8类，并认为人民团体、事业单位、社会企业也可归属于广义民间组织。

其他主要的分类标准还包括法律地位、受益范围、管理制度等。按照法律地位的标准，社会组织可以分为法定社会组织、"草根"社会组织、准社会组织。法定社会组织即正式注册的社会组织。"草根"社会组织包括以企业身份进行工商登记的社会组织、没有法人地位的单位下属组织、社区自治与公益组织、群众自发组织等。准社会组织则包括转型中的事业单位、群团组织，以及业主委员会、网上社团等新型组织。根据受益范围的不同，社会组织可以分为互益性、公益性组织。前者均为会员制组织，包括经济性团体（行业协会、商会等）、社会性团体（学会、联谊会、兴趣团体等）以及互助合作组织（人民团体、社会团体等）；后者不一定为会员制，主要包括基金会、实体性社会服务机构（事业单位、民办非企业单位）等②。按照管理制度的差异，社会组织可以划分为传统单位制模式的社会组织、法定新型社会组织、备案制社区"草根"组织、非法定的自主活动组织等。此外，还可根据社会组织的组织化程度的高低、功能领域的差别、活跃程度的不同等进行分类。

与上述分类不同，本书综合使用多层次的多种标准对社会组织进行分类。首要标准是社会组织与现有体制的关系。按此标准，可将社会组织区分为体制内、准体制内、体制外三大类。体制内社会组织包括各类事业单位、工青妇等人民团体及不注册的单位内部组织，准体制内社会组织包括社区自治组织（村/居委会）、官办或自上而下的正式注册社会组织，体制外社会组织则包括民间自下而上的注册社会组织（部分工商注册）、备案的社区"草根"组织、业主委员会、未注册或备案的自发组织及网络组织等。每一大类在必要的时候再根据组织化程度、法律地位、功能领域等进一步细分，详见后文。大类如图3-1所示。

---

① 王名：《中国民间组织30年：走向公民社会》，北京社会科学文献出版社2008年版。
② 吴玉章：《民间组织的法理思考》，北京社会科学文献出版社2010年版。

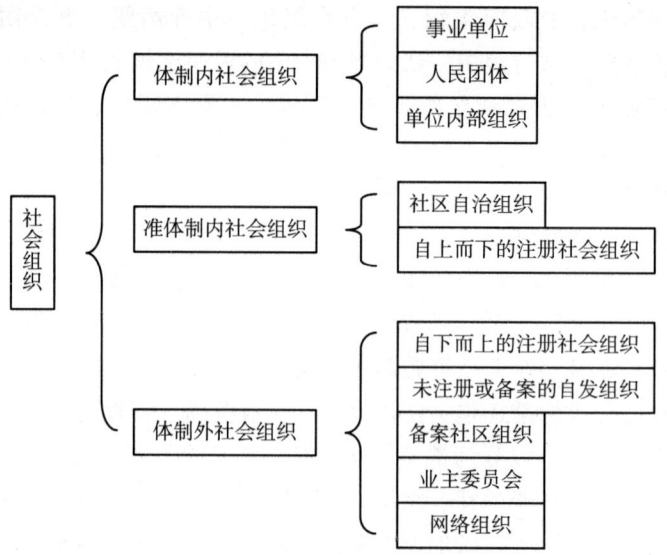

图 3-1　社会组织的不同类型

　　体制内社会组织是党和政府的外围组织与重要支撑，是党和政府发展社会事业的主要依托，也是其与社会沟通的中介。无论是事业单位还是人民团体，都与体制高度合一，由政府部门作为上级主管单位，经费有财政保障，运作高度行政化，有完备的组织网络。事业单位原则上是公益性团体，致力于科教文卫、社会服务、社会保障等社会事业的发展。人民团体则大多是互益性团体，主要为特定群体服务。两类组织都长期存在、数量庞大、影响广泛，但都面临社会服务活力和效率不足、与现实社会需求存在距离等问题，亟须改革转型。

　　准体制内社会组织同样与政府关系密切，但其法律性质或者是基层群众性自治组织，或者是社会组织法人。社区是社会建设与社会治理的基础空间，全国近70万个城乡社区自治组织在社区服务和管理方面发挥了重要作用。正式注册的社会组织中存在大量"自上而下"的社会组织（官办社会团体、官办基金会等），亦即改革开放以来，在中国政府推动的政社分离过程中，由政府体系内的某些组织转变而来的社会组织，如某些专业性社会团体[①]。政府对这类组织的信任程度更高，一般在人事、财政等方面有制约手段，这些组织也更容易获得政府各方面的支持，在各自领域具有某种垄断地位。

　　体制外社会组织种类繁多，包括正式、半正式、非正式组织等多种形式，但

---

　　① 顾昕、王旭：《从国家主义到法团主义——中国市场转型过程中国家与专业团体关系的演变》，载于《社会学研究》2005 年第 2 期。

总体上都是 20 世纪 90 年代之后"自下而上"产生、自主运营的民间组织。① 由于是在政府体制之外生长出来，政府对这些组织的信任度较低，政策支持不足且有选择性，总体上是一种引导发展与加强管控并行的思路。民间的注册社会组织在 2000 年后数量迅速增长，资源来源多样，不完全依赖于政府资源，在社会服务、环境保护、行业治理、权益维护等方面所发挥的作用越来越大。在政府政策与资源的引导下，公益服务等部分领域的社会组织发展更为迅猛，而维权等领域的社会组织则不受支持甚至受到抑制，同时出现了部分民间组织向政府靠拢以获得更多支持的趋势。其他社区"草根"组织、业委会、自发组织、网络组织等也都存在由政府进行分类引导、控制的现象。

从组织结构关系的角度来看，体制内社会组织一直是执政党与政府最可依赖的社会建设和治理的主体，而改革开放后准体制内社会组织的发展本来就是对体制内社会组织作用发挥不力、无法覆盖到的社会的新生空间的补充。进而，体制外社会组织则是在体制内、准体制内两大类社会组织均无法充分应对新社会形势的背景下兴起的。首先是出现了依靠体制力量无法满足的大量新生社会需求，其次是体制改革释放出相应的社会空间，为体制外社会力量的兴起提供了契机。例如在教育领域，属于民办非企业单位的民办学校是公办学校这类事业单位的补充；又如在农民工维权领域，"草根"农民工组织（非正式组织）也是工会组织（人民团体）未能覆盖到的农民工群体的产物，而一旦工会调整策略，"草根"农民工组织即面临发展困境。三大类社会组织之间有分工有合作，构成了有中国特色的社会组织体系。

二、各类社会组织的数量、结构与功能

（一）体制内社会组织

1. 事业单位

事业单位是我国特有的一类社会组织，也是第一大类重要的体制内社会组织。根据 2004 年重新修订施行的《事业单位登记管理暂行条例》，事业单位是指国家为了社会公益目的，由国家机关举办或者其他组织利用国有资产举办的，从事教育、科技、文化、卫生等活动的社会服务组织。2005 年发布的《事业单位登记管理暂行条例实施细则》则给出了更为详尽的说法，事业单位是指国家为了

---

① 将注册社会组织区分为"自上而下"和"自下而上"两种类型的研究方式，如贾西津：《中国公民社会图纲》，载于《社会学家茶座》2008 年第 1 期。

社会公益目的，由国家机关举办或者其他组织利用国有资产举办的，从事教育、科研、文化、卫生、体育、新闻出版、广播电视、社会福利、救助减灾、统计调查、技术推广与实验、公用设施管理、物资仓储、监测、勘探与勘察、测绘、检验检测与鉴定、法律服务、资源管理事务、质量技术监督事务、经济监督事务、知识产权事务、公证与认证、信息与咨询、人才交流、就业服务、机关后勤服务等活动的社会服务组织。可以看出，事业单位具有公益性、非营利性、公有性、服务性等特征，功能领域主要是提供社会服务、促进社会事业发展。我国的事业单位在公益性、非营利性、服务性等特征以及功能发挥方面与国外的 NGO、NPO 基本一致，只是其公有性特征不同于国外的社会组织。事业单位不同于政府机构，但公有性特征决定了其运营主要依赖于政府拨款。

公开报道出来的事业单位数量并不统一，但都在 100 万个以上。据 2011 年的报道，我国当时有 126 万个事业单位，共计 3 000 多万正式职工，另有 900 万离退休人员，总数超过 4 000 万人。[①] 2014 年的报道则称，全国有 110 多万个事业单位，3 100 多万在编人员，其中 67% 以上是各类专业技术人员[②]。

国家统计局的相关数据远低于媒体公开报道，事业法人单位[③]数量在 70 万 ~ 80 万个。2013 年的《中国统计年鉴》[④] 显示，截至 2012 年底，我国的事业法人单位共 729 718 个，占法人单位总数的 6.9%（国家统计局网，2013）。第三次全国经济普查数据显示，2013 年底，全国机关、事业法人单位共 103.7 万个，从业人员 4 592.7 万人，分别占法人单位总数的 9.6%、12.9%（国家统计局、国务院第三次经济普查办公室，2014）。如果按照机关、事业单位数量 1:3 的比例粗略估计，则事业法人单位数为 78 万个左右。根据 2014 年 5 月 16 日的报道[⑤]，我国有事业单位 111 万个，事业编制 3 153 万人。

作为体制内社会组织，事业单位与党政机关一样，都有各自的行政等级，因而可以按照行政等级的差别将事业单位区分为国家级、省部级、厅局级、处级、科级等不同类型。国家级事业单位具有全国性的影响力，大都在地方拥有各自的下属事业单位。国家级事业单位主要包括：中央直属事业单位（中央党校、人民日报社、求是杂志社等 10 家）、全国人大直属事业单位（6 家）、国务院直属事业单位（新华通讯社、中国科学院、国家行政学院、中国地震局、中国银监会等

① 参考《全国事业单位改革拿出时间表》，载于《重庆晚报》，2011 年 4 月 10 日。
② 赵鹏：《事业单位工资有望 7 月松绑 3 100 万人或涨薪》，载于《京华时报》2014 年 5 月 26 日。
③ 《事业单位登记管理暂行条例》要求"事业单位应当具备法人资格"，因此，这里的事业法人单位可以等同于事业单位。
④ 2014 年的《中国统计年鉴》中无此类统计。
⑤ 网易新京报，2014 年 5 月 16 日，"中国事业编制人数曝光：3 153 万" http://365jia.cn/news/2014-05-16/1DBD346A6F22F6A2.html。

13 家)、全国政协直属事业单位（8 家）、最高人民法院直属事业单位（7 家）、最高人民检察院直属事业单位（6 家）、民主党派机关直属事业单位（13 家），以及若干人民团体机关直属事业单位等。省部级以下事业单位往往也是地方性的事业单位，构成了事业单位的主体力量。

事业单位更普遍的分类方式是按照其发挥作用的领域。根据《事业单位国家行业分类目录》，事业单位主要分为教育、科研、文化、卫生、体育、新闻出版、广播电视、社会福利、救助减灾、统计调查、技术推广与实验、公共设施与管理、物资仓储、监测、勘探与勘察、测绘、检验监测与鉴定、法律服务、资源管理事务、质量技术监督事务、经济监督事务、知识产权事务、公证与认证、信息与咨询、人才交流、机关后勤服务、其他等 20 多个大类。这一分类标准与《事业单位登记管理暂行条例实施细则》中的有关说法相一致。

从产业机构的角度来说，事业单位几乎都集中在第三产业，主要致力于社会事业发展。根据第三次全国经济普查，事业单位主要分布在教育、卫生和社会工作、科学研究和技术服务、公共管理与社会保障、文化体育和娱乐、租赁和商务服务、水利环境和公共设施管理等行业，在居民服务、运输仓储等其他行业中也有零散分布。其中，教育、卫生和社会工作、科学研究和技术服务、文化体育和娱乐业中的事业单位数量相对最多，即事业单位主要集中于俗称的"科教文卫"领域。[①] 参见表 3－1。

表 3－1　　　　非企业法人单位在不同行业中的数量与所占比例（2013）

行业	数量（万个）	比例（%）
交通运输、仓储和邮政业	1	3.8
信息传输、软件和信息技术服务业	0.7	3.1
金融业	0.1	3.3
房地产业	0.6	1.7
租赁和商务服务业	10.2	11.1
科学研究和技术服务业	11.1	24.3
居民服务、修理和其他服务业	1.6	8.4
水利、环境和公共设施管理业	3.9	45.9
教育	36	87.0

---

①　在表 3－1 中，非企业法人单位数量最多的是"公共管理、社会保障和社会组织"行业，为 151.2 万个。但由于大部分机关单位和注册社会组织集中于这一行业，因而在这一行业中，事业单位的数量或相对并不很高。

续表

行业	数量（万个）	比例（%）
卫生和社会工作	21.9	87.6
文化、体育和娱乐业	5.7	24.8
公共管理、社会保障和社会组织	151.2	99.5

资料来源：根据第一号、第三号《第三次全国经济普查主要数据公报》整理。

注：这里的"非企业法人单位"是指企业单位以外的所有法人单位，包括机关、事业单位、社会团体等，因而并不能等同于事业单位。但在不同行业，机关、事业单位、社会团体的各自比例会有差异。党政机关和注册社会组织主要集中在"公共管理、社会保障和社会组织"行业，其他行业的事业单位比例则相对较高。

2. 人民团体

与事业单位一样，人民团体也是中国特有的一类社会组织。人民团体又称群团组织，可以视为中国共产党的外围组织，在中共发展的不同历史阶段产生，是党联系人民群众的纽带和桥梁，或者作为统一战线的组织形式留存至今。最主要的人民团体是指中国人民政治协商会议（全国政协）的组成单位，包括中华全国总工会、中国共产主义青年团、中华全国妇女联合会、中国科学技术协会、中华全国归国华侨联合会、中华全国台湾同胞联谊会、中华全国青年联合会、中华全国工商业联合会8个单位。此外，中国作协、中国文联、新闻工作者协会、对外友协、外交学会、贸促会、残联、宋庆龄基金会、法学会、红十字总会、思想政治工作研究会、欧美同学会、黄埔同学会、中华职教社等组织，均为经国务院批准免于登记的社会团体，有时也被视为人民团体。人民团体使用行政或事业编制，并由国家财政拨款。人民团体的主要任务、机构编制和领导职数均由中央机构编制管理部门直接确定，它们虽然是非政府性的社会组织，但在很大程度上行使着某种政治职能。

全国性人民团体的数量尽管只有20几家，但都拥有数目巨大的下属组织。中华全国总工会、中国共产主义青年团、中华全国妇女联合会通常被简称为"工青妇"，是其中规模最为庞大、影响也最大的三类组织。以妇联为例，根据2008年第十次妇代会通过的《中华全国妇女联合会章程》，全国妇联下设地方各级组织和基层组织，各乡镇、街道设立妇女联合会，村、居设立妇女代表会，机关、事业单位、社会组织设立妇女委员会或妇女工作委员会，企业中也设立形式灵活的妇女基层组织。目前，全国基层妇联组织已近90万个，在妇联系统工作的专职干部人数2012年为78 074人[1]，各级团体会员125万多个。[2] 共青团基层组织

---

[1] 国家统计局网，2013年。

[2] 参考自中国妇女网，"中国妇女基本情况和全国妇联主要工作"，http://www.women.org.cn/wx-zl/flbk/626533_2.shtml。

数量更多。截至 2013 年年底，全国共有共青团员 8 949.9 万名，基层团组织 384.2 万个，包括基层团委 29.7 万个、基层团工委 2.3 万个、团总支 22.5 万个、团支部 329.7 万个。[①]

改革开放以来，随着中国工业化进程的加快，工会基层组织数量迅速增长。据统计，1979 年工会基层组织数量为 32.9 万个，到 1993 年，缓慢增长到 62.7 万个，增长约 1 倍。1994~1999 年，随着国企改革力度的加大，工会数量有所减少，1999 年为 50.9 万个。2000 年之后，由于非公企业工会建设工作的开展，工会数量快速增长，2002 年猛增到 171.3 万个。因为统计口径的调整，2003 年工会数量锐减为 90.6 万个，此后逐渐有序增长，2008 年增加到 184.5 万个，2013 年进一步增加到 276.7 万个，比 2003 年增长了 3.05 倍，比 2008 年增长了 1.5 倍。参见图 2-2。工会会员人数 1979 年为 5 147.3 万人，1993 年为 10 176.1 万人，2003 年增长为 12 340.5 万人，2013 年的 28 786.9 万人，相比 2003 年增长了 2.33 倍，相比 1979 年则增长了 5.59 倍。[②] 工会会员数量变化轨迹与基层工会数量的变化相似。

（万个）

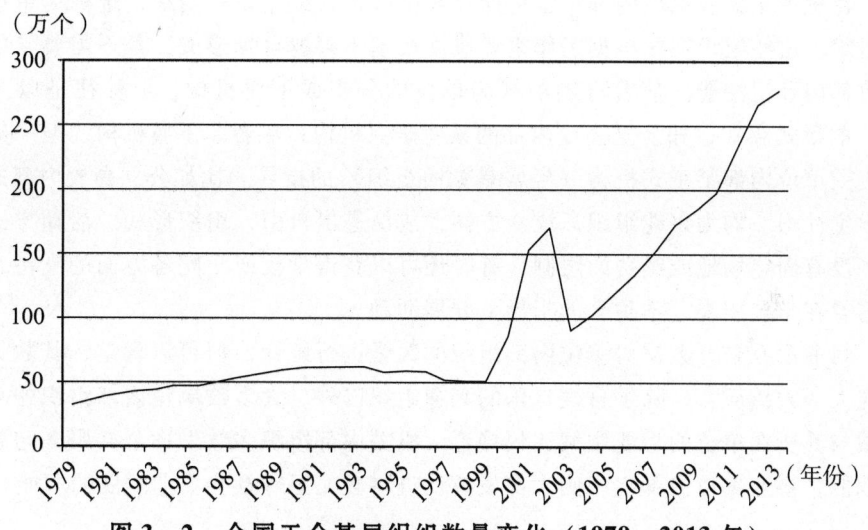

图 3-2　全国工会基层组织数量变化（1979~2013 年）

注：自 2003 年开始，工会基层组织的统计口径有所调整，与之前不同。

资料来源：国家统计局网，国家数据查询平台，http://data.stats.gov.cn/workspace/index；jsessionid = 9351E608B07490C72642D5576FDF14D9？m = hgnd。

① 刘维涛：《数据显示截至 2013 年底内地共青团员共 8 949.9 万名》，人民网，2014 年 5 月 4 日。
② 参考国家统计局网，国家数据查询平台，http://data.stats.gov.cn/workspace/index；jsessionid = 9351E608B07490C72642D5576FDF14D9？m = hgnd。

近年来，人民团体机关化严重、基础薄弱、活力不足等问题愈益凸显，群团组织改革工作逐渐提上议事日程。2015 年 7 月，中共中央印发《关于加强和改进党的群团工作的意见》，指出群团组织基层基础薄弱、有效覆盖面不足、吸引力凝聚力不够等问题突出，特别是在非公有制经济组织、社会组织和各类新兴群体中的影响力亟待增强；有的群团组织工作和活动方式单一，进取意识和创新精神不强，存在机关化、脱离群众等问题。11 月，中央全面深化改革领导小组第十八次会议审议通过《全国总工会改革试点方案》《上海市群团改革试点方案》《重庆市群团改革试点方案》，标志着群团组织改革在全国范围内正式展开。群团改革的目标是保持和增强群团组织的政治性、先进性、群众性，改革和改进其机构设置、管理模式、运行机制，坚持力量配备、服务资源向基层倾斜，使各类群团组织更加接近群众、更加充满活力、更加坚强有力，为党分忧，为民谋利。可见，此项改革旨在强化群团组织作为党和不同社会群体之间的中介者作用，使执政党借助群团组织更好地组织管理社会，巩固党的执政基础。

3. 单位内部组织

在机关企事业单位内部，也可能存在某些正式或非正式组织，统称为单位内部组织。这些组织往往根据工作需要成立或基于兴趣自发形成，都不需要专门在民政部门登记注册。前者可能被视为单位的分支或下属机构，但往往是以"虚体"的形式存在，如公立高校内部的某些研究机构；后者非下属机构，但一般也须接受单位内部某正式机构（经常是党团组织）的指导。比如公立高校内部的大量学生社团，均为兴趣组织，成立方便，成员进出自由，组织形式、活动方式灵活，没有固定场地或经费的限制，有时还可以获得学校或学院各方面的支持，只是需要在学校团委、学生会的指导下开展活动。

目前没有公开数据对单位内部组织的数量进行统计，但可以肯定，其数量十分庞大。大致而言，除了自娱自乐的兴趣组织以外，大多数单位内部组织的功能领域与其所在单位的功能领域比较接近。机关内部组织多数发挥公共服务与管理的职能，事业单位内部组织则大都发挥促进科教文卫等社会事业发展的职能。

（二）准体制内社会组织

1. 社区自治组织

中国的社区自治组织主要包括城市中的居民委员会和农村地区的村民委员会。两类组织最早都是自发产生的居民自治组织，[①] 后来先后被纳入政府的基层组织管理体系之中，成为城乡基层最普遍、最主要的社区组织，在社区建设与治

---

① 居委会最早产生于 1949 年的浙江杭州，最早的村委会则出现于 1980 年的广西宜州。

理方面发挥了重要作用。20 世纪 80 年代末先后发布实施的《中华人民共和国村民委员会组织法》和《中华人民共和国城市居民委员会组织法》规定，村委会、居委会都是基层群众性自治组织，同时也有配合基层政府开展社区服务与管理的义务，这就决定了社区自治组织自治性、行政性的双重属性。一方面，社区自治组织由选举产生，社区居民的支持是其生命力的根基与活力的来源；另一方面，社区自治组织与基层政府或政府派出机构联系紧密，政府的支持强度很大程度上影响了组织在社区中的作用发挥。尽管社区自治组织无须注册为社会团体，但它们也是社会组织的重要组成部分。社区自治组织不属于政府机构，也不像事业单位、人民团体那样存在行政级别，但由于其与政府的密切关联，称之为准体制内的社会组织较为合适。

中国人口规模巨大，作为对应一定规模辖区人口的基层组织，居委会、村委会在数量上也很庞大。改革开放以来，中国的城市化水平不断提高。与此相应，城市居委会数量也不断上升，而农村村委会的数量则持续下降。据民政部统计，中国的居委会数量在 2006 年为 80 717 个，2010 年上升到 87 057 个，2015 年进一步增长为 10 万个。村委会数量则从 2006 年的 623 669 个减少为 2015 年的 58.1个。① 如图 3 - 3 所示。

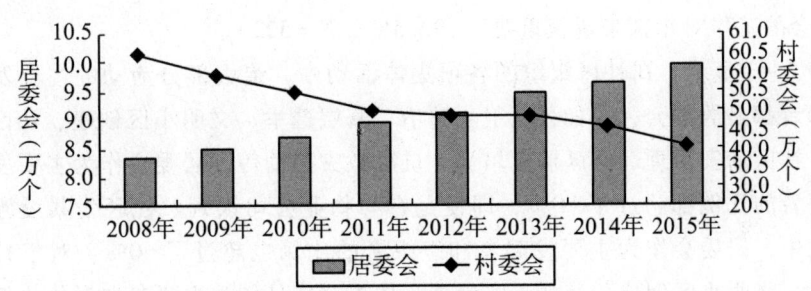

图 3 - 3　居委会、村委会数量变化（2008 ~ 2015 年）
资料来源：民政部网，"民政部发布 2015 年社会服务发展统计公报"，2016 - 7 - 11。

截至 2015 年年底，社区自治组织共计 68.1 万个，其中：村委会 58.1 万个，村民小组 649.2 万个，村委会成员 229.7 万人；居委会 10 万个，比上年增长3.1%，居民小组 134.7 万个，居委会成员 51.2 万人，比上年增长 3.0%。全年共有 16.5 万个村（居）委会完成选举，参与选举的村（居）民登记数为 2.1 亿人，参与投票人数为 1.6 亿人。② 村委会、居委会在社区自治组织总数中的比例分别是 85.32%、14.68%，如图 3 - 4 所示。根据第六次中国人口普查资料，

①② 民政局网，2016 年。

2010 年 11 月 1 日，中国城乡居民数量分别约 6.66 亿人、7.04 亿人，① 比例接近
1∶1。而 2015 年居委会数量仅占村（居）委会（总）量的 14.68%，居委会范围
内的平均人口要远远高于村委会。未来一段时间，村委会数量下降、居委会数量
上升的趋势仍将持续。

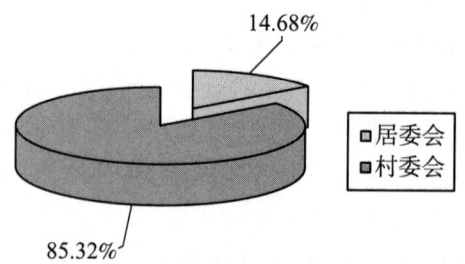

图 3 - 4　2015 年村委会、居委会所占比例

　　这里以上海居委会为例分析社区自治组织的作用发挥。上海目前共有 4 122
个居委会②。根据上海社会调查研究中心上海大学分中心 2010 年的调查，③ 居民
委员会是当前城市社区建设的组织主体，既要完成上级交代的任务，又要为居民
提供各项服务，同时还是基层群众自治组织。调查显示，绝大部分调查对象认为
"居委会的工作对小区来说很重要"（92.5%，N = 522）。④

　　表 3 - 2 显示，在社区组织的各项集体活动中，绝大部分活动的主要发起者
或组织者都是居委会，比如公共卫生整治、基层选举、文明小区创建、社区文化
活动、社区治安治理、社区居民培训、抗震救灾捐助等，居委会作为主要发起者
和组织者的比例都超过了 80%，即使是在与物业公司谈判、社区公共设施修缮
等活动中，居委会作为主要发起者和组织者的比例也超过了 60%。对于社区公
共卫生、文明小区创建、社区治安治理，居委会成员作为主要参加者的比例超过
了 70%，对于基层选举、社区居民培训、与物业公司谈判、抗震救灾捐助等，
居委会成员作为主要参加者的比例超过了 60%，即使是在社区文化娱乐活动和
社区公共设施修缮等事项中，居委会成员作为主要参加者的比例也超过了 50%。

---

　　①　参见"我国总人口达 13.7 亿城乡人口总数接近持平"，载于《京华时报》，2011 年 4 月 29 日。
　　②　上海统计网，2015 年。
　　③　调查主题为"上海市社区参与与居民自治能力调查"。本次调查严格按照科学的分层抽样方法
（PPS），根据人口的分布，从上海市区抽取了 12 个街道、42 个居委会，在获得每个居委会详细的人口信
息后，从每个居委会随机抽取 12 个家庭，然后采取入户面访的方式，最后共获得有效样本 522 份。本次调
查以 18 岁以上的常住人口为对象，其中，男性占 46%，女性占 56%；上海市户籍人口占 82%，非上海市
户籍人口占 18%。
　　④　以下有关本次调查的数据内容，均参见刘玉照、孙秀林、金桥：《上海市社区建设调查报告》，
2010 年 9 月。

对于大部分社区公共事务与集体活动来讲，居委会作为主要经费提供者的比例都达到了 40% 以上。

表 3 – 2　　　　　　居委会在社区公共事务中的角色和作用　　　　单位：%

集体事件与公共事务	公共卫生整治	基层选举	文明小区创建	社区文化娱乐活动	社区治安治理	社区居民培训	与物业公司谈判	社区公共设施修缮	抗震救灾捐助
居委会作为主要发起者或组织者	80.65	83.82	84.73	85.02	80.51	89.31	68.09	60.87	84.50
居委会作为主要的经费提供者	38.44	45.09	48.00	47.88	40.07	39.69	40.43	28.99	27.07
居委会成员作为主要参与者	78.39	68.44	78.55	57.65	71.48	60.31	63.83	55.43	67.56
N	398	377	275	307	277	131	47	276	484

从主观意愿来看，多数居民认为居委会对于小区公共事务负有责任，当小区中遇到公共治安、物业纠纷、卫生整治、社区秩序等方面的问题时，70% 左右的居民都愿意选择到居委会反映问题。对于居委会的工作，大部分居民也表示满意。其中，84.1% 的居民对居委会的工作总体上表示满意，85.2% 的居民对居委会主任的工作表示满意，75.0% 的居民对居委会专职社工的工作表示满意，85.3% 的居民对楼组长工作较为满意，另外，对"居委会事务公开""居委会为群众代言""居委会自治"三个方面的满意率也分别达到了 72.8%、74.7%、78.6%（见表 3 – 3）。

表 3 – 3　　　　　　居民对居委会工作的满意度　　　　单位：%

满意度	非常满意	比较满意	不太满意	极不满意	总数
居委会的工作	13.6	70.5	13.4	2.4	492
居委会主任的工作	15.2	70.0	12.4	2.4	466
居委会专职社工的工作	8.3	66.7	21.2	3.8	424
你们楼组长的工作	21.3	64.0	11.9	2.8	470
居委会事务公开	9.7	63.1	24.1	3.1	453
居委会为群众代言	10.3	64.4	22.9	2.5	477
居委会自治	10.9	67.7	19.3	2.1	467

2. "自上而下"的注册社会组织

在政府话语体系中，社会组织即正式注册的社会团体、民办非企业单位和基金会。其中，存在大量"自上而下"的社会组织（官办社会团体、官办基金会等），即改革开放以来，在中国政府推动的"政社分离"改革过程中，由政府体系内的某些组织转变而来的社会组织。尽管力图与政府划清界限，但这类组织依然保持着与政府的紧密联系。政府对这类组织的信任程度更高，一般在人事、财政等方面有制约手段，而这些组织也更容易获得政府各方面的支持。全国性的中国青少年发展基金会、中华慈善总会，地方性的老年协会等都是这类社会组织的典型。

从研究的角度来看，"自上而下"与"自下而上"的注册社会组织有分类的充分必要。前者曾是体制内的一部分，注册成为社会组织后仍与政府保持密切联系。后者是体制外生出的新生力量，注册之初大多与政府的关系若即若离，有的甚至被视为对政府公权力的威胁。由于与体制的关系不同，二者在资金来源、运行管理方式、工作效率等方面也有比较大的差别。但现实中，两类社会组织却难以明确划分。既有自上而下的社会组织在社会化运作的道路上越走越远的案例，也有自下而上的社会组织得到政府充分信任的例子。公开的统计资料中也没有关于这两类注册社会组织的统计数据，因此其各自的数量并没有精确的说法。据已有的公开信息，在近 2 000 个全国性社会团体中，使用行政编制或事业编制并由国家财政拨款的社会团体有 200 个左右，[①] 约占 1/10。又如当前城市社区中普遍存在的老年协会，[②] 其组织的各种学习、健身、娱乐等活动，丰富了老人的文化生活，有助于老人的身心健康。但这并非总体情况。从空间分布、功能发挥的角度，也难以区分两类注册社会组织，二者在不同地区、不同领域都可能并存。因此，下文在相应章节中，将对注册社会组织的数量、类型等相关内容专门进行介绍。

（三）体制外社会组织

1. "自下而上"的注册社会组织

自下而上的注册社会组织即民间自发产生、自主运营的社会组织，在中国产生于 20 世纪 90 年代。与自上而下的注册社会组织相比，其数量更为庞大，运营资源的来源也更加多样，有时又被称作民间组织或"草根"组织。影响较大的全

---

① 这里的全国性社会团体包括 20 多个人民团体。参见新华网，"社会团体"相关资料，http：//news. xinhuanet. com/ziliao/2002 – 01/28/content_285782. htm。

② 据 2011 年 4 月公布的中国第六次人口普查数据，60 岁及以上的老年人口比例已经达到 13. 26%，而城市人口的这一比例更高。参见"我国总人口达 13. 7 亿城乡人口总数接近持平"，《京华时报》，2011年 4 月 29 日。

国性组织如"自然之友"、地球村、北大妇女法律研究与服务中心等。由于出身于政府体制之外,政府对这些组织的信任度较低,政策支持不足且有选择性,总体上是一种引导发展与加强管控并行的思路。2000年以后,自下而上的注册社会组织数量迅速增长,资源来源多样,活跃于社会服务、环境保护、行业治理、权益维护等领域,在经济生活、政治生活和文化生活中的作用日益重要[①]。

2. 备案社区组织

备案社区组织主要是指城乡社区范围内存在的、在基层政府部门或居委会村委会备案的群众性活动团队,有时又被称为社区民间组织[②]、社区社会组织、"草根"社区组织等。在上海,几乎每个村居社区,都存在十几个到几十个这类组织,它们主要根据居民的兴趣爱好而成立,由居委会进行支持或监督。团队的种类很多,包括体育健身、休闲娱乐、学习培训、志愿服务等,而以体育健身和休闲娱乐类的团队数量最多,如太极拳队、合唱队、舞蹈队、书画班、治安巡逻队等。由于许多在职人员的生活重心并不在社区,所以参加团队活动的仍以退休老人和家庭妇女为主,这在一定程度上限制了团队活动的影响力。

上海大学社会学院于2013年在全国六个省市进行了一次大规模的问卷调查,范围包括了上海市、广东省两个沿海发达省份;吉林省、河南省两个中部地区省份;甘肃省、云南省两个西部内陆省份。共涉及186个村居(居委会106个、村委会80个),5 745个居民样本。该调查数据显示,在村居委备案的社区组织数量,上海市平均为2.24个,远远高于全国6省市的平均水平,排名第2位,仅次于云南省。上海市拥有备案社区组织的村居比例高达44.74%,也远远高于六省市的平均水平。但是上海市每个社会组织参与的人数要远远少于全国平均水平,在五个有民间组织活动的省份中排名最后。参见表3-4。

表3-4　　　　　　　　**六省市基层社区社会组织发育状况**

	甘肃省	广东省	河南省	吉林省	上海市	云南省	平均
平均数量(个)	0.41	0.45	0	1.28	2.24	2.39	1.30
拥有社会组织备案的村居委比例(%)	28.12	21.05	0	25.00	44.74	75.0	37.10
平均每个社会组织参的人数(人)	234.33	35.92	0	92.38	29.36	610.81	254.38

---

① 俞可平:《对公民社会要改变误解、转变态度》,载于《北京日报》,2011年6月13日。

② 一般来说,社区民间组织的范畴不局限于群众性活动团队,在社区服务或治理领域活动的注册社会组织也通常被称为社区民间组织。社区社会组织与此相似。

从上海市内部来看，除了远郊区农村之外，社会组织发展的总体水平还比较均衡，平均社会组织的数量都达到了 2 个以上，有社会组织备案的村居数量都在50% 左右，平均每个社会组织参与的人数在 30 人左右，远郊区乡镇参与人数略少。参见表 3 - 5。表 3 - 6 显示了上海不同区县备案社区组织的数量情况。在上海 17 个区县中，数量最多的三个区县是浦东新区、闵行区、徐汇区，数量最少的三个区县是金山区、青浦区、奉贤区，均为城市远郊区。结合各区县 2013 年底的常住人口数，可统计得出每万人中备案社区组织的个数。表 3 - 6 显示，这一数字最高的三个区县分别是静安区、徐汇区、长宁区，都属于中心城区；最低的三个区县仍然是金山、青浦、奉贤。

表 3 - 5   上海市备案社区组织发育的城乡分布

	中心城区	城郊（城乡接合部）	镇	村	总计
平均数量（个）	2.45	2.60	2.57	0	2.24
拥有社会组织备案的村居委比例（%）	50.00	60.00	42.86	0	44.74
平均每个社会组织参的人数（人）	31.07	31.67	21.25	0	29.36

表 3 - 6   上海不同区县备案社区组织数量与人口比例（2013）

地点	数量（个）	百分比（%）	每万人社会组织数（个）	每万人备案组织数（个）
黄浦区	1 214	5.19	9.38	17.55
徐汇区	2 282	9.76	6.12	20.28
长宁区	1 426	6.10	7.73	20.16
静安区	697	2.98	18.13	27.89
普陀区	1 056	4.52	3.49	8.15
闸北区	891	3.81	5.28	10.52
虹口区	1 015	4.34	5.80	12.09
杨浦区	1 602	6.85	4.76	12.10
闵行区	2 437	10.42	2.74	9.62
宝山区	1 356	5.80	2.56	6.75
嘉定区	1 553	6.64	2.87	9.98
浦东新区	5 640	24.12	3.07	10.43
金山区	232	0.99	5.42	2.97

续表

地点	数量（个）	百分比（%）	每万人社会组织数（个）	每万人备案组织数（个）
松江区	750	3.21	2.82	4.32
青浦区	136	0.58	4.08	1.14
奉贤区	111	0.47	3.66	0.96
崇明县	982	4.20	5.15	14.08
总计	23 380	100	4.80	9.68

资料来源：备案社区组织数量参见上海社会组织网，http：//www.shstj.gov.cn/Qztd_Search.aspx?，根据社区群众活动团队查询结果统计得到。各区县人口数量参见上海统计网，《2014年上海统计年鉴》，http：//www.stats-sh.gov.cn/tjnj/nj14.htm? d1 = 2014tjnj/C0202.htm。

在与上海各区县注册社会组织的万人数量进行比较后，可以看到，两个数字在各区县的分布情况大致相同（见图3-5），都是静安区最高，黄浦、徐汇、长宁等中心城区较高，其他区县都低于几个中心城区。就每万人注册社会组织数来说，静安、黄浦、徐汇、长宁之外的其他区县相差不大；但对于每万人备案社区组织数而言，远郊区的四个区（崇明县除外）处于最低水平，不仅远低于静安等四区，也低于其他中心城区和功能拓展区。

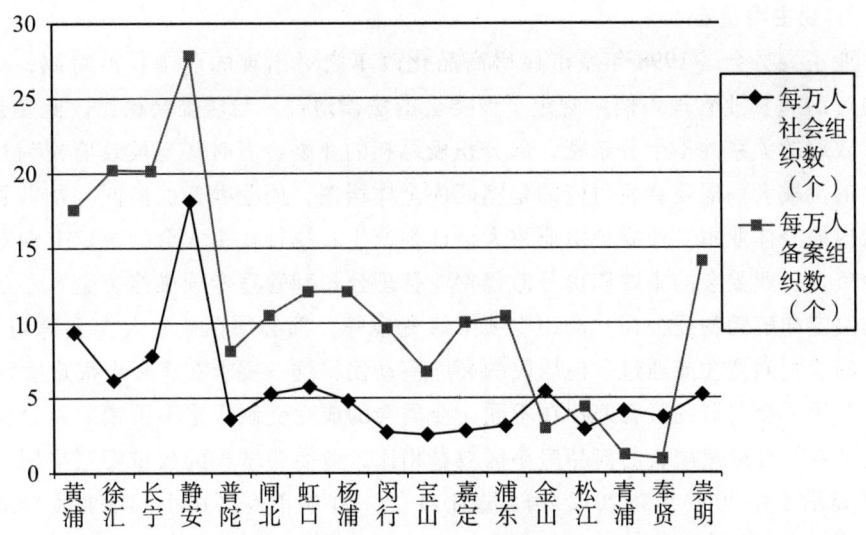

图3-5　上海各区注册社会组织与备案社区组织数量比较

根据上海社会调查研究中心上海大学分中心2010年的调查，目前上海市大部分社区都存在数量不等的各类群众团队，没有任何团队组织的社区只有不到10%，有接近1/4（24.71%）的社区中拥有经常开展活动的各类团队组织。其中，拥有比例最高的是老年人组织、社会福利组织、运动/健身/保健类组织、娱乐类组织等，都超过了30%，经常开展活动的团队组织也基本上集中在以上几类，比例都达到了20%。对于群众团队组织在小区中的重要作用，70%以上的居民持肯定态度，对于团队组织的自娱自乐功能，更有超过80%以上的居民持肯定态度；对于团队组织在社区动员中的作用以及党支部和居委会的帮手功能，认同度都超过了70%；即使对于团队组织在基层自治等方面的功能，认同度也都超过了60%。

备案社区组织的类型与功能由上海市黄浦区外滩街道可见一斑。上海社会组织网上的公开信息显示，外滩街道共有社区群众活动团队41个，[①] 其中管理部门在居委会的有32个，平均每个居委约2个（共17个居委会），另外9个由街道相关科室（社文科、老龄办）或街道下属事业单位（文化站）负责管理。32个在居委会层面活动的团队中，学习类团队（如老年读书会）最多，共17个；其次是健身类（如拳操队），共10个；娱乐类团队（如合唱队）次之，有3个；另有两个编结组。9个在街道层面活动的团队中，娱乐类团队最多，有6个；其次是学习类2个；再次是健身类1个。总体上，备案社区组织以娱乐类、学习类、健身类为主，参与对象大多是老年人，主要发挥着丰富老年人精神文化生活的作用。

3. 业主委员会

业主委员会是1998年城市住房商品化改革之后出现的业主自治组织，2003年通过的《物业管理条例》规定了业委会的法律地位。与居委会相比，业委会与基层政府的关系并不十分亲密，部分积极维权的业委会有时甚至被政府视为社会秩序的挑战者。居委会所对应的是辖区内全体居民，而业委会面向同一物业管理区域内的全体业主。业委会由业主大会选举产生，执行业主大会的决定并向业主大会负责。业委会的主要职责是监督物业管理公司和管理专项维修资金，不过重大的决定如解聘物业公司、动用专项维修资金等，都必须在业主大会上得到2/3以上的业主同意才能通过。但居民的高度流动使得这一要求在实际中很难实现。

与居委会在居民区普遍存在不同，业委会的成立受制于诸多因素。从全国的情况来看，与迅速增长的商品房小区数量相比，业委会增长的数量相当有限。表3-7显示了在2006年和2012年时我国11个一线城市商品房小区中业委会成立比例。[②] 可以看到，从2006~2012年，这11个城市的业委会成立比例增长速度

---

① 参见上海社会组织网站，社区群众活动团队查询服务，http://www.shstj.gov.cn/Qztd_Search.aspx?。查询黄浦区外滩街道共显示48条记录，经甄别，实为41个社区群众活动团队。
② 表3-7的数据内容参见金桥、盛智明：《社区治理》，载李友梅：《城市社会治理》，社科文献出版社2014年版。本部分由盛智明撰写。

相当缓慢，一些城市（如深圳、海口、南京、重庆、长沙、武汉）甚至出现了下降。虽然部分城市（如北京，广州，郑州、成都）业委会成立比例有所增长，但总体而言，这些城市的业委会成立比例仍然处在较低水平，基本在20%～30%。唯一的例外是上海市，该市约83%的小区都成立了业委会。但是根据报道，在2006年的6 114个业委会中，不到10%的业委会能真正有效运作。（崔建栋、李芹，2008）这种情况出现的主要原因在于上海市业委会的成立过程主要是由基层政府行政体系（如街道、居委会）所主导的，无法真正代表业主利益和履行相应职责。

表3－7　　　全国11个一线城市业主委员会成立比例（2006年、2012年）

城市	2006年			2012年①
	小区数量（个）	业委会数量（个）	成立比例（%）	成立比例（%）
北京	3 077	360	11.7	25
上海	7 375	6 114	82.9	83
广州	4 000	580	15	25
深圳	2 003	721	36	30
郑州	1 237	102	8.2	10
海口	600	210	35	30
南京	1 275	599	47	30
重庆	3 350	1 124	33.6	25
成都	2 824	932	33	39
长沙	800	200	25	20
武汉	1 200	400	33.3	30

资料来源：2006年数据来自：杨毅：《业委会之惑——中国一线城市业主委员会现状调查》，载于《住宅与房地产》2006年第11期。2012年数据由盛智明依据媒体报道收集。

据上海社会调查研究中心上海大学分中心2010年的调查（见表3－8）显示，在上海市的全部居民小区中，已经成立业主委员会的比例已经接近了一半，达到了45.98%，其中，普通商品房社区已经达到了68.26%。广大居民对于"业主委员会是为业主提供服务的组织""业主委员会是基层群众自治性组织""业主委员会的主要工作是监督物业和管理好公共维修基金"等观念已经基本达成了共识。

---

① 由于目前各个城市商品房小区数量增长迅速，每月都在变动，很难统计出业委会成立比例的确切数字，而且缺乏官方统一数据，所以大部分2012年业委会成立比例都是近似估计值。

表 3 - 8　　　　　　　　上海各类社区成立业主委员会的比例

住房类型	成立业委会的比例（%）	总数
（1）棚户区、未改造的老城区住房	0	8
（2）售后公房Ⅰ：独立工矿企业单位住房	45.45	33
（3）售后公房Ⅱ：独立机关、事业单位住房	63.98	36
（4）售后公房Ⅲ：机关、事业单位、企业混合住房	50.79	63
（5）经济适用房	50.00	2
（6）普通商品房	68.26	167
（7）高档商品房/住宅/别墅	0	1
（8）村改居住宅	66.67	6
（9）城市重大工程拆迁集中安置住房	57.78	45
缺失	15.53	161
总计	45.98	522

4. 其他自发组织与网络组织

除了以上组织类型，体制外社会组织还包括大量民间自发产生的、没有在各级民政部门登记注册或备案的、组织化程度高低不等的社会组织，例如，在工商注册的非营利组织、城乡社区的公益互助组织、农民经济合作组织、宗教社团、海外资助的项目组织等。这些组织中，有的是因为难以找到上级管理单位而无法注册，有的则是出于种种考虑根本不想注册或备案。也正是因为无记录可查，有关这类组织的数量一直没有清晰的判断，只能大致估计。但其规模十分庞大，则是基本的共识。以农村专业经济协会为例，根据民政部举行的"全国发展农村专业经济协会会议"透露，截至 2004 年，全国已建立农村专业经济协会十万余个，而在各级民政部门登记注册的只有一万余个，仅占总数的 1/10[①]。

互联网的兴起与信息通信技术的进步大大拓展了人们社会交往的空间。一方面，现实社会组织借助网络技术工具进行宣传或拓展活动空间，比如对于"自下而上"社会组织的支持作用愈益明显[②]，另一方面，网络通信技术本身也催生出大量新型社会组织，以贴吧、QQ 群、博客、微博、微信等交流平台为载体的网络社群不可计数，各种政治性（如维权）、经济性（如团购）、社会性（如志愿活动）、文化性（如追星）的网络集体行动也此起彼伏。就网民规模而言，据统计，截至 2015 年 6 月，我国网民规模为 6.68 亿人，手机网民规模达 5.94 亿人，较 2014 年 12 月增加 3 679 万人。网民中使用手机上网的人群占比由 2014 年 12

---

① 俞可平：《中国公民社会：概念、分类、与制度环境》，载于《中国社会科学》2006 年第 1 期。
② 贾西津：《民间组织与政府的关系》，载于《中国民间组织 30 年：走向公民社会》，王名主编，社会科学文献出版社。

月的 85.8% 提升至 88.9%。我国网民以 10～39 岁年龄段为主要群体，比例为 78.4%，20～29 岁网民比例为 31.4%，在整体网民中的占比最大①。青年人是网民的主体，同时也是网络组织的主体力量。截至 2011 年 6 月，中国境内的网站数为 183 万个（CNNIC 2011 报告），其中 80% 网站拥有独立社区。就功能领域而言，大量的网络组织是自娱自乐、自我服务性组织，如基于网络游戏的游戏公会、电竞战队，据不完全统计，单《魔兽世界》的游戏公会数量就有数万之多，而仅仅成立于 2006 年 5 月 1 日的狐狸国度公会这一家公会的会员数量就多达 37 万人（张大钟，2015）。同时，也有相当数量的网络组织关注民生、环保、维权等具有公共性的社会问题，在各个领域致力于推进经济社会发展。

（四）注册社会组织

1. 注册社会组织的主要类型②

政府登记注册的社会组织包括社会团体、民办非企业单位、基金会三大类，前两类组织的数量最多。社会团体是指中国公民自愿组成，为实现会员共同意愿，按照其章程开展活动的非营利性社会组织③；民办非企业单位是指企业事业单位、社会团体和其他社会力量以及公民个人利用非国有资产举办的，从事非营利性社会服务活动的社会组织④；基金会是指利用自然人、法人或者其他组织捐赠的财产，以从事公益事业为目的，按照有关规定成立的非营利性法人⑤。2015年，全国注册社会组织共 66.2 万个，其中社会团体 32.9 万个，民办非企业单位 32.9 万个，基金会 4 784 个，分别占比 49.7%、49.7%、0.72%。参见表 3－9。

表 3－9　　　　　　　　2015 年注册社会组织构成

类别	百分比（%）
社会团体	49.70
民办非企业单位	49.70
基金会	0.72

按照活动区域的标准，社会团体可以分为中央级、省级、地级、县级四类。2009 年，中央级社会团体共 1 800 个，比上年增长 1.1%；省级社会团体 23 364

---

① 中国互联网络信息中心（CNNIC）在 2015 年 7 月 23 日发布的《第 36 次中国互联网络发展状况统计报告》。http://tech.qq.com/a/20150723/023203.htm。
② 本部分所讲的注册社会组织包括"自上而下"和"自下而上"两类注册社会组织。
③ 《社会团体登记管理条例》（1998 年 10 月 25 日中华人民共和国国务院发布施行）第二条。
④ 《民办非企业单位登记管理暂行条例》（1998 年 10 月 25 日中华人民共和国国务院发布施行）第二条。
⑤ 《基金会管理条例》（2004 年 2 月 11 日中华人民共和国国务院公布）第二条。

个，比上年增长 2.4%；地级社会团体 63 043 个，比上年增长 1.7%；县级社会团体 150 540 个，比上年增长 5.2%①。四类社会团体的各自比例如图 3-6 所示。县级社会团体数量最多，比例超过 60%；层级越高，则数量比例越低。

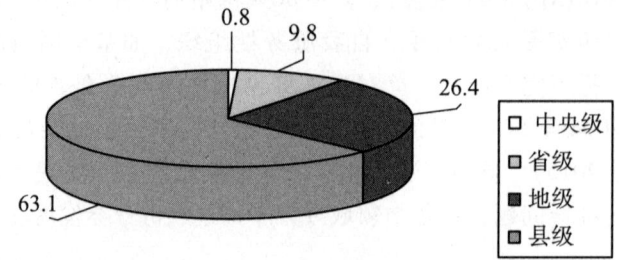

图 3-6　2009 年不同活动区域社会团体的比例（%）

民办非企业单位可以按照性质划分为法人、合伙、个体三类。2009 年，在全国 190 479 个民办非企业单位中，法人单位 129 927 个，占 68.2%；合伙单位 7 087 个，占 3.7%；个体单位 53 465 个，占 28.1%。参见图 3-7。

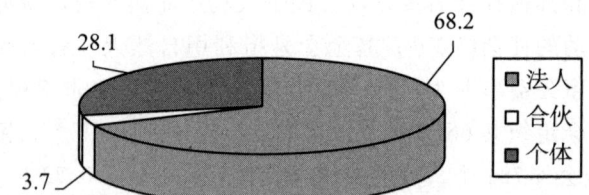

图 3-7　2009 年不同性质民办非企业单位的比例（%）

此外，2013 年，在全国 3 549 个基金会中，公募基金会 1 378 个，占 38.8%；非公募基金会 2 137 个，占 60.2%；涉外基金会 8 个，境外基金会代表机构 26 个。非公募基金会约占 60%，其增长速度也快于公募基金会。参见图 3-8。

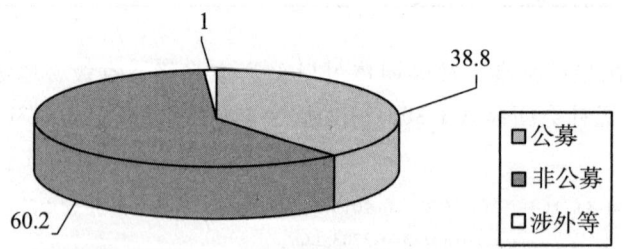

图 3-8　2013 年各类基金会所占比例（%）

① 中国社会组织网，2011 年。

2. 注册社会组织的数量增长

如果不区分"自上而下"和"自下而上"的两种类型，总体上，注册社会组织的数量呈现出一种曲折上升的趋势。1988 年仅有 4 446 个，之后缓慢增加；1990 ~ 1992 年迅猛增长，1992 年为 154 502 个，约为 1988 年的 35 倍；1993 ~ 1996 年缓慢增加，1996 年为 184 821 个；1997 年开始数量出现下滑，至 1999 年降低到 142 665 个，比 1996 年减少了近 1/4；2000 年之后，注册社会组织的数量开始了新一轮的迅速增长，自 2000 年的 15.3 万个一直增长到 2013 年的 54.8 万个，增长 3.58 倍。[①] 参见表 3 – 10、图 3 – 9。在 2000 年之后的新一轮增长中，自下而上的社会组织蓬勃发展，是此轮增长中的主力。

表 3 – 10 　　　　　　1988 ~ 2015 年中国注册社会组织发展情况

年份	社会组织（万个）	社会团体（万个）	民办非企业（万个）	基金会（个）
1988	0.4	0.4	—	—
1989	0.5	0.5	—	—
1990	1.1	1.1	—	—
1991	8.3	8.3	—	—
1992	15.5	15.5	—	—
1993	16.8	16.8	—	—
1994	17.4	17.4	—	—
1995	18.1	18.1	—	—
1996	18.5	18.5	—	—
1997	18.1	18.1	—	—
1998	16.6	16.6	—	—
1999	14.3	13.7	0.6	—
2000	15.3	13.1	2.2	—
2001	21.1	12.9	8.2	—
2002	24.4	13.3	11.1	—
2003	26.6	14.1	12.4	954
2004	28.9	15.3	13.5	892
2005	32.0	17.1	14.8	975

[①] 2009 年之前数据参见中国社会组织网"2009 年民政事业发展统计报告（社会组织部分）"，2009 年之后数据参见中国社会组织网"2013 年社会服务发展统计公报"。

续表

年份	社会组织（万个）	社会团体（万个）	民办非企业（万个）	基金会（个）
2006	35.4	19.2	16.1	1 144
2007	38.7	21.2	17.4	1 340
2008	41.4	23.0	18.2	1 597
2009	43.1	23.9	19.0	1 843
2010	44.5	24.5	19.8	2 200
2011	46.2	25.5	20.4	2 614
2012	49.9	27.1	22.5	3 029
2013	54.8	28.9	25.5	3 549
2014	60.6	31.0	29.2	4 117
2015	66.2	32.9	32.9	4 784

资料来源：中国社会组织网，根据"2009 年民政事业发展统计报告（社会组织部分）"与"2015 年社会服务发展统计公报"整理，http：//www. chinanpo. gov. cn/2201/yjzlkindex. html。

注：2002 年以前的基金会包含在社会团体内。

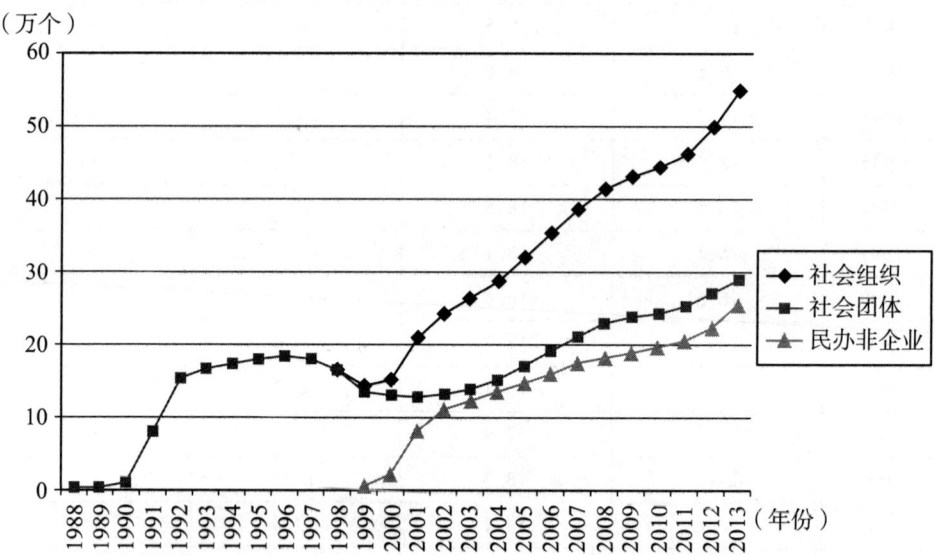

图 3 - 9　中国社会组织、社会团体、民办非企业单位发展情况（1988 ~ 2013 年）

1999 年之前，中国没有民办非企业单位，而少数基金会也被纳入社会团体的范围内，因此这段时期社会团体的发展轨迹与注册社会组织总体的发展轨迹完全重合。从 2001 年开始，社会团体的数量逐年持续增长，从 2001 年的 12.9 万个增加至 2013 年的 28.9 万个，增长了 2.24 倍。民办非企业单位也从 1999 年的

0.6 万个飙升至 2013 年的 25.5 万个，十多年间增长了 42.5 倍。参见表 3 - 10、图 3 - 9。

基金会的发展趋势如图 3 - 10 所示，也大致呈现出稳步增长的态势。自 2003 年基金会的数量独立统计以来，仅 2004 年出现小的回落，从 2003 年的 954 个降低到次年的 892 个。之后便逐年上升，2013 年增加到 3 549 个，相比 2003 年增长了 3.72 倍。

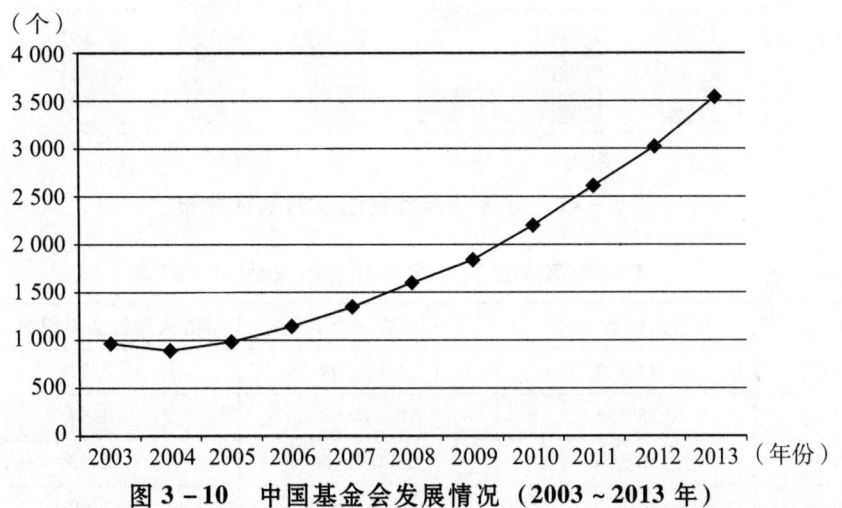

图 3 - 10　中国基金会发展情况（2003 ~ 2013 年）

3. 注册社会组织的地区分布

从 2009 年的地区分布来看，除了 1984 个全国性的部本级注册社会组织之外，华北地区（北京、天津、河北、山西、内蒙古）共 43 922 个社会组织，东北地区（黑龙江、吉林、辽宁）38 505 个，华东地区（上海、江苏、浙江、安徽、福建、江西、山东）158 398 个，中南地区（河南、湖北、湖南、广东、广西、海南）96 302 个，西南地区（重庆、四川、贵州、云南、西藏）54 648 个，西北地区（陕西、甘肃、宁夏、青海、新疆）37 310 个。[①] 6 个地区在地方社会组织总数中的各自比例如图 3 - 11 所示。

如果将六大地区的地方性注册社会组织数与 2009 年底各地区的人口数进行匹配，比较不同地区每万人中社会组织数，可以发现：华东地区为 4.12 个，社会组织的相对数量最高；之后依次是西北（3.83）、东北（3.54）、华北（2.77）、西南地区（2.77）；中南地区为 2.60 个，社会组织相对数量最低。参见表 3 - 11。

———————

① 中国社会组织网，2011 年。

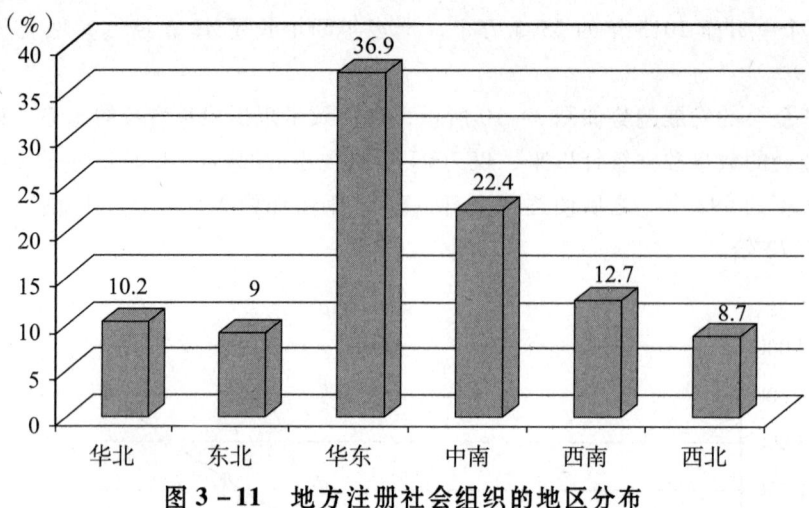

图 3-11　地方注册社会组织的地区分布

表 3-11　　　　　不同地区人口数与注册社会组织数（2009 年）

地区	社会组织数（个）	人口数（万人）	每万人中社会组织数（个）
华北	43 922	15 866.99	2.77
东北	38 505	10 884.55	3.54
华东	158 398	38 486.46	4.12
中南	96 302	36 971.07	2.60
西南	54 648	19 703.03	2.77
西北	37 310	9 748.59	3.83

资料来源：社会组织数据参见中国社会组织网，"2009 年度分地区社会组织统计数据"，http：//www. chinanpo. gov. cn/2201/yjzlkindex. html。地区人口数据参见国家统计网，《中国统计年鉴》（2010），http：//www. stats. gov. cn/tjsj/ndsj/2010/indexch. htm。

4. 注册社会组织（不含基金会）的功能领域

按照所发挥功能的标准，2013 年，在全国 28.9 万个社会团体中，工商服务业类社会团体 31 031 个，科技研究类 17 399 个，教育类 11 753 个，卫生类 9 953 个，社会服务类 41 777 个，文化类 27 115 个，体育类 17 869 个，生态环境类 6 636 个，法律类 3 264 个，宗教类 4 801 个，农业及农村发展类 58 825 个，职业及从业组织类 19 743 个，国际及其他涉外组织类 481 个，其他 38 379 个（中国社会组织网，2014）。各类社会团体所占比例参见图 3-12。其中，农业及农村发展类社会团体数量最多，占 20.4%。之后依次是社会服务类（14.5%）、其他（13.3%）、工商服务业类（10.7%）、文化类（9.4%）、职业及从业组织类（6.8%）、体育类（6.2%）、科技研究类（6.0%）、教育类（4.1%）、卫生类（3.4%）等。

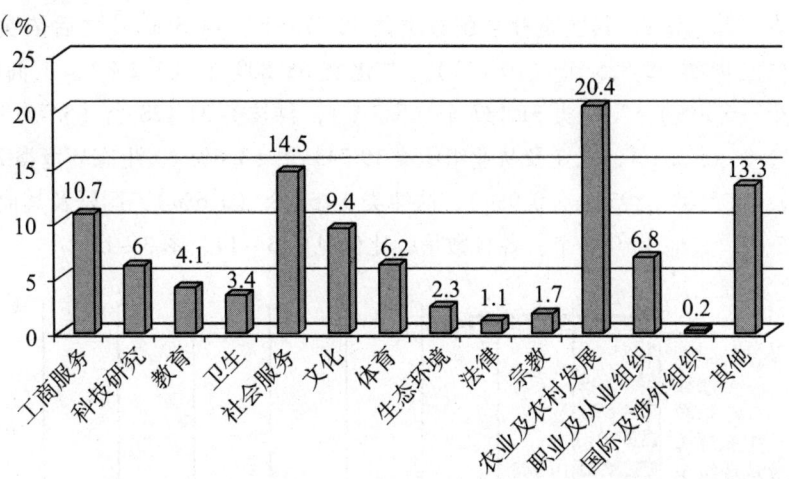

图 3－12　2013 年不同功能类型社会团体所占比例

按照功能发挥的标准，2013 年，在全国 25.5 万个民办非企业单位中，科技服务类共 13 729 个，生态环境类 377 个，教育类 145 210 个，卫生类 21 234 个，社会服务类 36 698 个，文化类 11 694 个，体育类 10 353 个，商务服务类 5 625 个，宗教类 94 个，国际及其他涉外组织类 4 个，其他类 9 652 个。所占比例最大的是教育类民非单位，比例为 57.0%。之后依次是社会服务类（14.4%）、卫生类（8.3%）、科技服务类（5.4%）、文化类（4.6%）、体育类（4.1%）、其他（3.8%）、商务服务类（2.2%）等。参见图 3－13。

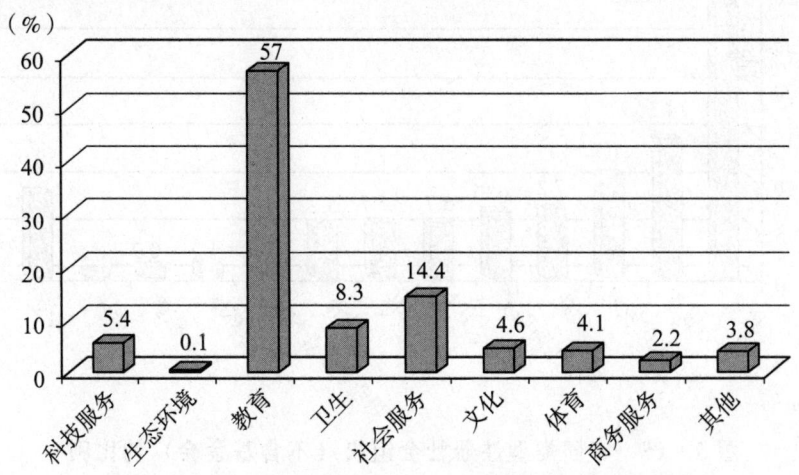

图 3－13　2013 年各类民办非企业单位所占比例

如果将社会团体与民办非企业单位的相同类型合并，对注册社会组织的主要功能领域会有更清楚的了解。合并之后，数量最多是教育类组织共 155 963 个，比例接近三成（28.7%）；其次是社会服务类共 78 475 个（14.5%）；之后依次是：农业及农村发展类 58 825 个（10.8%），文化类 38 809 个（7.2%），工商服务类 36 656 个（6.8%），卫生类 31 187 个（5.7%），科技类 31 128 个（5.7%），体育类 28 222 个（5.2%），职业及从业组织类 19 743 个（3.6%），生态环境类 7 013 个（1.3%），宗教类 4 895 个（0.9%），法律类 3 264 个（0.6%），国际及其他涉外组织类 485 个，其他 48 032 个。各自数量、比例见图 3－14、图 3－15。

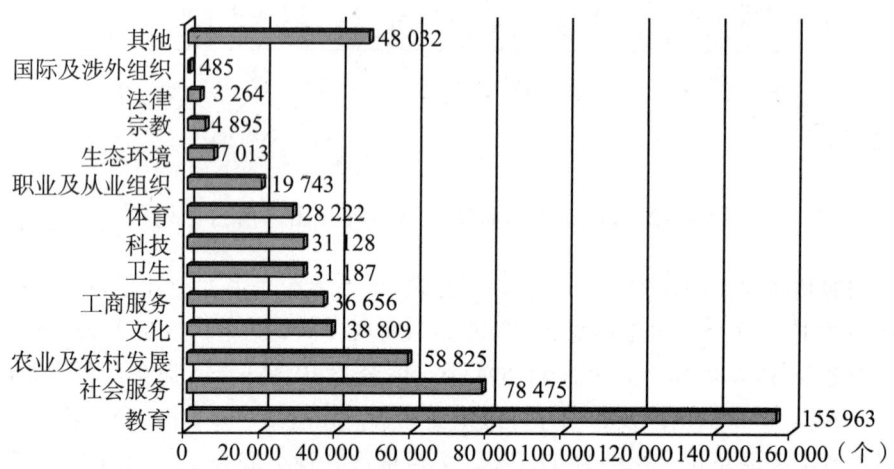

图 3－14　不同类型注册社会组织（不含基金会）的数量

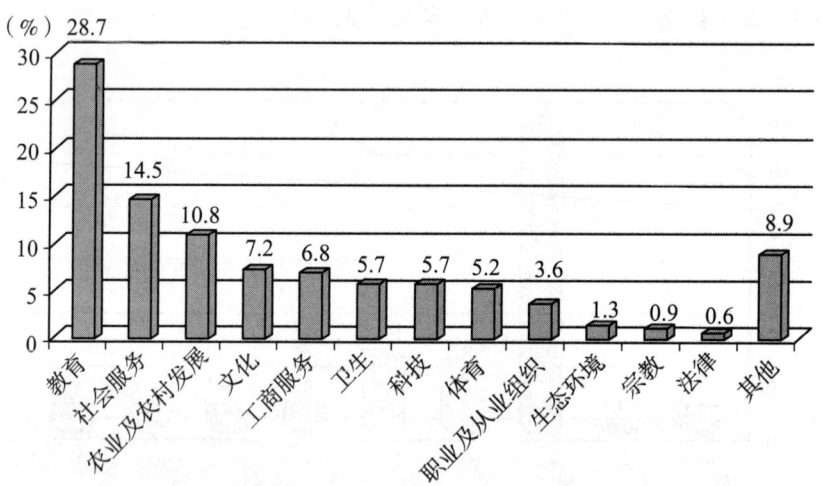

图 3－15　不同类型注册社会组织（不含基金会）的比例

5. 上海注册社会组织

上海的社会组织发展领先于全国多数地区，因此有必要对上海注册社会组织情况进行专门介绍。根据上海大学上海社会科学调查中心收集整理的数据，截至

2013 年 12 月 31 日，上海市的注册社会组织共 11 591 个，包括 3 782 个社会团体、7 657 个民办非企业单位和 152 个基金会，分别占比 32.6%、66.1%、1.3%。与全国注册社会组织的构成比例相比，社会团体的比例要低 20 个百分点，而民办非企业单位的比例则高将近 20 个百分点。参见图 3 – 16。

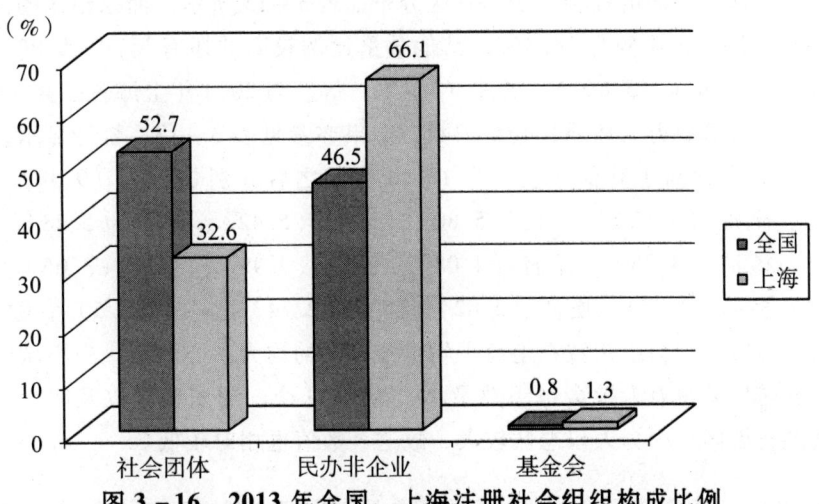

图 3 – 16　2013 年全国、上海注册社会组织构成比例

2013 年，上海注册社会组织总数占全国同期总数（54.8 万个）的 2.1%，略高于同年上海人口总数占全国人口总数的比例（1.8%）。2013 年底上海总人口 2 415 万人，① 据此统计上海每万人中的注册社会组织数约为 4.8 个，高于全国平均水平（4.0）。与 2009 年相比，上海每万人中注册社会组织数增加了 0.5 个，但增长幅度低于全国水平。参见表 3 – 12。

表 3 – 12　　　　　　　上海、全国人口数与注册社会组织数比较

时间	地区	社会组织数（万个）	人口数（万人）	每万人中社会组织数（个）
2009 年	上海	0.95	2 210	4.3
	全国	43.1	133 450	3.2
2013 年	上海	1.16	2 415	4.8
	全国	54.8	136 072	4.0

资料来源：根据中国社会组织网 "2009 年度分地区社会组织统计数据" "2013 年社会服务发展统计公报" 以及国家统计网《中国统计年鉴》（2014）等综合整理。

就注册时间而言，仅 0.39% 的社会组织在 1988 年之前注册；注册时间在

---

① 参见国家统计网：《中国统计年鉴》（2014），http：//www.stats.gov.cn/tjsj/ndsj/2014/indexch.htm。

1988～2000 年的占 18.02%；2001 年之后，注册组织数大大增加，每年的注册比例几乎都在 5% 以上，共有 81.59% 的社会组织是在 2001～2013 年注册。2001 年之后社会组织数量迅速增长的趋势与全国的情况保持一致。

在上海 11 591 个注册社会组织中，市级社会组织共 1 739 个，占 15%，其余 85% 均为各区县注册的社会组织。各区分布如表 3－13 所示。浦东新区的注册社会组织数量最多，比例为 14.3%；其他数量比例较高的还有闵行（6.0%）、徐汇（5.9%）、黄浦（5.6%）、杨浦（5.4%）等。与 2013 年上海各区县人口数[①] 进行比对，计算每万人注册社会组织数，结果亦参见表 3－13。统计显示，静安区的这一数字远高于其他区县，为 18.13 个。之后分别是黄浦（9.38）、长宁（7.73）、徐汇（6.12）、虹口（5.80）、金山（5.42）、闸北（5.28）、崇明（5.15）、杨浦（4.76）、青浦（4.08）、普陀（3.49）、奉贤（3.66）、浦东（3.07）、嘉定（2.87）、松江（2.82）、闵行（2.74）、宝山（2.56）。除金山、崇明外，每万人社会组织数在上海平均水平以上的均为中心城区。中心城区 8 个区中，普陀区的每万人社会组织数最小，为 3.49 个。浦东新区以及闵行、宝山两个功能拓展区，因为人口总数较大，故这一数值也相对较低。

表 3－13　上海不同区县注册社会组织数量与人口比例（2013 年）

注册地点	数量（个）	百分比（%）	人口（万人）	每万人社会组织数（个）
上海市	1 739	15.0	—	—
黄浦区	649	5.6	69.16	9.38
徐汇区	688	5.9	112.51	6.12
长宁区	545	4.7	70.54	7.73
静安区	453	3.9	24.99	18.13
普陀区	452	3.9	129.56	3.49
闸北区	447	3.9	84.73	5.28
虹口区	487	4.2	83.96	5.80
杨浦区	630	5.4	132.43	4.76
闵行区	695	6.0	253.22	2.74
宝山区	514	4.4	200.91	2.56
嘉定区	446	3.9	155.65	2.87

---

① 上海统计网：《2014 年上海统计年鉴》，http：//www.stats-sh.gov.cn/tjnj/nj14.htm？d1＝2014tjnj/C0202.htm。

注册地点	数量（个）	百分比（%）	人口（万人）	每万人社会组织数（个）
浦东新区	1 662	14.3	540.90	3.07
金山区	423	3.7	78.03	5.42
松江区	490	4.2	173.66	2.82
青浦区	489	4.2	119.76	4.08
奉贤区	423	3.7	115.42	3.66
崇明县	359	3.1	69.72	5.15
总计	11 591	100	2 415.15	4.80

　　上海注册社会组织的类型与功能情况可根据 2008 年全国经济普查上海地区的数据[1]做简要分析。2008 年，上海市社会团体共 2 493 个，民办非企业单位共 3 420 个，基金会共 71 家，注册社会组织总数为 5 984 个。社会团体中，专业性社会团体 1 195 个，占将近一半（47.9%）；行业性社会团体 694 个，占 27.8%；其他类 604 个，占 24.2%。民办非企业单位在注册社会组织中所占比例最大，接近六成（57.2%）。根据民办非企业的名称及业务活动，将其划分为 10 大类，分别为：幼儿园和托儿所（369，10.8%）、养老院（328，9.6%）、学校（1 198，35.0%）、服务机构（828，24.2%）、培训中心（406，11.9%）、研究所（58）、事务所（29）、协会（40）、福利院（20）及其他（155）。参见图 3 – 17。

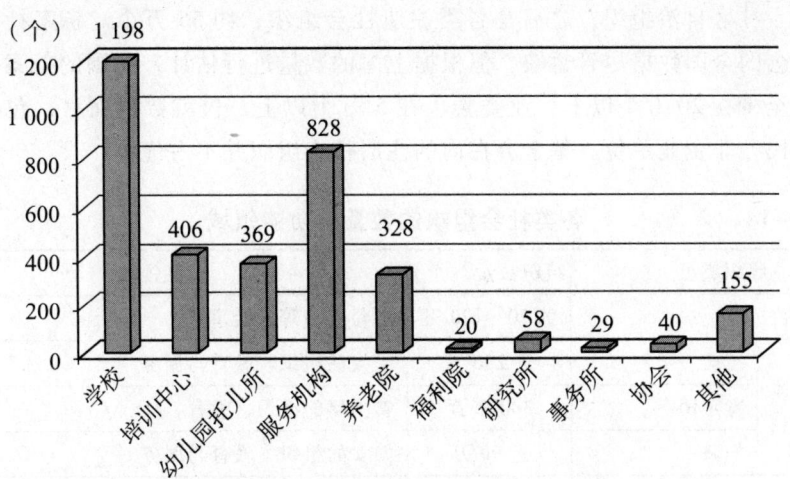

图 3 – 17　上海不同类型民办非企业单位的数量（2008 年）

资料来源：2008 年全国经济普查上海地区数据。

---

[1]　本数据由上海大学上海社会科学调查中心提供。

在 10 类民办非企业单位中，学校和服务机构的数量最多。如果将学校、培训中心、幼儿园托儿所统一算作教育类，则此类民非单位的比例接近六成（57.7%）。如果将服务机构、养老院、福利院统一算作服务类，则其比例是 34.4%。也就是说 90% 以上的上海民办非企业单位是教育类和服务类组织。

通过进一步分析可以看到，学校主要包括职业技能学校、国际学校、义务教育学校及其他学校，其中职业技能学校数量最多，占了近 77% 的比例，其次是义务教育学校（16%）。服务机构所提供的服务主要有：婚姻服务、老年服务、青少年服务、残疾人服务、殡葬服务、劳动就业服务、综合服务、社会组织服务、慈善服务、其他社区事务服务、文艺组织服务、体育健身服务、医疗组织服务以及其他服务。在各类服务机构中，老年服务机构（128 家，15.5%）与医疗组织服务机构（108 家，13.0%）相对最多，都超过了 100 家；其次是残疾人服务机构与青少年服务机构，分别为 89 家（10.7%）和 86 家（10.4%）。

三、社会组织功能领域的整体分析

表 3-14 是综合前述各类社会组织的数量与功能领域的基本信息制成的。可以看到，在组织数量方面，如果搁置难以统计但数量庞大的单位内部组织、其他自发组织与网络组织，人民团体的数量是最多的，仅工青妇三家的基层组织就有 750 万个左右。其次是事业单位，最保守的说法也有 70 多万个；再次是近 70 万个的城乡社区自治组织；之后是各类注册社会组织，约 55 万个。备案社区组织和业委会的全国数据尽管暂缺，但根据上海的数量进行估计，全国的备案社区组织可能至少在 20 万个以上，业委会也在 5 万个以上。仅就数量而言，包括社会团体、民办非企业单位、基金会在内的注册社会组织并不占优势。

表 3-14　　　　　　　　各类社会组织的数量与功能领域

组织类型		组织数量（个）	功能领域
事业单位		约 70~120 万	教科文卫等社会事业
人民团体（工青妇）	工会	近 280 万	工人的组织、教育与服务
	青年团	380 多万	青少年的组织、教育
	妇联	近 90 万	妇女的组织、教育与服务
单位内部组织		—	经济社会发展各领域，以及自我服务
社区自治组织	居委会	近 10 万	城市社区的组织与建设
	村委会	近 60 万	农村社区的组织与发展

续表

组织类型		组织数量（个）	功能领域
注册社会组织	社会团体	近29万	农业农村发展、社会服务、工商服务、文化就业体育科技教育卫生等
	民办非企业单位	25万多	教育、社会服务、卫生、科技、文化、体育
	基金会	3 500多	公益事业发展
备案社区组织（上海）		2.3万多	文体娱乐、志愿服务、社区自治等
业委会（上海）		近7 000	业主的自我组织与权益维护
其他自发组织与网络组织		—	经济社会发展各领域，以及自我服务

注：各类社会组织的资料来源参见前文，表3-14进行了简化处理。除业委会外，所引数据均为可查询到的最新数据。

在功能领域方面，事业单位是教科文卫等社会事业发展的主力。人民团体中的工青妇组织主要负责对某类人群的组织、教育与服务。机关企事业单位的内部组织总体上服务于经济社会发展的各领域。社区自治组织是城乡社区居民自我组织与服务的主要载体。注册社会组织服务于经济发展但更主要的是在教科文卫、社会服务领域发挥作用。备案社区组织主要是在社区自治组织的外围参与到社区服务与治理之中。业委会致力于维护全体业主的利益。其他组织也是分别在经济社会发展的各个领域发挥作用。在这方面，注册社会组织的功能领域主要是与事业单位出现了重合，同时在基层与社区自治组织、备案社区组织等存在交集。

目前，在不同类型社会组织内部，已经不同程度地逐步浮现出某种以获得资源为目标的竞争关系。对于体制外的社会组织，由于本身可以利用的资源有限，因而对于各种资源的竞争更为激烈，同时这种竞争也通常会危及组织的生存发展。例如参与购买政府公共服务的注册社会组织，需要竞争投标，在这一过程中逐渐形成了对体制内资源的依赖。竞标过程中，"自上而下的"注册社会组织比"自下而上的"组织往往更有优势。此外，同一社区的备案社区组织之间也可能存在激烈程度不同的资源竞争。

在上海浦东新区塘桥街道，从2010年开始，街道各科室部门依托社会组织服务中心设计并实施了一系列公益项目，用于购买社会组织服务的资金逐年上升。2010年设计了97个公益项目；2011年投入1 200万元购买社会组织服务；2013年拟定了122个公共服务项目，其中大部分用于购买社会组织服务。除了街道自身投入，还引入了大量的区域外资金和项目，2012年全年引进了500万元，参加上海市福彩公益招投标9项，获得创投资金180多万元。表3-15显示了2013年街道科室购买的社会组织服务项目名称。可以看出，这些项目主要涉及老年、残疾人、青少年等与街道密切相关的民生领域，而这些项目也基本由本街道培育的社会组织承接。① 从塘桥街道的案例来看，在政府购买公共服务的推动下，活跃于城市基层的社会组织，其主要功能领域是民生事业、社区服务领域。体制内的资源，即各级政府部门的财政投入是这些社区社会组织的主要资金来源。而能够在资源竞争中胜出，很大程度上依赖于这一组织与政府的关系，也就是说，准体制内社会组织在资源竞争中更有优势。

表 3 – 15　　　　　　　　2013 年塘桥街道科室购买社会组织服务一览

科室	项目名称	社会组织	经费（万元）
劳动科	《完善社区青年就业创业的共治体系》	塘桥社区促进就业协会	15
	《三基地一条街创业行动》		5
信息办	《机关、居委、社区单位及塘桥社区热线各处置部门系统运营》	塘桥热线信息服务中心	65
监察审计科	《公共事务监督评估》	公共事务发展评估中心	30
	《民主评议基层站所》		4
	《政风行风监督》		4
宣统科	《社区志愿者工作》	塘桥社区志愿者协会	25
组织科	《五老先锋宣讲团》	先锋社	5
	《离退干部心理养生》		6
	《〈塘桥老年干部工作〉及汇编》		5
	《志愿者服务团队》		5
	《离休干部居家养老服务》	塘桥社区老年服务中心	5.8
	《居民区书记培训》	先锋社	5
	《后备干部带教》		7
	《新社工培训》		3
党员服务中心	《入党积极分子培训》	先锋社	2
	《党员志愿者》		2
	《开放式组织生活》		3

---

① 塘桥街道的有关数据及表 3 – 15 的内容参见陈遥：《社会组织的微观制度环境研究——以上海市 T 街道为例》，2014 年上海大学社会学硕士学位论文。

续表

科室	项目名称	社会组织	经费（万元）
群文科	《非遗保护工作及码头号子歌舞团实体化运作》	塘桥社区码头号子歌舞团	20
民政科	《养老服务》	塘桥老年服务中心	63
		塘桥居家养老服务中心	47
		塘桥社区老年人日间服务中心	10
		塘桥敬老院	25
		塘桥老年协会	5
	《慈善救助》	慈善超市	10
	《社会组织培育发展及规范化建设》	塘桥社会组织服务中心	15
市政科	《物业党建联建（含业主自治）》	塘桥社区物业服务社	70
	《潮汐式停车》		15
	《居家健康》	塘桥社区居家健康服务社	100
	《怡心坊》	塘桥社区怡心坊心理健康工作室	8
	《0～3岁儿童早教示范点建设》	塘桥街道计生协会	11

在同一功能领域内部，不同类型的社会组织之间也在动态地划分、调整各自的功能空间，典型的如教科文卫、社会服务等社会事业发展领域。在注册社会组织未兴起之前，中国的各类社会事业一直是由政府主导、以事业单位为载体推动发展。自20世纪90年代以来，社会团体，尤其是民办非企业单位蓬勃发展，这些团体主要进入这一领域，所发挥的作用也越来越大。以教育为例。图3-18显示了1996～2012年全国教育类法人单位的数量变化情况，1996年为215 358个，1996～2000年变化不大；2001年激增为307 817个，此后直至2006年均保持在30万个左右；自2007年开始持续增长，2012年为355 072个，比1996年增长了近14万个。这里的教育类法人单位既包括事业单位性质的教育单位，也包括注册社会组织性质的教育单位。另据统计，2013年，包括社会团体、民办非企业单位在内的教育类注册社会组织共155 963个。[①] 可估算全国教育类事业单位约20万个左右。也就是说，目前教育类注册社会组织与事业单位的比例约为3∶4。

————————————

① 中国社会组织网，2014年。

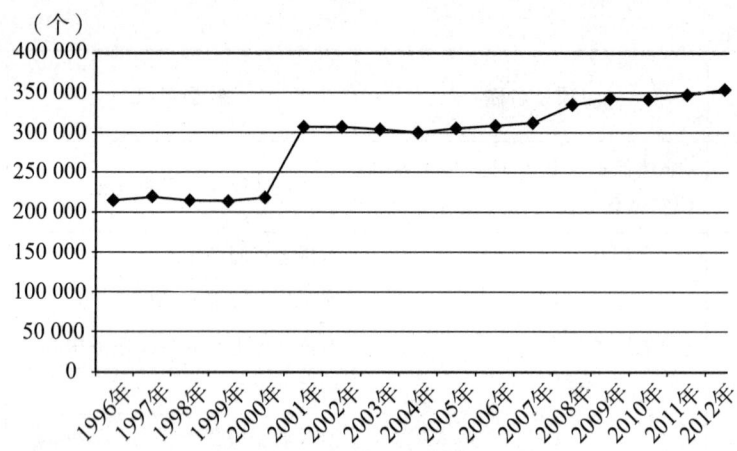

图 3 - 18   全国教育类法人单位数量变化（1996～2012 年）

资料来源：国家统计局网，"按主要行业分法人单位数（个）"，《中国统计年鉴》（2013），http：//www. stats. gov. cn/tjsj/ndsj/2013/indexch. htm。

　　教育类社会组织的数量激增意味着教育领域的资源竞争日趋激烈。表 3 - 16 显示了 2012 年全国各类民办教育机构的数量与比例，[①] 从中可以看到，大多数民办教育机构集中于学前教育阶段，已经占到 2012 年全国学前教育机构总数的 68.77%，成为学前教育领域举足轻重的一支力量。但在从义务教育到高等教育的各个阶段，民办教育机构的比例都不超过 30%，主要发挥了对公立教育机构的补充作用，尚不能对公办学校的主体地位形成威胁。

表 3 - 16 　　　　　　　各类民办教育机构的数量与比例（2012 年）

教育机构	总数（所）	民办教育机构数量（所）	民办教育机构所占比例（%）
普通高等学校	2 442	707	28.95
普通高中	13 509	2 371	17.55
中等职业教育	12 663	2 649	20.92
初中	53 216	4 333	8.14
普通小学	228 585	5 213	2.28
学前教育	181 251	124 638	68.77

　　资料来源：参见国家统计局网，"各级各类学校情况""各级各类民办教育情况（2012）"，《中国统计年鉴》（2013），http：//www. stats. gov. cn/tjsj/ndsj/2013/indexch. htm。

　　注：此处各类教育机构与图 2.19 中的教育类法人单位内涵不同，故总数（近 50 万所）与前述数字（35 万所多）不相一致。

---

　　① 除表中的民办教育机构数量之外，另有民办的其他高等教育机构 823 所，民办培训机构 20 155 所。参见国家统计局网，"各级各类民办教育情况（2012）"，《中国统计年鉴》（2013），http：//www. stats. gov. cn/tjsj/ndsj/2013/indexch. htm。

前文介绍了各类社会组织尤其是注册社会组织的数量、密度、类型与主要功能领域，并尝试着整体分析同类组织内部和同一领域中不同类型社会组织之间的关系状况。这一分析得出的结论对当前中国社会组织的结构功能提供了某种动力学的解释。包括事业单位、人民团体、单位内部组织、社区自治组织在内的大量体制内或准体制内社会组织均早已存在，并在提供社会服务、推动社会发展方面发挥着主导作用。但正是由于各功能领域内部组织之间缺乏竞争，导致大量组织活力减弱，难以适应改革开放以来的社会变迁，从而在市场化、社会化改革的过程中为体制外社会组织的发展提供了可能。然而，此类解释仍有不足。一方面，总体上体制外社会组织的社会需求与发展空间仍是大量存在的，中国的社会组织无论在哪一领域都不是太多而是太少的状况仍长期存在，同类组织内部的竞争并不激烈，同领域内不同类型组织之间的竞争即使存在，也是体制内组织占有垄断性的优势；另一方面，中国社会组织，尤其是体制外社会组织的发展，更大程度上受到制度环境的影响，组织内部关系的分析仅能给出一部分的解释。因而，有必要在"制度与生活"分析范式下对中国社会组织的发展实践展开分析，这是下面所要着重探讨的内容。

第二节　社会组织的运作实践：制度建构与内生动力

相比"国家与社会"的宏大分析框架，"制度与生活"理论视角对于理解中国社会组织的发展路径和行动逻辑，也具有特殊的优势，有利于展现社会组织发展过程中的生动实践与特殊的生存策略。例如1998年之前，我国许多社会组织作为新生事物并无法律和政策上的依据，但由于能以国外经验和地方性需求为依傍，就在一定程度上具有了生存的合理性。又如一些社会组织善于利用政府的纵向和横向分化以及党群系统等不同制度及其代理人之间的理念、关注点甚至利益和权力的紧张关系或真空来拓展自身的发展空间。依照这一视角对社会组织的发展实践进行分析，需要将其置于转型期复杂、多元的制度环境和高度变动性的日常生活之间，分析不同制度主体对社会组织的不同发展预期，考察社会组织如何运用自身"生活逻辑"的策略对相应的制度因素作出回应并构建自身的自主性边界，进而更加细致地分析不同制度构件对社会组织自主性的支持性与约束性影响。

一、制度约束下社会组织的自主性发育

体制内、准体制内、体制外社会组织以及不同功能领域的社会组织在改革开

放以来的发展实践各不相同。但总体上，都是在中国的政治经济体制改革过程中针对各个时期的不同问题做出回应的过程。制度改革一方面让渡出一定的社会空间，使自主性的力量在其中得以生长发育，同时其社会空间也不断得到拓展；另一方面部分旧有体制内的力量通过改革努力适应经济社会变迁，巩固自身的传统优势地位，并尽力在新的社会空间中发展并维持其主体地位。这是一个体制内力量改革自身以巩固和提高竞争优势的过程，同时也是体制内、体制外力量不断互动以构建新型合作关系的过程。

（一）体制内社会组织的改革实践

体制内社会组织在改革开放之前就已存在，像工青妇等人民团体的历史甚至可以追溯到 1949 年以前。新中国成立以来，无论是事业单位还是人民团体，原本就作为体制的一部分，是党和政府统摄社会的重要依托。党的十一届三中全会后，在经济、政治体制改革的推动下，为适应经济社会发展的新形势，事业单位改革与人民团体的转型也陆续展开。

事业单位改革是行政管理体制改革的重要组成部分，其关键是调整和规范政事关系，推动政事分开，一方面转变政府职能和管理方式，另一方面激发事业单位活力、提高其效率。1985 年，科技、卫生、教育、文化等领域的事业单位改革先后启动，重点是适当下放事业单位管理权。1996 年，中办、国办印发《中央机构编制委员会关于事业单位改革若干问题的意见》，明确提出事业单位改革的方向是政事分开，要求推进事业单位社会化。1998 年之后，《事业单位登记管理暂行条例》等一系列文件发布。2002 年党的十六大提出加快推进事业单位分类改革，并从 2003 年开始，以文化体制改革为试点推动文化事业单位的分类改革。党的十七大要求进一步深化分类改革，党的十七届二中全会通过的《关于深化行政管理体制改革的意见》明确提出"按照政事分开、事企分开和管办分离的原则，对现有事业单位分三类进行改革。主要承担行政职能的，逐步转为行政机构或将行政职能划归行政机构；主要从事生产经营活动的，逐步转为企业；主要从事公益服务的，强化公益属性，整合资源，完善法人治理结构，加强政府监管"。2011 年 4 月，中央确定了事业单位分类改革的时间表，预计到 2015 年在清理规范的基础上完成事业单位分类；到 2020 年，中国将形成新的事业单位管理体制和运行机制。2012 年 4 月，《中共中央国务院关于分类推进事业单位改革的指导意见》发布，明确提出分类整理后的事业单位将排除行政类、企业类，而主要履行公益服务的职责。事业单位非政府、非营利的特征将更为明显，成为致力于社会事业发展的中国特色的社会组织。

与事业单位改革主要是作为行政管理体制改革的配套从而自上而下持续推动

不同，人民团体的转型更多的是迫于应对改革开放后新社会形势与社会问题的需要，比较典型的是工会与妇联组织。《中华人民共和国工会法》（以下简称《工会法》）早在 1950 年即已颁布，规定工会是职工自愿结合的工人阶级的群众组织。此后随着中国社会主义计划经济体制的建立和工人阶级法理上领导地位的确立，城市国营企业、集体企业以及事业单位中的工会组织开始主要承担动员工人积极参与生产建设、关心困难职工和丰富职工精神文化生活等职能。改革开放以后，随着国有企业改革的深入推进和非公有制经济的迅速发展，工会在维护职工权益方面的职能不断强化。1992 年 4 月，全国人大七届五次会议通过初次修订后的《工会法》，2001 年再次修订，明确规定维护职工合法权益是工会的基本职责。此后，农民工被视为工人阶级的一部分并大力发展其加入工会，基层工会的数量快速增长。2010 年之后，又开始酝酿对《工会法》新一次的修订，重点是改变基层工会、企业工会作用发挥不大的局面，争取在工资集体协商、集体劳动合同签订方面有所突破，以更好地维护职工权益。妇联的转型过程与工会相似，都是一种问题倒逼式的转型调整，但不同的是，妇联所感受到的对外开放后与国际接轨的压力更大，受国外的影响也更大。正是从 1995 年在北京召开的第四届世界妇女大会开始，全国妇联被明确定性为非政府组织。此后，妇联在维护妇女儿童权益方面积极主动发挥作用，带动了一大批妇女类社会组织的兴起。近年来，一些地区的基层妇联组织还在寻求转型为某种枢纽型社会组织，以此作为政府部门与同类型社会组织之间的桥梁纽带。

（二）准体制内社会组织的转向

除了村民委员会，准体制内社会组织中的大部分也是在改革开放前即已存在。对于社区自治组织而言，正式制度文本决定了其作为居民自治代言人和政府工作辅助者的双重身份。一方面，依附于政府组织管理体制为社区自治组织提供了最基本的资源，某种程度上还是其合法性的来源之一，但相伴随的科层逻辑也约束了其活力；另一方面，身处社会的最基层，社区自治组织与居民交往最多，对于居民的需求、行动和态度倾向最为了解，居民、村民选举也不同程度地激发起群众参与的积极性，这是这类组织自主性的基础。

城市中的居民委员会最早产生于 1949 年，是民间自发产生的群众性自治组织，随即被吸纳进城市基层管理体系中，成为街居制的重要组成部分。改革开放后，随着党政机关企事业单位系列改革的持续推进，原有城市管理体制的主体——"单位制"逐渐开始解体，其让渡出来的大量社会管理与服务的功能历史性地由街居制承担，居委会成为 1987 年开始开展的社区服务、20 世纪 90 年代开展的社区建设工作的主体之一。另外，作为社区自治组织，居委会的自治性也在改革开放后得以强化，一个重要标志就是 20 世纪 90 年代后期各地开展的居民选举。随着 2000 年社区建设在全国城市范围内普遍展开，居委会的行政性与自治性并存的现象就持续至今，二者之间的关系也成为争论至今的问题。总体而言，居委会在城市基层治理中的作用不容忽视，但在相当多的社区尤其是新建商品房社区中，其活力依然不足、影响也比较有限，迫切需要进一步在行政任务上"减负"并提高其自主性。村民委员会是改革开放的产物，其行政性、自治性二重属性的特征与居委会类似，但一般认为村民自治的参与水平要高于城市社区，同时不规范的程度也更高。

"自上而下的"注册社会组织也是准体制内社会组织的重要组成部分。这类社会组织在改革开放后的发展过程与事业单位相似，都是在 20 世纪 80 年代即启动的以"政社分离"为宗旨的行政体制改革过程中由政府行政体系内的组织转变而来的社会组织，以社会团体居多，也包括部分民办非企业单位和基金会。这类组织尽管能比较容易得到政府的资源支持，却不能像事业单位那样长期稳固地得到政府以财政拨付方式分配的资源，法理上政府没有义务也没有权利拨付固定经费。"自上而下的"注册社会组织与政府关系密切，但在身份上实际却是体制外的组织。这类组织的数量有限，据估计其增长速度要低于"自下而上"产生的社会组织，但影响不容低估，尤其是全国层面的组织如中国青少年发展基金会等。在大量"自下而上"社会组织的有力冲击下，在服务对象监督参与逐步提高的形势下，类似官办的注册社会组织也在不断追求专业化，提高工作效率和竞争力，以更好地适应经济社会发展的新形势。

（三）体制外社会组织的发展与管控

体制外社会组织被看作改革开放所释放出来的新社会空间中的主体，是社会自主发育的直接体现。其中，被关注最多的是民间"自下而上"成立的注册社会组织。通常认为，民间社会组织在改革开放之初就已出现，但其蓬勃发展是在 20 世纪 90 年代。改革开放后的经济繁荣既创造了对不同社会组织的需求，也为其发展提供了丰富的资源。政府持续推动的行政管理体制改革则意味着许多原本由政府承担的职能将逐渐转移给社会组织。另外，中国市场经济的发展还带来了贫富差距扩大、环境破坏严重等一些社会问题，单靠政府的力量并不足以解决，这也为民间社会组织的发展提供了条件。在这样的背景下，民间自发产生的社会组织发展势头迅猛。

与此同时，国家对于社会组织的管控力度也在不断加大。1998 年，国务院颁布了新修订的《社会团体登记管理条例》和《民办非企业单位登记管理暂行条例》，进一步完善了社会组织的管理制度，形成了由注册部门和主管部门"双重管理"的体制框架。2002 年，党的十六届六中全会提出"坚持培育发展和管理监督并重，完善培育扶持和依法管理社会组织的政策，发挥各类社会组织提供服务、反映诉求、规范行为的作用"。2004 年，国务院在 1988 年《基金会管理办法》的基础上制定发布了《基金会管理条例》。至此，对于社会团体、民办非企业单位、基金会三大类注册社会组织的政策体系构建完成。双重管理体制对于自下而上社会组织的发展起到了规范作用，但也限制了民间社会组织功能的有效发挥，不利于社会组织的健康快速发展。自 2006 年开始，广东省即积极探索将行业协会的业务主管单位改为业务指导单位，弱化业务主管单位对行业协会的控制，并于 2011 年底扩大到除特殊领域以外的所有社会组织①。2012 年，党的十八大提出，在改善民生和创新社会管理中加强社会建设，必须加快推进社会体制改革，加快形成政社分开、权责明确、依法自治的现代社会组织体制。2013 年，党的十八届三中全会进一步提出"激发社会组织活力"，"加快实施政社分开，推进社会组织明确权责、依法自治、发挥作用"，行业协会商会类、科技类、公益慈善类、城乡社区服务类社会组织可直接登记并优先发展。在这一背景下，"自下而上的"社会组织获得前所未有的巨大发展空间，在数量快速增长的同时，也将在市场治理、环境保护、科教发展、社会服务、权益维护、公益事业、社区建设等许多领域发挥更大的积极作用。

体制外社会组织还包括业主委员会、备案社区组织、其他非注册社会组织以及网络组织等。最早的业主委员会于 1991 年出现于深圳，但业委会的大量产生并引起关注则是在 1998 年住房商品化改革全面启动以后，2003 年通过的《物业管理条例》规定了业委会作为业主自治组织的法律地位。城市政府中的房管部门是物业管理、业主自治的主管部门，业委会的成立一般需要在基层房管部门进行备案。由于一些商品房小区中的业委会以维权的面目出现，针对开发商或物业公司开展各种形式的集体维权行动，因此往往被地方政府视为不稳定因素，并进而可能限制业委会的成立和换届，结果制约了业委会在社区治理中的积极作用。"草根"性的社区组织在城乡社区一直存在，这些组织规模小而灵活，正式化程度不高，在备案制出现之前处于一种放任自流的状态。2002 年，青岛率先实行社区社会组织备案制，此后这一方式得以推广。备案制一方面对"草根"社区组织有了一定的规范和引导；另一方面，由于比注册制度的"门槛"更低，这一制度也促进了慈善公益类、社区服务类等社会组织的发展。备案社区组织尽管规模较小、缺乏资源支持、活动局限于社区范围内，但却因为成员更加熟悉、活动更

---

① 游祥斌等：《从双重管理到规范发展：中国社会组织发展的制度环境分析》，载于《北京行政学院学报》2013 年第 4 期。

为贴近日常生活从而具有更大的活力。此外，出于种种原因既不注册也不备案的其他社会组织在改革开放之后就已出现，在性质上属于非法，既有会员制式的自我服务组织，也有致力于公民维权、环境保护、公益慈善、社区服务等目标的公益性组织。网络组织则大量出现于20世纪90年代后期，随着互联网在中国的普及，其数量也不断膨胀，并通过对社会公共生活的积极参与而发挥作用。由于互联网交流的匿名性、便捷性，网络组织的形成极为容易，活动方式非常灵活，活动领域也可以从最隐秘的私人领域到最为敏感的政治领域，活动范围则极大超越了地域空间的限制。从这一意义上说，网络组织是发展最为自由、自主性最强、内部差异最大，同时也是最难以监管的一类组织。

如果将以上各类社会组织作为一个整体来概括中国社会组织改革开放以后的发展历程，可以大致区分出四个阶段。第一个阶段是1978～1992年，体制内、准体制内社会组织恢复其原有功能，并在经济政治体制改革进程中酝酿转型，体制外社会组织则经历了从大量无序发展到严格控制的过程。第二个阶段是1992～1998年，体制内社会组织如事业单位的改革继续推进，人民团体中的妇联明确了NGO的性质，准体制内社会组织如社区自治组织在基层管理方面的功能得以强化，包括民间社会组织、社区社会组织、网络组织等在内的体制外社会组织大量出现、快速增长，同时对社会组织的整顿与管控也在加强，标志是1998年发布的《社会团体登记管理条例》和《民办非企业单位登记管理暂行条例》。第三个阶段是1998～2008年，社会组织三大条例出台后，尤其是自2000年以来，体制内、准体制内社会组织转型加快。工会、妇联组织数量和作用上升，社区服务类组织繁荣发展并大量购买政府公共服务，业委会兴起，自下而上的注册社会组织、网络组织数量迅速上升、影响日益增大。第四个阶段是2008年至今，体制内社会组织如事业单位的分类改革方向进一步明确，准体制内社会组织如社区自治组织的制度环境有所调整，汶川地震后兴起了新的体制外社会组织的发展高潮，[①] 注册社会组织的双重管理体制逐步分类进行调整，党的十八届三中全会更加明确了积极推动社会组织发展的政策方向。依照"制度与生活"的分析逻辑，对制度约束下社会组织的发展实践可以简单概括为制度改革既推动了一部分体制内组织转变为逐渐远离体制的社会组织，又为纯粹体制外组织的生长创造了空间，而无论是体制内、准体制内还是体制外社会组织，都在充分利用制度空间寻求发展，并在此过程中创造出多种生存与发展的策略。

---

① 有关汶川地震对于中国民间社会组织发展的影响，参见林静：《汶川地震中非政府组织发展初论》，载于《南方论刊》2011年第2期。

二、社会组织内部治理的现状与问题

正如前文提到的，我国社会组织的发展正在进入第二个阶段，而这个阶段的实质性问题是具体而微的权力机制和利益机制的调整和改革。在现有的社会组织政策体系与支持体系下，一方面是社会组织在数量上的迅猛发展，各行各业都可以找到社会组织的身影；另一方面是公众对社会组织的效率、诚信、社会责任的质疑逐渐增加，尤其是 2011 年以后有关社会组织的丑闻[①]不断被曝光，社会组织内部管理混乱、中饱私囊等问题引发公众关注。这些"慈善"丑闻不仅严重损害了社会组织的形象和公信力，也引发了公众对加强社会组织内部治理监管的强烈呼声。从国际范围来看，社会组织中的非预期不当行为不仅出现在我国，2003年美国的一项研究展示了 152 家被指控有民事或刑事不当行为的社会组织，在152 起涉及社会组织的案件中，98 起涉及犯罪活动，48 起涉及违反忠诚和谨慎的义务，存在自我交易、不能履行组织宗旨的行为以及对资产管理的不善，还有 6起案件同时涉及上述两个方面。[②] 如何加强对社会组织的法律规制并使之执行到位成为 20 世纪以来社会组织管理的重要内容。

（一）社会组织的内部治理：现状与挑战

从现有法律来看，我国还没有关于社会组织内部治理的专门法律条文。社会团体的治理主要依据 1998 年的《社会团体登记管理条例》，民办非企业单位治理的主要依据是《民办非企业单位登记管理暂行条例》，但这两个条例缺少对社会组织的执行机构、产生程序、负责人的条件和产生、罢免程序的具体规定，在实践中需要参考民政部发布的《社会团体章程示范文本》《民办非企业单位（法人）章程示范文本》。基金会的治理主要依据 2004 年的《基金会管理条例》，其中第三章明确规定基金会的组织机构和议事规则，规定基金会必须设置理事会与监事会，并规定了理事和监事的任职资格和期限，对条例没有涉及的部分也可以参照民政部发布的《基金会章程示范文本》[③]，但是在社会组织实际运行的过程

---

① 2011 年"郭美美事件"引发公众对慈善组织的极大关注，红十字会的信誉在此事件中深受打击。之后又有"河南宋庆龄基金会被爆大量资金用于放贷""嫣然基金会涉嫌贪污""浙江慈善组织施乐会从捐款中提成""爱眼工程被爆高价骗钱""百色助学网"丑闻等。

② 弗莱蒙特·史密斯著，金锦萍译：《非营利组织的治理：联邦与州的法律与规制》，社会科学文献出版社 2016 年版，第 14 页。

③ 上海复恩社会组织法律服务中心编著：《中国社会组织法律实务指南》，北京法律出版社 2015 年版，第 41 页。

中，这类示范性章程仍然不能对社会组织进行有效的约束和监督。

总体来看，社会组织的内部治理涉及内部治理结构、主题和机制等问题。内部治理结构既可以指"在社会组织所有权、控制权、经营权分离的条件下，理事会、执行机构、监事会的结构和功能，理事会与高层管理人员的权利和义务以及相应的聘选、激励与监督等方面的制度安排；也可以是指社会组织的人力资源管理、员工的薪酬、激励约束机制、财务机制、组织发展战略以及一切与组织管理控制有关的制度安排。"[①] 如图 3 - 19 所示。

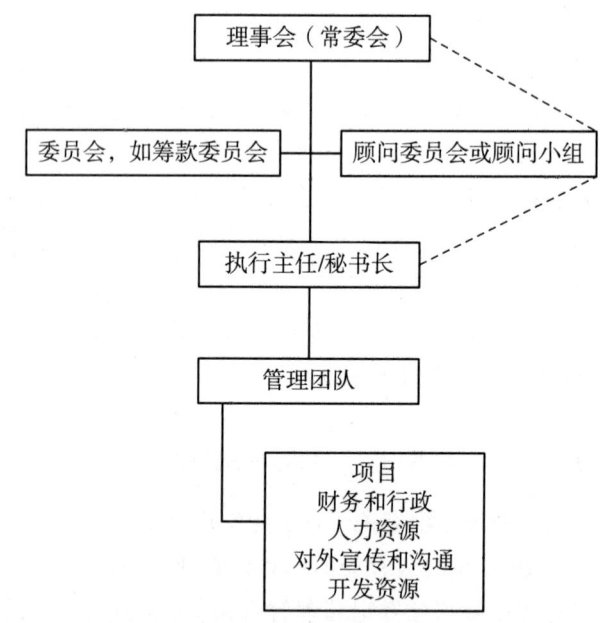

图 3 - 19　国际通行的社会组织机构

资料来源：《国际标准的非营利组织理事会》，温洛克民间组织能力开发项目参考资料。

我们发现，即使正式法律尚未对社会组织内部治理做出规定，社会组织行业里已经有结合现有法律制定的行业自律细则，尤其是行业内的支持型社会组织如 NPI、映绿、复恩、基金会等已经开始注重社会组织内部治理的问题，将优化内部治理作为提升社会组织能力建设的关键，并陆续发布相关报告作为学习和优化组织内部治理的指导手册。比如，NPI 先后发布了《"草根"组织法律指南》《中国社会组织法律手册》《中国民间非营利组织财务管理手册》《中国民间非营利组织治理手册》等，复恩发布了《社会组织法律知识 30 问》《上海市公益组织法律需求现状》《中国社会组织法律实务指南 2014》等，这些报告都有基金会

---

① 李炳秀：《非营利组织内部治理机制研究》湖南大学 2004 年硕士论文。

的参与和支持。温洛克项目民间组织能力开发项目组织编纂了《温洛克非营利组织管理参考资料系列》，向行业内其他社会组织提供支持和服务，这套参考资料包括：《中国非营利组织参与式组织自我评估》《中国非营利组织人力资源管理指南》《中国非营利组织志愿者管理指南》《中国非营利组织财务管理指南》《国际非营利组织筹资策略》《国际标准的非营利组织理事会》等。

作为社会组织内部治理的核心事项，理事会建设对社会组织来说非常重要。有研究表明，理事会规模越大，越能显著提高基金会业务活动绩效、管理绩效和筹资绩效，[①] 监事会的特征也会影响基金会财务绩效[②]。总体来看，在现有法律还不完善的情况下，上述可在网上公开和获取的指导手册在塑造规范的社会组织内部治理结构和流程、形成行业自律方面发挥了重要作用。2016年中央政府、地方政府陆续出台规范社会组织发展的相关政策，例如民政部出台《关于加强和改进社会组织薪酬管理的指导意见》并分批公布"离岸社团""山寨社团"名单。上海市出台《关于加强本市社会组织内部治理工作的若干意见》《社会组织信息公开办法（试行）》，宁波民政局出台《宁波市社会组织信息公开管理办法（试行）》等。这表明在社会组织管理及其内部治理领域，之前规范性制度不足的情况将得到显著改善，有利于依法管理和监督社会组织发展及其内部治理。

（二）社会组织内部治理的问题

从社会组织行业内部来看，内部治理已经成为拉开组织间差距的主要影响因素。社会组织内部治理仍然存在一些问题，具体包括：（1）理事会结构和决策程序规范化程度较低，缺少法律保障；（2）财务管理不完善，这是社会组织内部治理中最薄弱的环节；（3）档案证明章管理不规范；（4）专业队伍力量薄弱。

根据复恩法律服务中心在2012年10月至2013年10月对上海70家社会组织的调查显示，47%的社会组织认为组织面临的最大问题是组织效率低下，39%的社会组织认为保障组织有效运行的首要是自身组织结构的治理，47%的社会组织认为缺乏项目成效相应业绩评估指标是影响内部治理结构完善的主要因素，51%的社会组织认为创办人对组织治理结构的影响较大，87%的社会组织认为立法有利于完善组织治理结构，51%的社会组织认为建立民间评估和监督组织有利于优化组织治理结构，63%的社会组织认为在一个治理结构优化的社会组织中，理事会应该承担明确的组织使命，62%认为理事会需承担批准和监督战略决策

---

① 张立民、李晗：《我国基金会内部治理机制有效吗?》，载于《审计与经济研究》2013年第2期。
② 刘丽珑：《我国非营利组织内部治理有效吗——来自基金会的经验证据》，载于《中国经济问题》2015年第2期。

的职责。①

　　根据《中国社会组织发展评估报告（2015）》显示，不同类型、不同评级的社会组织在内部治理水平上存在较大差异。在该报告中，社会组织内部治理指标具体分为发展规划、组织机构、人力资源、领导班子建设、财务管理、档案和证章管理六个分指标。在2014年参评的社会组织中，学术类社团在内部治理指标得分比上最高，基金会最低。与其他四类社会组织相比，基金会在完善组织内部治理结构、完善重大事项报告制度、提升工作人员的专业水平、建立规范的财务管理制度和审计制度等方面还有待加强。② 公益类社团存在会员、成员代表产生制度缺失和会员的代表性不足的问题；等级较高的学术类社团对分支机构的管理制度不够完善，而1A等级的学术类社团存在理事会会议纪要不全、常务理事人数超标等问题，存在会员（代表）大会无法按时召开、工作人员数量太少或无专职工作人员、未制定财务管理制度或执行情况较差、未制定档案管理制度等问题。联合类社团存在的普遍问题是常务理事数量超过规定、收据和发票的保管与使用登记制度不健全、财务报告不够完善等。③ 全国性行业协会商会存在以下问题："第一，会员（代表）大会、理事会和常务理事会决策程序不合规范，权力制约及其制度设计缺失或违规执行，党组织缺失；第二，财务会计和资产管理方面不够规范，缺少有效的监督；第三，在分支机构管理方面缺少统一的制度规范和监督，分支机构存在的问题对全国性行业协会商会的公信力和社会形象产生消极影响；第四，负责人和人力资源管理方面的问题；第五，行业自律规范或者缺失或者缺乏执行与落实。"④

　　在2014年、2015年深圳社会组织抽查中，社会组织内部治理存在的问题具体包括："（1）组织架构和重大决策事项不完善。（2）重大开支程序缺失。（3）没有建立专门的财务制度。（4）成立宗旨目标不明确，缺乏公益性目标，成立后未开展活动，未发挥行业服务作用。（5）会计基础工作不规范。（6）财务管理不健全，收入管理比较混乱，成本费用的真实性存疑，未实现不相容岗位的分离，纳税意识薄弱。（7）外部审计监督缺失。社会组织虽引入外部审计，但会计师事务所存在出具不实报告的问题，报告正文与报表不符，报表不平，数据错误，数

　　① 参见上海复恩社会组织法律服务中心编：《上海市公益组织法律需求现状调研报告》2013年版。
　　② 徐家良、武静：《全国性社会组织评估总报告》，徐家良、廖鸿主编：《中国社会组织发展评估报告（2015）》，北京社会科学出版社2015版，第15～19页。
　　③ 何秋凤、张其伟：《全国性学术类、联合类、公益类社会团体评估专题数据分析》，徐家良、廖鸿主编，《中国社会组织发展评估报告（2015）》，北京：社会科学出版社2015年版，第74～76页。
　　④ 李程伟、郝斌：《全国性行业协会商会评估专题数据分析》，徐家良、廖鸿主编：《中国社会组织发展评估报告（2015）》，北京社会科学出版社2015年版，第59～66页。

据不合常理的情况大量存在。"①

从上述评估和调查结果来看，社会组织在内部治理结构、财务管理、人力资源管理、项目管理中仍然存在许多有待进一步规范的问题。如何进一步依法加强对社会组织的管理和监督，提高其服务民生建设、创新社会治理方式的能力，仍然是社会组织发展建设中不可忽视的议题。

三、社会组织实践案例："制度与生活"视角的分析

（一）妇女联合会：体制内社会组织

妇女联合会可作为体制内社会组织的代表。全国妇联的全称是中华全国妇女联合会，最早成立于1949年3月，原名"中华全国民主妇女联合会"。根据2008年第十次妇代会通过的《中华全国妇女联合会章程》，全国妇联"是全国各族各界妇女在中国共产党领导下为争取进一步解放而联合起来的社会群众团体，是党和政府联系妇女群众的桥梁和纽带，是国家政权的重要社会支柱"。作为体制内社会组织，全国妇联及地方各级妇联组织的经费由政府财政拨付，全国妇联主席为正部级国家领导，基层妇联组织则接受地方各级党委的领导。

改革开放以来，一方面是对外交流过程中迫于与国际接轨的压力，一方面是为了在新的社会形势下继续维持自身地位、提升竞争优势，妇联也积极寻求转型，拓展功能领域，这些举措体现在两个方面，这也可以说是妇联寻求生存与发展的两种策略。

一是身份定位的"非政府化"。新中国成立以来，妇联一直被视为政府行政体系的组成部分。20世纪80年代末，中国妇联即开始寻求转型，在90年代初脱离党政体制成为相对独立的人民团体。1994年，为申请举办世界妇女大会，在中国向联合国提交的《内罗毕提高妇女地位战略》的国家报告中特别申明，"全国妇联是中国改善妇女地位的最大的民间组织"，正式宣布了自身的NGO身份。1995年9月，第四届世界妇女大会在北京召开，由全国妇联代表中国政府承办，这是中国历史上首个在华举办的联合国国际会议。同期举办了作为世妇会平行会议的世界NGO妇女论坛，共有来自世界各地的三万多名NGO代表参会。世妇会

---

① 深圳市社会组织抽查结果公告（2015年4号），http：//www. szmz. gov. cn/xxgk/ywxx/shzz/xzcf/201509/t20150914_3212893. htm。

深圳市社会组织抽查结果公告（2015年3号）http：//www. szmz. sz. gov. cn/xxgk/ywxx/shzz/xzcf/201508/t20150828_3197441. htm。

的召开大大改变了政府、公众对 NGO 的看法。当时亲历世妇会的妇联领导陈永玲、马延军在访谈中介绍说：

"NGO 即非政府组织，当时是没有人提的。一提到 NGO，即使是政府包括高层领导人，都认为是跟政府对着干的。咱们领导人出去以后，看到很多 NGO 都有游行等活动，所以在他们印象中，NGO 就是反政府的。这就是为什么当时把原定会场从北京工人体育场改到怀柔的理由之一。……但是从那以后，整个社会，包括政府都改变了对 NGO 的态度，媒体也开始使用 NGO 这个词汇。"（王名，2012：17）

同时，全国妇联也意识到 NGO 身份的独特作用。据同一访谈，"通过世妇会，我们认识到 NGO 在国际舞台上无论是配合政府还是宣传中国，都是很好的（一种方式）"（王名，2012：22）。

有关妇联组织的性质一直存在争议，但妇联自身在定位上"非政府化"的努力却是值得关注的有意思的现象。妇联定位自身为"非政府组织"（NGO），一方面固然是与国际接轨的需要；另一方面更为重要的是观念的转变，逐渐意识到非政府组织同样可以在推动公益事业发展方面发挥巨大的作用，甚至相比而言还有其独特的优势。尽管妇联在目前不可能真正脱离党政体系，毕竟经费依赖于政府财政，人事权也无法独立，但仅仅观念上的转变就已经发挥了巨大的积极效应。1995 年之前，体制外的妇女类社会组织生存环境并不乐观，如 1988 年正式注册成立的北京红枫妇女心理咨询中心，曾一度因业务主管单位中国管理科学研究院单方面取消挂靠关系而失去了法人资格，后来只能以企业法人的身份在工商行政管理部门注册。而在 1995 年世妇会以后，妇女类组织的发展环境大大改善，一大批新的妇女民间组织成立，活跃在女性教育和服务、妇女问题研究、妇女儿童权益维护等公益领域。

二是职能调整与功能拓展。1988 年 9 月，全国妇联制定的第六届妇联章程提出，妇联的基本职能是：代表和维护妇女利益，促进男女平等。2008 年第十次妇代会通过的新的妇联章程则将这一表述修订为"代表和维护妇女权益，促进男女平等"。由"利益"到"权益"，意味着妇联职能在新形势下的调整扩大，更加强调妇女维权的重要性。1988 年 12 月，在中国妇联的推动下，中国妇女发展基金会得以成立。近年来，妇联基层组织在女性维权、矛盾调解等方面积极发挥作用，部分地区依托妇联开展信访代理工作，取得了较好的效果。

更为值得关注的是妇联等人民团体作为枢纽型社会组织的实践探索，这意味着妇联组织功能的进一步拓展。妇联章程中规定了各类以女性为主体会员的社会团体和组织均可通过申请成为妇联的团体会员，这是其可能成为联系同类社会组织的枢纽型社会组织的制度依据。地方上的实践以北京最为典型。2008 年北京市率先提出，要逐步构建以人民团体为骨干的"枢纽型"社会组织工作体系，将社会组织按照其工作性质和业务类别，纳入新的管理体制，由"枢纽型"社会组织负责进行日常管理和服务，从而形成所谓的分类管理、分级负责的社会组织管理模式。2009年，北京市妇联成为首批十家市级"枢纽型"社会组织之一。到2011年底，北京共认定了27家市级枢纽型社会组织，对市级社会组织的管理与服务工作覆盖率达到了85%以上。同时，北京市还着力培育区县、街道层面的枢纽型社会组织，打造市、区、街三级枢纽型社会组织工作网络。[1] 以妇联等枢纽型社会组织替代传统的政府主管部门对社会组织的管理与服务，在一定程度上实现了社会组织管理社会组织的目标。

妇联在新时期的转型努力具有一定的代表性，其他人民团体也大致经历了从体制内走向体制外、从行政体系进入社会生活的过程。概括而言，改革开放以来，以妇联为代表的体制内社会组织都在积极寻求转型，重新探寻自身的合适定位，不断拓展功能领域、创新工作方式，表现出对社会生活变迁的主动回应与适应。而构建枢纽型组织的努力则体现了对于体制外同类社会组织的有意整合，力图巩固和构建体制内组织在相关功能领域的主导地位，以新的方式再次实现体制对于社会的整合与领导。

（二）行业协会：准体制内社会组织

行业协会是社会团体中的重要类型，一般是指介于政府、企业之间，商品生产者与经营者之间，由同行业、相关行业的经济活动主体为维护共同的合法利益而自愿组成，实行行业服务和自律管理的社会团体。行业协会是一种社会中介组织，具有社会组织普遍的非政府性、自治性、中介性特点[2]。同时作为一种特殊的社会组织，又具有市场性、行业性、互益性等特征[3]。行业协会不属于政府的管理机构系列，在事务管理、组织人事、经费筹集管理等方面享有自治权，发挥着政府与企业之间的桥梁和纽带作用。在法治意义上，行业协会一方面有助于全面实现并保障经济主体的私权利，另一方面可以制约并保障公权力的良性运作，还是构筑社会经济秩序的自我调控机制的体现[4]。总体上，行业协会在提供政策咨询、加强行业自律、促进行业发展、维护企业合法权益等方面发挥了重要作用。

---

① 李璐：《分类负责模式：社会组织管理体制的创新探索——以北京市"枢纽型"社会组织管理为例》，载于《北京社会科学》2012年第3期。

② 黎军：《行业协会的几个基本问题》，载于《河北法学》2006年第7期。

③ 贾西津等著：《转型时期的行业协会》，社会科学文献出版社2004年版，第9~12页。

④ 吴碧林、眭鸿明：《行业协会的功能及其法治价值》，《江海学刊》2007年第6期。

改革开放后，行业协会的发展主要经历了三个阶段[①]：1979～1983 年为准备阶段，以体制内新生增量为主，主要是全国性行业协会，基本靠行政指令的方式成立且行政色彩浓厚。1984～1996 年为起步阶段，这一阶段以体制内存量转型为主，少量体制外增量出现突破，在温州等地出现了自下而上产生的地区性行业协会。1997 年以后为发展阶段，1997 年、1999 年、2002 年、2007 年中央相继出台促进行业协会改革发展的重要政策，体制内存量转型和体制外增量突破并行。1999 年，国家经贸委出台《关于加快培育和发展工商领域协会的若干意见》，将工商领域行业协会的职能分为三类：为企业服务；自律、协调、监督和维护企业合法权益；协助政府部门加强行业管理。2007 年，国务院办公厅发布《关于加快推进行业协会商会改革和发展的若干意见》，进一步推动了各地行业协会的迅速发展。

在行业协会的发展实践中，出现了"自上而下"和"自下而上"两类组织形式。前者以政府部门成立的综合性行业协会为代表，它们以部门利益而非行业利益为导向，存在着行政化倾向严重以及依赖政府、自身目标和宗旨不确定、组织和人员涣散、工作能力不足等问题；后者以温州、深圳等地的行业协会为代表，定位于市场和服务，在当地政府的配套政策和相应支持下，逐步确立了独立自主的地位并显示出其不可取代的行业聚合作用。前者在逐步与主管单位脱钩进行职能转型的过程中沿着市场化、社会化的道路前进；后者深深立足于市场基础，在积极发挥作用的同时也影响着地方政府的政策导向，甚至一定程度上形塑了整个行业协会发展的制度环境。例如，1991 年成立的温州烟具协会，是温州 1 000 多家生产打火机等烟具的中小企业自下而上、自发成立的行业协会。2002 年，欧洲打火机生产商协会针对中国出口欧洲的打火机向欧盟委员会提出了反倾销诉讼，温州烟具行业协会代表中方应诉，并最终使欧盟委员会撤销了此项反倾销诉讼。这是中国加入 WTO 后以行业协会为主打赢欧盟反倾销的第一案。由于协会自我运作良好，政府对其监管的力度也不断减弱。协会业务主管单位是市经贸委，以前协会秘书长一定由市经贸委任命，通常由经贸委的一个处长或副处长兼职。后来温州市政府明确提出，行业协会的秘书长、会长不得由政府官员兼任，要从会员企业中产生。市经贸委现在只是一个牵头单位，实际上不管协会的事情。

这里"自上而下的"行业协会并不是本书中"体制内社会组织"的概念，后者如事业单位、人民团体并没有真正脱离体制，在组织人事、经费来源等方面独立性很小，而体制内行业协会只是从来源上原本是体制内的一员，一旦政社分

---

① 吴玉章等著：《中国民间组织大事记（1978～2008）》，社会科学文献出版社 2010 年版，第 4～6 页。

离，就具有了政府之外的独立性。因而，"自上而下的"行业协会在本书中属于"准体制内社会组织"，其与体制内社会组织的主要区别就是与政府的距离相对更远、对政府的依赖也相对更小。以下以深圳外商投资企业协会为例，对体制内行业协会，亦即准体制内社会组织的发展实践进行分析。

深圳外商投资企业协会成立于 1989 年，为脱离体制的社会组织。协会会长郭小慧由政府认定，是较早离开体制"下海"的一位女性，一直是协会的核心负责人之一。协会没有政府的经费支持，但与市政府乃至中央政府部门联系密切。在 20 多年的发展中，以下几方面被认为是对于协会的成功运作发展最重要的保障因素。从另一个角度，这些因素也是协会发展最基本的经验或生存策略。

一是坚持市场化，切实为企业服务，解决其实际困难。1990 年，面对大面积断电，协会组织召开深圳市用电信息发布会，积极与政府沟通，解决了企业最为关心的用电问题。政策服务则是例行动作，协会每年编辑 100 多期的《政策法规信息》，送给外资企业。1993 年下半年，中国股市正处在破冰期，深圳市准备推出第二批企业上市融资，但名单上报中央后，却被搁置。企业希望加快推行试点，但市政府领导进京争取也没有结果。协会于 11 月组织了一个 22 人的代表团，到中央各部委进行座谈、游说、建议，经过半个多月的工作打消了相关部门对于国有资产流失的顾虑，最终国家批准了深圳 24 家合资企业作为试点先行上市。通过真诚有效的服务，形成企业对协会的信任。郭小慧女士在访谈中谈到了对"民间化"即市场化发展道路的坚持：

"我们提出了把协会定位于走民间化道路，在当时是一个大胆的创新。那时候的协会大都附属于政府的'二政府'的现状；面对着全国各省市刚刚成立的外商投资企业协会，那由政府外经贸部门'一个班子，两块牌子'的计划经济时期的社团模式，别人打破了脑袋地想往政府里钻，我们却要与政府脱钩？周围几乎都是惊讶、狐疑的目光。深圳市的几位主要领导，积极支持了我们的大胆设想和勇敢的创新：协会最大限度地与政府脱钩，置身市场，自我发展，自主运作，行为自律。一个有别于全国其他省市的外商投资企业协会的完全民间化的独特机制、运作模式，在深圳诞生了。没有政府编制，没有每年的行政拨款，没有任何政府授权的特殊职能，而是借鉴了国际化商会的会员大会、理事会的运作模式，探索着走进了市场。"[1]

二是保持与政府的密切联系。尽管协会在性质上独立于体制之外，但协会作用的发挥离不开政府的支持，而郭小慧曾经的体制内工作人员的身份是保证协会

----

[1] 胡琼兰、闻坤：《深圳口述史 NGO 先行者郭小慧：深圳让我的生命更有价值》，载于《深圳晚报》2014 年 5 月 28 日。

能够与政府密切联系的最初原因。成立伊始，协会就与政府之间保持着非常顺畅的文件交换通道，在深圳市政府申请了一个特别信箱，不仅政府的相关文件可以及时下发，协会的调研与政策分析报告也可以直接上报。不仅在地方政府层面，协会与商务部等一些国家部委也有密切关系，是很好的合作伙伴。郭小慧会长谈到：

"深圳外商协会能有今天，帮深圳的外资企业解决很多问题，除了离不开团队的努力，也离不开深圳大环境的支持。那时政府和企业关系非常紧密，深圳市政府开门办公，我可以任何时候去找市领导。因为深圳是外向型主导经济结构，出口连续多年都是全国第一，所以从事外资工作是很受重视的。我还记得李子彬市长曾对我说，'当企业遇到困难，任何时候你都可以来找我，如果我不在，只要你把文件塞到我办公室门缝底下，我都会及时处理的。'"①

另一方面，设身处地从政府的立场看问题，着眼于全局利益，而不是一味维护外资企业的利益、满足其所有要求，这也是能与政府形成良好合作的重要原因。郭小慧会长谈道：

"因为我们是民间组织，要特别注意政治性、政策性，千万不能只维护狭隘的局部利益，一定要把民族利益、国家利益和全局利益放在首位，立足于国家的立场来看政策有哪些不完善的地方，才能真正客观、公正地解决问题。"②

三是对专业化的追求，在深入调研的基础上发现问题、分析问题并提出解决问题的思路建议。如前所述，专业化是获得政府信任的重要基础。据郭会长的访谈资料，"如果从提出问题、反映问题、解决问题的政策能力上看，这里面我觉得最主要的，是我们抓问题抓得到位，反映问题时会客观地拿出解决问题的建议建言。"③ 深入、有效的调研有赖于企业对协会的信任，而这种信任又基于协会对企业的真诚服务。

概括而言，对于深圳外商投资企业协会，上述三方面的经验策略是有机联系在一起的，核心就是协会在基于互相信任的基础上有效搭建起政府与企业之间的桥梁。面向市场、服务市场是协会的生存基础，也是能获得企业信任的基础；由于与企业联系密切，协会才能更加专业化地发现问题、反映问题并提出解决问题的建议，而这又是得到政府信任的主要原因；由于政府的信任和支持，也由于专业化的政策建议，政府可以及时迅速地采取措施解决企业所面临的问题，进而使协会在企业中的威望更高、信任度更强。最终形成了政府、企业、协会三者之间有效互动的良性循环。

---

① 胡琼兰、同坤：《深圳口述史NGO先行者郭小慧：深圳让我的生命更有价值》，载于《深圳晚报》2014年5月28日。

②③ 王名主编：《中国NGO口述史》，社会科学文献出版社2012年版，第93～94页，第92页。

不仅是像深圳外商投资企业协会这样"自上而下的"注册社会组织，其他的准体制内社会组织也需要在政府与社会之间找到自身恰当的中介地位，一定意义上说，这种中介作用能否有效发挥决定了组织的发展空间与活力的大小。例如城市社区自治组织，有关其行政性、自治性的争论也可以换一种思路去理解，即居民委员会作为政府与社区之间的桥梁和纽带，既需要保持与基层政府的密切联系，又需要深深扎根于社区，获得居民的信任和认可。与"自上而下的"注册社会组织一样，社区自治组织可以在为社区居民服务、维护居民权益的基础上向政府反映居民诉求和社区问题，在政府的支持下解决问题，从而形成政府、社区、组织之间的良性互动关系。但另一方面，与"自上而下的"注册社会组织不同的是，社区自治组织在经费来源、组织人事、工作内容等方面受制于政府更多，就此而言，社区自治组织更接近于事业单位、人民团体等体制内社会组织。准体制内社会组织与体制外社会组织相比，其显而易见的优势在于容易得到政府的信任与支持，但其生存发展的根本还是在于能够有效地为服务对象的利益、需求服务。而一旦能做好服务，相比体制外组织，准体制内社会组织也将具有更大的竞争优势。

（三）静安区社会组织联合会：准体制内社会组织

2007 年，静安区委区政府为深入贯彻党的十六届六中全会精神及上海市委关于加强社会建设、创新社会管理的要求，在区级层面成立静安区社会组织联合会，之后又在 5 个街道和劳动、文化、教育等系统成立了社会组织联合会，共同创建了"1＋5＋X"枢纽型社会组织管理模式，获得第二届上海社会建设十大创新项目。七年多来，它发挥桥梁和纽带的作用，坚持"党建"引领"社建"，提升新社会组织党建工作的有效性；坚持以章程为行动准则，大力培育发展社会组织和领军人物，加强以公信力为核心的能力建设，坚持搭建服务平台，承接服务项目，倾听反映诉求，推动政府购买服务，惠及百姓民生，在维护社会稳定，建设和谐家园等方面发挥了不可替代的作用，有力地推动了政社合作、社社合作、社企合作。

从表面来看，静安区社会组织联合会是一个官方色彩较浓的社会团体，其主要负责人曾经有过一定的行政背景，社团经费来源主要系政府委托，区别于一般民间社会组织的政府购买或社会自筹。然而，作为一个具有近十年"长历史"（相对近年新兴的民间社会组织而言有些岁数偏大）、"大体量"（包括全区所有450 多家社会组织）的官方性较强的社团能在民间社会组织占主导的社会创新平台脱颖而出，也非有一番内功不可。相对国内为数不少的官方性社会组织而言，静安区社会组织联合会的胜出更彰显其具有非同一般的能量。客观而言，官方色彩、长历史、大体量等因素在社会创新中并非优势。一直以来，社会组织与政府的关系是社会组织讨论的重要焦点，相比较而言，社会组织与政党的关系鲜见讨论，而静安区社会组织联合会很大程度地突出了党社关系这一核心议题，体现了党与社会组织的有效联动及政策枢纽的型构。

第一，党组织发挥覆盖引领的作用。

静安区社会组织联合会重视党建工作，坚持党建引领，有意识地将引领、服务、凝聚的党建工作理念贯穿于社会组织发展的始终，在具体的工作实践过程中卓有成效，实现了社会组织党建工作的全覆盖。具体表现为静安区社会组织联合会党总支联手"5＋X"社联会及区域内 47 家社会组织，组建了区域化党建工作平台——"共同行动"工作联盟及其下属的青年志愿、社区服务、社会维稳等专业联盟，通过联盟平台，将党的工作延伸至全区 456 家社会组织、72 个党组织和 2 400 多名党员，充分发挥了社会组织党建联盟的桥梁纽带作用。近年"1＋5＋X"社联会党组织接收入党申请书 86 份，发展新党员 35 人，现有入党积极分子 23 名。

党建工作的覆盖引领，不仅凝聚了党员，扩大了队伍，同时，党建工作也改善了社会组织的生态环境。静安区社会组织联合会在社会组织党建工作方面的显著实效，积累了党和政府的信任，无形之中也是增进了社联会的组织资本。诸如该区前几年有青年热心艾滋病预防工作，连续几年组织防艾志愿服务，取得不错的社会反响，然而在注册机构时费尽周折就是找不到主管机关，最后求助社会组织联合会。联合会负责人借市统战部领导视察联合会之际，直接给需要申请的青年找过来，当面推荐给具有义序从业背景的统战领导，最后很快找到了"婆家"。

第二，推动社会组织参政议政。

在政党政治主导政治生活的当代世界，任何非政府组织的发展都难以脱离政党的影响，以参政议政为核心的政治参与成为政治民主和政治文明的标志。对于国内一般性的社会团体和民办非企业而言，都比较欠缺参政议政的意识、能力、条件及行为。既有的社会组织党建工作主要体现为党对社会组织自上而下的领导或控制，更多的是基于党的工作立场，较少从社会组织发展的普遍需求出发。党和政府倡导的"党建促社建"，很多时候还是表现为党建为本。党建究竟要促进社建的什么？如何促进？相应的内容和方式并不明确。静安区社会组织联合会在实践中对此做出了回应，即联合会在积极响应区委社会组织党建全覆盖的动员之下，主动借助党建所积累的组织资源和关系资源平台参政议政，积极实践社会团体的政策倡导功能。静安区社会组织联合会主要负责人具备列席区委书记专题会和区委常委会的资格。静安区社会组织联合会近年共产生了 30 多名区级以上的党代表、人大代表和政协委员（简称"两代表一委员"），这是一般的社会组织难以企及的，充分彰显了社联会的政治地位。

静安区社会组织联合会专门围绕社会组织发展需求开展调查研究，为党和政府提供决策参考。先后提出"居家养老护理员由派遣制变更为员工制"等40余份切实可行的意见建议和调研报告，多数被政府采纳并转化为具体的实施政策。这些事关民生和政府购买服务的社会政策一定程度上回应了社会组织的现实需求，促进了社会组织的迅速发展。从另一方面看，社会组织参政议政的政治参与亦推动了党对社会组织的政策服务。这种党与社会组织的正向有效的联动，一方面提高了党组织领导和覆盖的有效性；另一方面，也整合了政治资源，激发了社会组织活力，促进了社会组织的有序快速发展。静安区社会组织联合会在某种程度上发挥了承上启下的政策枢纽功能。

自成立以来，静安区社会组织联合会有效推动了党和社会组织的联动。这一过程中，有两种实践策略发挥了明显的作用。

一是重视制度沟通。静安区社会组织联合会倡导章程主导下的枢纽型社会组织管理，在推动社会组织参政议政的政治参与和政策倡导方面，亦重视制度建设，突出强调制度前提下的党社联动。静安区社会组织联合会为此专门制定了向区委、区政府的专报制度、与区民政局和区社建办的双向沟通制度、社会组织"两代表一委员"（党代表、人大代表、政协委员）征询基层社会组织意见的制度、党建负责人的例会制度、新注册社会组织必访制度等一系列行之有效的实践规范。社会组织在发展过程中遇到的困难和问题因此而有了向党和政府部门等上级部门及时反映的稳定渠道。

为提高社会组织的参政议政，联合会专门设置了社会组织"两会一代表"制度。规定每年召开两次"两代表一委员"参政议政座谈会，加强常态化联系服务机制，充分利用"两代表一委员"难得的政治资源。与此同时，搭建"两代表一委员"的微信群等平台，使其更多了解社会组织发展现状，保持与政府不定期沟通，推动社会组织有序发展。例如，为更好地发挥社会组织"两代表一委员"联系基层社会组织、反映民意的作用，区社联会在"两会"召开前积极搭建反映诉求的平台。在前期动员代表委员多方走访、了解基层社会组织实情的基础上，邀请"两代表一委员"与政府部门、基层社会组织面对面交流，让"两代表一委员"深入了解社会组织发展问题，并根据社会组织发展的热点和需求分类，促成"两代表一委员"的分工协调与通力合作。

二是树立典型人物。人才是推动社会组织发展、促进党社联动的根本。静安区社会组织联合会注重人才培养，在人才培育方面也颇有章法和策略。不仅制定了社会组织领军人才、青年后备人才等多层次人才培育体系，打造了"青年志愿联盟—社会组织之星—青年人才库"的梯队人才培养机制，同时特别突出榜样的力量，强调优秀人物的先进性引领，乐于且善于通过树典型的方式发掘和培育社会组织优秀人才。为此，静安区社会组织联合会成立社会组织精英的宣传报道组，深入基层，与会员组织保持高密度互动，发掘社会组织有为之士，为他们写事迹宣传稿，并且与媒体深度合作，对之进行充分的事迹报道和社会正能量宣传。例如，联合会与《静安时报》合作，每月刊登一名静安区的"社会组织之星"，每月发布"社会组织视窗"专版宣传推介。此外，静安区社会组织联合会还建立青年后备人才信息库，在对目前 33 位遴选出来的优秀人才的成长、组织发展等情况进行动态管理的基础上，在全区社会组织内挖掘更多"草根"型、有潜力的青年人才，透过多渠道宣传推介，提升青年后备人才社会影响力。截至目前，静安区社会组织联合会向《静安时报》共推荐了 61 名"社会组织之星"，在每月发布的"社会组织视窗"专版宣传栏共编辑了 74 期社会组织的先进事迹；另在静安有线电视台开展青年领军人才"走进演播室"专题，专辟《益空间——静安区社会组织人和事》电视栏目；编印《上海市静安区社会组织群英谱》《公益达人：新时代的活雷锋——静安区青年社会组织印象》等书籍。为培育青年英才，联合会还专门联合团区委举办青年社会组织推介展示会，搭建政府、企业与社会组织等多方合作展示平台。

在积极宣传推介的同时，联合会亦重视对青年社会组织人才的指导扶持和能力培养，成立青年志愿专业联盟，组建青年志愿专业联盟 QQ 群，发动青年社会组织参与各类志愿服务和公益活动。为推动社会组织一线从业人员队伍稳定壮大，促进"草根"社会组织可持续发展，联合会联手静安幸福益站志愿服务中心等社会组织发起成立"春芽基金"，成为上海首个动员社会力量成立的社会组织青年人才发展专项基金，旨在培育和打造社会组织青年英才品牌。联合会这种树典型的做法，也是契合了作为先进性代表的党的内部运行逻辑，在一定程度上也增进了党社联动的基础。

客观而论，静安区社会组织联合会区域化党建和枢纽型社会组织管理模式的创新也具有静安的特殊性。从体制上看，静安区社会工作党委、社会建设办公室与区民政局系由一位副区长分管，并且分管副区长的地位较高，是区委常委之一。而大多数地区的民政和社建的分管领导通常是分开的两位，不利于理念或运作方式上的统一及行政效力的发挥。机制上看，静安区社会组织联合会会长是位克里斯玛型领袖，曾经的企业经理、区人大常务委员会副主任、工商联合会会长等身份，让他具备丰富的政治智慧、管理经验和社会资本等多种优势，非一般性社会组织所能企及。毋庸置疑，这两点是影响静安区社会组织联合会在党社联动、社会创新方面大步发展的重要因素。不过，这种特殊性也并不妨碍将其作为普遍性特质加以推广。其对党社关系、政策枢纽、参政议政、典型塑造、制度建置等诸多方面的重视和倡导，是具有普遍意义的，尤其对枢纽型社会组织建设和发展具有重要的现实启示。

（四）"自然之友"：体制外社会组织

与体制内、准体制内社会组织相比，体制外社会组织均为民间自下而上产生，在源头上距离体制最远，因而往往被视为社会发育的主要载体。体制外社会组织数量庞大、种类繁多，其中最值得关注的首先是民间"自下而上"的注册社会组织。民间自发产生的社会组织自改革开放后出现，在20世纪90年代兴起，活跃于包括环境保护在内的许多公共领域。环保领域的民间组织产生于20世纪90年代前期，1991年成立的辽宁省盘锦市黑嘴鸥保护协会是第一家没有政府背景的民间环保组织。在20世纪90年代，"自然之友"、绿色江河、地球村等环保组织先后成立，在环保领域的影响逐步扩大，为中国环境保护工作做出了独有的贡献。2000年以后，环保类民间组织参与或发起了多起重大公共事件，成为社会民众参与公共治理的典型。如绿家园组织主导了叫停杨柳湖工程事件，绿家园、绿岛、大众流域等组织积极参与的怒江水坝事件等。同时，环保组织的专业化水平也不断提高，活动领域则从保护大自然延伸到日常生活领域，更加强调联合行动。如2005年，"自然之友"等15家环保民间组织联合汽车俱乐部在北京发起"每月少开一天车"活动。2007年，这一活动扩展到深圳、武汉等20多个城市。从这些典型环保类民间组织的发展实践，可以较好地了解体制外社会组织的生存逻辑。

"自然之友"是环保领域影响较大的社会组织，可以看作"自下而上"的注册社会组织的代表。

"自然之友"（Friends of Nature）成立于1994年，全称为"中国文化书院·绿色文化分院"，是中国最早正式注册的民间环保组织之一，创会会长为梁从诫。这一组织致力于中国的环境保护，促进人与自然的和谐相处，目前有会员一万多人。作为"自下而上"的社会组织的一个典型，"自然之友"的经费全部来自于会费和捐赠。1995年，云南省德钦县政府准备砍伐100平方公里的原始森林，威胁到珍稀动物滇金丝猴的生存，经过"自然之友"的呼吁和努力，这一行为最终被制止。1998年，"自然之友"发起保护青海省可可西里地区藏羚羊的一系列行动，为当地保护藏羚羊的组织"野牦牛队"筹集经费40多万元。除了这些使"自然之友"声名大作的行动，这一组织还开展对少年儿童的教育、倡导自行车等低碳出行方式、保护自然文化遗产等多种项目，带动了更多的组织和民众参与到环境保护事业中，取得了良好的社会效应。

20世纪90年代初，当时的中国社会正集中精力追求经济的快速发展，对保护环境问题的认识也经历了从批评到肯定再到支持的转变过程，政府也在发展经济的同时开始逐渐重视环境保护。而民间环保组织自身的努力也正是推动政府、社会这种转变的重要原因。"自然之友"一直坚持"非营利组织"的性质定位，他们这样阐述自己的看法："我们认为非营利组织一旦营利就会出问题，这种教训很多。我们宁可过苦日子，也不能去挣钱。"① 但这种坚持与发展绝非一帆风顺。相对来说，"自然之友"是民间环保组织能够较好适应社会环境并成功发展的案例，在其创设、发展过程中，"自然之友"探索出一些积极的适应策略。协会创始人梁从诫先生将这些策略均总结为以下几个方面内容：

首先与政府保持适度合作。"自然之友"的宗旨中有这样的内容，"自然之友"支持中国政府、社会组织及个人一切有利于环境保护及社会持续发展的政策、措施和活动，并愿与它（他）们合作；同时，根据条件，对与此相悖的事进行监督、批评、揭露和吁请有关方面予以制止。这显示了"自然之友"与政府的关系：一边支持、一边监督。早期知名的环保组织如绿色和平组织一直是采取很激烈的对抗行为来进行环境保护或对政府施加压力。但"自然之友"选择了较为保守的理念和策略。梁先生认为，"我们一开始就很清醒，在中国用这种方式、这种战略是不行的。"② 因此在申请成立的时候即确定了"自然之友"的一个理念：支持中国政府的一切有利于环境保护的政策措施和行动。另外，如果政府没有尽到环境保护的责任，违背了其环境保护的原则，"自然之友"有责任也有权利进行监督和批评，并在力所能及的范围内参与解决。就此而言，这种监督态度也是"自然之友"力图保持自身独立性的体现。

无论是与政府合作还是对政府提出批评监督，都需要保证一个原则，即要有充分的法律认识和道义证据。在 1995 年保护滇金丝猴的事件中，"自然之友"充分利用了滇金丝猴是国家一级保护动物的事实，向中央政府反映地方政府砍伐森林、破坏金丝猴生存环境的问题。同时，由于中国政府是《濒危野生动植物种国际贸易公约》的签署国，有责任保护金丝猴，这一法理依据也成为"自然之友"可以对中央政府提出要求的基础之一。

其次是与传媒密切合作，依靠媒体进行监督。在保护滇金丝猴事件中，经过"自然之友"的反映和其他努力，中央决定让云南德钦县政府停止对森林的砍伐，并出于对贫困地区的扶持，还决定每年给县城 1 100 万元的补贴，作为停止砍伐的补偿。但县政府拿了补贴后，并没有真正停止砍伐，"自然之友"请了当时影响巨大的央视《焦点访谈》栏目对此进行曝光，起到了有效的监督作用。

---

① 梁从诫：显赫的家族并未给他带来荣耀，人民网，2010 年 11 月 4 日。
② 王名主编：《中国 NGO 口述史》，社会科学文献出版社 2012 年版，第 5 页。

（五）"绿主妇"：体制外社会组织

"绿主妇"的全称是上海徐汇区凌云"绿主妇"环境保护指导中心，于2012年正式注册为社会团体，致力于社区生活垃圾的分类、减量回收及其他社区环保项目。就功能领域来说，"绿主妇"与前述"自然之友"、天下溪组织一样都属于环保类社会组织。就产生方式而言，"绿主妇"与"自然之友"等组织也都是自下而上产生的体制外社会组织。但与"自然之友"等组织作为全国性的环保组织可以在全国范围内活动不同，"绿主妇"出现于城市社区，不仅规模有限，活动范围也基本上限于城市社区。更为不同的是，"绿主妇"在产生发展过程中与传统社区组织（党组织、居委会）和基层政府一直联系密切，甚至在一定意义上可以说是基层政府着力推动、有效支持的结果。

"绿主妇"组织产生于上海市徐汇区凌云路街道梅陇三村，很大程度上是对迫切需要解决的社区环境问题的回应。梅陇三村是上海典型的90年代初公房式小区，截至2013年底，共有2 369户居民，常住人口6 500人，以动迁户为主。在开展垃圾分类环保活动之前，居民区曾是附近有名的"垃圾村"，脏乱差现象处处可见。小区环境卫生的有效治理成为当时社区建设的首要难题。环境治理的困境表现在两个方面：一是社区公共性的缺失。居民对环境脏乱的现状并不满意，但一方面怨天尤人，人际关系不和谐；另一方面又习惯性地乱扔垃圾，缺乏自省和自律。由于缺乏公共意识，居民对居委会组织的卫生清洁志愿活动也很少参与。二是既有治理手段的失效。作为老小区，梅陇三村的物业费很低，物业公司的保洁工作质量难以保证，无法完全以市场化的方式解决环境问题。社区党组织、居委会曾多次发动党员、志愿者开展清洁活动，但一方面动员范围有限，另一方面，短期运动式的动员也无法形成长效机制无法有效应对常态化的问题。既有的市场化、行政化的治理手段一定程度上都失效了，解决环境难题亟须治理机制的创新。

2011年5月，少数居民自发的环保行动倡议（生活垃圾分类、减量回收），得到了居民区书记的支持。在居委会的指导下，十名家庭主妇成立了"绿主妇，我当家"行动小组，开展以塑料垃圾回收为主的环保行动。随后，行动小组发展为"绿主妇"工作室，并与北京地球村环境教育中心合作，制定了一系列垃圾回收和管理制度。2012年，"绿主妇"工作室正式注册成为民间公益组织——"上海徐汇区凌云'绿主妇'环境保护指导中心"。之后，在坚持垃圾回收利用的传统活动之外，还开展了"家庭一平米小菜园""爱心编结社""家庭微绿地"等多个项目。2012年，仅梅陇三村就有1 360多户家庭加入垃圾减量回收的行列，并带动周边7个小区共7 490多位居民参与环保活动，共回收废旧塑料和利乐包装达 9.6 吨、废旧衣物 11.4 吨，"绿主妇"从最初 10 人发展到现在 370 多人，志愿者人数更多达 2 600 多名。随着垃圾分类减量活动的开展，居民环保意识大大增强，乱扔垃圾的现象几乎绝迹，小区环境得到了彻底改善。同时，居民之间的交流更加频繁，对社区公共事务的参与积极性也大大提高。在两年多的时间里，梅陇三村寻找到了环境治理的新的有效方式，形成了以垃圾分类活动为主要代表形式的社会参与机制具体分析如下：

一是多主体的共同参与机制。梅陇三村垃圾分类、减量回收活动的顺利开展，首先是由于政府、企业、社区、社会组织、居民等多方主体的共同参与并形成了良性合作的格局。市区政府主要是提供对公益环保活动开展、环保类社会组织发展的鼓励与政策支持，凌云街道还提供了直接的资源支持，如为"绿主妇"环境保护指导中心提供注册资金。垃圾回收后的加工处理与部分环保再生品的生产由专业公司负责。居民区党组织、居委会发动更多的家庭主妇作为骨干参与到环保活动中，协助"绿主妇"上门开展环保宣传，并为每月一次的垃圾回收活动提供物质帮助。绿主妇社会组织是环保宣传、垃圾回收活动的具体实施者，地球村等环保社会组织也在制度建设、业务开展等方面提供了许多专业指导。居民家庭的积极参与则是活动有效开展的保障。

二是多渠道的资源汲取机制。在与政府、企业、社区组织、社会组织、居民良好合作的基础上，"绿主妇"社会组织可以借助、动员不同组织群体的各类资源，形成了多种渠道的资源汲取机制。在 2012 年正式注册为民办非企业单位后，"绿主妇"可以申请市妇联等部门的招投标项目，可以与更多的政府机构、企业、社会组织开展合作，资源汲取的渠道将会进一步拓宽。

三是市场化的激励回馈机制。"绿主妇"组织与企业之间是一种市场交换关系，回收的垃圾成为企业的原料，换取加工后的环保再生产品。在"绿主妇"与居民的关系中，一种类似市场交换的激励回馈机制发挥了关键作用。居民参与环保项目活动，在付出时间精力成本的同时，也有一定的物质回报。对于垃圾减量项目，"绿主妇"组织利用智能终端"零废弃回收卡"对每户家庭的回收量进行记录、跟踪和管理，以回收量的多少计算积分，居民可凭累积的积分换取环保再生品。对于回收量较少的居民，因为制造的垃圾少，也给予适当奖励。这有利于在尽量大的范围内调动居民参与的积极性。

四是嵌入式的组织合作机制。"绿主妇"社会组织的"草根"性，以及社区组织对其活动的支持，都逐步发展成不同性质的组织之间的密切合作关系，形成了一种嵌入式的组织关系结构。一方面是组织人员的相互嵌入，正式注册的"绿主妇"环境保护指导中心的法人就是梅陇三村党总支尚书记，居委会工作者会成为"绿主妇"组织不同项目的协调人，"绿主妇"们也大多是居委会工作的积极分子。另一方面是组织功能发挥的相互依赖，"绿主妇"组织可以借用社区党组织、居委会的优势资源，包括上级的支持、较强的群众动员能力和良好的群众基础等，社区党组织、居委会也依靠绿主妇组织开展社区建设，推动其功能的拓展。

五是项目化的活动运作机制。"绿主妇"作为正式注册的社会组织，其所开展的一平米菜园、家庭微绿地等活动，均以项目化的方式进行。垃圾减量活动尽管在正式注册之前就已开展，但在地球村等环保社会组织的指导下，同样以项目化的方式长期运作。这种项目化的运作方式与居委会传统的活动组织方式不同，因其理念的时尚新奇、活动方式的新颖独特而具有更大的吸引力。不同年龄层次、职业特征的居民家庭都可以参与其中，在常态化、规律性的活动过程中潜移默化地改变观念意识和生活方式。

从梅陇三村的情况来看，上述机制的发挥需要一些结构性条件的支持，主要包括：一是熟人社区与中老年人为主的社区结构。梅陇三村是 20 多年的老小区，居民大多是从同一地域动迁而来，彼此间较为熟悉，这是社区交往与社区自组织出现的可燃性基础。就社区人口结构而言，居民以中老年人为主，年轻人较少，这是以家庭主妇为主体的"绿主妇"组织产生发展的条件之一。二是组织的合法性与体制内的支持。上海市多年来对垃圾分类的推动和对公益服务类社会组织发展的支持是"绿主妇"公益环保组织合法性的来源，街道、社区党组织、居委会对垃圾减量回收活动的积极支持是其迅速发展壮大的重要推动力量。三是多元化的资源获取渠道。尽管有体制内的支持，但"绿主妇"组织可以从政府、企业、社会组织等多种渠道获取资源，并不仅仅依靠于本街道社区的资源，从而拥有更大的发展空间。对社会组织而言，多元化的资源获取渠道至关重要，这既意味着体制内资源的可替代性，也意味着社会组织的相对独立性。

概括而言，以"绿主妇"为代表的扎根社区的社会组织之所以能迅速发展壮大，基层政府及其依托的社区组织的积极支持是关键因素，如前所述，"绿主妇"的法人代表正是梅陇三村的居民区书记。就此而言，"绿主妇"并非纯粹的体制外社会组织，在"自下而上"产生后逐渐具有了"自上而下的注册社会组织"的特征。这样的特征反而使"绿主妇"组织拥有了更大的竞争优势：既能够获得体制内资源的支持，又能够去争取体制外的资源；既为现有的社区管理体系所认可，又能与其他环保类社会组织开展以信任为基础的合作；既可以充分借助社区组织如居委会的动员能力从而更好地扎根社区，又可以在与专业社会组织的合作中提高自身的专业性。

第三节 社会组织社会协同作用的发挥

在新时期的社会治理格局中，社会组织要发挥"社会协同"的主体作用，即包括社会组织在内的各类社会主体要在公共服务、社会管理、民生发展、社会服务、基层治理、反映诉求等方面充分发挥各自的作用。如前所述，当前我国社会组织的功能领域主要集中在民生建设和社会服务领域。本节内容将首先以上海养老服务为例，介绍社会组织在民生社会建设领域的作用发挥情况；进而对体制内、准体制内、体制外三类社会组织社会协同作用的发挥进行总体概括。

一、民生社会建设中的社会组织：以上海养老服务为例

上海是中国最早步入老龄化的城市，也是全国老龄化程度最高的城市。日益加剧的老龄化程度以及高龄老龄化、少子老龄化等现象的增多已经对上海当前的经济社会发展产生巨大影响，如何应对老龄化的挑战是目前和未来上海发展必须解决的重大问题之一。一方面，经济社会发展的总体水平一定程度上决定了包括养老保障在内的社会福利保障水平，经济实力的提升为福利保障方面的支出提供了财政基础，而经济增速的放缓又会影响公共财力。就此而言，上海领先于全国的经济社会发展水平为率先有效应对老龄化社会的挑战提供了有利的条件。另一方面，从西方福利国家的历史实践来看，包括养老保障在内的社会福利保障水平的提高，也会使政府的财政压力不断增加，甚至可能影响经济发展的活力。上海同样需要避免这种财政压力过大的局面，需要慎重思考经济增速放缓的情况下如何构建多方力量参与、合作式的养老服务体系。

从 20 世纪 90 年代开始，上海市政府不断加大对老年人的福利供给，一方面是不断完善的养老金医疗保险等制度；另一方面是不断推进以社区为基础的养老服务，这一基于社区的养老服务正在从辅助的救济型举措转变为常态的普适型制度安排。2005～2010 年，上海市财政供给投入养老补贴资金 506.7 亿元。这一财政支出在数目上呈逐年增长的趋势，2008 年达到了一个峰值 121.4 亿元，占到了当年市级财政收入的 12.21%。2012 年，上海全市新增养老床位建设资金总投入即达到 91 568 万元。其中，市建设财力和福利彩票公益金资助 4 033 万元，占总投入的 4.4%；区县、街镇投入 51 856 万元，占总投入的 56.6%；社会力量投入 35 679 万元，占总投入的 39%。另外，国家发改委资助上海社会养老服务体系建

设试点项目资金 4 000 万元，民政部福利彩票公益金资助上海市老年人福利机构建设项目资金 1 400 万元。2012 年底，上海 12.6 万人经评估得到养老服务补贴 2.9 亿元。[①] 如果加上老年人日间照料中心和老年人助餐服务点的建设费用，在整个养老服务的政府财政支出框架中，社区养老服务已占据了相当大的比重。以养老床位投入资金为例，2006 年政府投入资金的比例仅略高于 1/4，2013 年则上升为接近 70%，如图 3 - 20 所示。

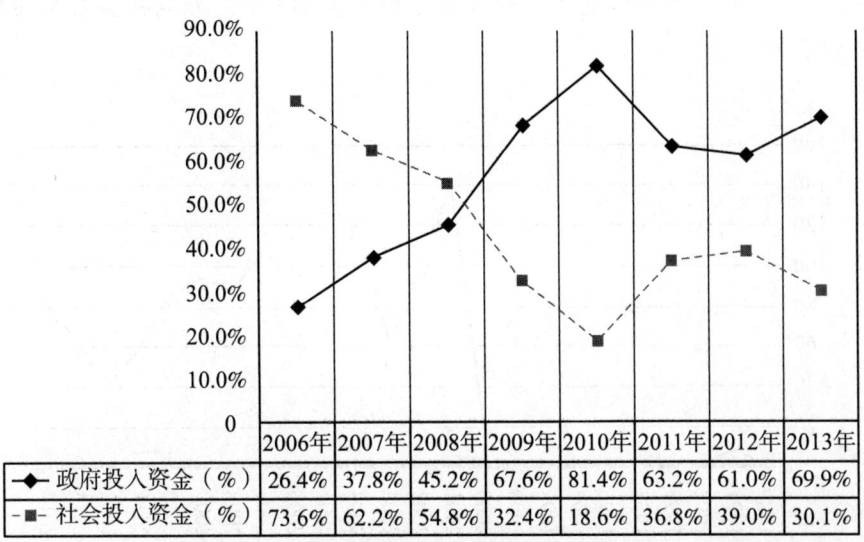

	2006年	2007年	2008年	2009年	2010年	2011年	2012年	2013年
政府投入资金（%）	26.4%	37.8%	45.2%	67.6%	81.4%	63.2%	61.0%	69.9%
社会投入资金（%）	73.6%	62.2%	54.8%	32.4%	18.6%	36.8%	39.0%	30.1%

图 3 - 20　上海市养老床位投入资金（2006～2013 年）

资料来源：根据《上海经济年鉴》（2001～2014 年）数据制图。

当前上海的养老服务供给仍然不能满足老年人的需求，政府也面临日益紧迫的财政压力。在老年人服务需求方面，依然存在诸如吃饭难、就医难、孤独寂寞、心理疾患、文化体育休闲与健康保障措施跟不上、住房结构城市基础设施的适老性不够、大病致贫等问题。从供给的角度看，这些需求实际上依赖三大主体——家庭、社会、政府共同提供。随着老人对家庭和社会的服务需求不断社会化，家庭自身或者社会组织越来越难以满足养老服务的这种社会化需求，这就需要政府不断创造条件，以确保养老供给社会化的顺利实现。

上海市政府一直重视引导社会组织在社会服务领域积极发挥作用。2002 年，上海市委出台《关于进一步推进本市社会组织参与社区建设与管理的意见》，提出要积极培育发展社区公益性、服务性社会组织。2009 年颁发《关于鼓励本市公益性社会组织参与社区民生服务的指导意见》。2014 年发布的上海市委、

---

① 汤艳文：《养老服务的社会组织与管理：上海经验》，广西师范大学出版社 2014 年，第 18～19 页。

市政府《关于进一步创新社会治理加强基层建设的意见》提出：加大政府购买服务力度，重点扶持发展社区生活服务类、社区公益慈善类、社区文体活动类和社区专业调处类社会组织。在一系列制度政策的刺激支持下，上海社会组织发展迅速，包括养老服务机构、社区老年人日间照顾机构等在内的养老服务类社会组织的数量也快速增长。根据上海社会组织网的数据，截至2015年3月28日，上海有记录的社会组织总数为 12 369 个，其中涉及老年人的社会组织有 1 537 个，专门服务于老年人的社会组织为 1 279 个。养老社会组织的数量变化参见图 3 –21。

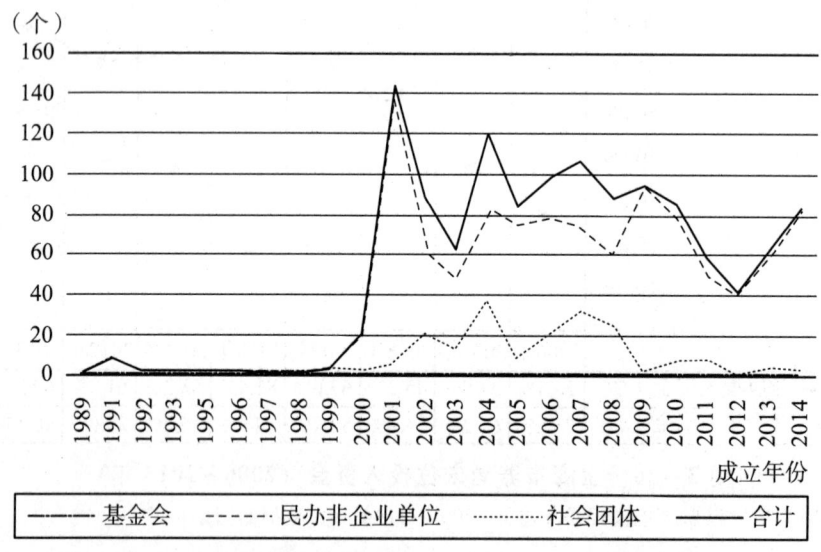

图 3 –21　上海养老社会组织成立时间分布（1989～2014 年）

资料来源：根据上海社会组织网（截至 2015 年 3 月 28 日）数据整理。

上海各类养老社会组织的数量如表 3 – 17 所示。首先养老机构的数量最多，共 595 家民办非企业单位，占养老社会组织总数的 46.5%。其次是社区、居家养老类的社会组织，共包括 384 家民办非企业单位和 90 家社会团体，共计占比 37.1%。再次是研究和管理评估类社会组织，包括 86 家社会团体和 63 家民非，共计占比 11.7%。其他还有部分文体活动类、维权类和护理员培训类社会组织。

表 3 –17　　　　　　上海养老社会组织的类型（2015 年）

类型	民办非企业单位（家）	社会团体（家）	Total（家）
机构养老	595	0	595
社区、居家养老	384	90	474

续表

类型	民办非企业单位（家）	社会团体（家）	Total（家）
文体	19	28	47
护理员培训	2	0	2
维权	0	10	10
研究和管理评估	63	86	149
合计	1 063	214	1 277

资料来源：根据上海社会组织网（截至 2015 年 3 月 28 日）数据整理。

具体到养老服务机构和老年医疗服务机构的发展状况，可参见表 3 – 18、表 3 – 19。2005～2013 年，上海养老机构的数量增长了 33%，床位数更是增加了 1 倍。但是养老床位占 60 周岁及以上老年人口的比例增长不高，2005 年为 1.9%，2010 年达到顶峰 3.1%，2013 年又下降至 2.8%，基本与上海养老 "9073" 格局中的 "3" 相符合。在居家养老服务方面，社区老年人日间服务机构机构数、日托老年人数、社区居家养老服务月服务人数、获得政府补贴的老年人均大幅增加，分别增长了 3 倍、4.8 倍、4.1 倍、2.3 倍，而社区助老服务社数量则基本持平。在老年医疗服务方面，2005～2013 年，独立老年护理院从 13 所增加到 20 所，建筑面积增长了 2.8 倍，床位数增长了 0.9 倍，住院人次增长了 1.55 倍。老年医院由 3 所增加到 5 所，住院人次增长了 79%。家庭病床总数增长了 21.3%。

表 3 – 18　　　上海养老服务机构的数量变化（2005～2013 年）

指标	2005 年	2006 年	2007 年	2008 年	2009 年	2010 年	2011 年	2012 年	2013 年
机构养老服务									
机构数（家）	474	505	560	582	615	625	631	631	631
床位数（张）	49 529	59 735	69 785	80 554	89 859	97 841	101 896	105 215	108 364
#新增养老床位	10 094	10 206	10 050	10 030	10 084	10 843	5 541	5 227	5 155
养老床位占 60 周岁及以上老年人口比例（%）	1.9	2.2	2.5	2.7	2.8	3.1	3	3.0	2.8
居家养老服务									
社区老年人日间服务机构机构数（家）	83	108	128	229	283	303	326	313	340
日托老年人数（万人）	0.21	0.35	0.33	0.64	0.80	0.90	1.1	1.10	1.20

续表

指标	2005 年	2006 年	2007 年	2008 年	2009 年	2010 年	2011 年	2012 年	2013 年
社区助老服务社（个）	233	233	234	234	234	233	233	231	230
社区居家养老服务月服务人数（万人）	5.48	10.5	13.5	17.7	21.9	25.20	26.2	27.20	28.20
获得政府补贴的老年人（万人）	3.94	5.96	6.84	10.3	12.9	13.00	13.3	12.60	13.00

资料来源：根据上海统计年鉴整理。

表 3-19　　　上海老年医疗机构的数量变化（2005～2013 年）

指标	2005 年	2006 年	2007 年	2008 年	2009 年	2010 年	2011 年	2012 年	2013 年
老年护理院									
独立老年护理院									
机构数（所）	13	13	12	12	12	14	15	17	20
建筑面积（平方米）	59 742	57 758	81 863	82 193	86 897	101 048	109 399	221 099	226 806
床位数（张）	2 353	2 499	2 513	2 673	2 668	3 285	3 505	4 035	4 471
住院人次（人次）	4 346	4 663	6 533	9 392	7 369	10 322	11 495	9 724	11 084
非独立老年护理院（机构数）（所）	56	56	56	64	55	50			
老年医院									
机构数（所）	3	3	4	4	4	4	4	5	5
住院人次（人次）	9 124	8 698	10 255	12 709	14 072	15 520	16 213	16 643	16 336
家庭病床总数（张）	40 745	41 026	42 614	41 300	42 050	43 880	44 296	45 565	49 441

资料来源：根据上海统计年鉴整理。

　　上海养老类社会组织的发展已经大大改变了原有的政府独大的老年服务格局。以养老机构为例，1999 年政府办养老机构在养老机构总数中的比例高达 81.8%。此后，这一比例不断下降，而社会办养老机构的比例则不断上升。至 2013 年，政府办养老机构与社会办养老机构的比例基本上达到了 1:1 的水平，社会办养老机构至少在数量上已经能够与政府办养老机构平分秋色（见图 3-22）。

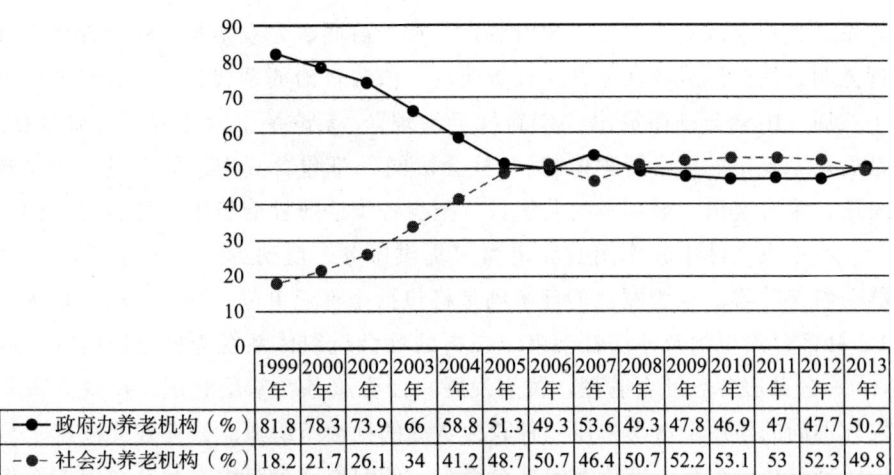

	1999年	2000年	2002年	2003年	2004年	2005年	2006年	2007年	2008年	2009年	2010年	2011年	2012年	2013年
● 政府办养老机构（%）	81.8	78.3	73.9	66	58.8	51.3	49.3	53.6	49.3	47.8	46.9	47	47.7	50.2
● 社会办养老机构（%）	18.2	21.7	26.1	34	41.2	48.7	50.7	46.4	50.7	52.2	53.1	53	52.3	49.8

图 3 – 22　上海市政府办、社会办养老机构的结构变化（1999 ~ 2013 年）

资料来源：根据《上海经济年鉴》（2001 ~ 2014 年）数据制图。

　　概括而言，上海市通过政策支持积极引导养老服务类社会组织的发展，鼓励民间资本和社会力量参与老年人服务，构建政府、市场、社会多种主体通力合作的养老服务格局，取得了明显成效。社会组织在上海当前的养老服务格局中的作用不断增加，尤其是在机构养老、社区居家养老方面，社会组织的地位和作用越来越不可替代，成为民生社会建设事业中的重要力量。

　　与老年人的服务需求相比，上海目前的养老服务格局仍有待完善，养老服务类社会组织仍有巨大的发展空间。2012 年的《上海社区公共服务需求与社会组织现状调研报告》在对上海市 7 个区县 56 个街镇的公共服务需求进行调查的基础上，公布了十大公共服务需求排行榜。其中，为老人提供健康保健类的服务排名第一，服务需求度 69.6%，为老服务是公共服务力量最薄弱的环节。报告显示，目前上海服务于老年人的社会组织占 24%，与老年人口比例基本持平，但有91.1% 的街道希望进一步培育服务老年人的社会组织，远远高于服务于其他人群的社会组织。这表明，在为老年人提供公共服务方面，供需之间的缺口仍然非常大，仍须大力支持养老服务类社会组织发展并充分发挥其应有的作用。

二、各类社会组织的社会协同作用

　　2004 年，中共十六届四中全会首次提出要健全"党委领导、政府负责、社会协同、公众参与"的社会管理格局，此后围绕社会管理创新引发了大量的研究讨论，历次中央全会对此也都有相应说明。2012 年 11 月，党的十八大提出，加强社会建设，必须加快推进社会体制改革，要围绕构建中国特色社会主义社会管理体系，加快形成党委领导、政府负责、社会协同、公众参与、法治保障的社会管理体制，加快形成政社分开、权责明确、依法自治的现代社会组织体制。2013年十八届三中全会进而提出"创新社会治理"。无论是十六字的社会管理格局，还是后来二十字的社会管理体制，"社会协同"都包含其中，但其具体含义却众说纷纭，难有定论。最基本的共识是，至少各类注册社会组织是社会协同的主体之一，在中央文件中其作用被界定为"提供服务、反映诉求、规范行为"，"扩大群众参与"等。较为宽泛的理解则是将包括企事业单位、群众组织（即人民团体）、社区自治组织及注册社会组织在内的社会组织体系视为社会协同的不同主体[1]，在公共服务、社会管理、民生发展、社会服务、基层管理、反映诉求等方面发挥不同的作用。本书采用一种较为宽泛的社会组织概念，并在此基础上分别讨论体制内社会组织、准体制内社会组织、体制外社会组织在社会协同方面的作用发挥状况。"社会协同"在这里可以被简要概括为两大主要功能，一是促进民生社会事业发展与提供社会服务；二是有助于社会组织管理与社会参与，即在社会建设与社会治理领域发挥其作用。

体制内社会组织主要是事业单位和人民团体。从促进社会发展的角度，如前所述，事业单位主要是在科教文卫等社会事业领域发挥作用，是我国以民生为重点的社会建设的主体力量之一。从社会组织管理的角度，事业单位总体上依然承载着对单位成员进行组织管理的功能，同时也是单位成员社会参与的主要基地。改革开放之初，城市中的国有、集体企业和事业单位都曾是"单位制"的主要组织载体，是城市社会组织管理最重要的单元。随着国企改革的深化，企业作为"单位社会"的功能大大弱化，但大部分事业单位依然保留着"单位制"的各种制度设置，承载了与单位成员工作、生活相关的大量社会职能，这与事业单位改革进展缓慢有关。相比事业单位，人民团体更多地发挥社会组织管理的功能，工青妇等组织对职业人群、青少年、女性等数量庞大的不同群体分别进行组织、教育、管理与服务。但总体上，这种功能的发挥在改革开放以后遇到巨大挑战，社会流动、利益分化、思想多元化以及异质性的增加都大大增加了其工作难度，这些组织在相应人群中的权威和代表性都有所下降。为应对这些挑战，各类人民团体积极寻求转型，如工会吸收农民工入会，强调维护职工权益；妇联突出非政府的性质，支持妇女类社会组织的发展等。需要指出的是，事业单位、人民团体的社会组织管理功能同时也是作为党和政府与不同社会群体沟通的桥梁和纽带而体现出来，或者说事业单位、人民团体是党政体制自上而下组织管理社会的载体，同时也是相应人群政治参与或自下而上反映诉求的基地。当前，这种自上而下组织管理的意味仍远大于后者。

---

① 李培林：《改革和创新社会管理体制》，载于《人民日报》2010年10月15日。

　　准体制内社会组织主要包括社区自治组织和自上而下的注册社会组织。社区自治组织同时承载了基层民生社会建设和基层社会组织管理的双重功能，这一点与事业单位较为接近，只是其活动范围局限于城乡基层，工作内容更加无所不包（事业单位则往往是专业性的）。一定意义上说，社区自治组织在基层管理与服务中的地位得以提升、强化正是由于"单位制"改革转移出来的社会功能需要由社区承接。这些功能主要表现为两大类：社会服务和社会管理。就此而言，社区自治组织与体制内社会组织一样，也是党和政府服务、组织和管理社会的重要依托，同时也是社区居民自治和参与社会公共事务的基础空间，是党和政府与社区之间不可替代的纽带。原则上，在"政社分离"过程中从体制内分离出来的注册社会组织至少会体现社会服务与社会组织管理这两类功能中的某一个，但含义与社区自治组织均有所不同。就社会服务功能而言，并非所有的此类组织参与提供公共服务，许多组织只具有互益性，而那些公益性组织也分散在全国、地方等不同层级并主要提供专业性的服务。就社会组织管理的功能而言，所有此类组织首先都是自我组织的团体，同时政府也希望官办社会组织能够担负起类似人民团体、社区自治组织那样协助政府组织管理社会的责任。但目前来看，无论是提供社会服务，还是组织管理社会，自上而下社会组织的功能都还有限。

　　体制外社会组织主要包括自下而上的注册社会组织、备案社区组织、业委会及其他组织等。民间产生的社会组织在社会服务方面的功能与自上而下社会组织相似，并不都提供公益性的社会服务，而那些提供社会服务的组织则与事业单位、社区自治组织的活动领域多有重合。从社会组织管理的角度来看，所有的注册社会组织都是自我组织、自我管理，而所有自下而上的注册社会组织都不具有协助党和政府组织管理社会的责任和义务，这也是政府对其长期采取既鼓励发展但又严格监控的两手政策的重要原因。备案社区组织的功能发挥与自下而上的社会组织相似，或者自我服务，或者参与提供公共服务。同时二者均为自组织，只是备案社区组织的活动空间局限于基层社区，不像注册社会组织可能在更高层面活动。业主委员会在社会服务方面基本上不发挥作用，其功能主要体现在社区业主的自我组织与管理。其他无注册、无备案的社会组织以及网络组织都与民间注册组织、备案社区组织一样，部分组织仅自我服务、自我管理，而那些提供社会服务、具有公益性的社会组织又与政府保持着一定的距离。

　　如果把社会服务、社会组织管理看作某类社会组织发挥社会协同作用的两个基本维度，社会服务可进一步区分为提供公共服务（无论是在全国层面还是社区层面）、进行自我服务，社会组织管理可进一步划分为自上而下的组织管理社会、自下而上的自我组织管理，这样可以将前述各类社会组织的作用发挥情况概括为表 3 – 20（标记√的多少表示此类功能的相对强弱）。

表 3 – 20　　　　　　各类社会组织社会协同作用的发挥

组织类型		社会服务		社会组织管理	
		公共服务	自我服务	组织管理社会	自我组织管理
事业单位		✓✓✓	✓✓	✓✓✓	✓
人民团体（工青妇）	工会		✓✓	✓✓✓	✓
	青年团		✓✓	✓✓	✓
	妇联		✓✓	✓✓✓	✓
单位内部组织		✓	✓✓	✓	✓✓
社区自治组织	居委会	✓✓✓		✓✓✓	✓✓
	村委会	✓✓✓		✓✓✓	✓✓
注册社会组织	社会团体	✓✓	✓	✓	✓✓
	民办非企业单位	✓✓	✓		✓✓
	基金会	✓✓			✓✓
备案社区组织（上海）		✓✓	✓✓		✓✓
业委会（上海）			✓		✓✓✓
其他自发组织与网络组织		✓✓	✓✓		✓✓✓

简单概括，就广义的社会组织而言，事业单位、人民团体等体制内社会组织，社区自治组织等准体制内社会组织一直在发挥参与社会建设、民生社会事业发展、社会治理的主导性、基础性作用，而注册、未注册的各类社会组织则整体上发挥着填补空白式的补充性作用，且其功能领域不断扩展，可发挥的作用越来越大。体制内、准体制内社会组织拥有巨大的历史、制度、资源优势，但僵化而低效率的组织方式使其难以应对社会发展的新要求，而新生的体制外社会组织恰具有灵活、高效、扎根社会的优势。一定意义上可以说，体制外社会组织正是在体制内、准体制内组织失效的背景下蓬勃发展起来的。但二者的关系不应是互相替代，而是寻求互补。也就是说，即使体制内社会组织克服了现有弊端，也难以全部满足新形势下的社会服务与治理需求。因此，社会组织协同作用的有效发挥一方面应是推进事业单位改革、推动人民团体转型和激发社区组织活力；另一方面应是积极推动法定社会组织的发展和促进非正式社会组织的正式化，并促进不同类型组织之间的良好互动与合作。

第四章

社会组织发展的制度环境与支持体系建设

近年来，随着社会组织在社会建设和社会治理中的作用日益凸显，推动社会组织发展已经成为政府相关部门与学术界的共识。由此而来的问题是，社会组织的发展需要哪些支持体系，换言之，其发展的制度环境如何，该怎样支持当下中国社会组织的健康稳定发展，就成为这一领域内的核心问题所在。基于此，本章将在深入剖析现有社会学与政治学相关文献的基础上，聚焦社会组织发展所依赖的具体支持条件及其在当前中国的实际状态，并以此来拓展我们对当代中国社会组织发展特征的理解。与既有研究不同的是，本章将社会组织所处的制度环境看做是具有不同行为逻辑和治理偏好的多层次政府共同塑造的激励和约束结构——我们认为，正是这一结构实际上强化或削弱了社会组织发展所依赖的诸多条件要素。沿着这种分析路径，我们首先将回溯经典文献，从中抽离出社会组织发挥不同功能所必需的制度条件。其次，运用多层次制度分析的方法来观察由中央政府——中间层次地方政府——基层政府共同塑造出的制度环境实践特征。再次，分析这种制度环境影响下的中国社会组织深层发展特征。最后，对中国社会组织的发展瓶颈与政策转型作出研判。

第一节　社会组织发展的深层支持条件

在社会学与政治学的经典研究中，社会组织虽然常被提及，但却很少被作为主要的研究聚焦点而予以集中讨论。大多数情况下，研究者们往往是在研究民主体制、社会资本、非市场治理机制等经济、社会变迁宏大现象时，对社会组织有所涉及。在这些讨论中，社会组织既非因变量也非核心的自变量，而是嵌入在论者的解释机制与理论演绎中的一环，因此论者在述及其作用时往往要依存于特殊语境。基于此，当我们面对经典研究并试图从中获得关于社会组织发展的理论洞见时，必须时刻保持理论自觉，于"抽丝剥茧"式的梳理中寻求不同历史时空中社会组织生长的轨迹、支持条件及社会意义。近年来，国内的许多研究工作（尤其是一些应用研究），常常脱离经典研究的整体理论脉络，以零星的经典论述为依托演绎出社会组织的功能图谱，却忽略了这些功能背后的复杂支持条件。这进一步导致了今天中国公共政策界与理论界对社会组织发展中许多核心线索的忽视。这部分研究将这一领域立足社会学和政治学的经典研究，力求构建出关于社会组织功能取向的理想类型，尤重点是要从中梳理出不同功能背后的制度条件。本章的分析将集中关注社会组织作为社会治理主体及公共服务供给主体这两种已为学界广泛认可的功能领域。

一、基于社会组织发展环境的理论反思

近年来，学术界日趋关注当代中国社会组织的发展特征与成长"瓶颈"。经过多年的讨论，学界业已形成一种得到普遍认可的基本理论思路，这一思路的核心理论解释在于论者对中国社会组织"管控型"制度环境的认知，许多研究工作都聚焦于 20 世纪 90 年代以来形成的中国社会组织管理体制，认为这套体制暗含着诸多约束性机制，[1] 由此，社会组织在登记、注册以及资源供给等方面都受到诸多发展约束。在这种制度环境作用下，当代中国社会组织在发展上呈现出缺乏活力、对体制依附性强乃至"形同质异"的发展特征。[2] 以此为据，这一理论思路认为中国社会组织突破发展"瓶颈"的制度条件是"鼓励发展、放松管制"，[3]

---

[1] 康晓光、韩恒：《分类控制：当前中国大陆国家与社会关系研究》，载于《社会学研究》2005 年第 6 期。俞可平：《中国公民社会：概念、分类与制度环境》，载于《中国社会科学》，2006 年第 1 期。康晓光：《行政吸纳社会——当前中国大陆国家与社会关系再研究》，载于 Social Sciences in China，2007 年第 2 期。

[2] 贾西津：《民间组织与政府的关系》，王名主编，《中国民间组织 30 年：走向公民社会》，社会科学文献出版社 2008 年版。沈原、孙五三：《制度的形同质异与社会团体的发育》，载于《处于十字路口的中国社团》，天津人民出版社 2001 年版。严振书：《中国社会组织发展问题研究》，载于《湖南工程学报》2010 年第 2 期。

[3] 王名：《中国民间组织 30 年：走向公民社会》，社会科学文献出版社 2008 年版。梁昆、夏学銮：《中国民间组织的政治合法性问题——一个结构—制度分析》，载于《湖北社会科学》2009 年第 3 期。严振书：《现阶段中国社会组织发展面临的机遇、挑战及促进思路》，载于《北京社会科学》2010 年第 1 期。

大多数研究都把改革和调整中国社会组织的管理体制视为中国未来治理转型的必然之路。这种理论思路由于展现了清晰的线性因果机制，也暗含当前中国社会组织发展中的一些组织现象，因此已经演化为中国社会组织研究中最具影响力的基本理论视角。根据这种视角，一旦更为积极的制度环境出现，当前中国社会组织发展中的大多数问题都将迎刃而解。近年来，上述理论思路不仅在学界有广泛影响而且在公共政策领域逐渐占有重要话语权，直接影响了中央和地方层面的许多制度变革。

然而，问题的症结真的仅在于"管控型"的制度环境吗？如果论者更为细致地梳理近年来中国社会组织制度条件的变化，就会发现实际情况已经发生了重要的转变。事实上，党的十七大以来不断强调"党委领导，政府负责，社会协同，公众参与"的社会管理格局。此后，中央政府不断释放积极发展社会组织的政策信号，党的十八大明确提出要形成"现代社会组织体制"，十八届三中全会更提出要"激发社会组织活力"——这都意味着中央政府关于社会组织发展的政策范式在逐步转变。地方政府层面的制度创新步伐更快，如：2008 年以来，北京、上海和广州的政府部门都开始使用更为宽松的"备案"制度帮助一些社区层面的社会组织获得合法性；2011 年以来，广州、北京的民政部门逐步放宽了对公益服务类、经济类、科技类社会组织的注册要求，允许这些组织不必找到上级主管单位而直接登记注册——这些制度举措都早于十八届三中全会的国家政策调整。这也意味着在实践层面，中国社会组织的制度环境已经发生了微妙的变化。然而，尽管制度环境出现了上述转变，近年来的许多研究还是揭示了当代中国社会组织的发展面临着公共性缺失[①]、工具主义发展逻辑偏向[②]以及专业化能力发展缓慢等问题。这些已被揭示出的问题发现表明，当前中国社会组织的发展特征或许比"缺乏活力"更为复杂，其背后的制度性因素同样也比"管控型"制度环境这类宏大政策取向问题更为多样。

我们注意到，近年来在中国社会组织管理的政府行为领域出现了许多值得深入思考的现象。这里试举几例，比如：全国各地在发展社会组织时普遍存在的"顶层设计缺失"现象。大多数省（区）、市级政府长期承担的是"政策二传手"的角色（其中不乏经济社会发达地区的政府）。我们在经验观察中发现，这些中间层次的政府大多简单地推出一些粗线条的管理文件，却把管理和发展社会组织的自由裁量权下放到基层政府。即使在实践中已经出现大量制度矛盾的情况下，这些省（区）、市政府也很少从顶层设计的角度整体规划社会组织发展的制度安

---

① 李友梅、肖瑛、黄晓春：《当代中国社会建设的公共性困境及其超越》，载于《中国社会科学》2012 年第 4 期。

② 文军：《中国社会组织发展的角色困境及其出路》，载于《江苏行政学院学报》2012 年第 1 期。

排。再比如：地方政府对社会组织的发展表现出了鲜明的选择性偏好。尽管党的十七大以来，中央政府对社会组织参与治理提出的功能预期是宽泛的，但全国不同地区的地方政府在发展社会组织时，却不约而同地将重心放在了经济发展和公益服务类社会组织上。相比之下，各类以维护社会秩序和价值生发为导向的社会组织的发展空间就较小。又比如：基层政府在扶持社会组织发展时，具有清晰的"内外有别"意识，即对辖区内和辖区外注册社会组织采取截然不同的制度措施……上述问题促使我们更进一步的思考，政府行为与当前中国社会组织的发展特征及其遇到的发展瓶颈有无深层次的关联？对于这些已经发现的问题，我们都很难简单地用"鼓励"或"管制"之类的理论研判进行浮泛的解答。

上述反思对于我们进一步拓展社会组织研究领域的传统核心理论思路具有深远意义。这些反思给予我们两点重要的研究启示：首先，中国社会组织健康发展所依赖的支持体系是高度复杂的。研究者有必要细致地抽离出社会组织不同功能取向背后的制度条件，并在中国转型发展的时代脉络中把握这些条件的状态，从而理解中国社会组织发展所面临的深层挑战。事实上，诸如"鼓励发展"或"放松管制"之类的宽泛政策用语掩盖了那些更为实质性的支持条件。其次，这些支持条件是否具备，并不只是简单地受法律条文和政策文本制约，同时还受到各级政府部门的实践制度逻辑影响。换言之，社会组织所处的实践制度环境远比制度文本所宣称的更为复杂。正如中国政府行为研究领域的新近成果所展现的那样，各级政府不仅是制度的执行者，同时还是具有相对独立行为逻辑的治理主体和各类锦标赛的参与者[1]，它们的行为既根据其上下级政府的行为而动态调整[2]，又在治理效能和风险之间不断调适[3]。在这种情况下，我们对社会组织所处的制度环境的理解必须超越文本意义上的解读，尤其是需要理解实践中不同层次政府部门的多重选择行为，进而更为严谨地研判当前社会组织发展所面临的复杂的激励和约束结构。

二、作为社会治理主体的支持条件

几乎在所有经典研究中，社会组织都是多中心的社会治理结构中重要一环。托克维尔在论及美国人日常生活中的结社时，曾生动地描绘道"在美国，不仅有人人都可以组织的工商团体，而且还有其他成千上万的团体。既有宗教团体，又

---

① 周黎安：《中国地方官员的晋升锦标赛模式研究》，载于《经济研究》2007 年第 2 期。
② 周雪光、练宏：《中国政府的治理模式：一个"控制权"理论》，载于《社会学研究》2012 年第 5 期。
③ 曹正汉：《中国上下分治的治理体制及其稳定机制》，载于《社会学研究》2011 年第 1 期。

有道德团体；既有十分认真的团体，又有非常无聊的团体；既有非常一般的团体，又有非常特殊的团体；既有规模庞大的团体，又有规模甚小的团体。为了举行庆典，创办神学院，开设旅店，建立教堂，销售图书，向边远地区派遣教士，美国人都要组织一个团体"。① 如果说，托克维尔对美国人结社及其作用更多是一种感性观察的话，那么涂尔干则进一步从理论上阐述了诸如法人团体（职业团体）的次级群体在现代社会整合中所具有的重要作用，他在《社会分工论》中指出"社会不等于乌合之众，次级群体是构成我们社会结构的基本要素，如果在政府与个人之间没有一系列次级群体的存在，那么国家也就不可能存在下去。如果这些次级群体与个人的联系非常紧密，那么它们就会强劲地把个人吸收进群体活动里，并以此把个人纳入到社会生活的主流之中"。② "次级群体之所以必不可少，并非在于它们作为功利组织促进了经济的发展，而在于它们对道德所产生的切实影响"。③ 涂尔干以后的许多著名学者都注意到了社会组织在国家治理和社会整合中的重要作用，他们大多也强调社会组织对于公共生活有序建构的意义，比如：贝拉在《心灵的习性：美国人生活中的个人主义和公共责任》一书中讨论如何在个人主义盛行的时代背景下"改造美国文化"时，就提到要恢复社团的早期含义，即"社团的合法化是公共当局对私人组织的特许，是为了令私人组织为公共利益服务"。④

　　事实上，与上面论述相近的经典引述频繁出现于近年来国内学术界与公共政策部门的相关研究成果中，并成为"发展社会组织，推进治理创新"的理论源头。相比之下，与频繁的学术引用相比，现实中却鲜有研究注意到这些经典研究在论及社会组织的治理功能时还提到了诸多社会与制度条件。比如，当托克维尔在讨论美国的民主，以及民主制度中的结社等制度安排之所以能发挥重要作用时，就提到了首要的社会条件——"民情"。他认为，这种民情扎根于历史上形成的新英格兰乡镇自治制度。这个早在 17 世纪开始形成，后经基督教新教的地方教会自治思想培养壮大起来的制度，促进了美国的独立运动的发展，提高了人民积极参加公共事务的觉悟。⑤ 换句话说，在托克维尔看来，离开了乡镇自治的传统，后来提到的普遍结社也就不具备公共治理的意义了。在贝拉的研究中，托克维尔的观点得到了进一步的申发，这种"独立自由的乡镇社会"和地方自治的

---

① 托克维尔：《论美国的民主（下卷）》，董果良译，商务印书馆 2013 年版，第 698～699 页。

②③ 涂尔干：《社会分工论》第二版序言，三联书店 2000 年版，第 40～41 页。

④ 罗伯特·N. 贝拉等：《心灵的习性：美国人生活中的个人主义和公共责任》，周穗明、翁寒松、翟宏彪译，中国社会科学出版社 2011 年版，第 383～384 页。

⑤ 托克维尔：《论美国的民主（下卷）》，董果良译，商务印书馆 2013 年版，第 6～7 页。

传统是个体由自我利益动机向公共责任感转变的关键条件①，如果离开了这些条件，负责任的结社也就难以如预期般产生。

在其他的著作中，结社运动推进治理绩效这一常见理论预设背后，也隐含着许多复杂的社会条件，比如：作为一种生活方式的"参与式民主"通常是广泛社区参与和结社的前提；② 社会资本，尤其是连接性社会资本（bridging social capital）与黏合性社会资本（bonding social capital）也是结社并形成社会治理网络的重要条件③；"公民成员资格"由于指明了个人身份与社会身份的那种关键性交互作用，因此其发展与复兴也是结社运动不断发展的重要条件。④ 不幸的是，在今天中国大多数关于社会组织发展的讨论中，此类复杂社会与制度支持条件的重要性总是被隐去而避之不谈。其后果是，大量支持社会组织发展的形式制度被不断生产出来，但实际上收效却甚微。

本章试图从以上看似琐碎而多维的条件中梳理出社会组织作为社会治理主体所需的基本条件。受功力与学识所限，我们并不致力于从哲学和文化的意义上来深挖现代结社运动背后的深层次条件，而是浅尝辄止地拣选出那些基本的制度安排。我们认为，无论是托克维尔所说的作为"民情"的乡镇自治传统，还是"参与式民主"，抑或"公民成员资格"，实质上都是以如下两个基本要素为先决条件：

一是联结个体与公共生活、个人与他人之间的公共空间。正是这种结构性空间的出现，使得个体得以通过结社手段与他人紧密合作，共同参与社会利益的协调和公共秩序之维护。从这个角度来说："乡镇自治传统"和"参与式民主"都是这种公共空间得以结构化发展的重要支持因素；而"公民成员资格"则是公共空间得以浮现的重要心智条件，它意味着个人主义与公共责任之间形成了某种和谐的交集。因此，当我们在中国渐进式体制改革的时代背景下讨论发展社会组织，提升国家治理能力时，显然不能忽略当代中国公共空间与公共性生产的制度条件。否则，相关理论讨论就很容易陷入无源之水的悖论性情境中。

二是结社活动紧密嵌入制度化的社会治理网络中。历史上，几乎所有的结社活动要推动治理良性发展都必须紧密嵌入既有的社会治理网络中，比如：无论是

① 罗伯特·N. 贝拉等：《心灵的习性：美国人生活中的个人主义和公共责任》，周穗明、翁寒松、翟宏彪译，中国社会科学出版社 2011 年版，第 224~225 页。

② James Q. Wilson, 1968, *"Why Are We Having a Wave of Violence?" The New York Times Magazine*, May19.

③ 相关论点可见，罗伯特·帕特南：《独自打保龄球：美国社区的衰落与复兴》，刘波、祝乃娟、张孜异、林挺进、郑寰译，北京大学出版社 2011 年版，第 12~14 页。

④ 罗伯特·N. 贝拉等：《心灵的习性：美国人生活中的个人主义和公共责任》，周穗明、翁寒松、翟宏彪译，中国社会科学出版社 2011 年版，第 18~20、第 43~45 页。

在典型的多元主义国家（如美国）还是在法团主义国家（如德国、法国），社会组织充分发挥社会治理功能的重要制度前提都是：国家在多层次的治理网络中给予社会组织以充分的制度化参与空间。否则，如果社会组织"游离"于正式的治理网络之外，尤其是在一国的重要公共产品配置、秩序调适中处于无足轻重的位置，它也就很难发挥治理主体的功能和作用了。

如果我们意识到上述条件对于社会组织发挥治理功能具有重要意义，我们就不会简单地把相应制度创新的重点简单地归因于登记注册制度变革、资源汲取制度等方面，而是会意识到当代中国社会组织的发展与地方政府治理转型、民主制度的改革与优化等问题紧密相关。

三、作为公共服务主体的制度条件

一般来说，将社会组织视为公共服务主体的研究主要从新公共管理理论中获得理论支持，这一理论渊源强调社会组织相对于国家和市场部门的独特组织优势。自从萨拉蒙（Lester Salamon）教授于 1994 年提出"全球结社革命"以来，社会组织作为应对"国家危机"或"政府失灵"的重要力量开始得到越来越多的关注。[①] 在这一波理论浪潮中，社会组织开始越来越多地被视为政府部门以外的又一公共服务主体。论者普遍认为，"由于社会组织在市场和国家之外的独特地位，它们通常以较小的规模、与公民的联系性、灵活性、激发私人主动支持公共目标的能力，及其新近被重新发现的对建立社会资本的贡献而呈现出战略性作用"。[②] 在这种理论视角下，社会组织所具有的不同于政府部门的组织比较优势得到了充分的阐释和勾勒，并这一论证结果也成为今天中国学术界与公共政策部门在思考社会组织发展等问题时的基本预设。

然而需要强调的是，上述预设同样建立在一系列制度条件之上。首要的条件是要有一个高度稳定，且可以帮助社会组织形成长远发展预期的制度环境。现代社会的公共服务日趋呈现出专业化的特征。在全球社会组织活动的四大主要领域（教育、社会服务、文化娱乐和卫生），社会组织的专业化要求正变得越来越高。在这些领域，仅仅依靠工业化早期的善意和志愿精神，社会组织已经无法应对社会消费者的诉求。因此，对于社会组织的可持续发展而言，发展更为专业化的服务能力就显得格外重要。而一旦社会组织要发展其专业化水平，尤其是持续在组

---

① Lester Salamon, *The Rise of the Nonprofit Sector*, *Foreign Affairs*, 1994, Vol. 74, No. 3.

② 莱斯特·萨拉蒙等：《全球公民社会——非营利部门视界》，贾西津、魏玉等译，社会科学文献出版社 2002 年版，第 4～5 页。

织专业能力和人力资源上投资，它就迫切需要一个高度稳定、可以产生长期预期的制度环境。后者有助于大多数社会组织形成立足长远的发展战略，并克服短期的工具主义发展偏好。通常来说，稳定的制度环境包括明确、清晰的政策信号和设计合理的激励结构，在大多数社会组织发展迅速的国家，其政府都会在上述两方面形成科学的制度安排。

社会组织充分发挥公共服务效能的第二个重要制度条件是：政府部门能超越传统的公共行政理念，形成系统整合的制度网络。在世界各国，政府部门资助社会组织提供公共服务都是日趋普遍的做法。在这种基本的制度背景下，政府部门形成有效的引导社会组织供给服务以及监督服务效能的机制就变得极为重要。随着权力分散、众多半自治实体越来越多的参与公共项目的运作，即使简单的任务也会变得困难起来。间接形式的政府管理比直接管理要求更深入细致的规划。有些事情在政府直接管理下可以做内部变通处理，而在政府间接管理的情况下，则必须诉诸具有法律约束力的合同。同样，在复杂的决策链中每个环节都必须保持一致；不同的组织必须形成能够整合行动的有效网络。所有这些都要求政府部门超越传统公共行政的逻辑，采用新方式和新技能。① 这一制度条件不仅指向了合理的激励权设置和引导技术的发展，而且还涉及社会组织所处制度环境的系统整合问题。

综上所述，无论是作为社会治理的主体还是作为公共服务的承接者，社会组织要胜任挑战都需要一系列制度条件。在大多数西方发达国家，经历过近代理性启蒙和工业化发展后，这些社会与制度条件已经深深嵌入在其社会发展脉络中，以至于新近的相关研究甚至已将这些条件的存在"视之为当然"的前提而不太过多提及。但在仍处于转型期的中国，这些条件是否具备就是一个大问题——离开了对这些条件的具体分析，而单纯在理念的层次推演当代中国社会组织的功能与发展取向显然不可取。此外，上述条件大多都比宽泛地谈论"国家支持""放松管制"要更为复杂，因此，如果想要对当前中国社会组织发展的条件展开更加细致而理性的分析就需要引入更具穿透力的分析视角。

第二节　现有制度环境的实践特征

本章试图从一个更为"立体"的视角出发来分析和展现当代中国社会组织发

① 利昂·E. 艾里什、莱斯特·M. 萨拉蒙、卡拉·西蒙：《政府向社会组织购买公共服务的国际经验》，世界银行报告，2009年，第12页。

展所处的复杂制度环境及其结构特征。尽管已有的"制度主义"文献在关于制度的定义与作用机理方面存在许多分歧，但人们均认为制度有多种表现形式，它可以是规则、程序、指令，也可以是风俗习惯，还可以是"重复互动中的规律"。[1]本章所指涉的制度环境，其构成不仅包括专门的法规和相应的文件，而且还包括不同政府部门实际上采用的各种习惯性做法。当这些做法或组织设计在一定范围内被社会组织接受并"默会"时，它们就成为后者制度环境中的重要构成，指引或"诱导"这些组织采取相应的组织策略。我们的分析首先着眼于当代中国社会组织发展的宏观政策环境，继而分析宏观政策对中观层次（省、市层级）政府行为的影响，及基层政府的行为逻辑。在这个相互影响的因果链条中，大量"非预期"的制度逻辑被制造出来，这演变成当前社会组织发展中极为复杂的激励机制与约束条件。由此，我们可以洞悉制度环境与社会组织行为之间非线性的复杂因果机制。

上述分析思路本质上延续了"行政发包制"的基本解释机制，[2]但我们更为具体地探讨了不同层次政府将社会组织管理与发展职能"发包"时的基本逻辑及其引发的"控制权"[3]变化。我们认为，正是这一暗含着复杂因果机制的制度实践活动塑造了当前中国社会组织的诸多行为特征。

一、宏观政策环境蕴含的"含混性"

在中文文献中，最早发现社会组织发展的制度环境中蕴含"含混性"特征的是俞可平教授，他在《中国公民社会：概念、分类与制度环境》一文中指出，国家在发展和管理社会组织时，存在"宏观鼓励与微观约束"并存的制度现象，即：一方面，"80 年代以来中国在政治体制方面发生的许多重大变革，直接或间接地促成了公民社会的发展……政府开始转变职能，在大部分生产、经营、民事和文化、艺术和学术领域中，政府不再履行直接的管理职能，而将这些职能转交给了相关的民间组织……"；另一方面，"微观制度环境则以约束为主……政府有关部门直接针对民间组织的法律、规章、条例等，其基本导向就是对民间组织进行控制和约束……政府管理部门对民间组织的管理，把入口作为重点，为民间组

---

① Shepsle, Kenneth A., *Institutionaal Equilibrium and Equilibrium Institutions*, In H. Weisberg（ed.）, *Political Science: the Science of Politics*. New York: Aathon., 1986. Elinor Ostrom, Elinor, *An Agenda for the Study of Institutions*, *Public Choice*, 1986, pp. 48.

② 周黎安：《行政发包制》，载于《社会》2014 年第 6 期。

③ 周雪光、练宏：《中国政府的治理模式：一个"控制权"理论》，载于《社会学研究》2012 年第 5 期。

织的登记和成立都设定了过高的门槛……"① 这里所说的宏观鼓励与微观约束，实际上呈现出了宏观政策导向与实践管理行为之间的张力，换句话说，这种特征折射出了中国社会组织所处制度环境中不同制度逻辑的交叉与并存。

随着市场经济体制的逐步建立和政府职能转变的不断深化，各级党和政府领导人对"社会"组织作为社会中介组织的作用有了正面的认识和评价。党的十五大以后，社会中介组织的发展有了比较宽松的舆论氛围。……2004 年召开的党的十六届四中全会提出了建设社会主义和谐社会的目标，确定了社会事务管理中党和政府主导、社会协同、公众参与格局，明确了社团、行业组织和社会中介组织的三大积极作用即提供服务、提出诉求和规范行为，各级党和政府领导人对民间组织功能的认识进一步深化，培育发展与监督管理并重逐步成为主要的政策基调。② 上述研究给予我们的启示是：在观察和分析当代中国社会组织制度环境时，不能仅仅着眼于个别管理制度，而是要引入历史制度分析的视角，观察宏观政策层对社会组织认知结构的变化，以及不同政策导向在同一时空结构中的相互作用机制与后果。以此为线索，我们可以发现中国社会组织所处制度环境的复杂性，尤其是可以更为清晰地观察这种制度环境对社会组织发展的影响机理。

循着这一启示，我们追溯了自 20 世纪 90 年代末以来中国政府关于社会组织发展的诸多制度、文件，发现这一宏观政策环境存在以下几方面的基本特征：

第一，多重政策信号并存，且缺乏系统梳理。近 20 年来，国家在不同时期相继释放出了关于社会组织发展的不同政策信号，比如：对社会组织进行有序管控并构建"双重管理体制"；③ "重视社会组织建设和管理"；④ 强调社会组织在现代社会管理体系中相对于国家的辅助地位；⑤ 重视社会组织在多元治理中的主体性地位⑥等。需要引起重视的是，上述政策信号的着力点各不相同，彼此间甚至暗含着一定的张力，但它们却共存于社会组织发展的宏观政策框架内——至少到目前为止，对它们之间的关系缺乏一种整体性的梳理与定位。这种制度供给格局导致了宏观政策环境中潜存着一定的不确定性。

---

① 俞可平：《中国公民社会：概念、分类与制度环境》，载于《中国社会科学》2006 年第 1 期。

② 何增科：《中国公民社会制度环境要素分析》，载俞可平等：《中国公民社会的制度环境》，北京大学出版社 2006 年版。

③ 所谓"双重管理"即由民政部门负责登记管理、上级业务主管单位负责业务管理。1989 年 10 月国务院颁布的《社会团体登记管理条例》确立了这种双重管理体制架构。

④ 党的十六届四中全会就明确提出"发挥社团、行业组织和社会中介组织提供服务、反映诉求、规范行为的作用，形成社会管理和社会服务的合力"，在此之后党的十七大、十八大报告中都有类似的提法。

⑤ 党的十六届四中全会以来，党的历次重要文件都强调要形成"党委领导，政府负责，社会协同，公众参与"的社会管理新格局。其中，社会组织是"社会协同，公众参与"的主要组织载体。

⑥ 党的十八大报告强调要形成"加快形成政社分开、权责明确、依法自治的现代社会组织体制"；十八届三中全会进一步提出要"激发社会组织活力"。

第二，政府相关政策主要停留在理念层次，并未形成清晰的改革路线图和具体的改革目标。历史地来看，自党的十六届四中全会（2004 年）以来，党和政府就一直强调"建立健全党委领导、政府负责、社会协同、公众参与的社会管理格局"，十七大以来直至最近的十八届三中全会，党和政府在发展社会组织、创新"社会治理体制"方面表现出了越来越重视的总体政策取向；在不断强调发展社会组织重要性的同时，政府却一直未制定明确的社会组织发展路线图。不仅如此，传统的社会组织登记、管理办法虽然一直受人诟病，但却依然持续长期发挥效用，也一直没有在宏观层面的制度改革中被提及。在实践中，这种宏观政策特征又被不同层级的地方政府所承袭，以至于各地的党政部门都日趋重视社会组织发展，但却普遍缺乏"顶层设计"。这种宏观政策特征给实践中的具体操作部门带来了模糊不清的预期，并可能引发迥然不同的操作逻辑。在此背景下，不同的政府部门都会尝试着从自身的治理目标出发，从宏观政策结构中寻求它们认为比较稳定、可靠的政策信号，并采取相应的针对性做法，这导致了制度环境中多种制度逻辑并存、甚至相互矛盾的情形①。

第三，新近的宏观政策对社会组织的发展提出了更宽泛的功能预期，这导致社会组织的发展开始与越来越多的政府部门"挂钩"。近年来，政府逐步将发展社会组织的问题与"创新社会管理""推动政府职能转型""有效预防和化解社会矛盾"等问题紧密挂钩。于是，社会组织也就被赋予了社会管理重要主体、公共服务重要供给者、化解社会矛盾的重要力量等角色。由于具有了这种多元化角色身份，越来越多的政府部门基于不同的功能预期开始与社会组织打交道。以上海为例，不仅基层政府、民政部门、组织部门等传统上与社会组织联系较为紧密的政府部门强调扶持社会组织，而且就连司法、绿化与市容环卫、环保等政府部门也开始购买社会组织的服务。从组织学的角度来看，这种现状一方面意味着社会组织资源汲取的渠道越来越多样化；另一方面也意味着它们所受到的约束和影响来自更多的制度生产主体，因此变得更为复杂。此时，揭示这种多部门参与建构的制度环境具有何种特征就变得极为重要。

第四，参与构建社会组织制度环境的政府部门来自多个不同的系统，这意味着管理实践中的"控制权"分布变得极为复杂。社会组织的管理涉及众多部门，但如果诸部门间可以比较便利地建立起协同机制，那么我们仍可通过对协同机制的分析来理解社会组织制度环境的核心特征。但现实中，这种协同机制的建立面临着极大的挑战，我们可以借由政府行为研究中最近发展出的"控制权"理论进一步理解这一点。周雪光在研究中国政府的治理模式时，引入了控制权这一维度

---

① 周雪光、艾云：《多重逻辑下的制度变迁：一个分析框架》，载于《中国社会科学》2010 年第 4 期。

来分析不同层次政府机构之间的权威关系，他借鉴经济学不完全契约和新产权理论的视角把不同层次政府机构间的控制权概念化为目标设定权、检查验收权以及激励分配权。[①] 我们认为控制权的不同配置模式不仅是理解政府上下级权威关系的关键，而且还是理解政府协同治理行为能否有效运行的重要切入点：对那些涉及多部门的治理行为而言，只有当目标设定权集中归属某一核心部门，且检查验收尤其是激励分配权的设置也高度支持这一治理目标时，不同部门才可能开展协同治理。[②] 但在我们所观察的社会组织管理领域，上述三种控制权的配置是高度碎片化的，比如：在中央政府的层面，由于顶层设计的缺乏，这实际上意味着中央政府把目标制定权下放到了各相关部、委、办，而这些部门在理解社会组织发展时各有不同，因此会设定不同的目标；激励权的分配则更复杂，由于扶持和发展社会组织在不同政府系统中的重要性程度不同，因此不同部门中相应激励权的权重设置也有很大的差异。这种极为复杂的控制权配置状况，意味着高度协调的政府治理行为很难出现在当前社会组织管理领域。在此情境下，现有制度环境的"含混性"就更明显了，其对社会组织发展的影响机制也更为复杂。

第五，中央政府对地方政府发展社会组织给予了总体较弱的激励安排。如果我们把中央政府看做各项政策的设计者和实际执行的"委托者"，把地方政府看做执行的"代理人"，那么，由于委托人和代理人的目标在具体情境下常常会有差异，且委托人与代理人之间存在信息不对称的情况，因此委托人要确保代理人清晰、正确地执行政策，就有必要设置一套强有效的激励体系。从改革 30 多年来的实践来看，中央政府成功调动地方政府积极性的领域，往往都是激励安排设置合理的领域，比如：围绕 GDP 增长的经济发展、计划生育执行等。在这些领域，中央政府通过在财税、人员晋升等方面设置激励制度，成功地促使地方政府投入极大精力开展工作。但在社会组织发展领域，由于上文提到的政策含混性及组织管理体系的弱整合性，中央政府并未针对性地设置强激励措施。这种弱激励的宏观结构特征，客观上导致地方政府没有足够的动机去触碰那些需要深入改革和设计精密机制的制度领域。换言之，中央政府弱激励的社会组织发展特征，很容易导致地方政府在政策设计上简单地扮演宏观政策的"二传手"角色，后文还将更为具体地讨论这一点。

上述分析揭示了当前中国社会组织发展的宏观政策特征：制度环境中存在多重逻辑、制度生产的主体日趋多元、各政府部门间的协同治理水平较低。当我们

[①] 周雪光、练宏：《中国政府的治理模式：一个"控制权"理论》，载于《社会学研究》2012 年第 5 期。

[②] 这就是中国政府内林林总总的"委员会""协调办公室""领导小组"成立的重要原因，这些部门具有最高的目标设定权，同时也有一定的检察验收权，并监督中间管理层政府完成其所委托的任务。

注意到这些特征时，不禁会追问：这种具有含混性特征的宏观政策导向又将导致实践层面的何种制度生产逻辑？而这些复杂的实践制度环境又将怎样影响当前中国社会组织的发展预期和行为逻辑？这种追问促使研究者得以超越长期以来仅仅简单地从"控制"或"鼓励"角度出发来思考问题的研究现状。从深层次上说，这也促使研究者在分析当代中国社会组织发展特征时，超越传统的视"国家"为整体制度生产者的"国家 VS 社会"研究范式。

二、地方政府发展社会组织的实践逻辑

这里所说的"地方政府"指的是省、市层级的政府部门，它们既是贯彻中央政府政策导向、因地制宜生产地方性制度安排的"代理人"，又是督促基层政府落实相关制度安排的"管理和监督者"。在已有的研究中，学者们普遍认为，地方政府在中国的行政体制下具有相对的独立性。[①] 在政府科层体系中居于中间层次的地方政府（及其组成部门），是调动资源发展社会组织并开展监管工作的主要制度生产者，它们的实践制度逻辑对于当前中国社会组织的发展具有极为重要的意义。

一般来说，地方政府的行为具有一定的灵活性，[②] 它们也是制度创新的重要推动者。换言之，它们的行为逻辑很难单纯地从中央政府政策文本中推演而出，因此需要将其作为具有相对独立的自身目标和一定行动能力的"行动者"[③] 展开专门研究。唯有如此，我们才可能理解社会组织在发展实践中所面临的现实激励与约束。举例而言，许多研究在提及当前中国社会组织面临的困境时，常常会依据国务院于 1998 年通过的《社会团体登记管理条例》和《民办非企业单位登记管理暂行条例》指出诸如"登记注册难""成立门槛过高"等难题。但这些研究很少意识到，党的十七大以来，许多地方政府都开始把发展社会组织看做地方治理竞赛的重要筹码，因此实际上已经采取了一些变通方法来帮助社会组织获得合法性，如：2010 年以来，北京、上海和广州的政府部门都开始使用更为宽松的"备案"制度帮助一些社区层面的社会组织获得合法性。由此可见，在地方治理的层次上，社会组织发展所遇到的实际问题和挑战并不能简单地归咎于宏观政

---

① 从 1984 年开始，中国进行人事制度改革，将原来的"下管两级"制度改革为"下管一级"，这样，中央政府就只直接负责省部级干部的任命，省（区）级政府全权负责省（区）内地市级干部的人事选拔和任命。

② 吴毅：《小镇喧嚣：一个乡镇政治运作的演绎与阐释》，生活·读书·新知三联书店 2007 年版。赵树凯：《乡镇治理与政府制度化》，商务印书馆 2010 年版。

③ 关于"行动者"的相关理论阐释，详见：米歇尔·克罗齐耶，埃哈尔·费埃德伯格：《行动者与系统》，张月译，世纪出版集团，上海人民出版社 2007 年版。

策，而是要充分考虑到地方政府的行为逻辑及其背后的组织学原理。

我们认为，在当前地方政府发展社会组织的实践中，存在着以下几个较为鲜明的制度逻辑，这些逻辑相互交织，为社会组织的发展提供了远比"控制"或"鼓励"复杂得多的机会结构。

逻辑一：选择性地重点扶持公益服务类和经济类社会组织。如前文所述，由于当前社会组织发展的宏观政策环境具有一定的含混性，这导致地方政府在发展社会组织时面临着一定的不确定性。在此情境下，理性的地方政府会选择并锁定那些发展风险最小、但对于区域经济社会发展具有最大显性效能的社会组织予以扶持。更具体来看，正如康晓光、韩恒在《分类控制：当前中国大陆国家与社会关系研究》所提到的那样，地方政府对于那些不具备（政治）挑战能力，且能提供地方政府急需公共物品的社会组织，予以选择性地重点扶持；对于不具备挑战能力，但也不提供政府急需公共物品的社会组织，则通常采取既不支持亦不反对的不干预态度；但对那些具备一定挑战能力的组织则采取不同程度的控制措施。[1] 这种行为逻辑在实践中具体表现为各级政府都特别重视公益服务类及经济类社会组织的发展，但相对忽视对其他类型社会组织的培育。以上海为例，上海各级政府都特别注重公益、慈善、服务类社会组织的发展：静安区人民政府于2007年颁布了《关于促进社会组织参与社区建设管理的实施意见（试行）》，鼓励社会组织为社区困难居民生活、医疗等单项帮困和综合帮扶开展服务，同时区政府将给予财力、人力、物力和政策扶持。市政府办公厅于2009年颁布《关于鼓励本市公益性社会组织参与社区民生服务的指导意见》（简称《意见》），《意见》规定参与社区民生服务的公益性社会组织，可申请进入登记管理部门的公益性社会组织孵化基地，优先接受指导服务和享受减免租金等优惠扶持。2011年浦东新区人民政府印发了《"十二五"期间促进社会组织发展的财政扶持意见》，明确提出对服务民生的公益型、枢纽型、支持型三类公益性社会组织的初创期给予扶持。在重点发展公益服务类社会组织的同时，上海也注重扶持行业协会、商会等经济型社团的发展。早在2002年，上海市就专门制定了《上海市促进行业协会发展规定》，2010年上海市政府又对这一《规定》进行了修订，特别提出"政府有关工作部门应当支持行业协会开展行业服务，并根据实际情况将行业评估论证、技能资质考核、行业调查、行业统计等事项转移或者委托给行业协会承担。"

客观来看，上述制度逻辑导致了地方政府在发展社会组织时人为地筛选了社

① 康晓光、韩恒：《分类控制：当前中国大陆国家与社会关系研究》，载于《社会学研究》2005年第6期。

会组织的构成。在各类公益性、行业性社会组织快速发展的同时，那些表达诉求与价值或紧密贴近社会需求（而非政府治理任务）的社会组织则无法得到同等的支持。从深层次分析，这种制度逻辑有可能导致双重后果：其一，社会组织的发展更倾向于贴合政府治理目标，相反，社会自身的价值与诉求则难以得到更为全面的呈现。这种后果不利于社会自我协调机制的发展，也无助于多元治理格局的长效运转。如果我们意识到这一点，就或多或少能理解近年来在国内许多地区出现的一些社会组织发展悖论：一方面，社会组织的数量在快速增长，另一方面"社会协同，公众参与"的治理新格局却缺少自我维系的动力；有些地区社会组织的增长极快，但社会的自我协调与自我服务能力并未同步提升，相反社会治理仍高度依赖体制内力量。其二，社会组织自身的组织生态体系失衡，故此无法促成社会组织体系的良性发展。一般来说，不同类型的社会组织均衡发展有助于它们之间形成相互合作、相互支持的发展态势，在此基础上，社会组织得以成为一种不同于国家的整体力量。在现实中，不同类型社会组织的均衡发展还有更深层次的含义：这意味着社会中不同群体、不同利益主体都形成了相近的自我组织与自我利益协调能力——而这恰恰是当代中国多元利益协调机制建设的重要内容。就此而言，地方政府人为筛选社会组织构成的做法可能会对中国社会的长远发展形成不利影响。在现实生活中，地方政府的这种制度逻辑已经对社会组织生态体系的建设产生了许多微妙的影响，比如：大量紧密嵌入"草根"社会的社会组织缺失，这导致许多专业类社会组织在服务基层时，缺少"落地"的支持；反映诉求的社会组织缺失，这导致许多公益服务类社会组织在选择提供公共物品方向时，难以更好地呼应社会需求……

逻辑二：以项目化购买服务的形式资助社会组织发展。随着中央政府对"社会协同，公众参与"的日益重视，以及对"简政放权"的强调，[①] 各级地方政府往往认为社会组织由于组织形式灵活，因而具有某些政府部门所不具备的组织优势，可以更好地协助政府提供公共服务。在此背景下，近年来，地方政府开始大规模地向社会组织委托各类项目，并以此为据向其提供资金支持。地方政府以项目化方式资助社会组织发展的制度逻辑，可能产生多方面的社会后果。从显性的积极后果来看：随着地方政府把越来越多的社会服务项目外包给社会组织，后者由此获得的大量的发展扶持基金，得以度过发展之初的"资源瓶颈期"。以上海

---

① 李克强总理在 2013 年 3 月 17 日会见采访党的十二届全国人大一次会议的中外记者时，谈到机构改革方案，"这次改革方案核心是转变政府职能，当然也是简政放权。如果说机构改革是政府内部权力的优化配置，那么转变职能则是厘清和理顺政府与市场、与社会之间的关系。说白了，就是市场能办的，多放给市场。社会可以做好的，就交给社会。政府管住、管好它应该管的事。"《中国日报》，http：//www.chinadaily.com.cn/hqgj/jryw/2013 - 03 - 17/content_8518536.html。

为例，2009 年上海市民政局发布了《上海市民政局关于福利彩票公益金资助项目实施公益招投标的意见》，并授权上海市社区服务中心开展福利彩票公益金资助项目的公开招标、评审工作。公益招投标和公益创投等项目帮助大量刚成立的社会组织及时获得政府的直接或间接资金支持，使得这些处于初创期的社会组织能够尽快发展起来。政府购买服务的模式发展至今，已经形成了一套完备的体系，具备了许多成熟的经验，在此之上，政府投入的资金连年增加，参与其中的政府各级部门也越来越多。第二个积极后果是，地方政府通过项目化的购买社会组织服务，逐步形成了一系列政社合作的稳定工作机制。在项目化的运作过程中，作为项目发包者的地方政府和项目承接人的社会组织之间形成了较为明确的责、权、利关系，这无形中推动了社会组织与政府部门间形成新型合作纽带。

但我们也要看到，项目制作为一种新型国家治理手段，其运作中也会产生许多非预期的社会后果。[①] 尤其是：项目制本身嵌入了当前中国政府体系运作的许多结构性特征，因此，当项目制成为联系地方政府和社会组织之间的最重要制度形态时，它也可能引发许多需要谨慎思考、评估的潜在社会后果，比如：地方政府采用项目制购买社会组织服务是以财政上的"部门预算制"为前提的（而非公共预算制），即编制项目的每个部门都从自身的部门预算内拨付资金来设计项目，整个过程都处于体制内的"内循环"流程中，不需要征求公众意见，也不需要公众评估，这导致了大量项目实际上与社会需求之间有较大脱节。此时，承接此类项目的社会组织也就很难通过开展项目的过程来加强自身与基层社会之间的联结，这有可能导致代表社的社会组织"悬浮"于社会诉求之上。再比如：项目制本身是以单一治理目标为导向的，因此许多地方政府外包的项目都缺少可持续性，且项目信息也不透明，往往只有与项目外包单位关系较为紧密的社会组织才有可能获得信息，项目制的这种运作现状不利于社会组织形成稳定的发展预期，也就不可能长期在某一领域持续投入资源以发展自身的组织优势。相反，项目制的这种现状还有可能会引发许多社会组织单纯以拿项目为目标而形成"工具主义"的发展逻辑。最后，项目制的运行会显著增强一些地方政府部门对社会组织偏好、运行过程的干预能力，因此它有可能导致频繁接受政府项目资助的社会组织"体制内化"的进程。

逻辑三：将发展社会组织的自由裁量权充分下放基层政府。在中央政府日趋强调"社会治理创新"的宏观政策背景下，地方政府往往把"培育社会组织"当作新一轮治理竞赛的重要指标，并以此为切入点鼓励基层政府因地制宜地"激发社会活力"。这一制度逻辑在东部和沿海经济发达地区尤其显著。在当前中国

① 渠敬东：《项目制：一种新的国家治理体制》，载于《中国社会科学》2012 年第 5 期。

的科层体系背景下，这种制度逻辑的出现有其必然的组织学成因：首先，活跃的社会组织必然要与区域社会的经济社会发展现状紧密结合，而只有基层政府才掌握这方面的"完备信息"，上级政府对某个社区的公共物品需求状况、民间领袖分布并不知情。在此条件下，地方政府把发展社会组织的控制权下放到基层政府就很容易理解了。其次，党的十八大以来，各地的地方政府在社会组织登记注册上普遍采取宽松的实践态度，社会组织数量得以迅速增加。在此条件下，仅仅依靠各地社团局的微薄组织力量，已经无力对快速增长的社会组织进行实质性的"过程管理"了，因此地方政府普遍采取的策略是将发展和管理社会组织的任务下压至基层政府。

将社会组织发展的自由裁量权下放至基层政府的做法，确保了地方政府有较强的激励和绩效冲动来发展社会组织，从而使许多"草根"社会组织在成立之初获得基层政府财力、物力和场所等方面的支持。以上海为例，近两年来，基层街、镇政府的投入已经占到各级政府资助社会组织服务的相当比例：仅仅在浦东新区的塘桥街道，2014 年街道用于购买社会组织服务的资金就已经达到近千万元；静安、徐汇等经济发达地区的基层街、镇每年用于购买社会组织服务的经费也经常性保持在数百万元规模。此外，这种做法实际上在现有政府科层体系中增加了发展社会组织的"责任人"——除各级民政（社团）部门外，几乎所有的基层政府都成为社会组织发展与管理体系中的重要构成。

这种制度逻辑对当前中国社会组织的发展也产生了深远而复杂的影响。首先，由于基层政府之间存在着普遍的治理竞赛，而且这种竞赛背后隐含着的是具有"零和博弈"性质的晋升锦标赛，[1] 因此基层政府往往只有意愿发展辖区内的社会组织，对于跨行政辖区活动的社会组织，它们往往没有太大的支持意愿。这样一来，上述制度逻辑就非预期地限制了社会组织活动的地域范畴并导致许多社会组织难以扩大组织规模。[2] 一个鲜明的例子是：根据我们的观察，自 2009 年以来，上海市民政局推出的"公益招投标"活动中，跨区域夺标的社会组织数量总保持在较低水平。而且即使是那些成功跨区域夺标的社会组织，它们在项目"落地"时也常常会遇到各种意想不到的困难——这些困难大多都是由于项目所在地的地方政府缺乏配合意愿所致。相似的问题在北京、广州等地的公益招投标过程中也普遍存在。其次，这种制度逻辑无形中强化了社会组织与基层政府之间的关系，在许多情况下，这种关系模式甚至很容易发展为"庇护"关系，由此导致了基层政府将辖区内的社会组织不断"体制内化"的过程。其后果是许多社会组织

---

① 周黎安：《中国地方官员的晋升锦标赛模式研究》，载于《经济研究》2007 年第 7 期。

② 这部分地解释了：为何近年来各级政府用于扶持社会组织的投入越来越大，但具有较大规模的社会组织数量却始终保持在较低水平。

的社会活力不断衰减，演变成了"新政府组织"（NGO—new government organization）。

三、基层政府建构的微观制度环境

基层政府（包括乡、镇以及城市的街道办事处）是发展与管理社会组织的末梢机构。它们通常直接面对社区需求、公众意见，因而比较系统地掌握着辖区内经济、社会发展状况等具体信息；同时它们也是区域内公共资源配置的最主要力量；此外，它们还掌握着基层社会的治理网络。① 因此，从理论上来说，基层政府可以非常有效地影响或干预各类社会组织的发展。就此而言，理解基层政府所建构的社会组织发展微观制度环境就具有格外重要的现实意义。另一方面，在复杂的基层治理实践中，基层政府自身往往也身处不同的考核体系与治理竞赛之中，这导致其在不同场合与情境中会对社会组织产生不同的预期。本研究在调研过程中，笔者走访了上海、广州、北京等地的多个街、镇基层政府，并对这一层级政府中常与社会组织打交道的相关部门（包括民政科、组织科、民间组织管理中心等）负责人进行了比较深入的访谈，初步勾勒出一幅实践中的社会组织微观制度环境图景。

低准入门槛与分类配置资源。根据现行社团管理条例，社会组织的登记有较高准入门槛，不仅需要在相应层级的民政部门登记，而且还需要寻获一定级别的业务主管单位支持其活动。但在城市基层社区，尤其是随着近年来社会建设的不断推进，基层管理部门实际上都在很大程度上变通了繁复的登记注册条例。在我们所调查的多个街镇，基层管理部门都放低了社会组织的准入门槛，如上海市闵行区明确规定"对社区中已客观存在、但暂不具备登记条件的社区群众活动团队，按照《上海市民政局、上海市社会团体管理局印发〈关于开展本市社区群众活动团队备案工作的意见〉的通知》的规定和程序，经所在居（村）委会批准后，可直接向镇政府（街道办事处、莘庄工业区管委会）申请核准备案"。② 此外，浦东、闸北等区县在实际操作中也适当放低了社区社会组织的准入门槛——即在不违背《社会团体登记管理条例》和《民办非企业单位登记管理暂行条例》基本原则的前提下，基层的街、镇政府往往会放宽社区社会组织准入条件，简化登记程序，降低会员数量、注册资金标准等。在研究中，多位街道社会组织管理部门负责人都提到，这种降低准入门槛的做法其实更贴近实际情况，因为这些活

---

① 这一治理网络由居委会、楼组、居民区党支部等基层组织编织而成。

② 关于该条例可查询：http：//www. shmh. gov. cn/xxgk/Content. aspx？type＝3&id＝85441。

跃在基层社会中的社会组织其合法性大多与公众的参与和认同联系在一起，就算没有政府的登记与备案，它们照常活动。因此更理性的做法倒不如降低门槛，使其在法律与制度的监督下活动。

但较低的准入门槛并不意味着所有登记、备案的社会组织都能同等的获得公共资源。在基层的实践中，社区中的各种公共场所资源（如社区文化活动中心的场地）、活动经费乃至办公资源（如有些街道专门成立的社会组织服务中心提供的办公设施）大多有所区别的向不同类型的社区社会组织开放。一般来说，能够帮助管理部门提供公共物品的社会组织，或者能代表社区参加各类文娱竞赛的群众团队最容易获得公共资源的支持，而那些单纯以提供俱乐部产品为活动宗旨的社会组织获得的资源则相对有限。这种分类配置资源的做法在许多基层社区已经成为一种制度化的安排，其意义在于：在实际运作过程中，运用资源引导的方法激励社会组织与公共管理部门建立合作纽带。

以项目化为切入点形成"过程管理"的新型机制。近年来，许多城市的基层社区管理部门都开始引入项目化机制，即把公共服务打包成一系列的项目，项目发包方规定其预期成效和成本费用，并把项目发包给相应专业组织来承担。随着创新社会管理新格局的呼声日强，社区中的各类社会组织作为"社会协同"的重要组织载体，逐渐成为承接各类社区公益项目的主体。课题组调研的基层政府虽然在公共财力上有较大差别，但都无一例外地每年设立专门化项目资助社会组织服务社区。比如：上海市闸北区临汾街道近年来几乎保持着每年推出10～20个项目用于购买社会组织公益服务；浦东塘桥街道自2010年以来就设计了97个公益项目，其中大部分用于购买社会组织服务。从这个意义上来说，项目化不仅成为基层政府提供公共服务的一种新形式，也成为社区社会组织获得资助的重要来源。

随着项目化在基层实践的日趋普遍，基层政府管理社会组织的路径和方式也发生了重要变化。已有研究在论述社会组织管理瓶颈时曾指出，国家的现有社会组织管理制度基本上是"入口管理"，即只在社会组织登记、年检时候进行资质鉴定，但对于社会组织的实际运行过程则缺乏管理的切入口。但在项目化的背景下，这种情况有了很大的变化——由于项目化本身需要对项目的目标、运作过程、成本核算以及考核方式都作出约定，因此基层政府的相关部门作为项目发包方便可以恰当的方式对接受项目委托的社会组织进行基于项目运作的过程管理。在此过程中，社会组织的资金利用、活动组织乃至人员配置情况都进入了制度管理的"可视"状态。甚至于，在一些调查的案例中，我们发现在项目化的过程中一些民间组织与基层政府的项目发包单位之间建立起了极为紧密的相互依赖关系。这种组织间关系形态变化所产生的后果，我们将在后文中进一步分析。

上下有别的共治制度环境。参与共治格局，实现社会组织在公共管理与服务中的主体性角色是之前许多研究对社会组织功能的主要预设之一。但在实际调研中，我们发现基层社会中社会组织参与共治的制度环境远比想象中复杂，研究者甚至很难一概而言地对社会组织参与共治的情况进行简单化的概述。

具体而言，在城市基层社区，共治有两个基本的层面：一是居民区层面的共治，这主要涉及居民区的环境、卫生、设施管理以及日常生活中居民的自我管理等领域；二层面是街道（镇）层面的共治，这里涉及的问题包括街道的主要公共事务管理、资源配置以及一些跨小区的公共问题治理活动等。据我们观察，这两个层面上社会组织参与共治的制度环境是完全不同的：在居民区层面，大多数基层政府对社会组织参与共治都持鼓励和扶持的态度。这是因为，随着当前社区居住结构的日趋复杂，单单依靠传统的居委会对小区进行有效管理变得越来越不可能。因此这就客观上需要以居委会（居民区党支部）为核心，充分动员各类社会组织参与共治，以便更好地凝聚力量，实现小区的有序运转。在实践中，上海、北京和广州的街道都采用了大体相同的制度化措施①以吸纳各类社会组织参与居民区层面的共同治理，以扩展传统街道—居委会治理网络在基层的治理效能。

相比之下，在街（镇）层面的共治格局中，社会组织有效参与的制度化路径则非常有限。这是因为：基层政府大多把这个层面的治理工作归为体制内的工作范畴，有些管理部门认为这个层面的治理涉及大量的资源和专业化设施，而专业化水平较低的社会组织显然不具备参与的能力。在调研中，我们还发现一种较为普遍的认知取向，即：基层政府大多把街（镇）层面的共治功能定位在资源整合与资源吸纳上，因此资源含量相对有限的社会组织也就不在有关部门动员的范畴内了。一个典型的例子是：自2008年以来，上海的许多街道都普遍设置了"社区委员会"作为街道共治的制度平台。在调研中，我们发现许多街道的"社区委员会"都大力吸纳了辖区内一些有资源单位的负责人（比如各类医院、学校、大型超市等），却很少吸纳社会组织的负责人。由此，我们可以发现，当前在基层社区中实际上已经形成了一种上、下有别的社会组织参与共治制度环境。

实践中开始出现"目标替换"的制度悖论。据我们观察，实践中许多基层政府部门在制定社会组织管理与服务制度时，往往会出现目标替换的制度悖论。比如：服务于政府职能转型或治理竞赛的目标替代了扶持社会组织持续健康发展的制度目标。

市、区政府层面的制度诱因是这种目标替代效应产生的根本原因。市级层面

---

① 如建立社区的听证会、协调会、评议会等，吸纳社会组织及其负责人参与其中开展居民区治理。

对于社会组织的培育多是基于政府职能转型和新一轮政府放权的角度来考虑的。通过发展社会组织来代替和帮助政府承担转型时期服务社会、服务社区、服务群众的职责和任务，把制定有利于社会组织成立、发展的一系列宽松制度作为政府放手放权的一种体现。基层政府层面，尤其是街道层面常常基于治理竞赛来发展和培育社会组织。基层政府通过培育社会组织参与基层治理，鼓励社会组织为社区居民提供公益服务，欲借此在同级政府的治理竞赛中拔得头筹。在这种事本主义和工具主义制度逻辑的影响下，基层政府对于发展和培育社会组织的目标往往缺乏长远的规划，常常片面强调社会组织的运作方式、组织目标的创新，这在一定程度上会对当前大量亟须资源的社会组织释放错误的引导信号。

综上所述，上文对当前中国社会组织所处的制度环境进行了多层次的解读。我们并没有沿袭惯例从文本上来解读现有诸多政策、制度对社会组织发展的影响，而是引入了学术界近年来对中国政府行为的相关前沿研究视角，聚焦中央政府政策范式的特征、中间层次地方政府的实践逻辑以及基层政府建构的社会组织微观制度环境这三个层次的问题。这种分析视角使我们得以超越传统的讨论思路，不再把分析的聚焦点停留于"控制"或"鼓励"之类的简单制度文本分析上，也不仅停留于西方经验的介绍，而是从更为具体的层次来讨论现有制度环境的激励结构和偏好。这种分析思路有可能帮助我们更好地理解当前中国社会组织发展所遭遇的深层次挑战与机遇。我们认为，上述三个层次的制度实践既相互关联，又互相影响，构成了极具中国特色的"渐进式"治理变革制度体系。如果我们意识到了这一制度体系的复杂性，以及来自传统科层体系的强大自我强化动力，我们就有可能更好地理解当前中国社会组织发展中许多独特现象背后的组织学道理。在此基础上，理性的制度设计者才有可能找到进一步推动中国社会组织健康发展的新思路。

结合第二部分的分析，我们会发现上述制度实践过程中，现代社会组织健康发展的一些深层支持条件仍部分地缺位，比如：选择性发展社会组织以及上下有别的共治格局实际上都约束了社会组织公共性的生长；缺乏整合的项目化治理导致了碎片化的制度环境，由此使社会组织发展缺乏长远预期等。

第三节　现有支持体系下社会组织的深层发展特征

在我们看来，当代中国社会组织在发展中呈现出了一些较为独特的发展现状。这些特征背后都有着深远的组织和制度层面的原因。前文曾试图厘清由中央政府—地方政府—基层政府共同编织的社会组织制度环境的结构特征，以下的分析中我们将进一步采用这一视角来研究制度环境对社会组织发展逻辑的影响。

一、公共服务型社会组织能力发展中的非协调现象

对于公共服务类的社会组织而言，其组织能力涵盖多个维度，其中最重要的能力包括：专业化的服务能力、与政府公共部门良性合作的能力以及基于社会需求的公共性生产与培育。这三个维度相互支撑并互为因果，构成了现代社会中公共服务型社会组织发展的基本支撑体系。从理论上来说，在一个理想的情境下，这三个维度的发展也通常是相互协调并彼此促进的，比如：社会组织公共服务专业化水平的提升会显著地增强政府部门向社会组织外包服务的信心；而良好政社关系的构建，会进一步保障社会组织得到稳定的发展，进而推动其形成稳定、长期的发展预期，不断提升自身专业化水平；公共性的生长使社会组织始终保持较强的"社会属性"，这保证其能更好地体现社会诉求和价值，在此背景下，社会组织的专业化发展才会更具意义。不过，在现实的复杂实践过程中，上述三个维度的协调发展并非是自然而然"水到渠成"的过程，而是需要一套系统整合的制度环境作为支持。我们将沿着前文提出的研究思路，进一步分析当前中国社会组织面临的实践制度环境是否支持上述组织能力的协调发展。

专业化能力发展缓慢。在当前关于中国公益型社会组织发展的相关研究中，有一种普遍的共识，这就是：此类组织的专业化水平提升仍较缓慢，而根本的制约因素在于专业人才的缺失。[①] 但我们认为，这一解释在很大程度上并未触及问题的本质。如果我们进一步追问，为什么专业人才会缺失呢？为什么劳动力市场上许多人才不愿意进入社会组织队伍？——显然，面对此类问题，仅仅从薪资等表象出发来回答问题是远远不够的。我们认为，更重要的问题在于现有制度环境的碎片化特征无法给社会组织及劳动力市场上的专业人才提供足够稳定的制度预期。

在这种宏观政策环境下，地方政府和基层政府都没有形成明确、稳定的社会组织长期发展纲要或规划，这导致大量社会组织都无法清晰地预判自身未来发展的空间。尤其是，在此背景下，地方政府普遍采用项目制的方法来"事本主义"的购买社会组织服务，但由于条块分割等原因，大量购买社会组织服务的信息零散地分布在不同部门相对封闭的业务领域内，缺乏整合和系统发布。这种现状导

---

① 刘洲鸿：《关于社会组织人才发展的问题及建议》，http://www.naradafoundation.org/html/2012 - 06/11217.html；张绍华：《社会组织社会工作人才队伍建设研究》，载于《社团管理研究》2012 年第 7 期。

致了透明化的公共服务市场无法成型，这进一步地影响了社会组织稳定预期的形成。在这种碎片化的制度环境下，许多社会组织都没有足够的动力来朝着专业化方向发展，尤其是不太倾向于在需要不断专业细分的领域（如老年人看护等）持续投入力量。因为在制度环境快速波动，公共服务市场缺乏透明信息的背景下，在某一细分领域长期投入专业化力量很有可能导致较低效率的投入产出比。同理，劳动力市场上处于择业状态的专业人才也不倾向于选择社会组织作为长期发展的单位，因为它们同样缺乏长远、稳定的发展预期。概言之，如果我们透过表象来看实质就会发现，当前公共服务型社会组织专业化能力发展缓慢现象背后有着复杂的制度性约束。如果这些制度约束不得到优化，即使公共部门投入更多的资金，仍难以从根本上形成社会组织自我发展专业化能力的强大动力，相反还有可能会诱发社会组织工具主义行为逻辑的生产。

与政府部门间的协作能力得到快速发展。在当前社会组织的活动合法性和资源大多来自各级政府部门的背景下，各类社会组织与公共部门间的协作能力得到了快速强化。据我们观察，这种能力的发展不仅在那些传统上与体制内部门合作密切的城乡公共服务类社会组织上表现得极为明显，而且在那些长期与体制保持一定距离的如环境保护、维权类的社会组织身上也得到了鲜明地呈现。皮特·何等在《嵌入式行动主义在中国》一书中指出，近年来中国绿色环保领域的社会组织形成了诸多与公共部门保持良性关系的重要组织经验。其核心是确保这些社会组织在渐进式治理转型的今天与各级政府部门保持良性的合作纽带。

公共性生产遭遇结构性瓶颈。在大多数情况下，随着社会组织参与公共服务的水平和程度不断提高，社会组织对公共空间和公共生活的参与水平也会同步提高。但这种协调发展是需要制度支持的，尤其取决于制度的理性化与民主化运作之间的衔接模式。一般而言，理性而民主的现代国家制度是民族国家的基本构成要素。① 西欧国家现代制度文明发展历程表明，制度理性化是现代国家确立的基本前提，其通常早于民主化，但单纯的制度理性化可能会导致工具主义的极度膨胀；制度民主化则可以通过激发公众参与公共活动，保证制度理性化朝着有利于大多数人利益的方向发展。过去十多年来，与发展市场经济追求绩效目标相一致的是，我国的制度理性化（技术化）进程较快，但制度的民主化进展则相对缓慢：公众的民主参与局限于少数环节的部分参与；参与方式单一，主要是满意度测评或社会评价，这意味着公民仅仅在监督环节担当"消息供给者"的角色，至

---

① Graeme Gill 认为，现代国家的核心问题是通过制度化的途径渗透社会、并创造有效控制与治理社会的环境条件的能力。制度的理性化历程既是现代制度文明的成长历程，也是国家治理能力的成长过程。

于重大问题的决策等则无渠道问津；参与的影响力相当有限。[①] 上述两个进程之间的张力客观上限制了公共性的生产：一方面，制度的理性化演进使得不掌握相关专业知识的公众和社会组织越来越难以对公共政策发表实质性意见；另一方面，民主化进程的滞后抑制了公民参与公共活动的积极性。作为公众结社的组织载体，社会组织的公共性生长也受到上述因素的影响而发展缓慢。

这样，我们就可以从当前公共服务型社会组织快速发展的表象背后看到其组织能力发展不协调的一面。这种不协调不仅会在深层次上制约这些组织更好地根据公众需求供给公共产品，而且还会影响其自主性的生产，因而亟须引起学术界和公共政策部门的关注。

二、社会组织参与治理的制度空间不足

相比于公共服务功能的快速呈现，当前社会组织参与社会治理的能力与制度空间仍显不足。这在很大程度上与实践中各级政府部门扶持社会组织发展的偏好有关。如前文所述，在社会组织发展的整体顶层设计缺失的背景下，各级政府尤其是基层政府和条线上的业务部门往往是基于"治理竞赛"和"政府职能转移"的逻辑来以项目化方式购买社会组织服务的。在此背景下，政府部门更倾向于鼓励社会组织发挥公共服务功能，但对社会组织参与社会治理则激励不足。以我们2013年在上海浦东新区开展的调研为例，研究发现：在浦东的多个街、镇，基层政府年度性购买社会组织服务的现金数额都在数百万元以上，但社会组织参与社区共治的比重则显得很低。根据我们对陆家嘴、塘桥等社会组织发展较快地区的社区委员会[②]所做的调研分析显示，社会组织成员或代表在社区委员会中的比重均不超过5%。这表明社会组织在社会治理中的功能与发展空间目前都还比较有限。

更具体地来看，当前社会组织参与治理遇到的"瓶颈"实际上与中国社会治理结构中"社会协同，公众参与"的制度化渠道尚待完善有着重要的关联。自从党的十六届四中全会提出"党委领导、政府负责、社会协同、公众参与"的社会管理新格局以来，经过近十年的发展，各级政府在观念上已经接受了吸纳社会力量参与、多元治理的理念，但在实践层面仍未形成完善的多层次多元治理的制度网络，比如：当前各地制度化吸纳社会组织参与治理普遍都停留在基层社区的层

[①] 周志忍：《政府绩效中的公民参与：我国的实践历程与前景》，载于《中国行政管理》2008年第1期。

[②] 通常而言，社区委员会是街道层面制度化的"共治"制度化平台，也是社会力量参与基层治理的重要组织载体。

面，在街、镇以上的治理层级，社会组织就无法以制度化的方式稳定地参与治理；职能部门大多是在公共服务外包的意义上与社会组织产生合作关系，但在决策和具体的制度设计过程中则较少引入社会力量参与。治理结构的上述特征意味着当前中国的社会组织在参与治理方面仍缺乏稳定的制度空间。

当然，我们也不能将上述参与瓶颈简单地归结为各级政府推动治理转型的积极性不足。我们认为，这一制度瓶颈的背后蕴含的深刻理论问题是：迄今为止，我们仍缺乏一种切实可行的制度安排将自上而下的行政管理体系与社会多方参与的自治体系实质性地衔接起来。其中的困境在于，这两种体系所遵从的组织运作逻辑之间具有天然的张力：行政管理体系强调体系的封闭性和自上而下的令行禁止；相反，社会自治体系强调开放以及多方基于平等准则之上的协商。因此，若无其他机制的干预，这两者在运作时往往会自发地相互排斥而很难衔接。① 如果我们认识到这一点，就不难理解为何当前社会组织参与多层次的社会治理面临相当大的挑战了。②

上述分析表明，如果人们期望当前中国社会组织能更为全面地在国家治理转型的历史情境中发挥作用，那么就需要进一步拓展我们长久以来形成的关于社会组织发展条件的思考。换言之，我们不仅要思考如何改革社会组织的登记注册制度，并使其有可能获得更多的发展资源等传统问题，而且还要思考如何通过制度创新和体制创新，使社会组织参与多层次社会治理有稳定的制度空间和机制保障等新问题。

三、社会组织生态体系发展面临深层次挑战

在一个理想的情境下，社会组织的生态体系是一个分层、合作的组织体系。处于组织生态系统高端位置的是发挥枢纽作用的支持型组织。一方面，这类组织向其他社会组织提供资金、信息、能力培养、业务指导、评估等多项支持性服务；另一方面，这类组织占据枢纽型位置，作为综合信息平台、社情民意沟通平台，在政府和社会组合之间发挥桥梁纽带作用，也可以发挥监督作用和行业自律的作用。组织生态系统的第二层是成熟、稳定、具有自我强化能力的社会组织。这类组织拥有比较稳定的资金来源和较强的业务能力，因此更关心组织本身的提高和发展，更专注于提高组织服务的专业性，其服务对象多样、覆盖面广，在特

---

① 正因为此，无论是在"多元主义"模式还是在"法团主义"模式下，西方国家之间政府与社会之间的合作、协商与分工都有特定政治机制的涉入作为保障。

② 在现实中，随着行政层级的提升，社会组织要参与协同治理的困难就越大。这是因为，越高层级的政府部门越强调科层体系的封闭性和规范运行，而这样一来社会自治体系要介入就越困难。

定领域已经形成品牌服务；同时，这类组织已经形成了科学化的组织内部管理体系，具备实现组织自我提升和发展的能力。组织生态系统的第三层是嵌入基层治理网络的"草根"社会组织。这类社会组织主要扎根于基层社区，服务于本社区或辖区或当地的居民。当上述三个层次的社会组织都能健康发展，并相互合作时，一个具有自我支持、自我强化作用的社会组织生态体系就形成了。

但根据我们目前的研究，当前社会组织的生态体系发展仍无法形成上述的理想化格局，甚至在某些方面还存在着一些深层次瓶颈问题，例如：

作为生态系统核心的"枢纽"缺乏活力。总体而言，当前快速推进的枢纽式管理中，作为枢纽的社会组织相对缺乏社会活力。这些组织（无论是联合会还是民间组织服务中心）大多是由政府行政部门出于行政管理的需要自上而下设立的，其运作具有较强的行政化色彩。它们虽然可以从政府部门中获取较为稀缺的行政授权和相对充裕的资金，但由于这些组织并没有形成具有较强渗透力的开放式组织网络，因此它们对体制外的纯"草根"社会组织影响有限。据我们的实地观察，大多数枢纽型组织主要覆盖的都是政府各部门及基层政府孵化出的"准社会组织"，相比之下，对"草根"社会组织的渗透能力要弱得多。此外，这类组织的专业化和规模化水平也相对较低，这些都决定了政府当前所建设的枢纽社会组织活力有限。这些问题导致的后果是，有关部门试图形成的"以社管社"社会组织生态系统始终效果不显著，政府部门直接面对社会组织的管理与服务压力也就居高不下。

专业化社会组织能级较低。从北京、上海、广州等地社会组织发展的现状来看，作为生态系统重要构成部分的专业化社会组织能级仍偏弱。这集中表现为两点：首先，许多社会组织尚未形成较为稳定的、专业化运作领域。我们以发轫于2009年的上海市公益招投标为例，公益招投标每年都会就一些社会公益项目向全社会公开招标，我们可以把那些频繁胜出的社会组织看做具有较强实力的社会组织。依据这一研究设想，我们检视了2011年、2012年两年全部的公益招投标资料，从中发现了57个反复夺标（至少每年获得两个以上的标的）的社会组织，并对其投标领域进行了分析。其中有37家组织频繁切换组织运作领域，且承接标的的领域跨度较大（比如：有一家以青年公益事业为目标的社会组织，在两年内先后承接了助老、扶贫、外来女性关爱等多个项目）。这些现象表明，许多看似具有较强竞争力的社会组织往往是随着资源投放的指挥棒切换自身工作领域，其本身并未形成较为稳定、专业化的运作领域。其次，这些组织大多仍以承接政府项目为主，缺乏自我开发社会诉求和多渠道资源汲取的能力。在研究中，我们发现许多具有一定规模的社会组织，其资源高度依赖于政府，它们最主要的资源获取方式即是参与各类招投标活动。此类组织自我挖掘和回应社会诉求的能力也较低。在这种发展背景下，专业化组织之间的相互合作与支持也就显得更为困难了。

以上分析表明，当前雏形渐显的社会组织生态体系仍面临着许多深层次的发展"瓶颈"。不同类型的社会组织之间还未建立起紧密合作、协同且富有内生活力的互动关系。这其中的重要原因在于：当前许多社会组织的组织发展策略都是紧密围绕着各类政府公共部门的偏好与预期而形成的，相反，它们对自身与其他社会组织之间的合作并不特别关注。这种独特的行为逻辑进一步导致了当前社会组织生态体系发展中的活力不足现象。

四、深度案例观察：现有支持体系下"草根"社会组织的独特发展逻辑

以上分析简略地剖析了当前中国社会组织发展中的一些独特现象。我们认为，这些独特的发展现象揭示出中国社会组织在现有制度环境影响下逐步形成的一些独特行为逻辑。目前，要深入而系统地剖析这些行为逻辑还有很大的困难，因为我们缺乏更多细致而深入的研究工作来呈现出社会组织在实践制度环境的激励和约束下所形成的发展策略。在这一部分，我们尽可能以深度案例观察的方式详尽地呈现出一个"草根"社会组织的发展逻辑。以期最大限度地启发读者来理解社会组织发展逻辑的复杂性。

我们之所以选取"草根"组织来进行案例观察分析是因为这一类组织的发展轨迹更容易呈现出当前中国社会组织发展面临的普遍问题。近年来在中国得到快速发展的"草根"组织主要是基于社会生活中的各类需求，由公众自发组建的社会团体。它们具有较强的自发活力，主要活跃于城市社区的公共服务领域和各类兴趣活动领域。由于这类组织对于活跃社区文化、提升城市基层社会公共服务水平、推进社区建设具有重要功能，因而各级政府和不同职能部门都越来越重视对这类组织的发展和管理。另一方面，大多数"草根"组织在发展中都会遇到资源不足的困境，而在当前社会发展条件下，政府公共部门是其最主要的资源供给者，因此这些组织也会采取各种策略以获得政府部门的支持。由此，"草根"组织的发展充分展现出了当前制度环境下社会组织自主性生产的复杂机制。

与同类案例研究总是以某个社会组织为聚焦点展开叙述不同，本书中案例观察分析将重点关注以 X 先生为核心的"草根"公益团队自 2009 年以来探索青年公益事业的历程。之所以这样安排是因为：随着时间的推演，我们将会发现 X 团队先后在不同区域注册了四家"草根"组织，这些组织并非彼此独立，它们结成了复杂的组织依赖与协作网络，在很大程度上体现了 X 团队在现有制度环境下最

大化汲取资源并尽可能获得自主性的组织战略。① 正因为如此，以 X 团队而非某个组织为观察的切入点也许是更好的分析策略。个案观察部分将分三个阶段呈现出 X 团队的发展历程，我们将勾勒不同时期 X 团队与不同政府部门间互动的实践特征。

（一）组织愿景的确定与合法性获得

X 先生 2009 年毕业后在一家知名银行担任客户经理职务，但出于对公益事业的热爱，半年后他就辞职开始全职的公益创新事业。根据他最初对青年公益事业的理解，他成立了 FY 高雅艺术推广社（以下简称"推广社"），试图以各类艺术作品为载体，将高雅的艺术表现形式带给青年人，期待他们在欣赏美的同时能够反思现状，从而更有责任地面对生活。随后，在这一思路的指引下，他和他的伙伴们先后以迎世博活动为切入点开展了系列公益演出，并在上海五所高校开展高雅音乐会推介。

随着上述活动的开展，推广社逐渐积累了自己的人脉资源。由此，X 团队开始了从艺术推广到公益实践的转变，FY 青年社会服务平台（以下简称"服务平台"）由此应运而生。服务平台主要扮演了公益项目中介的角色，X 团队一边建立与社会公益组织间良好的关系，一边与校园社团积极互动，通过它们的协调，大量的青年参与到社会公益服务中去。

随着 FY 服务平台的快速发展，X 团队开始认识到寻求合法登记注册的必要性。然而，令 X 感到为难的是，虽然自 2009 年以来上海开始大力鼓励发展公益性社会组织，市政府甚至印发了《关于鼓励本市公益性社会组织参与社区民生服务的指导意见》，要求各级政府部门扶持公益性社会组织的发展——但在实践层面，要找到一个一定级别的上级主管单位却着实不易。X 团队曾和一些政府职能部门合作，但由于其所从事的青年公益事业对于具体职能部门而言还略显"不聚焦"，因此尽管这些部门对 FY 服务平台赞许有加，但却并不愿意成为其上级主管。

直到 2010 年底，事情开始出现转机。在 FY 服务平台与上海某大学合作举办的一场青年公益活动上，被邀请为活动嘉宾的 X 区团委领导觉得 X 团队这种将社会公益组织与高校青年组织对接的活动很有意义，进而提议将这一活动在 X 区全面推广。以此为契机，2011 年 X 团队寻求到 X 团区委作为其上级主管单位在

---

① 据我们了解，相近的组织战略在一些较为成功的社会组织中广为应用。如姚华在其研究中也发现基督教青年会也会通过注册"华爱社区服务管理中心""罗山会馆"等组织开展活动，参见：姚华：《NGO 与政府合作中的自主性何以可能？——以上海 YMCA 为个案》，载于《社会学研究》2013 年第 1 期。

X 区正式登记注册，成立了"上海市 X 区 FY 青年公益事业发展中心"（以下简称 FY 中心）。至此，X 团队正式获得了体制内的合法性认定，并开始了与团委系统的长期合作。谈到这种合作的特征，X 在访谈中说道：

> 团委系统无疑对于我们的支持是很大的……我们的长期合作有偶然的地方，也有必然的地方。据我所知，为什么各地都是团的系统比较容易吸纳我们这类创业社会组织呢，因为团的工作要落地啊，要载体啊！这个和其他的政府部门很不一样，你看基本上团区委再往下面，它就没有非常成型的组织载体了，而它的很多工作如"两新团建"①都需要现实的活动载体，所以它比较容易为我们这类社会组织提供注册登记的支持。另一方面，团的工作主要是引领青年人发展，在这个比较抽象的目标下，它比较容易接受你提出的各类公益活动……只要它觉得有社会影响，能吸引年轻人正面的去发展就可以……这一点和具体的政府部门很不一样，举个例子，你去找民政局说你想搞环境保护，它会和你说，对不起你去找环保局吧，这不是我的工作范围——团委就不会这样，它的容纳度很大。所以我要做更多的公益项目，就会长期建立与团委的合作，我在另外两个区后来注册的社会组织也是找团区委为上级主管单位。（访谈资料：20130419）

在与团委的合作中，X 团队不断感受到沟通的重要性。因为他们发现团的系统特别注重各类活动的社会效应和形式的创新性。在他们开展的很多活动过程中，团的领导和工作人员都会与他们沟通、探讨，比如：2011 年，X 团队在某大学开展了第二次"伙伴计划"（即促使社会组织、高校青年组织、社区互动），在整个活动的各个环节，区团委都或多或少参与，并就青年大学生如何参与社区服务、社区公益等活动与 X 团队开展了多次讨论。在我们与团委相关负责人访谈的过程中，后者更倾向于将这种沟通不仅看做伙伴之间的协商，更看成是团委对社会组织运作的引导，这位负责人曾谈道："说到底，发展社会组织本身并不是我们的目标，我们更希望通过引导社会组织发挥公益作用来吸引更多年轻人凝聚在团组织周围，所以我们特别注重对社会组织开展引导，有时候它可能还没有意识到活动的价值，我们要通过做工作让其不断调整自身的活动，使越来越多的青年人对公益感兴趣……"（访谈资料 20130520）。

由于 X 团队特别注重在日常活动中与团系统沟通，并总能以创新的形式帮助团委开展活动（X 称其为"为政府定制解决方案"），因此与团委系统建立了极为稳固的长期合作，这为其持续获得体制内合法性支持奠定了重要基础。

---

① 这里所说的"两新团建"指的是新经济组织（民营、外资企业）和新社会组织（体制外的社会组织）中的团建。

（二）组织拓展与发展性资源汲取

当 FY 中心正式成立后，X 团队也开始逐渐扩大。此时，X 开始面临又一个重要的发展问题：如何获取更多的资源？X 对此谈道：

> 当我开始考虑更大的发展目标时，我要招人包括专业人员，我需要更多的资源。所以我开始关注上海市民政局的公益招投标项目，我觉得通过承接这些项目我可以获得一些资金支持……当然，你不能年复一年的去做这个招投标，这样你自己的方向就迷失了，你就完全跟着它（市民政局）的指挥棒走了。我要利用这个阶段积累资源，赶快把自己专业化的产品设计出来，然后转型……（访谈资料：20130419）

在此思路的指引下，X 团队在 FY 中心正式登记注册的当年就向上海市民政局申请了公益招投标项目，并通过竞争成功地获得了两个公益项目——"X 区困难家庭子女综合扶助项目"和"X 区 L 街道独居老人关爱项目"。很快，X 团队就感受到了公益招投标项目与他们之前承办公益活动的区别，或者说与民政部门打交道与团系统打交道很是不同：

> 市民政局的公益招投标项目确定后，会和你签订协议，比如服务多少独居老人。那么你的项目是不是成功，最后的评估就是按照协议来检查的。换句话说，整个项目的过程是你自己去发挥主观能动性的过程，民政局既不会给你过多的约束，但也不会给你太大的支持。比如：我们当时拿到了独居老人关爱项目，结果我们到落地街道去开展工作的时候才发现该街道自己也要开展一个为老项目，服务对象是同一批。当我们去和街道对接的时候，街道起初并不特别配合。这个时候市民政局也不会提供特别的支持，完全靠你自己去和街道沟通、协商，最终项目才得以开展。那以后我们才发现公益招投标它更多是一个结果管理，最后验收评估的时候就看两个：一是服务达标；二是财务过关……至于你问到的过程管理，我只能这么说，其实民政部门也不是街道，它没法天天跟在你后面看你做得怎么样。（访谈资料：20130424）

时任市民政局社区服务中心主任、负责公益招投标事宜的 Z 处长在访谈中也谈到公益招投标项目的特点，部分地印证了 X 的感受：

> 我们的公益招投标有明确的指向和方向。社会组织获得项目后，我们会协同区、县民政局督促这些组织按照之前签订的合同开展公益服务……在操作过程中，我们也知道情况比较复杂，我们已经尽可能要求项目落地的街、镇提供对接，但它们和我们毕竟不是一个系统的，我们也就只能做做工作……此外，我们在不断完善监管的机制，就目前而言，由于市局和区局的精力有限，我们只能定期通过发放评估表格和购买第三方评估服务的方式来

进行监督评估……社会组织还是有很大的自主空间来开展服务的……（访谈资料 20121021）

通过承接市民政局的公益招投标项目，X 团队得以获得更多的资源，并且具备更多的合法性在基层的街道开展公益活动。X 团队与市民政局的这种项目合作有三个基本特征：第一，招投标的项目完全是由市、区民政局根据自身的管理、服务目标来确定的，[①] 社会组织在这方面完全不具备任何决定权；第二，在社会组织承接招标项目后，主要的约束机制是合同契约，即委托方按照合同规定的最终结果对承接方进行评估；第三，承接项目的社会组织在项目开展过程中，对自己的运作方式、服务形式调整有很大的自主空间——除非这些调整危及了整个项目的最终结果，否则民政部门通常不会进行干预。

在 X 团队的努力下，上述两个项目都获得了各方好评。在此过程中，X 团队不仅进一步扩大了资源，而且开始积累了一些极为重要的社会组织发展经验。X 对此谈道：

> 我们之前和团委沟通比较多，后来因为公益招投标和民政系统也有合作，为了项目能顺利落地，我们还和街道开展合作。在这个过程中我们慢慢发现很多同行抱怨"注册难"或拿了项目"落地难"，其实这些都是因为它们不会和政府部门打交道。我们自己的经验是：其实不同层级、类型的政府，都有自己的需要，如果你扣紧这个，它就可能给你提供很大的空间……那么我们已经初步有了这方面的经验，接下来是不是不仅做具体的服务，而且利用我们的这种优势为其他社会组织落地等提供支持？换句话说，我们是不是可以成为支持性组织？（访谈材料：20130424）

上述认识上的转变为 X 团队后一阶段转换发展思路、采取的组织发展策略提供了重要的支持。

（三）功能转型与组织网络建设

从 2012 年下半年开始，X 团队开始了不寻常的组织发展战略。与一般的"草根"组织通常仅依托一个业务主管单位开展活动不同的是，X 团队开始在上海其他区寻求注册，并先后在 Y 区、C 区和 H 区注册了目标不同、旨向不一的社会组织：2012 年 8 月，在 Y 区团委的支持下注册了"上海 Y 区 ZY 公益事业发展中心"（以下简称 ZY 中心）；同年 10 月，在 C 区团委的帮助下注册了"上海 C 区 NA 青年公益事业发展中心"（以下简称 NA 中心）；同年 11 月，在 H 区委

---

① 通常，公益招投标的项目是由区民政局提交项目需求，然后再由市民政局审核后正式将这些需求项目设计为招投标项目。

宣传部的扶持下注册了"上海 H 区 PA 志愿服务支持中心"（以下简称 PA 中心）。自此，X 团队逐步建立起覆盖上海四个区的组织网络（见表 4－1）。

表 4－1　　　　　　　　　X 团队运营的组织网络

组织名称	注册区域	主管单位	业务领域
FY 中心	X 区	团区委	青年公益人才与公益组织培养；青年志愿者招募与培训；青年公益项目与活动开展
ZY 中心	Y 区	团区委	青年志愿者招募与管理；青年志愿者团队与组织的培育与发展；社会公益项目与活动开展
NA 中心	C 区	团区委	志愿者招募与管理；志愿团队与组织的培育与发展；社会公益项目与活动开展
PA 中心	H 区	区委宣传部	社会组织志愿者团队的孵化与培训；志愿者招募、培训、管理与评定；公益项目设计、管理、实施与评估

　　从表 4－1 中可以看出，X 团队所编织的组织网络中，至少有三家组织的业务领域是高度接近的：FY、ZY、NA 的组织目标都与志愿者及志愿者团队的发展有关，也涉及具体的公益项目；而 PA 的组织目标则与前述三个中心有很大的不同，除了包含前三个中心的功能外，还被赋予了"公益项目设计、管理、实施与评估"的功能。事实上，仅从 PA 的全称"上海 H 区 PA 志愿服务支持中心"就可以判断，这家组织更注重的是发挥支持性功能。那么，X 团队为什么要在三个区设立组织目标相近的机构呢？这样做的激励结构是什么呢？为什么 X 团队最终会努力发展支持性社会组织并因而得以实现组织功能的转型呢？我们将在下文展开详细讨论。

　　多区注册的组织策略。如果抛开当前"草根"组织所处的制度环境，X 团队同时在三个区注册功能相近的机构的这一决策是难以理解的：因为每个独立注册的组织都需要应付每年一次的年检和相应烦琐事务，而且还会产生一些相应的税费，组织间的合作成本也较高。就此而言，更为理性而高效的方法是依托一个总部，同时在三个区开展活动。但是如果把当前各区县面对社会组织"内外有别"的制度逻辑放进来讨论，我们就会发现 X 团队的上述行为具有高度理性化思考。

　　上海从 2009 年开始在全市推动社会建设，此后各区县都开始纷纷出台各自的社会组织扶持政策，比如：Y 区以区委的名义在 2010 年出台了《关于进一步加强我区社会组织建设的实施意见》，并形成了 8 个配套操作办法，对新办公益性社会组织、社工机构提供降低注册资金、开辟绿色通道、发放开办补贴、入驻孵化园区、记账代理援助等一系列服务，帮助新办公益性社会组织降低初期运营成本。显然，对于任何一个"草根"组织而言，上述优惠政策都是诱人的。但要真正享受到上述政策，还有一个基本前提——注册在 Y 区。换句话说，在当前的制度环境下，虽然不同区县都有类似的社会组织扶植政策，但实践中的核心逻辑却是"自家孩子自家管"，所以为了进入不同的"家庭"，就必须成为这个"家庭"的"孩子"。X 团队在三个区分别注册显然是对这种制度环境作出的敏锐回应。

此外，在执行 2011 年度的公益招投标项目过程中，X 团队清晰地感受到街道和区层面的"块"上政府对属于自己的社会组织和"外面来的社会组织"有截然不同的态度：对于前者，相关政府总是显得较为善意——因为扶植前者可以作为该级政府"政社合作"的谈资与政绩；而对于后者，这些政府部门则显得相对冷淡也缺乏合作意愿。正因如此，X 总会听到同行圈子里不少人抱怨跨区开展公益活动"落地难"。在这种情境下，在不同区注册新的社会组织不仅意味着能得到该区的优惠政策，而且也意味着可以依托该区的社区申请更多的公益招投标项目，从而实践更多的"政社合作"案例，达到政府与社会组织两相互悦的目的。我们通过背景资料检索发现，X 团队于 2012 年在 Y 区、C 区注册后，很快都拿到了落地于前述两区的公益招投标项目（见表 4 - 2）。

表 4 - 2　　　　　X 团队 2012 ~ 2013 年公益招投标项目一览

组织名称	注册区	获得公益招投标项目	落地区
NA 中心	C 区	C 区外来女性关爱项目	C 区
ZY 中心	Y 区	Y 区贫困青少年心理健康服务	Y 区
FY 中心	X 区	X 区 C 街道、K 街道低保困难家庭培训助学	X 区

就此而言，上述多区注册的组织策略不仅帮助 X 团队获得了更多的项目和资源，而且也使该团队在不同区域开展公益活动具有更强的自主性——因为它可以充分依托不同区的支持政策和态度摆脱宏观制度对社会组织跨区活动的约束。

转向支持型组织。X 团队现有组织网络中最后一家注册的组织是 PA 中心。按照 X 的发展战略，要将这一机构打造为标准的支持型社会组织，而且向支持型社会组织迈进也是 X 对自己团队的未来定位。那么何为支持型组织呢？在我们的调查中，一位上海公认的支持型社会组织负责人 L 先生曾就谈道：

> 所谓支持型社会组织有三个基本的特征：一是它有很强的组织网络和资源获取能力，因而它可以充当桥梁帮助其他中小型社会组织获取资源，或为他们进入社区开展活动提供支持；二是它有独特的组织发展价值诉求，而且

具有很强的自主性，因而可以按照自己的目标扶持与自己价值相近的社会组织；三是它自身在人力资源、发展经验方面比较丰富，可以为其他社会组织提供支持……（访谈资料 20120915）

X 团队之所以会尝试着向支持型组织转变与其在 2012 年间的快速组织网络建设是密不可分的。一方面，通过在四个区的组织注册以及和区、街道层面政府建立良好关系，X 团队初步具备了在更大范围内整合资源，并帮助其他社会组织项目"落地"的能力。另一方面，通过在较短时间内承接多项公共服务项目，X 团队得以扩大自己的专业化队伍，因而可以为其他社会组织发展提供必要的人力资源支持。更重要的是，X 团队在与多个区打交道的过程中发现，区一级的"块"上政府对于社会组织自下而上发现社会需求还是给予较大空间的，因此如果能利用好这个机会，自己就可以成为一边对接实际需求，一边对接政府资源，另一边对接社会公益组织的重要桥梁，这无疑为支持性组织的发展提供了重要契机。X 就此谈道：

> 其实在注册 PA 中心之前，H 区宣传部请我们做了一个为老服务的实地调研。它们想发展精神文明志愿者，但志愿者要真正落地就需要掌握社会的需求，然后才能根据挖掘出的需求来策划公益项目。我在做这个调查的过程中发现其实区这个层面的政府对于你自下而上发现的民生需求还是很关注的，如果它觉得这些需求很重要就会鼓励和支持项目，然后就需要有组织去做，需要有人对项目进行管理和评估。那我就想我们能不能承担起这种核心作用，发挥好需求挖掘和志愿者支持的功能……（访谈资料 20130424）

由于 X 团队转向支持型社会组织的实践尚短，我们还难以分析其具体组织效能。但上述组织战略的转变表明，随着 X 团队与政府部门间的关系由单边依赖转变为多边依赖，该团队所具有的资源动员能力和自主性水平都在不断提高。时至今日，X 团队已经具备游走于不同政府部门间以保证自身组织愿景得到持续发展的能力。

（四）案例小结

以上案例呈现出了"草根"社会组织在当前制度环境中策略性发展的复杂过程。当然，个案研究不能简单推导为整体性结论，其代表性也值得推敲，但以上案例所折射的制度逻辑以及在既定条件、约束下社会组织的策略选择却是值得讨论的，并有可能从中提炼出一般化的解释机制。

案例部分清晰地呈现出了在当前缺乏顶层设计的大背景下，基层政府和各职能部门各有偏好地扶持社会组织发展的过程。我们可以清晰地发现：作为党群部门，团委在发展社会组织时更关注如何扩大社会动员能力和引导社会公众的机制，在此目标指向下，团组织倾向于扶持那些具有一定社会影响力的社会组织，并允许其在较为宽泛的范畴内开展活动；作为典型的"条"上业务部门，民政部门更倾向于根据自身的治理目标来设立外包项目以资助社会组织，其对于社会组织的具体运作过程介入不多，更注重事后对社会组织的执行效能进行评估与考核；作为"块"上的区政府和街道政府，在发展社会组织时具有较强的"属地观"，在此观念的影响下，这些政府部门大多乐于扶持辖区内的社会组织开展公共服务，但对于外来的社会组织却缺乏同等的扶持力度。正如本章案例所展现的那样，对于大多数社会组织而言，它们在发展中所遇到的不仅仅是那些浮现在文本中的正式制度安排，而且还包括由不同政府机构非系统地生产出的实践制度环境。这些实践制度环境为社会组织的发展提供了极为复杂的激励与约束结构，并导致了后者发展出各种不同的行动策略。

我们也能从案例中发现，在上述制度环境的影响下，社会组织会形成许多组织发展策略以帮助其获得更多的资源。诸如多区域注册、同时承接多部门项目等。在这些组织策略中，一方面反映出现有制度环境的结构特征；另一方面也反映出当前社会组织的行为偏好及其对理性行为的理解。

作为案例分析部分的结语，我们想在此引申出几个值得进一步讨论的问题，以使人们更好地理解当前中国社会组织发展的行动逻辑：

我们需要清晰地理解社会组织行动逻辑的实质。当前社会组织的策略行动是在一个极为特殊的社会情境中展开的。诸多策略的背后有着共同的基础条件：首先，社会组织赖以生存的资源供给结构总体而言具有很强的单中心性——除政府外，来自市场与公众的资源极为有限。在此背景下，大多数社会组织的策略行动主要围绕着如何从不同政府部门中获取资源而展开，因此这些策略的运用本质上都强化了社会组织与政府之间的联系。其次，政府部门供给社会组织资源的过程，在很大程度上又具有体制内封闭决策的特征。这意味着各政府部门可以在缺乏公众参与和公众决策的背景下，根据自身治理目标来发展社会组织。社会组织由此而发展出的各种策略与当代中国社会的基层自治、公共治理乃至公共性生产之间也并没有建立起紧密的关联。

我们也需要谨慎理解上述行动逻辑的社会后果。基于上述认识，我们需要更为理性、谨慎地评估社会组织策略行动的社会意义。一方面，我们不应低估这些策略在当前中国渐进式社会变革中的积极意义。正如近年来许多经验研究所发现的那样，"草根"组织借助各种策略成功地在现有制度环境中寻求到自主性不断再生产的空间，从而在一个"强国家"的时空背景下推动了体制外力量的生长。另一方面，我们又要看到这种策略行动的时代局限性以及事本主义特征，因此不应过高估计其对中国社会空间生成与发展的作用。正是在这个意义上，当论者在思考当代中国治理转型、公共性生产等宏大问题时，不能简单地以社会组织策略行动为据，推论出当代中国社会发展的方向和态势，而是必须透过策略行动的表象来展开更深入的理性思考。

第四节　关于构建社会组织支持体系的新思考

基于前文的分析，我们认为，当前中国社会组织的发展正处于一个历史性的十字路口。这一看法基于两个基本事实：一方面，当前中国社会组织正处于改革以来发展最快的历史时期，各级党政部门对于培育社会组织正表现出越来越高的积极性，并开始投入越来越多的资金和资源以扶持和培育社会组织发展。我们可以大胆地预测，照此趋势，用不了多久中国的社会组织在规模和数量上都将达到一个较高的水平。另一方面，社会组织在国家治理体系中所发挥的作用还潜存着较大的不确定性。如前文所述，通过社会组织规模上的快速扩张，我们可以发现当前社会组织发展中仍存在一些深层次问题，这些问题背后都有深远的制度性原因。因此，如果既有的社会组织制度环境仍保持现状而未得到根本上的优化，这些问题在未来几年将会变得越来越突出，其后果是中国国家治理体系的现代转型将会遇到许多深层次挑战。因此，当我们站在当代中国社会组织发展的历史性十字路口，理论界和公共政策部门有必要形成一种制度创新的系统思路，以从根本上塑造一种有利于中国社会组织良性、健康、可持续发展的新型制度环境。

一、设置清晰的改革路线图

前文的分析表明，当前中国社会组织制度环境中存在许多模糊、不确定的制度特征，由此导致了地方政府和基层政府在设置制度安排时采取了一些缺乏长远规划和系统整合的行为。因此，我们认为，未来中国社会组织的快速、健康发展有一个基本的前提，这就是：国家能在宏观政策层面加快形成关于中国社会组织发展的战略设计和清晰的改革路线图。这种清晰的改革路线图对于中国社会组织发展之所以具有重要的作用，原因就在于：其不仅可以促进各级地方政府在转变政府职能、推进治理转型时形成基于长远规划的社会组织扶持制度；而且可以促进政府与社会组织之间彼此形成长期、稳定的制度预期。只有在这种条件下，社会组织所蕴含的不同于公共部门的独特组织优势才能在治理转型的历史脉络中充分发挥作用。

部分研究者或许对我们此处的观点存疑——尤其是对于熟知中国改革初期经济领域诸制度变迁轨迹的研究者而言，也许会对我们的分析结论有更多质疑。因为在诸如乡镇企业改革、国企转制、地方市场培育等领域，最初时国家层面的政策设置也存在一个较长的模糊期，但这并没有成为地方政府改革的阻力，相反这还为地方政府充分发挥治理灵活性、创新地方性制度安排提供了重要的制度空间。从这个角度来说，宏观政策的适度模糊性有时非但是一种缺陷，反而有其特定意义。以这些领域的历史实践来进行对照，今天中国在宏观层次快速形成社会组织发展的路线图是否有其必要性？

我们认为，改革初期以"放权让利"为特征的经济领域改革与本章所讨论的社会组织发展领域情况有根本的不同。一个最为本质性的差异在于地方政府和基层政府是否具有推动改革的强激励。历史地来看，在改革初期经济领域，地方政府和基层政府所面对的宏观制度环境与社会组织发展领域的情况相似（也许不确定性还要大），[1] 但地方政府在发展经济、兴办乡镇企业等问题上却有着较强的制度创新激励——这些激励既来自财政分权背景下的财政激励，[2] 也来自于隐含于政治锦标赛之后的晋升博弈[3]——基于这些系统设置的强激励，地方政府有较强的动机在宏观政策不清晰的背景下，以"不争论"等策略来系统推动地方性制度创新，进而一方面为地区经济发展创造了较好的发展环境，另一方面也为日后宏观政策的明晰提供了实践模板。与此不同的是，在当前的社会组织发展领域，地方政府却尚不具备相似的强激励结构，这一方面与发展社会组织所带来的社会正效应（如解决就业、提高人们的社区认同感等）释放较为缓慢有关，另一方面也与当前的社会治理政绩考核体系设置有关。在此情境下，地方政府面对宏观政策的模糊性时，就会缺乏制度创新的动力而更多地考虑如何预防不确定性等问题。在经验观察中，我们常常能发现省、市层次的地方政府偏好于做宏观政策的"二传手"，缺乏进一步的制度创新与系统整合。[4] 由此可见，在这种情况下，中央政府尽快设置社会组织发展的清晰路线图就显得极为重要了。

我们认为，在未来的社会组织发展制度设计中，宏观路线图必须有效地解决以下几个基本问题：

---

① 孙立平：《社会转型：发展社会学的新议题》，载于《开放时代》2008 年第 2 期。

② 换句话说，地方政府可以从本地的经济繁荣中获益，因此它们有动机在宏观政策模糊的背景下冒着一定风险来设计地方性的制度安排来推动经济繁荣。相关研究可见钱颖一、Weingast 关于"中国特色财政联邦主义"的研究。

③ 参见周黎安：《转型中的地方政府：官员激励与治理》，上海格致出版社 2008 年版。

④ 只有在一些经济高度发达的地区会出现例外。在这些地区，地方政府对社会治理的重视度日趋提高，而且其治理模式开始朝着精细化方向发展，在这种情况下，发展社会组织对于同级政府之间的治理竞赛开始具有显著意义。这时的地方政府开始有动机来推动一些更深层次的制度创新。

确定具有稳定共识基础的国家与社会关系形态。在现代社会，发育社会组织，实质上就是重新界定国家和社会的关系。传统的即自由主义的"国家与社会"理论把国家和社会直接对立起来，把政府职能的转变简单地理解为政府对社会的不管不问，社会完全成为自我组织、自我管理、自我协调，同时还能对国家权力进行有效监督和制约的自足实体；面对中国的"强国家弱社会"现状，声称只要政府退出社会领域，只要政府"小"了，"大"社会就会水到渠成，就会自然而然地成长起来。但中国的现实情形并非如此。政府的突然变"小"并不必然意味着社会的自然而然地"长大"，相反，恰恰可能出现社会失范甚至解体的情形，造成一盘散沙的后果。由此可见，"大社会"，从根本上看是一个"能力"概念，指的是一个社会的人们具有自立（经济独立）、自理（相互协调和帮助）和自治（自我管理和参与政治）的立体式的能力结构。在一个全能主义国家背景下，生活领域的这些能力基本上萎缩了，"社会"已经不复存在，其普遍的重新生长需要一个较为漫长的引导和扶植的过程。这个责任无疑应该由政府来承担。从这个角度看，政府职能转变，一方面是指政府从对社会的大包大揽转变为通过制度和公共财政以及思想观念等措施培育公民的自我组织、自我协调、自我管理的能力，使公民从对国家的完全依赖中走出来，形成自主的公共参与能力；另一方面则要逐步放开政策，给公民对自身日常生活进行自我组织、自我管理和自我协调创造必要的空间，同时亦要加强制度完善，及时纠正社会发育过程中出现的偏差及危害其他公民和合法性社会组织，甚至损害国家利益的各种行为和现象。总的来说，在宏观政策层面塑造社会组织发展的路线图，首要的任务就是形成国家与社会良性相依（而非对抗）、共同发展（而非此强彼弱）的新型关系形态。

尊重社会组织的主体地位。明确社会组织在国家治理体系中的主体地位，像对待市场主体一样对待社会组织（今天大多数政府部门都开始尊重市场主体的独立性，但在对待社会组织上却往往有"上""下"级的观念）。这就需要在制度建设过程中，更尊重社会组织的自主性，尊重它们在不违背法律前提下的行为方式以及开展的各类活动。尊重社会组织的主体地位意味着，不仅要在宏观制度取向上鼓励社会组织发育，而且还要在合法性赋予、登记备案等实际管理制度上采取新思路，使社会组织更好地发挥社会协调作用。客观地看，我国在过去近十年时间里一直采取的都是"宏观鼓励，微观约束"的制度安排，即国家在宏观政策导向上鼓励社会组织的发展，但各级政府在制度实践中则往往采取约束的态度。此外，政府管理部门对社会组织的管理，把入口作为重点，为社会组织的登记和成立设定了过高的门槛。这种制度取向无法为社会组织积极发挥社会协调功能营造良好的发展空间。未来根据"尊重社会组织主体地位"的要求，可以重点考虑：打通社会组织利益诉求渠道，明确社会组织的主体地位，扩大社会组织的民主参与权利，逐步在党代会、人代会中增加社会组织的代表比例；推动建立政社合作长效机制，发挥社会组织的主体作用，可以探索按照"政事分离""管办分开"的原则，进一步厘清政府、市场、社会的职能边界，加快政府职能转变，为社会组织的成长让渡空间。

建构引导社会组织运作的规则体系。当前，我国对社会组织的管理同时存在着"制度过剩"和"制度匮乏"的现象。所谓"制度过剩"指的是，各级政府和业务部门制定了大量制度对社会组织的具体活动方式、活动领域等内容进行事无巨细的管理，这不仅增大了政府的管理成本，在一定程度上也不利于社会组织充分发挥活力，肩负起社会协调的责任。所谓"制度匮乏"则指的是，在引导社会组织充分发挥作用，规范组织运作的规则构造过程中，大量制度常常处于"缺位"状态。迄今为止，各级政府虽然长期用购买服务的方法引导社会组织发挥公共服务功能，但却没有在公共财政渗透机制等方面进行突破性的制度设计，社会组织与政府合作的过程充满人为的随机性安排，缺乏一系列稳定的规则作为保障。就此来看，积极鼓励社会组织在国家治理体系中发挥作用，就要改变制度设计的战略侧重点，更多地在引领性规则的设计上花工夫，而不是在具体、琐碎的事务性问题上不断更新制度设计。国家可以鼓励各级政府部门通过法律、财税、社会监督等方式塑造社会组织良性参与治理的行为规则体系，并以此为切入点，引导社会组织稳健发展。

为保障社会组织良性运作，形成相关法规体系。当前的社团管理条例和有关管理制度主要关注的是各类社团的登记、注册、年检等程序性、"门槛性"条件，较少涉及社会组织（尤其是未登记注册的社会组织）的日常运作和社会动员的过程。因此，社会组织的实际生存方式与政府的管理预设之间存在距离。当前需要从法治建设的角度来考虑社会组织良性发展的制度环境，使社会组织的权利义务和活动规范、运行规则显性化和明晰化。国家可以建立诸如《社团组织法》等法律，对社会组织的内部组织结构、日常运作程序进行可视化规范，引导甚至强制社会组织建立健全其内部治理结构。我们认为，国家为了更好地规范社会组织运作，防止其走向社会关系协调的反面，必须建立健全相关法律制度，通过法律和制度规范社会组织的组织结构、资金来源、资金使用情况以及日常运作。譬如：资金来源和使用的定期审计制度，组织领导的民主选举制度，重大事项的集体决策制度，等等。唯有通过这些法律和制度建设，才能彻底破除社会组织活动的不可视现象，才能为国家管理社会组织建立确定的切入点和立足点。总的来说，就是要建设适应于协调社会组织间关系的规则体系，使社会组织的"合法性"基础从初始的"门槛性"条件（比如资金、场地、人员、挂靠单位等）向行为的恰当性转移。不断提升社会组织的法人治理能力，以完善章程为核心，健全选举、

177

议事、决策、财务、人事等内部制度和民主决策、民主监督机制。

形成政府职能转移的纲领性指导制度。针对当前政府部门碎片化购买社会组织服务的现状，建议国家有关部门可以借鉴国际经验，从宏观统筹，系统梳理不同部门的职能架构，有计划、由浅入深地制订政府社会治理与服务职能转移三年规划。适时结合职能转移清单推出政府部门购买社会组织服务指南，尤其在以下几方面探索制度创新：一是加紧制定《政府购买社会组织服务导则》，规范不同政府部门购买社会组织服务的流程、标准与审计制度。二是形成"一口"的政府购买社会组织服务信息发布平台，针对当前项目来源多头、不透明，政府部门与社会组织间信息不对称的现状，形成一口发布的信息平台，向社会组织公布。三是逐步探索形成市、区层面统一运作的购买社会组织服务招标与项目管理平台，不同层级的平台相互联网，共享信息，逐步形成一体化的政府扶持社会组织制度体系。四是围绕政府购买社会组织服务的项目定价、发包机制、评估机制等形成科学的制度安排。

构建支持社会组织发展的公共财政扶持体系。一些研究表明，在市场经济发展的不同阶段，财政支出结构是不同的。在经济发展初期：政府的投资性支出占整个财政支出的比重较大；在经济发展中期，投资性支出在社会总投资及在财政总支出中的比重都呈下降趋势；在比较成熟的市场经济中，公共品方面的支出在财政总支出中比重将大幅度上升，并将超过其他方面的支出①。从国外发达国家的情况来看，进入比较成熟的市场经济发展阶段后，公共财政所发挥的功能还要更为丰富，它还是营造公共生活领域、引导各类民间组织按照国家意图活动的一种重要的工具。英国、美国等国普遍都形成了通过合理安排公共财政，制定资助社团活动的相关条例来"软性"地对民间组织活动方向、活动领域进行引导。当前我国正在全面开展社会建设，唯 GDP 主义的发展思路正在逐步被淡化。与这种变化相适应，各级政府的公共财政框架也要进行相应的调整，应从财政中划出一部分经费用于鼓励社会组织承担社会协调功能。这样就能保证更多的社会组织（尤其是互益型组织）出于资源汲取的目标而投入到社会协调、公共管理等公益性领域中去。比较可行的制度措施是，以公共财政渗透机制为依托，资助各类民间组织进入政府服务的延伸领域，比如：鼓励民间组织承担起未成年人保护措施的实施与监管、养老政策的落实、图书剧院网吧等文化场所的巡查、社会公德宣传、垃圾分类、社区环保、社区矫治、社会治安综合治理、纠纷调解等功能。在条件允许的情况下，甚至可以实行适度竞争机制，使各类社会组织能以更高的效率发挥自我服务、自我管理的功能。

---

① 高培勇著：《中国公共财政建设报告》，社会科学文献出版社 2008 年版。

二、营造社会利益表达的多主体组织网络

我们在前文提到，由于现有制度环境相对来说更鼓励公益服务类和行业类社会组织的快速发展，但对其他类型社会组织的发展则没有提供相近的制度空间，因此当前中国社会组织的发展存在着结构不均衡的现象。这种现状不利于社会组织在国家治理体系现代化过程中充分发挥作用——更重要的是，人为筛选社会组织的功能领域，从长远来看，这种做法不利于社会不同群体的充分利益表达和协调，而这恰恰是现代多元社会利益表达与制衡的重要社会条件。

现实生活中，不同类型的社会组织在发挥内部协调功能的同时，也会代表其成员向外表达集体利益。当所有的组织都具有相近的表达自身利益的能力或机会时，一种以"规则公正"为内涵的社会利益协调的观念就有可能逐步显现。"规则公正"指的是，在获得发展空间和利益表达方面，不同社会群体、组织应享有相近的机会。规则公正的社会协调观也是现代多元化、开放性社会发展的核心理念。

从某种角度来看，在过去30多年，我国社会利益协调的目标和价值取向经历了一个从"结果公正"向"规则公正"逐步转变的过程。改革以来，虽然单位制、人民公社制等制度安排逐步改变，社会的自主性不断萌生，各种社会组织逐步发育，但国家直接调节社会利益关系以促成结果上公正的整体制度安排仍未得到根本性变化。随着我国社会结构的不断分化和利益结构的复杂化，单纯依赖国家的力量来调节社会关系促成公正的做法不仅成本巨大，而且还在客观上造成许多社会矛盾被直接引到国家身上。党的十八大指出，"加快形成党委领导、政府负责、社会协同、公众参与、法治保障的社会管理体制"。这表明未来的社会建设和社会管理要充分调动市场与社会的力量，也意味着社会利益的配置将更多地依赖于一种多主体合作的规则框架。

总体来看，以规则公正为核心的社会利益协调机制建设，首先需要建立一种结构上总体均衡的多主体利益表达组织网络。在过去10多年时间里，中国社会的利益结构之所以会出现非均衡发展的现象，在很大程度上就是因为一些代表特殊利益集团的社会组织具有更强的利益表达能力，相比之下，社会的其他成员特别是底层社会成员缺乏利益表达的组织化载体。而这种情况的出现，在一定程度上与我国当前的社团管理制度体系有关（现有制度为一些社会组织提供了较大的发展空间，却约束与它们相互制衡的其他社会自组织的发育）。

就此而言，未来中国要围绕和谐社会的价值、目标来建设社会协调机制，就有必要鼓励各类社会组织以合法的方式，代表其成员表达利益，并使它们在一定

的制度框架和组织平台上形成相互之间良性协商的机制，比如：

在社团发育的制度设计上，使不同类型的合法社团都有相近的发展机会与空间。现有的制度安排对于经济型社团等市场组织往往持更宽松的态度，但对各类维权类组织和利益表达型组织则持较为严格的态度。这导致了不同类型的社会组织发育出现结构性不均衡，也导致了各种社会矛盾向政府层面的集中，反而不利于社会关系的协调与社会协调机制的建设。有鉴于此，我们认为应该突破各种偏见的干扰，如经济决定论的偏见、"现代 vs. 传统"的偏见，在制度安排上按照公民的合法权利原则给予具有不同利益诉求的社会成员同等的组织化权力和机会。

逐步修正当前社团管理中的"非竞争性"原则。由于中国至今尚无关于社会组织的全国性正式立法，《社会团体登记管理条例》和《民办非企业单位登记管理暂行条例》便成为目前关于社会团体的最重要的法规。这两项法规中都隐含着"非竞争性"原则，比如《社会团体登记管理条例》中就明确指出"在同一行政区域内已有业务范围相同或者相似的社会团体，没有必要成立的"社团，不予登记筹备。这种非竞争性原则背后有两个基本的预设：第一，某一行政区域与业务范围中的这个单一社会组织具有代表该范围内所有社会成员的所有利益的能力；第二，同一区域和范围内社会组织的单一性可以有效减少由多头竞争所造成的失序局面。事实上，这两个预设都是经不起推敲的：首先，没有一种社会组织能代表其所预设的范围内所有社会成员的利益；其次，竞争不仅不会带来混乱，反而可能带来活力以及社会组织更加谋求对社会成员的利益诉求的贴近，增强其代表性。因此，非竞争性的制度环境恰恰不利于不同社会成员不同利益的充分表达，不利于它们之间关系的协调。更为严重的是，当社会成员的利益诉求不能通过社会组织实现有效表达时，社会矛盾就会出现并不断积聚，然后沿着垄断性社会组织这一单一的界面积聚和爆发。这种现象在理论上已经得到美国社会学家L. 科瑟的功能冲突理论的证成，在实践上则有难以计数的例子可以佐证。有鉴于此，我们建议，国家应该在法律和法规层面修改"非竞争性"原则，允许、鼓励不同社会组织的发育，使社会组织以相互竞争的方式来贴近民意、表达民意，分散社会矛盾，实现不同社会利益诉求之间的协调。

拓宽不同社会组织表达合法利益的渠道，建立保证不同社会组织同等地表达各自利益诉求的制度空间。当前活跃于中国社会的大量社会组织均缺乏进入利益表达渠道的制度化空间，这些组织只能以非制度化的方式进行利益表达，而这恰恰不利于利益的协调和社会的稳定。我们可以探索建立确保不同社会组织具有同等的进入合法利益表达渠道的权利的制度空间。从我国当前的情况来看，未来比较有可能的探索方向有三点：第一，完善、优化人大、政协的代表制度和工作制度，使更多的社会组织能通过这些法定渠道来表达利益和观点；拓宽利益表达渠道，使已有的人大、政协代表能更大程度地成为利益表达者的代表者；使各类自发性的社会组织的代表能够成为人大、政协代表，并逐步、适当扩大其比例；在条件允许的情况下，创新人大代表、政协委员的提名与生成机制，比如：在一些具有较大社会影响力的社会团体中，通过推荐、选举的方式产生人大代表、政协委员。第二，建立社会组织参与论证、决策和评估与社会成员利益密切相关的制度制定、工程建设的机制，并使之制度化、常态化，从而使社会的意见与国家的决策之间能建立起更为顺畅的沟通机制。第三，在村、居委会层面形成由众多社会组织参与的制度化共治平台，探索通过广泛讨论和民主协商来决定社区发展目标、解决社区纠纷的新方法与新路径。

建立联系政府与社会组织的横向联席机构。社会组织充分发挥社会协调功能的重要前提是其与政府之间建立起密切互动的关系。而我国当前社会组织的"双重管理"体制在很大程度上还是一种自上而下的命令协调系统，很难承担起紧密联系社会组织、共同参与社会管理的战略目标。因此，下一步可以尝试着在政府管理部门和社会组织之间设立多种横向联席机构，通过该机构服务和联系一个系统、一个领域的社会组织，行使一部分政府授权或委托的管理职能，并把社会组织的需求、意见和建议向政府管理部门反馈，使其成为加强党建工作的支撑、完善双重管理的依托、凝聚各类社会成员的载体和实现合作共治的平台。通过政府与一些有资历的社会组织签订协议，通过伙伴方式来交办，建立新型社会管理模式。

三、形成多样的社会组织培育路径

如前所述，由于改革开放以来，我国政府在社会组织发展方面有一些约束性的制度安排，因此，一些类型的社会组织始终发育迟缓，还有一些社会组织为了获得生存权，以各种方式逃避政府监管，从地上转到地下，在灰色地带或者黑色地带运作。政府对这些社会组织缺乏有效的识别方式和管理手段，对其内部运作逻辑所知不多，对其运作的社会后果更是无法预测，难以有效监督。这就是我们所谓的社会组织的"不可视"状态。不可视的社会组织对于社会秩序既可能发挥协调的功能，但也存在着破坏社会秩序的潜在可能。当这种"不可视"的状态成为社会治理问题时，政府往往进一步采取"严格管理"的措施，但这些措施反过来又进一步促成了这些组织的有意识的"不可视化"，于是造成了监管与反监管之间的恶性循环。

还有一种"不可视"状态是指在政府获得合法性的社会组织内部组织和运作

逻辑的黑箱化。这些社会组织都是获得法律和政府承认的、公开活动的合法社团，但为了逃避政府的具体监管或者出于其他诸如营利的目的，内部结构混乱且高度保密，决策缺乏民主程序，资金来源、资金用途、人员构成、活动范围等都难以为外界和相关执法部门所掌握。这类社会组织的活动具有几种可能的危害：打着合法的旗号干非法的勾当；内部集权或者腐败严重；内部的集权或者腐败对该社会组织的成员利益构成伤害，甚至伤害其外部社会成员及其组织，乃至于国家的利益，成为社会秩序的破坏者。中国社会科学院的有关研究即表明，一些中介性社会组织正在成为"腐败的中介"，成为行贿、洗钱和侵吞国有资产的重要机构。① 从上述角度看，通过制度建设确保社会组织的"可视性"是社会组织管理的根本前提，只有有了"可视性"，才能实现其"可治理性"，从而保证多元利益表达格局的有序性和高效性。

从多个方面适度放宽社会组织的准入限制。给予不危害国家利益、社会秩序的社会组织以合法、公开生存和活动的权利和机会，使尽可能多的社会组织从地下走到地上，从秘密走向公开，从不可视走向可视，自觉接受国家的引导和管理。建议对已有的社会组织采用基本备案制度，赋予其合法地位，对其进行必要的监管；在此基础上，对那些符合法定条件的社会组织实施登记注册制度，赋予其法人地位，使其进入常规监管（比如社会组织的财政活动管理等）。这样，不仅有助于政府获取社会组织的更多基本信息，进行分类引导，而且可以将社会组织的主要活动方向和路径纳入政府的"可视"范围。

持续推动政社分离。公共部门应该隔断自身同从政府部门脱胎出来的、亦官亦民的社会组织的关联，保持政社分离。在我国，目前存在一大批具有行政化色彩的官办社会组织。这种政社不分的独特体制会影响其他社会成员的自我组织、自我管理的能力和机会，限制其他独立的社会组织的发育，更为严重的可能后果是，这些社会组织可能成为社会组织自身不可视和非规范运作的重要潜在来源。有鉴于此，有必要痛下决心，坚决斩断各个政府部门同社会组织的显性的和隐性的关系，杜绝"特权社会组织"的生产和再生产。唯其如此，只有脱离了政府部门的荫护，社会组织才可能走向"可视化"，才可能给不同社会组织一个平等公正的发展环境。

实现"蕴管理于服务"的政策思路转换。事实上，单凭降低和放宽社会组织的进入"门槛"，建立严格的日常监管制度还是不可能让一些地下组织走到地面上来，自觉接受政府和舆论以及社会成员的监督。因此，国家需要做的另外一个很重要的转变是实现"蕴管理于服务"的政策思路转换，通过多种更为灵活务实

---

① 滕兴才：《社科院报告：一些中介组织正在沦为腐败中介》，载于《中国青年报》2009 年 2 月 2 日。

新时期加强社会组织建设研究

的柔性制度安排，把各种社会组织引导至结构和活动上"可视化"、能够发挥正向功能的社会协调作用的道路上来。这一政策思路的转变，需要各级政府和主管部门更为科学地设置管理杠杆和政策工具，在为社会组织提供服务的过程中更好地引导前者的健康发展，比如：建立社会组织资质与信用认证制度，由各级社会组织服务部门牵头，其他部门配合成立一个评估社会组织资质和日常信用的体系，各级政府根据评估结果更好地规划公共资源对社会组织的资助；优化政府购买服务的运作机制，在资质管理的基础上，鼓励社会组织以适度竞争的方式竞争公共服务项目，鼓励社区群众、受助者加入到对社会组织的监督与评估中去。

建构社会公共事务的形成机制。社会公共事务是激发公众参与意识、培育"公平正义"社会价值、提升社会组织自我协调和管理能力的基础所在。没有社会公共事务，社会组织的建设就会面临"无源之水"的问题（比如在现实中，社会组织发育了不少，但"社会协同、公众参与"却难以落实）。在当前的背景下，我国探索社会公共事务的形成机制可以从两个方面着手：一是从政府改革和规范行政职能的角度，"释放"出一部分政府承担的社会公共事务，使公众成为其决策、运作的参与者，不断推进社会力量投身于解决社会公共问题，逐步健全社会组织的自我管理、自我协调的能力；二是在法律的框架内，通过基层民主等方式，培育社会自下而上提出公共事务的能力和机制。基层政府可以通过居民代表大会、社区委员会、各类沟通协商会等渠道，鼓励公众通过积极讨论和协商，形成一系列与本区域、本领域的发展密切相关的社会公共事务，比如社区绿化的布局、社区生活环境的保护等。

创立社会组织人才的培训体系。保障社会组织从业人员的合法权益，不断为其提升专业化水平提供制度保障。适当提高政府购买社会组织服务价格构成中人力资源的比例，提升社会组织人力资源建设的长远制度预期。尤其是注重对社会组织中三个层次人员的系统保障与培训：一是对于社会组织的管理层，要规范其领导产生机制和民主监督机制，实行秘书长聘任和培训上岗制度，增强其职业管理能力；二是对于社会组织的工作层，要逐步建立职业规范，建立专职工作人员资格认证制度，提高工作人员在职和退休待遇，促进其向专业化、职业化、年轻化方向发展；三是对于社会组织的成员层，要有意识地通过各种活动，逐步选拔、培养各类群众积极分子和群众骨干。

完善社会化支持与监督体系。采取政府引导、群众组织参与、民间力量兴办、专业团队管理、政府公众监督、社会民众受益的模式。使政府和社会公众的力量都参与到对社会组织发展的支持和管理中来。重点是逐步建立起面向公众（尤其是捐款人、受益人等）的社会组织信息发布平台，同时将信息公开作为法定义务，与扶持政策挂钩，督促各类社会组织公开、透明地发布自身活动信息

（如重大活动信息、资产财务信息、接受和使用捐赠信息、收费项目及标准等），接受社会监督。通过上述平台，国家可以逐步形成社会力量参与支持、监督社会组织发展的新型扶持模式。

鼓励各类社会组织紧密扎根基层社区治理体系。这一举措有两方面的深刻内涵：首先，基层社区是最贴近不同社会群体日常生活的范畴，也是各类社会矛盾频发的区位，因此鼓励社会组织紧密扎根基层社区可以更为快速地获取群众需求、反映群众意见，化解或缓解社会矛盾，真正使社会组织的社会活力和社会属性得到申发；其次，经过十多年的社区建设，全国各城市都形成了较为完善的基层治理网络，因此在社会组织紧密扎根基层社区的条件下，基层政府可以动用治理网络和居民区的自治网络更好地引导社会组织发展——这远比单纯借助民政业务部门开展管理要更有效，因此有可能成为当前构建社会组织"过程管理"体系的重要突破口。在操作上，这就要求：各街、镇在构筑社区共治和自治体系时，明确地把社会组织吸纳进来；在推进社区党建时，积极探索社会组织参与地方治理的新路径；充实现有的街镇民间组织管理中心职能，使其成为引导社会组织进入社区治理体系的组织纽带。最终逐步形成"以块为主"的社会组织活动监管体系。

开发党的组织资源，探索嵌入式介入社会组织发展的新路径。新时期加强党对社会组织功能发挥的引导有两个层面：宏观与微观层面。在宏观层面，各级党委首先可以通过更好地把握社会组织运作特点，以法治的方式对其运作方式进行规范。当前，国内规范社会组织的一般性法律一直缺位，因此有必要在党的领导下加强对社会组织的立法工作。其次，各级党委可以通过创新组织覆盖和工作覆盖的方式，对各类社会组织的运作目标进行有效引导，这意味着党不能仅仅满足在各类社会组织中建立自己的基层组织，还要设计出一系列有效的工作机制来切实提高党的工作在社会组织中的影响力与渗透力。在微观层面则有必要充分发挥基层党组织的作用。党的十八大提出"要以党的基层组织带动其他各类基层组织建设"的总体要求。从这个意义上说，在新的发展阶段中党的基层组织要进一步探索有效引导社会组织健康运作的途径与方式，比如：基层党组织可以尝试社会化的运作方式，形成一些示范性经验，扩大引领社会组织进步的作用效应；通过党员主动发起社团、依法介入社团活动，为党组织的工作嵌入各类社会组织提供重要基础；鼓励党员依托社会团体，广泛开展各种社会活动和社会工作，使其在融入、参与社会组织活动的过程中引导社会组织发展走向；不断摸索在基层党组织内建设各种活动型专委会，并加大其对社会组织活动的支持与影响。简而言之，就是通过党的群众工作模式的创新，引导和激励社会组织积极地参与到区域公共治理活动中。

四、形成自我支持的社会组织发展生态体系

现实中，未来中国的社会组织在发展中还会不断提出一些迫切的新需求，比如：如何提升自身人力资源水平，如何包装和策划有吸引力的公益项目等。围绕这些需求的满足，还可以形成一种服务社会组织的产业链。这里的发展空间很大，社会组织在其中也大有可为，甚至可以发展出一种将社会组织与经济组织链接起来的，具有桥梁功能的咨询、策划、评估的服务业。这种服务业可被理解为借助市场机制的支持性社会组织，有可能帮助其他社会组织更有效地找准社会需求，在一定条件下还可以为这些社会组织解决资源（财政、人力、信息等）供给问题提供新的路径。就此而言，我国未来可以探索通过孵化、培育一批支持性社会组织（如基金会、各类枢纽型组织等），形成社会组织发展链的"上游组织"，并使这些"上游组织"带动、引领"下游"中小社会组织的发展，最终形成具有自我支持功能的社会组织发展生态体系。以此为切入点，我们在公共政策设计上还可以考虑以下问题。

构建社会组织生态系统的孵化器。未来我国可以借鉴美国硅谷、上海张江等扶持创新企业发展的经验，为社会组织创业提供一个由各种社会资源聚合而成、多层次互助、互利的组织环境，以形成有利于社会组织发展的新型孵化器。人们可以在总结上海浦东新区公益孵化园的基础上，推动建立更大范围的社会创新孵化园，由企业提供厂房、政府出资租赁、社会组织免费使用并自主管理。孵化园通过申请、评估等一套严格的程序和专业评估对社会组织进行筛选，着力于发现有创新性、有发展潜力的社会组织；通过与孵化机构共同开展民间资金筹措、社会动员参与、项目创意策划等工作，提升社会组织自身运作和社会生存能力；通过众多的社会组织一起分享公共空间和运作经验，在相互借鉴中，促进形成公益职业文化和理念。进入孵化器的社会组织，可以享受政府提供的房租、运营补贴等优惠政策和能力建设培训、咨询、评估、资金中介、法律、财务服务等一应俱全的中介服务，拥有由社会企业家、各类基金会及联合劝募机构相关资金提供的公益创投基金，享受让公益资源的供需双方对接的信息平台和技术手段。这些孵化器的快速建设将有助于促进政府、企业和公益组织之间的跨界合作与交流，促进社会组织成长和公益创业发展。

形成枢纽型社会组织服务管理的总体规划。建议根据我国经济社会发展趋势和新社会组织的服务管理的需要，拟定合适的目标。可以通过改造架构、提升功能等形式，推动建立一批新的枢纽型社会组织；可以通过这些新的枢纽型社会组织，将性质相同的、业务相近的社会组织联合起来，以便于获得更及时和更适合

的服务管理。为此，国家有关部门和地方政府要对枢纽型社会组织的服务管理形成总体规划，不断激活新、旧枢纽在社会组织服务与管理中的辐射效应。比如：探索工青妇、社联、科协等传统枢纽服务、联系社会组织的新方法；新建或改建若干联系新型社会组织（比如各类网络社团）的枢纽，并建设与之相应的新型工作机制；探索枢纽型社会组织服务于其他社会组织的新方法和新机制。

提升枢纽式社会组织的社会辐射能力。枢纽式管理的关键是要细化和落实枢纽社会组织的职能。未来可以明确由政府部门授权赋予枢纽式组织承担业务主管单位的职责并增强其社会活力。与此同时，在枢纽式组织的章程中阐明组织的性质及相关内容。政府要加快政府职能转移的步伐，对于该放权的必须主动放权，不能再为枢纽式组织承接相关职能设置"关卡"。一方面，在政府职能转移上，探索职能转移的新途径，将社会组织业务主管单位的职能转移到枢纽式组织；另一方面，在政府职能的授权和委托上，加强沟通协调，将一些涉及社会性、公益性、服务性的社会职能逐步授权或委托给枢纽式组织。

五、公共性建设：社会组织支持体系建设的核心内涵

本章的主体部分更侧重于从制度分析和制度建设的角度来理解当代中国社会组织健康发展所必须的条件。制度分析的好处是能较好地帮助研究者发现那些隐藏在事物背后的结构性问题，并由此寻获改良的切入点。然而单纯的制度分析并不足以帮助人们理解当前中国社会组织发展所面临的所有深层问题——这种视角忽略了那些看似非结构性，但却深刻影响着社会组织发展方向与质量的社会文化条件。我们认为，在这些社会文化条件中，公共性建设的问题是首当其冲需要引起研究者高度重视的问题。

通常，当我们说社会组织的本质是"社会性"时，一个根本的问题是如何确保社会组织始终以社会的价值和诉求为发展的主轴。而公共性的建设与生产恰恰是使社会组织及其成员超越狭隘的个体主义（尤其是工具性的个体主义），投身公域、与国家良性互动、并关注社会可持续发展的重要条件。我们忽略了公共性的问题，就很难从本原上回答一些对于社会组织而言极为根本的问题，比如：为什么在有些国家和地区，社会组织的发展增进了公共秩序的生产，但在其他地区则导致了社会失序？为什么有些地区的社会组织看起来更追求工具性价值而在其他地区社会组织则更具公共精神？

然而，尽管我们知道公共性对于当前中国的社会组织发展具有格外重要的意义，但我们仍很难回答如何从根本上来推动中国社会公共性生产的问题。由于公共性问题作为一种社会文化和政治文化紧密嵌入在漫长的社会发展史和某种社会

的行为逻辑演变脉络中，因此其发展和演化涉及一系列相互交织的要素。在本章的结尾部分，我们试图根据对中国社会组织发展特征及其所处制度环境的理解，来简要梳理出发展公共性以促进社会组织发展的三点基本思路。

首先，我们认为：在当前治理转型的时代背景下，对公民组织的"赋权"（empower）是公共性生产的重要支持条件。因为公共性的生长问题本质上是一种权力关系的改革与重建[1]，没有这种赋权即权力关系的调整，"总体性支配模式"的现状就不可能从根本上改变，公共性的发育过程就充满不确定性。而且，"赋权"也指向有助于公共性生产的公共政策之合理制定和实施。就如福山所说，"社会秩序的重建，不能只依赖于个人与共同体的互动作用，它还需要公共政策的推动"[2]，公共性的发育亦如此，仰赖于稳定的、合理的、张弛有度的公共政策的制定和实施。由此可见，"赋权"的功能不仅在于拓展了公共性发育的空间，更为重要的是明确了公民组织的活动边界，为公民对公共性诉求和建构的稳定预期创造制度性条件，体现公共权力部门对公共性的信任和支持。质言之，赋权与公共性活动的自我定位是对接的，有了这种明晰的区分和对接，公共权力部门同公民之间的互信与良性合作关系才可能充分建立起来。

其次，必须以重塑社会共识作为公共性的前提。公共性的构建和培育不仅是显性的和刚性的制度构建问题，还是一个社会的集体心理和情感塑造过程。因此，重塑社会共识对于公共性建设而言是至关重要的。作为一种认知和心理层面的结构性要素，社会共识不能完全独立地发挥稳定且持久的作用，因此需要社会的一些基础性结构作为支撑。在我们看来这主要涉及社会利益结构的合理配置、经济与社会增长模式的相互匹配以及对核心价值观的有效再生产等。

最后，从社会学新制度主义的视角看，公共性的生产不仅有赖于国家制度的确认，而且还需要在社会认知层面经历一种"制度化"的历程，即人们将"社会协同、公众参与"的行为和相关知识"视为当然而接受"的过程[3]。只有建立在这种"制度化"的基础上，国家机构、各类社会组织和公民团体才会逐渐形成各自在社会建设中的角色预期，并在面对公共事务时形成相互共处的、可预期的"惯例"和"规则"，由此达成一种关于多元合作结构的事先协议，以"节约交

---

① 李友梅：《城市基层社会的深层权力秩序》，载于《江苏社会科学》2006年第6期。

② 李友梅、肖瑛、黄晓春：《当代中国社会建设的公共性困境及其超越》，载于《中国社会科学》2012年第4期。

③ 在新制度主义的传统中，制度化被定义为"某一社会关系和行动逐渐被视若当然而接受的现象学过程"，或者也可以被看作是某一事件的状态，在这种状态中，共同的认知确定了"什么是有意义的，何种行为是可能的"（Zucker, 1983）。

易成本、减少行动者的机会主义行为和其他各种形式的'偷懒'行为"。① 由于制度化涉及人类的认知形成这一层面，因此其还可以在发生学的意义上对人们的行为动机、偏好的形成产生重要影响。这些影响和形式层面的规章、制度相互搭配，进而可以使各类制度在现实生活中充分发挥效能。由此可见，如何使当前中国的公共性建设有效"制度化"是一个极为重要的历史性命题。

① Shepsle, Kenneth A. , *Institutionaal Equilibrium and Equilibrium Institutions*, *In H. Weisberg* (ed.), *Political Science*: *the Science of Politics.* New York: Aathon, 1986.

第五章

社会组织发展的国际经验

党的十八大从深化社会体制改革出发，提出加快形成社会管理体制，并从结构性支持的角度，要求加快形成政社分开、权责明确、依法自治的现代社会组织体制。党的十八届三中全会又提出了创新社会治理体制，激活社会组织活力。由此可见，中国政府正面临着以怎样的新制度安排来实现社会再组织的问题。改革开放尤其是 20 世纪 90 年代以来，我国社会在快速的市场化转轨中加速分化，社会个体迅速摆脱了原有体制、组织的束缚而获得了极大的自由度。伴随着流动性带来的脱嵌、个体身份重要性的增加以及身份认同政治，作为个体的个人之间社会互动的新型社会性的出现，正在塑造中国社会的"个体化"[①]。因此，如何在快速经济社会变迁中重建社会组织秩序，如何面对有效供给多层次公共产品和协调社会多元利益关系的两个基本挑战来实现有效社会治理就成为亟须关注的重要问题。

世界各国均保有以组织化来实现社会管理的悠久传统。20 世纪后半期以来，随着市场经济的发展和新技术革命的出现，社会经济迅速发展，利益格局逐步趋向多元化，社会公共领域逐步形成，人们的自主意识日益增强，个体与组织之间的关系纽带逐步趋于松散。各国政府日益认识到现代性条件下人的需求的多元化以及社会在满足人之需求方面所承担的复杂角色。正是在这样的背景下，通过现代社会组织体制的建立来调节社会资源，把社会自我调节和管理的职能交给社会组织，强调多元主体参与合作的社会治理不断浮现，逐步成为协调社会关系与社

---

① 阎云翔：《中国社会的个体化》，上海：译文出版社 2012 年版。

会秩序建构的重要机制。今天，我国政府已经将现代社会组织体制建设视为当前深化社会体制改革的着力点，也是创新社会管理体制和社会治理体制的支点。但我们也必须认识到，我国的社会组织发展仍面临诸多困境与制约。已有研究指出，我国社会组织发展面临的最大问题是：两种社会建构体系的共存及协调，即以政党为核心开辟的组织化社会的社会建构体系与以社会组织为载体开辟的社会组织化的社会建构体系之间的协调问题。由于应有的法律资源、制度资源、政策资源和组织资源还比较缺乏，政府在蓬勃发展的社会组织面前依然没有摆脱被动的局面，成为既能容纳又能驾驭和调控的核心力量，新时期的社会组织建设依然在理论上和体制上面临许多的困难[①]。

这一部分讨论将立足于我国建设现代社会组织体制的现实需求，梳理各国及地区如何通过一系列的制度安排、资源配置、法制保障等来建构政府与社会组织协调合作的治理结构与伙伴关系，同时着重体现不同社会文化、体制背景下社会组织发展的内在形态与不同模式，以期为我国社会组织发展和现代社会组织体制建设提供经验借鉴。

第一节　建设现代社会组织体制的社会基础与约束条件

一、社会组织化的历史文化传统

20 世纪 70 ~ 80 年代后，无论是在民族国家内部还是在国际社会，非政府组织或公民社会组织都以惊人的速度蓬勃兴起。这一时期，全球社会发展出现了一系列危机：发达资本主义国家因为社会福利开支的膨胀和大规模的财政赤字而饱受责难，大批发展中国家权威主义政权推动发展的道路难以为继，苏联和东欧等社会主义国家的"国家社会保险"制度使政府的包袱越发沉重，世界性环境危机的加剧导致公众对政府的治理能力失望。在世界各国以政府为主导处理事务的模式遭到普遍质疑的情况下，各国人们成立了一大批非政府组织，以结社的形式来参与自己感兴趣的社会事务，这些非政府组织在环境保护、妇女权益保护、民权等运动中发挥了主导性的作用，美国非政府组织研究专家莱斯特·萨拉蒙曾将这

---

① 林尚立：《两种社会建构：中国共产党与非政府组织》，载于《中国非营利评论》2007 年第 1 期。

场变革誉为"全球性结社革命"①。在这场以"结社革命"为特征的"全球化"浪潮中，人们日益认识到，对于人类社会治理的形式而言，社会同国家、市场一样是不可忽视的一种资源配置机制、合作扩展机制、自主治理机制②。

政府和经济组织之外的组织在社会中出现并发挥效能并非是最近几十年来才出现的新生事物，在意大利、德国和新加坡非营利组织的历史甚至比国家的历史还要长。英国经济学家威斯布罗德指出，在16世纪的英国政府提供的公共物品和服务非常不足的情况下，私人慈善机构就提供了大量今天我们认为属于政府职责的公共服务③。研究者指出，全球非营利组织的发展可被划分为四个阶段④。

第一，19世纪五六十年代至20世纪初，是现代社会组织的萌芽时期。这一时期传统慈善向公民慈善转型，以有效济贫、协调各救济机构为目标的慈善组织会社和社区公社运动风行英美，大批建立在公民独立意识和自由选择基础上的现代公民慈善组织得以建立，体现了现代慈善工作的组织化、专业化。

第二，19世纪末20世纪初至第二次世界大战之前，是非营利组织的成长时期。这一时期，一批受慈善思想影响的工业巨头，开始考虑吸收慈善传统和历史悠久的慈善信托法律框架，创建一种公司形式的慈善基金会，洛克菲勒基金会、卡内基基金会等现代基金会的创立奠定了非营利组织的社会地位。

第三，第二次世界大战后非营利组织的扩展时期。第二次世界大战后，非营利组织的发展不再局限于欧洲和北美的发达国家，世界上许多发展中国家都建立了全新的慈善组织，参与人员遍布社会各阶层。同时，发展中国家的非政府组织往往将发展经济、摆脱贫困作为组织目标；往往以社区作为开展活动的主要空间，并与当地政府保持一定的关系。发展中国家的非营利组织发展，呈现出不同于发达国家的特点。

第四，自20世纪90年代开始的全球结社革命。这一时期出现了全球性的政府、市场与非营利组织的广泛合作。"全球性结社革命"的出现，推动了社会治理模式由单向度的政府管理向政府与社会组织的合作治理转变。

全球社会组织的蓬勃发展彰显出社会的组织化是基于历史文化传统的社会发展的必然趋势。在这一过程中，社会治理主体日趋多元化，治理者和被治理者的界限不再那么清晰。社会成员通过各种途径建立起相互联系，并积极参与到对感兴趣的公共事务的治理中来，为实现社会秩序的良性运行发挥作用。良性的社会

---

① 陈菊红：《"国家—社会"视野下的流动人口自我管理研究》，中共中央党校，2014年，第36页。

② 林尚立：《创造治理：民间组织与公共服务型政府》，载于《学术月刊》2006年第5期。

③ 杨和焰：《全球结社革命的现实背景分析及其对发展中国家的启示》，载于《理论与改革》2004年第3期。

④ 杨团：《NPO发展阶段界分》，中国社会科学院社会学所，2002年；蔡磊：《非营利组织基本法律制度研究》，西南政法大学，2004年，第22~24页。

秩序在本质上是社会价值认同的结果，而良性社会秩序的维系有赖于与其相匹配的社会组织方式。不同国家基于其社会结构、社会制度（文化价值系统）的差异性，在社会现代转型方式及社会整合方式等方面都会有所不同，这构成了现代社会组织体制建设的社会基础。

社会组织方式作为支撑社会整合与社会良序运行的基础，有着三方面重要的特质：第一，任何一种社会组织方式都蕴含着某种理论前提和价值观念，依靠价值系统和观念系统的互相整合是促成社会各个部分互相维系的重要组织机制。社会价值系统和观念认知对社会及社会组织的认识会塑造和影响社会组织的发展路径。

第二，任何一种社会组织方式的建设都需要依托于人们的意识形态认同所产生的组织力量。所谓意识形态是指那些可以成为政治、社会组织合法性根据和运作的观念系统，其向人们提供一套建构社会秩序的原则并形塑了社会治理结构的形态①。社会治理结构的形态决定了社会组织的作用空间和作用方式。

第三，任何一种社会组织方式都直接关系到人们的利益，其背后都有一个或多个支配者存在，人们往往从自身的利益出发对这些组织自己社会生活的制度进行理解、评价，并把这些理解和评价延伸到可知的支配者，形塑出对这些社会生活方式及其支配力量的认同或反对②。因此，社会整合常常又与支配者即社会组织者的意识形态认同息息相关。在现实中，维系社会的纽带是一些基本的价值、需求和利益，这些基本的价值、需求和利益也是社会的组织、团结和认同的基础③。社会关系格局，即社会本身的（如利益关系）关系结构、运作机制影响着社会组织与其他社会主体的关系，特别是社会组织与政府之间的关系。因此，不同国家对社会组织的内涵理解是不尽相同的，即建构什么意义上的社会组织源于其要治理一个什么意义上的社会。

不同国家及地区在依赖社会组织的源起、领域、程度及发起时间与推进阶段上都有很大差异。比如，英美两国政府采用服务外包，源于政府制度的缺失及偏好有限政府的政治意识形态。由于政府参与社会福利保护的程度有限，公共服务一直为私人所掌握，这种状况直到近期政府介入公共服务领域才有所改变。德国对社会组织的依赖源于20世纪政府为削弱工人激进主义和解决宗教团体纷争所进行的努力，德国早期出现的为弱势群体提供各种形式的关爱的宗教机构，为德国开展服务外包奠定了基础。法国对社会组织的依赖源于20世纪80年代，社会大众批评当时的社会党政府在提供福利服务方面烦琐麻木，政府为寻求更灵活的

---

① 金观涛：《中国现代思想的起源》，香港中文大学出版社2000年版。
② 李友梅、肖瑛、黄晓春：《社会认同：一种结构视野的分析》，上海人民出版社2007年版。
③ 李友梅：《在新的历史起点上推进社会体制改革》，载于《光明日报》2014年5月5日，第11版。

社会救助形式开始求助于社会组织。从社会组织方式的基本原则上看，各国均将社会公平正义和依法自治作为基本原则，通过一系列制度安排规制社会组织运行的法律与制度环境。主要在就业、教育、社会服务、文化娱乐和医疗卫生等领域，采用多种外包方式与工具，投资于社会组织参与公共服务的能力建设。借助于社会组织参与政策的制度化体系，明确政府与社会组织共同参与的治理架构，始终将解决贫困和社会不平等作为核心目标，进而强调个人对社会的义务，强调福利政策是一种社会性的投资而非国家负累的价值观，运用公正社会的理念发挥巨大的意识形态动员作用。

二、政府与社会组织关系的实践模式

大量的国际性证据表明，随着各国政府日益认识到需要另外的帮助来解决它们面临的复杂的社会、经济、环境和其他有关问题，世界范围内政府与社会组织的合作在不断增加[1]。但不同国家及地区政社分工合作所采取的方式与做法是多样化且有差异性的，在某种程度上，这些差异与多样化也反映了政社关系深受政治的、文化的、经济的多种因素之影响。换句话说，政府与社会组织的关系是和一个国家的政党制度、市场经济、民主政治与文化传统密不可分的，这就决定了政府与社会组织关系的多样性[2]。

纪德伦、克莱默和萨拉蒙（Gidron，Kramer & Salamon）等研究者根据福利国家中"公共服务的资金筹集和授权"与"服务的实际提供"两项指标，将政府与非政府组织的关系划分为竞争与合作两大类型，但这一类型划分难以涵盖政府和非政府组织之间既有合作又有竞争，特别是"合作中的竞争关系"的现实复杂性。为避免在非政府组织和政府之间关系的理解方面走向"过分强调合作"或"过分强调竞争"的极端，库勒和塞莱（Kuhnle and Selle）从非政府组织的角度以一种动态关系的视角，指出政府与非政府组织之间某种关系类型的达成一定是双方交互作用的结果，非政府组织对政府的互动关系在"财务与控制"和"沟通与交往"两个维度下，可分为"分离依附型""分离自主型""整合依附型""整合自主型"四种类型[3]。梳理世界各国和地区建设现代社会组织体制的经验，需要关注到由各国历史传统、社会结构和文化观念所决定的差异性和多样化的方

---

① 利昂·E. 艾里什、莱斯特·M. 萨拉蒙、卡拉·西蒙：《政府向社会组织购买公共服务的国际经验》，世界银行报告 2009 年 6 月。

② 周浩集：《改革开放以来党与社会组织的关系研究》，中共中央党校研究生院，2010 年。

③ 张钟汝、范明林、王拓涵：《国家法团主义视域下政府与非政府组织的互动关系研究》，载于《社会》2009 年第 4 期。

式所在。由于这些差异，我们难以概括政府与社会组织关系的一般模式，但却可以从差异性与多元性的辨识中，勾勒出政府与社会组织合作关系的总体轮廓，摸索出这一领域发展的主要趋势或规律。概括来说，政府与非政府组织之间的关系可化约为以下四种[①]：

第一，政府控制非政府组织，即政府部门在公共服务的资金筹集和服务供给中占据垄断地位；

第二，非政府组织制衡政府，即在某些尚未发展出现代国家形态的地区，人们对政府公共服务的需求并不强烈，甚至在特定意识形态或宗教影响下表现出反对政府提供社会服务的倾向，从而使非政府组织在公共服务的资金筹集以及实际提供方面发挥着重要作用，政府的活动空间则相对有限；

第三，政府与非政府组织的互不干涉，即政府与非政府组织在各自限定的领域中从事公共服务活动，彼此互不干涉互不渗透；

第四，政府与非政府组织间的互动合作，即非政府组织参与政府并弥补政府在公共服务领域内的"失灵"，政府与非政府组织之间能够形成良好的合作伙伴关系，政府外包公共服务给非政府组织是最普遍的做法。

在这四种关系类型中，强调通过政府和非政府组织的合作伙伴关系来满足社会和经济需求的呼声最高，萨拉蒙教授将其称为"新治理"模式的全球发展趋势。

政府依赖社会组织承接政府出资的公共服务的"新治理"模式，是近年来人们在解决紧迫的社会、经济和环境问题时已经达成的一种广泛共识，即认为扩大政府与非营利组织的合作具有潜在的优势，但这种"新治理"模式在各国及地区具体实践情境中的复杂性，远远超过了理论上的一般认识。

各国政府之所以选择社会组织承接公共服务的原因，以及评价这种服务的优缺点，受各国国情及社会基础的制约与影响。在政府支持社会组织的具体领域、整体程度与外包工具的选择等方面，不同国家间存在着很大的差异。与此同时，政府与社会组织合作伙伴关系背后的复杂性，尤其是建立在利益交换基础上的策略性互动与互构关系，日益受到学界与决策者的关注。从利益相关者的角度来看，受政社合作影响的三大利益相关者有：政府、社会组织、公共服务的受益者。这三大利益相关者所追求的目标与可承受的成本各不相同，受这种合作关系的影响也会各有利弊。从政府角度来说，社会组织的成长为服务型政府的职能运行提供了有效支撑，通过开发社会组织的有益功能，政府得以在公共服务领域更

快速灵活的掌握社会需求、及时有效解决社会问题促进社会和谐。但同时，政府也可能遭遇到来自社会组织蓬勃发展所带来的管理挑战、问责挑战与合法性挑战。从社会组织角度来说，通过与政府的合作，社会组织能够获得发展所需的人、财、物等资源支持，并能够在解决实际问题中不断提高自身参与公共事务的话语权和治理能力。但同时，社会组织也可能承受在政府资助和制约下丧失特殊性与自主性的风险。从公共服务的受益者角度来说，受益者能够在这种合作关系中选择服务的提供者，并获得及时有效的服务，但受益者同样也可能在选择中模糊掉服务的适用性或为服务付出高额的成本。因此，政府与社会组织关系的实践模式，在一定程度上并不取决于是谁提供了服务和提供了什么服务，而取决于以何种方式或方式组合能够确保提供的服务高效和有益。换句话说，政府与社会组织关系的实践模式是复杂和多样的，这不取决于政府是否在公共服务的诸领域中是唯一的和直接的供给者，而取决于政府如何规划、组织和引导公共服务的供给，且在多样性、灵活性以及数量、质量和机会上都能够使服务对象得到相当水准的满足①。

三、支撑与影响社会组织运行的制度安排

建构现代社会组织体制，不仅要立足于具体国情和社会基础，而且需要明晰其何以可能的约束条件。从西方国家社会组织的发展经验来看，现代社会组织体制涵盖两个主要方面：一是现代社会的组织方式，二是现代社会组织的管理体制。尽管欧美发达国家或地区在推进现代社会组织体制建设上，已经形成了较为成熟的经验，但我们必须看到这些成熟经验的社会基础与约束条件不尽相同。要真正建构社会组织体制，需要超越仅仅把社会组织当作主体的认识，进而更深层次地关注到影响社会组织运作的关系机制，比如谁在真正地需要、利用和推动社会组织的运行，不同的利益目标、行动力量是如何通过一个组织过程来建构社会组织并推动其发展与运作的。

世界范围内，政府与社会组织的合作不断增加，政府政策在诸多方面影响社会组织的运行与发展，包括发达国家、新型工业化国家在内的大多数国家和地区均已建立了以相对完善的社会组织管理体制为基础的现代社会组织体制。从制度层面上来看，现代社会组织管理体制主要由三大要素构成。首先，政府与社会组织的分工与合作互动体制。依照"政社分开"的原则，政府负责非行政领域的社会管理与社会服务的政策指引、登记备案、法制监督等，社会组织接受政府监管

---

① 林尚立、王华：《创造治理：民间组织与公共服务型政府》，载于《学术月刊》2006 年第 5 期。

并承担具体的社会管理和社会服务。其次，政府用以购买公共服务及监管、支持社会组织发展的公共财政体系与税收优惠政策。最后，专业化、企业化、协作化的社会组织运行体制与治理体制。尽管社会组织管理体制的要素构成相似，但各国在支持社会组织的背景、模式、制度安排、政策工具等方面仍有很大差异。

第一，政府制定社会组织运作的基本法律环境，决定着社会组织成立和获得法人身份的难易。第二次世界大战之后，结社自由受到国际社会的高度重视，结社权在世界范围内进一步宪法化。很多国家都普遍在宪法里确认了不经政府批准的结社自由，一些国家还通过专门的结社法及相关法律来保护和限制结社权。在很多国家，社会组织的成立与运作以一系列的法律作为保障。以德国为例，德国不但在基本宪法中确认了公民的结社自由，而且有独立的《结社法》，同时《德国民法典》中有社团法人规定，《德国税法》中有对社团法人税收优惠的规定等，这一系列法律规定共同形成了一个完备的结社法律体系，凸显了德国社会的结社自由思想，保障了社会组织的法律地位。在美国，法律制度保障个人能够根据自身兴趣、需要和最关心的事务不受限制地组织起来，从而实现自己的社会、经济与政治抱负。因此，美国有关社会组织的规章制度旨在促进与支持各种社会组织的建立，并且在这一过程中尤其注意避免带有对任何社会组织的重要性及其使命的价值判断。

在西方各国，登记与否并不是组织合法性的前提，公民自组织被认为是公民的权利，注册与否是可以选择的，社会组织进行登记和取得法人地位仅仅是其获得税收等优惠政策的条件。例如，美国公民成立社会组织可以自由选择是否注册。注册的非营利组织具有法人资格，不注册的不具有法人资格。非营利组织是否取得法人资格，并不影响一个组织的活动[1]。在英国，慈善机构是英国公民社会组织的主流形式。慈善机构的注册过程很简单，只需填写完整的申请表，并提交组织管理文件、过去三年间的财务账目副本、经所有理事签名的理事宣言表格以及支持本机构进行注册的信息，所有申请者在发出申请后 15 日内将得到答复[2]。在德国，社会组织主要的法律组织形式包括社会团体、有限公司、股份公司和基金会，每一种组织都可以从事非营利活动。同时，德国并未规定所有的社会团体都要进行登记。没有登记的社会团体也可以有章程，可以自主开展活动[3]。日本社会组织的管理，存在着比较明显的政府主导的特点。基本法律程序是先由主管机关批准，而后进行法人登记。主管机关主要是政府的相关业务部门，不仅负责职能所管辖领域内的民间非营利组织的批准，而且要承担对这些组织的监管

---

① 王名、李勇、黄浩明：《美国非营利组织》，社会科学文献出版社 2012 年版。
② 王名、黄浩明：《英国非营利组织》，社会科学文献出版社 2009 年版。
③ 王名：《德国非营利组织》，清华大学出版社 2006 年版。

任务。由于条件过于严格，大多数日本的社会组织连法人申请资格都没有。但在日本，同样允许未经任何登记注册的"任意团体"的存在，它们不具备法人资格，但同样具有组织合法性，日本众多的社会组织都以"任意团体"的形式长期存在和开展活动①。在韩国，也有80%以上的社会组织采取不登记的形式运作。

第二，许多国家的政府对社会组织提供各种税收优惠政策，包括部分或者全部减免对其他组织或企业征收的所得、销售和使用税；以及对个人或企业对于这些组织的捐赠予以税收减免或优惠。西方国家对于社会组织的管理手段，最重要的是税收优惠政策。对于不注册的组织而言，虽然可以在某种程度上避开政府的监管，但它无法享受政府的优惠政策；对于注册的组织而言，它有资格享受政府的一些优惠政策，但同时也被纳入了政府的监管范围之内。社会组织获得政府的优惠政策越多，受到的政府监管也越严格。首先，社会组织的免税登记已成为政府运用经济激励对社会组织进行规范管理的最灵敏的杠杆。其次，政府对享受税收优惠政策的社会组织进行严格审查，起到了对社会组织日常活动有效监管的作用。社会组织在向政府申请税收减免的过程中，需要向税务部门提供相关的财务明细，因而政府可以审核社会组织的财务状况，了解社会组织的活动情况，进而实施监管。

具体来说，在美国，经注册的社会组织可以申请成为具有免税资格的非营利组织，享受免缴联邦所得税的优惠待遇。一般而言，非政府组织如果专门从事教育、宗教、慈善、科学、公共安全测试、文学及某些类体育等活动，而且是非营利性质，也不具有党派政治功能（如支持候选人竞选或试图影响立法），便可申请免税待遇。同时，向这类组织提供捐款的人也有可能享受减税优惠。需要指出的是，联邦政府和州政府在决定一个组织是否可以享有这类免税资格时，并不考虑其具体活动或使命的价值。美国政府一般不试图干涉社会组织的使命，不决定社会组织的结构，不审批其主管人员或理事会成员，也不指挥其财政管理。在英国，要求所有的民间社会组织在运作上要高度透明和公开，由慈善委员会监督，并随时接受任何公民的举报。同时，慈善委员会定期对大型民间社会组织进行风险评估、资产评估和财务评估，并与其他相关的政府部门配合进行联合执法。对于违规操作或出现腐败行为的民间组织，慈善委员会有权撤销其托管人理事会，并限期组建新的托管人理事会。在德国，是否享受税收优惠与社会组织形式无关。如果一个社会组织具有公益性，根据税收法案的特殊规定，它可能享受一系列税收优惠。同时，联邦财政部颁布了税收条例使用说明规定，只要社会组织以实物、精神或道义致力于公共福利和慈善事业及宗教工作，比如帮助青年人、老

---

① 王名：《日本非营利组织》，北京大学出版社2007年版。

年人、支持公共健康事业和福利事业等，即可享受税收优惠。日本的社会组织可享受三种优惠：一是从法人税方面，可以留存更多的事业收入用于自身发展；二是企业和个人的捐赠可享受减税待遇；三是捐赠遗产者，可以从遗产税应税总额中扣除捐赠部分。

第三，多国政府投资于社会组织的能力建设，并建构了相对完善的社会组织参与政策的制度化体系。自 20 世纪 90 年代以来，越来越多的国家强调社会"治理（Governance）"而非"统治"（Government）的社会管理理念。从世界各国的经验来看，社会"治理"的基本理念是强调各种主体之间的一种自愿性的合作，以最大限度地增进公共利益；通过合作、协商的方式确立社会共识；制度的重心在于形成多元责任主体，从单独依靠政府的能力转变为借助其他主体的能力和资源实现社会管理目标，将其他主体作为治理中的伙伴；在社会公共管理方面主张对政府直接管理的某些部门和机构实行民营化，让更多的社会部门参与公共服务的供给，利用市场的力量来替代政府公共部门直供直管。这一措施旨在调整政府与社会、市场之间的关系，将市场机制引入政府公共服务领域，其核心理念是"小政府、大社会"，强调政府与非政府社会组织的合作。近些年，许多国家也开始制定法律规定或非正式协议，要求政府要与非营利组织在设计公共项目中进行磋商，并在国家与志愿部门间建立特别联络办公室。这其中最著名的是英国布莱尔新工党政府与英国志愿部门签订的《合同》。这份文件建立了政府与志愿部门间"价值共享和互相尊重"的原则，承诺政府会与志愿部门在政策和项目设计问题上进行"有意义的磋商"[①]。

社会组织的良性发展，离不开有效的监督机制。从世界各国对社会组织的监管情况来看，一般通过政府、公众、社会等多方力量共同进行。政府部门通过登记管理、税收、审计、检察、司法等行政手段进行监管，同时保障公众的知情权与监督权，以此来促进社会组织的内部自律。同时，完善的内部治理结构是西方社会组织发展壮大的基础。一般而言，政府不干涉社会组织的内部运作。在社会组织内部，由董事会来进行负责。董事会要对组织内部的运作及决策负起法律责任，掌控资金的流向和来源，同时董事会受到政府、公众、媒体的严格监督。

世界各国政府主要依靠税务机关、登记机关、审计机关、司法机关等多个部门对社会组织进行相应监管，社会公众监督是规范社会组织行为的另一个重要机制。对社会组织税收、财务上的监督管理主要体现在两个方面：一是对社会组织进行减免税登记；二是政府有关部门通过年度财务审计或不定期审计、举报及社

---

① 利昂·E. 艾里什、莱斯特·M. 萨拉蒙、卡拉·西蒙：《政府向社会组织购买公共服务的国际经验》，世界银行报告 2009 年 6 月。

会组织财务公开化的方式，对违纪组织进行处罚。在美国，以税收管理为重点，税务机关通过财务报告、信息公开、财务抽查等方式，对社会组织的免税资格进行认定和更新，如果发现问题，将依据具体情况采取罚款、取消免税资格等处罚措施对组织做出处理。美国政府的监管法律和政策通常是针对某项具体行为的细致规定，而不是针对某一类特殊组织而制定的笼统规则。任何类型的组织，无论是教育领域、文化领域、扶贫领域、科技领域还是其他领域，任何背景的组织，无论是民间发起的社会组织，还是有政府支持背景的社会组织，只要涉及某一特定行为，都需要按照这一程序进行。行为监管的原则，由于关注组织的具体行为是否违反法律、是否损害公益资产、是否违背公共利益，因此可以提高政府监管的效力，使监管行为更具针对性。同时，社会组织接受了社会的捐赠，并享受税收优惠，做出非营利性宗旨的公益承诺，因而有责任向公众做出交代。公众监督在社会组织监管体系中占有重要地位，公众监督在很大程度上弥补了政府监管的不足，保障了社会组织的合法运作和健康发展。

第二节 现代社会组织体制建设的国际经验

　　政府依靠社会组织承接政府出资的公共服务，日益成为一种用以解决政府面临的复杂的社会、经济、环境及其他相关问题的普遍做法。在西方国家的既有经验中，当社会组织在公共服务体系和多层次国家治理体系中发挥重要作用时，它们就会成为社会权利有效伸张的重要基础[1]。这意味着，政府推进政社分工与合作，可能遭遇到如何调和三组相互关联的矛盾关系：第一，如何既确保社会参与的扩展又加强国家权力及其合法性；第二，如何既确保多元利益竞争的展开又维护和加强公共利益；第三，如何合理调整中央政府与地方政府的权力划分与利益结构，理解实践中不同层次政府部门的多重选择行为，进而更为严谨地研判社会组织发展所面临的复杂激励和约束结构。结合各国经验来看，在实践中，政府公共服务外包是最为普遍的做法，有许多方式和工具可供政府用来构建其与社会组织的合作关系，对工具的选择会明显影响到由此产生的政府部门与社会组织的相对角色。公共服务外包方式与工具的选择，是影响各国政府外包服务并调和政府、社会组织及外包服务的受益人这三大利益相关者间利弊平衡的重要因素，而公共服务外包方式与工具的选择又是植根于各国社会组织方式的文化传统与社会

---

　　[1]　李友梅：《在新的历史起点上推进社会体制改革》，载于《光明日报》2014年5月5日，第11版。

基础的。下文将梳理英国、美国、德国等欧美国家的社会组织方式与政府外包公共服务的方式与做法，展示其如何试图在日常生活层次上重建社会，实现社会对政府、对市场的制约，并同时在一定程度上回归传统共同体意义上的人对人的相互依赖和支持关系。

一、英国的"契约"（合同）、"公私伙伴关系"模式

英国的公民社会组织与政府之间有着长期建立起来的紧密工作关系，政府有依靠慈善机构承担社会服务的悠久传统。受新自由主义理念影响的英美国家，政社合作伙伴关系的建立源于政府制度的缺失和偏好有限政府的政治意识形态的形成，政府通常采用间接行动工具，如资助、合同、贷款、贷款担保等，将公共财政资助的服务转交到社会组织手中。

（一）英国悠久的公益慈善文化传统与"慈善组织"的重要作用

英国社会组织的发展历史悠久，管理完善，可以说社会组织的发展伴随着英国的政府历史、工业化进程和国家改革创新过程。英国的社会组织发展的多元化、规范化也是世界所公认的。社会组织在经济和社会生活中占有重要地位，特别是布莱尔政府执政后，在促进政府与非营利组织的合作方面付出了极大努力。布莱尔政府认为，政府不仅仅是掌航，政府应该是多元主体之间的黏合剂，把不同主体的力量（包括各种类型的组织、公民、社区等）团结在一起，让它们共同发挥作用，并由此产生了内外上下的各种合作关系的建构。多元主体合作关系的达成也导致了公共部门必须注重内部协作，完善自身决策机制，注重构建信任体系来促使合作的形成①。

英国社会组织可以追溯到早期教会管理的慈善团体，在 15 世纪以前，大部分捐赠都会经过教会。到了 16 世纪，因圈地运动造成了大批贫民，这促使英国政府转向发展慈善公益事业，在 1601 年颁布了《济贫法》（*Poor Law Act*，1601）和《慈善用途法》（*Statute of Charitable Uses*，1601）创造了良好的法律环境。18世纪至 19 世纪初，以济贫和鼓励就业为目标的慈善组织的领域不断扩大，涉及社会生活的方方面面。到 20 世纪 60 年代为止，政府职能的扩张和对福利事业的关注使英国成长为一个福利国家。至此，社会组织在几百年的发展历程中，不断地完善，调整着在社会中的作用、与政府的关系，以期在未来得到稳定长足的发展。

---

① 吴玉霞：《公共服务分工与合作网络的理论与实证研究》，浙江大学公共管理学院，2011 年 12 月。

英国官方或民间对"社会组织""非政府组织"之类的词汇使用不多，相反，"慈善组织"的使用最为广泛。"慈善"（charity）一词，与英国宗教的核心思想中倡导的感恩、奉献、利他精神相一致。而且，这一中心要义同英国执政党的政策、福利国家的成长以及"第三条道路"的推进是相适应的。英国"全国志愿组织委员会"（NCVO）使用"一般慈善组织"，主要表明非政府控制和非宗教组织。英国的社会组织，又包括慈善组织、志愿组织、非营利组织、非政府组织等。其涵盖范围甚广，涉及社会福利、环境保护、文化、体育、医疗保障等社会各个领域。根据英国全国志愿组织联合会（NCVO）《2010年公民社会年鉴》的统计数字，2007~2008年，英国有公民社会组织共90万家，总收入1 570亿英镑，带薪雇员数为160万人。调查表明，每年有2 040万英国人参加志愿服务，他们提供了相当于120万专职人员、价值215亿英镑的工作量。据联合会统计，2007~2008年，社会服务类的慈善组织最多，其次为文化娱乐和社区发展类组织。也就是说，英国社会组织在不同阶段呈现了不同的发展态势。在2006年新慈善法颁布之前，与社会组织相关的法律规定、制度环境、管理体制及其社会职能大不相同。这些社会组织依赖于社会公众的信任和支持，而在2006年之后，政府支持并赋予法律（以普通法为基础）灵活性，使之与时俱进，促进社会组织的全面发展。

（二）英国社会组织发展的法律制度环境

英国政府为了能够有效地管理社会组织，建立了严格的法律框架，并且营造了有利于慈善组织、非营利组织等社会组织发展的法律制度环境。从英国的宪法（包括《大宪章》《权利法案》等在内的一系列法律）到针对社会组织的管理而专门制定的法规，政府对社会组织相关法律法规进行了不断地修缮。在英国，社会组织虽然受到公众广泛的信赖，却也受到政府严格的监管。获得了法律制度认可的社会组织，既受到管理机构的监管，同时也能享受最大的福利，例如：免交多种形式的赋税，而且在某种意义上，法人资格可以规避一定的风险。因此，拥有合法性的社会组织将获得更高的名誉和信任度。这些管理制度的建立在很大程度上保证了社会组织的运行、服务都以公众利益为导向。

英国社会组织的传统主要源于志愿互助和民间慈善，从15世纪以前的英国宗教所提倡的奉献精神来看，英国历来崇尚志愿精神，鼓励并支持慈善事业和社会组织的发展。对于英国的社会组织发展而言，最为重要的法律是1601年出台的《慈善法》和《救济法》，这也是世界上较早的专门规范社会组织和非营利行为的法规。从16世纪至今，英国政府对有关社会组织的法律法规进行了多次的完善。英国立法模式特点在于有一部独立的慈善母法和相关的配套条例，对社组织的管理相关内容做出具体规定。

英国在 1601 年出台了《慈善用途法》。这部法案第一次明确指出慈善事业开展的主要范围。虽然这部法案没有对慈善组织做出清晰的定义，但为英国政府在日后的判例提供了法律依据和指导。16 世纪以前，英国存在的大量贫困等社会问题，多是通过教会救济和个人慈善捐款的方式来解决，这种以救济为主的方式常常陷入被动的窘境。1601 年《伊丽莎白济贫法》的颁布，表明英国政府进一步认识到在应对贫困等社会问题时国家所需要承担的责任和扮演的角色。《伊丽莎白济贫法》在英国济贫法乃至英国社会政策发展史上都具有重要地位。这种救济方式到新济贫法出现以前一直是英国济贫法制度的基本救济原则。19 世纪上半叶，改革旧济贫法的呼声越来越高，矛头直指过度支出和由此强加在地方纳税人身上的难以承受的沉重负担。因此，英国在 1834 年实施了新济贫法，各地兴建起了济贫院（当时重要的救济机构），成为社会保险制度出现前英国实施的主要济贫政策。进入 20 世纪，英国社会不断涌现出新的问题，贫困问题、养老问题、失业问题接踵而来。由于济贫法不能从根本上改善人们的生活环境、解决民众的社会问题，于 1948 年被正式废止。

第二次世界大战之后，英国的经济飞速发展，社会问题突出，社会矛盾尖锐，为了缓解两极分化及贫困、失业等问题，政府建立了社会福利制度。在这期间，民间的社会组织、慈善组织数量增多，发展趋于多样化。这些组织独立于政府之外，为英国社会和普通百姓日常生活的各个领域服务。为了更好地管理这些组织，协调非政府组织和政府之间的关系，英国制定了《慈善信托法》（1954）、《娱乐慈善法》（1958），1960 年到 1993 年间出台了不断整合前者的法律规定。1993 年，英国议会将《1872 年慈善受托人社团法》《1960 年慈善法》和《1992 年慈善法》第一部分继续整编、修缮，颁布了《1993 年慈善法》（*Charities Act*, 1993）。这些法律对慈善事业的发展确实起到了很大作用——扩大慈善组织范围，然而，立法机构尚未明确慈善的定义。2006 年英国颁布的新慈善法，成为规范英国社会组织的运作和促进国家慈善事业发展的非常重要的法律。新慈善法第一次对民间公益性事业做出明确定义，而且，法律通过制定某些要求来保护社会组织的发展，一个组织要获得并保持慈善地位必须符合新慈善法的相关规定。2006 年的慈善法，适应了英国社会经济、政治和文化的发展战略，迎合了民间团体的发展需求，第一次表明国家与非政府组织的联合心愿，对旧的慈善法进行了多项改革创新，不断促进新型社会组织的发展，使其能够真正发挥为民众提供公共服务和根本利益的作用。正是这些法律法规的颁布和严格实施，保证了英国社会组织的发育、发展以及慈善事业的不断推进。

当然，英国政府也为社会组织的良好发展创造了有利的制度环境，特别是布莱尔执政时期，逐步加强政府与社会之间的联系，为社会组织的培育提供良好的政策和体制环境。英国政府不仅在法律框架内保证非营利组织、慈善组织等这些社会组织的建立健全，并且与其代表签订了保持良好关系的协定。社会组织在社区发展、公民服务等领域都卓有成效，政府极为重视这些组织的力量，将其纳入行政体制中，以提高公共服务效率，满足公民根本需求。

社会组织在英国享受税收优惠，一般有两种方法：税前优惠和税后退税。税前优惠是指捐款时不收税。而税后返还则是指，社会组织先照常缴纳税金，然后再从财政拨款得到资助。1974 年，英国成立了慈善援助基金会，其职责就是帮助社会组织向政府索要退税资金。当然，一个大前提就是，社会组织获得优惠的资金必须以公益慈善事业为主，不可滥用。英国慈善组织的经费来源于多种渠道，中央或地方政府的资助以及社会募捐是其中的两个主要渠道。英国政府每年提供给社会组织的资助总额约 33 亿英镑。公益捐赠减免税制度是鼓励和推动社会捐赠的重要措施。

针对社会组织的运作，英国不仅建立了严密的法律框架，而且形成了独立、完备的管理制度。社会组织相关的管理制度主要涉及四个方面：立法、登记注册、税收、监督。为了促进社会组织的健康发展，英国政府相继出台了一系列的法案来规制社会组织的活动。英国对社会组织的管理分为几个层次。第一，行为管理。如筹款活动、与慈善公益相关的其他活动。第二，对社会组织的法律形式进行管理。第三，依社会组织的合法地位进行管理。第四，社会组织董事会的监管。不同层次的管理适用于不同的社会组织。英国特色的慈善委员会制度也在支持和监督社会组织方面发挥了重要作用。

（三）英国"契约（合同）""伙伴关系"的公私合作治理架构与实践模式

20 世纪 90 年代以来，英国执政党不断贯彻其与社会组织之间的合作关系，从单纯的合作到友好伙伴关系，从政府购买社会组织的服务到建立合作伙伴关系，"活跃的公民、参与式的治理模式"的治理模式理念基于政府和社会组织这两大治理主体在目标上的一致性。

在英国，合同（compact）、公私伙伴关系（puk）、由慈善委员会制定的关于会计规范的《推荐实务公告》（sorp）在英国政社合作的关系模式中发挥着重要的作用。英国政府与社会组织之间的"合同"关系是谈判而来的，联邦政府和地方政府以"合同"所协议的行动框架为基准来实现合作并推动社会组织发展。"伙伴关系"是英国政府与社会组织关系的重要实践模式。英国有国家级的慈善委员会专为社会组织与政府合作提供服务和监督指导，政府的主要职责是：支

203

持、引导、尊重、付费、监测和评估社会组织及其服务。

英国具有发达的治理和监督社会组织的体系，服务于社会组织与各级政府间关系的体系。英国在许多方面对民间部门十分友好，这一点大多数国家都做不到：国家专门在内阁中设置了一个第三部门部长（他是第三部门办公室的领导者）。通过政府与社会组织部门谈判而来的"合同"，以及影响政府与这些部门之间关系的各种方式，对于英国的外包成功具有重要意义①。

契约（合同）诞生于1998年的英格兰，它是目前英国用以描述政府与社会组织之间关系的主要文本。契约以协议的形式，为政社合作有效提供公共服务确立了一个总体框架，它是政社双方合作的指南与工作备忘录。合同首先建立了政社合作的共同目标、原则、价值观与承诺，同时为政社合作的顺利开展提供监督和指导建议，帮助政府部门及各级地方政府在制定和实施公共政策过程中与社会组织之间确立合作伙伴关系。合同突出以下原则：政府对社会组织的资金支持原则；政府在支持社会组织的同时确保社会组织的独立性原则；政府与社会组织在制定公共政策、提供公共服务方面的协商原则；社会组织确保在使用涵盖政府资金在内的公共资源时的公开透明原则；政府保障各种不同类型的社会组织有公平机会获得政府资助的原则。

2006年英国政府在内务部下设第三部门办公室，由内务部专属部门直接负责"契约"的实施，第三部门办公室下设三个司：慈善法人司、公民社会振兴司、活跃社区司。2007年契约委员会成立，这是一个专门负责监督契约执行状况的独立机构，契约委员会不仅有专员对"合同"负责，而且有团队负责研究、贯彻"合同"的执行情况。契约委员会与第三部门办公室、"契约之声"和地方政府协会一起，为有效执行契约条款，改善个人和社区的结果而努力。它的设立旨在促进对"合同"及其"最佳实务准则"的理解，以应对在采用和执行"合同"时遇到的障碍。根据国家和地方契约，把服务外包给公民社会组织可以使用三种方式：赠与、采购和委托。赠与是指政府不设定预期目标而提供短期资助；采购是政府颁布《资助和采购最佳实务准则》规定采购条件，依照条件来资助合同中标的社会组织；委托是政府出台《委托指导》针对非合同中标的社会组织进行项目设计评估。目前在英国，仅支持慈善组织发展方面，政府每年投入的资源约有139亿英镑，占慈善组织全部收入的38%。其中，直接对慈善组织的财政拨款大约有30亿英镑，大约一半来自英国政府的博彩收益。文化部将每年博彩收益的28%，通过其下设的新机会基金和社区基金这两个政府基金，以公开招标

---

① 利昂·E. 艾里什、莱斯特·M. 萨拉蒙、卡拉·西蒙：《政府向社会组织购买公共服务的国际经验》，世界银行报告2009年6月。

的形式竞争性地分配给全国各级各类慈善组织。

公私伙伴关系：英国伙伴关系的公私关系（PUK），专门用以鼓励如教育、卫生等社会服务领域的政社合作关系的发展，帮助政府部门和公共机构以最好的伙伴关系来进行服务外包活动。PUK通过"项目建议和支持""政府政策支持""共同主办""投资"等多种方式为政府提供帮助。

慈善管理委员会机制：英国的慈善管理委员会机制颇具特色。慈善委员会是一个对社会组织实行综合管理的机构，它统一负责社会组织的登记注册，并对年营业额大于一万英镑的社会组织进行审查监督。慈善委员会于1860年成立，具有准司法权力，只向议会负责①。委员会由政府财政拨款。1993年颁布的慈善法案赋予慈善委员会5项职能：登记注册、问责、监管、支持和执行。慈善委员会向慈善组织及其受托人提供广泛的服务和指导，帮助它们解决问题。委员会通常不会干涉受托人的决策权，然而，当慈善组织发生问题时，慈善委员会有权干涉其内部事务。慈善委员会在5位委员指导下工作，其中1位委员长、2名法律委员、1名会计、1名志愿部门代表，这些成员都是经公开选拔，由内政部任命，他们是委员会的决策层。英格兰和威尔士地区的慈善委员会设有四个办事处。慈善委员会有5个职能部门：秘书处、政策决策司、职能交流司、资源司、法律服务司。慈善委员会的首要目标是保证社会组织能够在现行法律和制度框架下最大限度地发展自己。慈善委员会的职责是既要向社会组织提供支持和帮助，也要承担相应的监管责任。

慈善委员会并不直接参与外包服务，但它制定了一个关于会计规范的《推荐实务公告》（SORP），该公告可以帮助把服务外包给公民社会组织的政府机构对公民社会组织进行有效监督和评估（慈善机构审计和报告：《推荐实务公告》（SORP）2005）。这份公告帮助社会服务提供者达到公共资助的问责要求。英国慈善法要求所有的社会组织在运作上要高度透明和公开，由慈善委员会监督民间组织运作上的透明与公开程度，并随时接受任何公民的举报。慈善委员会并不派人直接监管登记在册的社会组织，而是建立了全国性的公益举报的受理机制。

慈善委员会要求民间组织每年需提交两份报告：托管人理事会的年度报告和财务管理报告，前者要提供明确的证据说明组织的成就和计划，在政策上要明确指出资产保留、投资和资金发放的情况，在风险方面，要明确陈述具体情况，以及减少重大风险的措施；后者要求在开支方面有明确的分类，特别是对募集资金的成本有明确的划分，在基金上要有明确的划分，记账要合规，并对任何不规则的行为进行披露，等等；对于大型组织，一律要求实行推荐会计制度（SORP）。

---

① 中国现代国际关系研究院课题组编：《外国非政府组织概况》，时事出版社2010年版，第65页。

同时，慈善委员会定期对大型民间组织进行风险评估、资产评估和财务评估，并与其他相关的政府部门密切配合进行相关调查和联合执法。对于违规操作或出现腐败行为的民间组织，慈善委员会有权撤销其托管人理事会，并限期组建新的托管人理事会。对于400家大型民间组织，慈善委员会设立有专门的监管机构进行重点监管。委员会展开调查的情形主要有：慈善组织未提交账目或年度回报表且未给出合理理由；在审查慈善组织的账目或年度回报表后，委员会对某些事项表示关注，如管理方面的开销过大等；地方议会、警察局或其他监管者向委员会移交的问题，通常是乱筹资等；公众对慈善组织的投诉，委员会首先对其进行评估，然后决定是否进行调查。所有调查的详细情况，委员会都在网站上公布。在调查过程中，慈善委员会可以运用其权力采取冻结银行账号、免去托管人职务、没收文件以及委任外部人员管理慈善组织等措施。如果慈善委员会的执法者怀疑可能发生了犯罪行为，将会请求警察局或检察官提起诉讼。

英国式的"合同""伙伴关系""政府民间协作"模式，使社会服务更具有竞争性，更能够在降低成本的同时获得优质的社会服务。政府注重与社会组织的紧密合作，但并不放松对社会组织的管制，管制的基础是倾听社会组织的需求，并在外包与招标过程中建立预防问题产生的协商机制和程序。但另一方面，政府也将一定的风险转嫁给社会组织，"合同"以资金支持为中心使得合作伙伴关系有蜕化为简单的购买合同的风险。同时，由于政府购买的资金不平衡，在一定程度上可能影响社会组织多元性和独立性的发展。

二、美国多元参与的复合型发展模式

美国社会最初的原点是形形色色的结社，根深叶茂的结社精神与丰富的结社生态，普遍的志愿服务和广泛的公众参与，构成了美国社会独特的民情。美国人身上具有的结社精神以及宪法对于结社自由的保障，使得他们热衷于建立各种形式的组织，而非依靠政府来满足其需求。与英国由国家制定一系列政社合作的总体性政策不同，美国在由各级政府（联邦政府、州政府、地方政府）制定形式多样的举措，通过直接补贴、契约、服务费、课税扣除、纳税减免条约等各种方式将公共服务转交给社会组织。

（一）美国活跃的"结社"文化与"非营利组织"的重要作用

美国作为世界超级大国，社会组织在数量、规模、类型、社会影响，甚至法律规制等方面具有"超强特征"。美国社会组织起步较早，在殖民时期就产生了民间结社组织，至今已有三百多年的发展历史。美国社会热爱结社的公民性，宽松的政治环境，强有力的经济基础，多元主义、个性张扬的文化等因素在社会组织产生、发展、成熟的进程中得到了充分的体现。美国独特的历史、社会、政治、经济和文化因素，促成了美国社会组织的特性，也为社会组织高度繁荣和发达奠定了深厚的基础。

从与非营利组织变迁相关的法律法规来看，可以将美国非营利组织的发展划分为四个阶段。第一阶段是从殖民地时期到美国独立战争时期，这是非营利组织的萌芽阶段。这一阶段中，美国非营利组织主要采用英国慈善法律法规，出现的非营利组织主要是大学以及应对战争需求的志愿组织。第二阶段是 19 世纪二三十年代到 19 世纪末期，这一阶段的美国非营利组织发展呈现出多样性，各种形式的基金会和信托机构也在这一时期成立。第三阶段是 20 世纪初到第二次世界大战之前，这是美国非营利组织的发展壮大时期。美国强大的经济基础为非营利组织的发展提供了助力，三个基金会——塞奇、卡内基和洛克菲勒基金会奠定了基金会模式。同时，美国政府开始对捐赠慈善行为实行免税待遇，进一步刺激了非营利机构的发展。第四阶段是第二次世界大战后至今，这也是非营利组织发展最为迅猛的阶段。非营利组织无论是从数量、规模、类型、活动领域等各个方面来看，都呈现蓬勃发展的态势。非营利组织与政府之间的合作增强，政府通过购买服务的方式参与社会服务和管理。不仅如此，非营利组织商业化倾向逐渐增强，商业活动开始活跃①。

美国学术界较为公认的对非政府组织的界定，是由美国约翰·霍普金斯大学教授萨拉蒙提出的有关非政府组织的六大特征：一是正式组建；二是非政府性；三是非营利性；四是自治性；五是志愿性；六是公共利益性②。因此，对于非政府组织的概念，大体可以总结为：独立于政府之外，不以盈利为目的、志愿性的社会组织。然而在美国，为了辨析社会组织的边界，以此区分政府和企业之外的"第三部门"，人们更倾向用"非营利组织"这个词。根据美国国内税收法（IRC），非政府组织必须包括三个基本点：（1）出于某些慈善目的；（2）不将其净收益分发给组织管理者；（3）控制某些政治行为。在美国，非营利组织在法律上的意义是由它们的税收地位决定的，因而美国税务局保有已登记的非营利组织的数据。然而除了已登记享受免税地位的非营利组织，还存在数百万家没有登记的非营利组织，而且没有登记的非营利组织总量可能占到所有非营利组织的

① 中国现代国际关系研究院课题组编著：《外国非政府组织概况》，时事出版局 2010 年版，第 35～37 页。

② 同上，第 30 页。

90％①，非营利组织最大的特点在于非政府性和非营利性，这使其成为政府和企业之外服务于社会的"第三部门"。

美国非营利组织主要有五大特征。第一，非营利组织实力非常强大，组织数量多、规模庞大，就业人数众多，经济贡献突出，已成为美国社会重要的支柱。第二，其组织类型丰富多样，产业链完整，分工很细，专业化程度高。美国非营利组织主要有三大类型："思想库"等独立研究机构、基金会和社会基层组织。产业链上游是致力于募集善款和提高支持，其中基金会有稳定的捐赠来源，而产业链下游是各种社区基层组织，利用所筹集的捐款从事各种公益活动。不仅如此，还有一些支持性组织，比如从事组织评估、战略管理、领导和治理的组织。因此分工明确，产业链完整的非营利组织才能发挥巨大的能量。第三，重视基层社区的活动。每个社区都活跃着大量的非营利组织，为社区提供各种各样的服务。第四，网络化和标准化的服务。虽然美国非营利组织存在于各个角落中，但是这并不代表其组织分散、功能重复。相反网络化和标准化是美国非营利组织的另一特征。伞状型结构保证了服务的标准化，提高了服务质量，有利于机构在各个地区的快速扩张和发展。第五，美国非营利组织不仅面向国内的民众，其国际化程度很高。在2009年，国际和国外事务类非营利组织占了所有非营利组织的2％。这些组织中有专门从事国际活动的，也有以解决国内问题为主，但同时也从事国际活动的。"它们在一定程度上影响了美国政府对外政策的制定，有的还在具体的外交实施过程中扮演着重要角色"②。

（二）美国社会组织"分类规制"的法律制度环境

美国是联邦制国家，因此对于非营利组织的管理，实行联邦和州两级负责制。联邦对于非营利组织管理没有统一的规定，非营利组织的管理条例一般归于州政府。各个州对非营利组织的规定并不相同，但是其法律规定都体现了联邦法律制度的基本精神。总的来说，非营利组织的管理是在联邦的统筹下，各个州因地制宜，制定各种符合实际情况的法律法规。美国对于非营利组织采取分类规制的模式。以纽约州为例，州政府将非营利组织分为四种类型（A类、B类、C类、D类），在此基础上进一步提出11个子类型的非营利法人形式。在使用的规则方面，A类非营利法人的规定最宽松，B类非营利法人的规定最严格。在联邦层面，联邦税法对不同的非营利组织、同一非营利组织的不同行为进行区分

---

① 中国现代国际关系研究院课题组编著：《外国非政府组织概况》，时事出版局2010年版，第30页。

② 同上，第42页。

对待。

尽管美国非营利组织规模很大，社会价值很高，但是有关非营利组织的法律在任何一级政府都不多。很长时间内，美国非营利组织的相应规制没有明显的规律，非营利组织在美国组织法中一直套用商业组织的规定。美国非营利组织的规制经历了四个阶段的演变。20世纪90年代，美国非营利组织领域出现的诸多丑闻影响了人们对非营利组织的信任。因此，2000年之后，许多相关部门和州开始修改或制定相关的示范法律，以加强对非营利组织的监督和问责①。

美国对非营利组织的规制主要依靠财税法和管理法。已登记的非营利组织在美国具有税收豁免权，这为非营利组织提供比较宽松的经济环境，保证其长期发展。涉及非营利组织的法律主要有四大类：国会法律、国际条约、政部规章和税务局规章。法律条文分为多个层次，确定了政府各部门的职权和责任。登记机关、税务机关、审计机关和政府有关主管部门等通过法律法规对非营利组织进行管理和监督，确保其行为符合规范要求。除了多部门管理制度，州检察官制度对非营利组织管理起到非常重要的监督作用。美国每个州都设有专门负责非营利和慈善组织的副检察官。州副检察官办公室负责对非营利组织的日常行为进行监察，一旦发现违法行为，并且证据确凿，有权对非营利组织提出诉讼，由法院进行判决②。州副检察官的诉讼权可以影响非营利组织的各项决策和行为，具有积极的引导意义。美国对非营利组织的管理权责分明，法律条目清楚、详细。

美国现行的非营利组织的法律制度是一个完整、复杂和精细的体系。其主要法律依据是《联邦税法典》，该法典关于非营利组织的相关规定有数千条之多。美国非营利组织的法律体系，包括联邦的非营利组织法律、州的非营利组织法律与法院的判例三大块。其中，联邦的非营利组织法律分为多个层次，分别是（1）国会法律：根据联邦宪法的规定，税法的制定权归国会。因此，国会有权通过修改联邦税法来实施对非营利组织的管理。《联邦税法典》是美国国会制定的统一法典，也是美国非营利组织主要的法律依据。（2）国际条约：国际条约主要是一些税收协定，而这些税收协定具有联邦立法的效力。（3）财政部规章：在政府层面，非营利组织名义上的主管机关是财政部。财政部管理联邦税务总局，因此财政部有权调整对非营利组织的规定，而税务局有义务服从。（4）税务局规章：联邦税务局是非营利组织管理方面的实权部门，是美国整个公益慈善事业管理体制的核心。其对非营利机构的监管体现在四个方面，分别是免税资格的批准、日常监管、年度审查和立法规制。

---

① 王名、李勇、黄浩明编著：《美国非营利组织》，社会科学文献出版社2012年版，第43页。
② 王劲颖、沈东亮、屈涛、刘忠祥：《美国非营利组织运作和管理的启示与思考》，载于《社团管理研究》2011年第3期。

除了联邦层面的非营利组织法律之外，州层面的法律也是美国非营利组织法律体系的一个重要组成部分。州的非营利组织法律主要涉及四个方面：（1）组织的设立：非营利组织的设立属于州层面的公共事务，因此各州都会出台针对性的法律，以此规范非营利组织的设立。（2）组织的劝募：非营利组织的劝募也归各州分管。（3）州免税地位的审批：除了特别的几个州外，非营利组织都可以在当地申请州免税地位。（4）组织的变更、终止和解散：与非营利组织的设立相同，组织的变更、中止与解散都由对应的州机关负责管理。除了上述所说的联邦和州的法律法规之外，法院的判例具有重要的补充作用。

（三）美国多元参与的治理架构与实践模式

美国社会管理具有一个显著的特点，即许多国家由政府提供的服务，在美国却由非营利组织和私人提供。如今，美国的社会管理已经形成由政府、社会组织和企业共同治理的模式。政府通过购买和支持这些非政府、非营利组织提供的服务方式，以此提供满足居民的需要。截至 2012 年 3 月，在美国税务局登记的非营利组织总计 156 万家，包括 150 多种类型，覆盖的领域有：文化、艺术、娱乐、教育、研究、卫生、医院、托老院、托儿所以及其他卫生机构；社会服务，残疾人救济、难民救济、环境保护和动物保护；经济、社会和社区发展；住宅、就业和就业培训；公民倡导组织；法律服务、慈善、宗教组织、专业或行业组织等。非营利组织凭借其庞大的规模，丰富的种类以及个性化的服务弥补了政府在社会管理和服务方面的不足。美国的各级政府与社会组织的合作关系，建立在市场化的外包机制基础之上，政府在社会组织的项目中进行选择，并非直接资助社会组织，而是让消费者选择服务提供者。比如，病人看病的医药费由社会组织提供，政府将这些费用偿还给社会组织。

美国经济发达，法律健全，社会行为普遍规范。但是，政府始终没有退出对非营利组织的管理。政府在非营利组织的管理中担任着重要的角色，并且把这种监管作为一项重要的政府职能予以强化。其管理特征表现为：（1）政府管理为主，社会监督为辅；（2）政府管理的主要内容是法律建设和行政监控；（3）政府管理的目标是维护国家利益和社会发展；（4）政府管理由多部门组成，权力合理分配、相互制约；（5）政府管理的各项措施十分具体。政府的职责在于制定好发展政策，制定基本规范的运作法则，采取财政支持和投入的方式，并对非营利组织进行管理和考核。与此同时，大量的、有关服务内容和项目开展的具体事务，交由非营利组织承担和实施。政府与社会组织开展社会服务的方式灵活多样，借由多种外包方式与工具的选择，各级政府与社会组织之间的关系更为灵活，大概有以下几种建立政社关系的方式：设计型合同、绩效型外包、特殊税种限定及分类资助。

1. 设计型合同指政府部门制定规章制度来约束社会组织的行为，为社会组织开展服务的投入和过程付费，并依照条款的规定为社会组织提供相应的支持。

2. 绩效型外包指政府与社会组织合作，为社会组织开展服务的结果付费，社会组织对于绩效的结果负有高度责任。绩效型外包使政府在处理与社会组织的关系上更为灵活。绩效型外包的出现，源于 20 世纪 90 年代在美国占据主导地位的公共行政的新公共管理理念，这一理念在 1991 年联邦政府层面得以形成。联邦政府希望到 2005 年这种基于绩效的外包形式将被应用到 50% 的服务外包中。为了使绩效型外包得以运行，公民社会组织的服务者们需要具备相应的技能。许多专家就此提出了一些建议，他们强调领导力（包括适应性和知识储备）、交际能力和良好的内部管理系统在这种合作方式中的不可或缺性。对于政府来说，重点是与承包者共同制订可行的战略计划、制定工作绩效评估标准和采用多年制外包。另外，政府部门还应为数据管理提供技术支持。双方都应该重视的是政府行政人员和承包者的培训[1]。

3. 特殊税种限定是指尽管美国政府没有鼓励社会团体参与社会服务外包的总体刺激措施，但是，那些参与了类似项目的社会团体仍然可以享受免交所得税的优待。另外，大部分还能享受到捐款抵押税款的待遇。美国国内税收法区分了"慈善机构"和"社会福利组织"，前者可以享受捐款抵消税款，而后者不能。

所得税减免规定是联邦法律对社会非营利组织进行支持的又一举措。联邦法典规定了非营利组织可以享受免联邦所得税，但是这不表示免除一切所得税。免税具有一定的条件，与组织宗旨相关的活动是为了实现组织目的而开展的活动，这类活动所获得的利润不用缴税。而以营利为目的，与组织目标不相关的商业活动，依然需要缴税，比如不相关的商业收入、私人基金会的净投资收入、社会俱乐部非成员收入等[2]。

联邦法律对非营利组织的各种收入进行辨别，规定九种收入类型可以享受免征联邦所得税：（1）利息、股息、专利使用费、地租、养老保险金等收入；（2）为政府开展调查研究的收入；（3）为学院、大学或医院开展活动获得的收入；（4）志愿者开展商业活动时获得的收入；（5）慈善机构为其成员、学生、病人、管理人员或职员服务时获得的收入；（6）出售赠品的收入；（7）在展览会或博览会上开展服务活动所获得的收入或参加贸易展览活动获取的收入；（8）为小型非营利医院提供特定服务获得的收入；（9）出售具有慈善性物品获

---

① 利昂·E. 艾里什、莱斯特·M. 萨拉蒙、卡拉·西蒙：《政府向社会组织购买公共服务的国际经验》，世界银行报告 2009 年 6 月。

② 王名、李勇、黄浩明编著：《美国非营利组织》，社会科学文献出版社 2012 年版，第 135 页。

取的收入。州法律对非营利组织所得税的规定参照联邦法律，一般情况下，非营利组织获得联邦免除所得税的待遇后，也会享受免除州所得税的待遇。

其他一些减免税的规定也被用来作为支持非营利组织发展的手段，非营利组织除了可以获得所得税的减免外，还可以免除其他种类的税费，比如，零售税、使用税、财产税、失业税等。其中，零售税和使用税的免税条件要比所得税严格得多。关于其他税收的减免规定，法律对非营利组织种类的划分更为细致。比如，以"教育"为目的的非营利组织都可以免除所得税，但是只有学校（学校、学院和大学）才能免除零售税和使用税。不仅如此，有形财产和无形财产免税标准更为严格。不动产的免税只有很少一部分非营利组织能够申请到①。

除此之外，非营利组织还可以免除财产税、联邦失业税、销售税和遗产与赠与税等。享有免税资格的非营利组织所拥有的土地、房产等机构财产都可以免除财产税、房产税。联邦失业税的免除对非营利组织具有一定的限制条件。以宗教、慈善、教育等为宗旨的非营利组织，支付给雇员的工薪可以免除联邦失业税。其他非营利组织只有在年度内对其雇员支付的工薪不超过 100 美元，才能免除失业税。销售税的免税对象主要是销售给非营利组织的商品和劳务。一般享有免税资格的非营利组织在购买商品和劳务时都可享受销售税的免除待遇。遗产与赠与税是指纳税人向从事宗教、慈善、科学、文学或教育目的的组织以及用于上述目的的信托组织、退伍军人组织等捐赠，可以进行扣除，并且没有扣除的上限。

4. 分类资助是指除以上三种政府与社会组织合作的方式以外，美国在某些政府感兴趣的领域资助社会组织时也常采用分类资助办法。分类资助即专款专用的资助，在美国被广泛用来资助各种各样的非营利活动。资助不是为政府自身采购服务或产品，而是用于在政府感兴趣的某些领域由公民社会组织开展的活动。资助可以通过自动公式计算来分配（公式资助），或者根据某些专门项目的具体申请来分配（项目资助）。政府对项目资助的控制往往比对按公式计算资助的控制要严，但资金也会分配不均，而且在很大程度上取决于"筹资本领"，例如机构的资助申请写作技巧②。

美国的非营利组织主要在社区建设、政策倡导、监督政府和市场等方面参与社会管理。非营利组织大多从事卫生保健、高等教育、社会福利等领域的公共服务，弥补了政府公共服务的不足。除了规模庞大之外，种类众多，能够提供个性化特征较明显的服务也是美国非营利组织的一大特色。非营利组织的日常活动主

---

① 王名、李勇、黄浩明编著：《美国非营利组织》，社会科学文献出版社 2012 年版，第 140～141 页。

② 利昂·E. 艾里什、莱斯特·M. 萨拉蒙、卡拉·西蒙：《政府向社会组织购买公共服务的国际经验》，世界银行报告 2009 年 6 月。

要有采用各种方式广泛的募集资金，动员志愿者、信息交流、市场应变、员工培训、横向联合等工作。经过几百年的发展，美国非营利组织已形成一套自己独有的经验模式。政府在处理与社会组织的关系时，采用了灵活多样的方式，以绩效型外包手段将社会服务外包给社会组织，是减少政府预算提高服务质量弥补政府服务供应提供体系不足的主要方式。政府在推动资助社会组织的形式方面不断创新，力求减少烦琐的手续，鼓励增加灵活性，采用不只是契约的多种多样的外包形式，这些都为开展与社会组织的合作提供了更多的可能性。

三、德国的社会福利网与"辅助—优先"的新掌舵模式

德国早在 1922 年已经通过国家法律，明确公共机构和私营机构具有同等合法地位，德国的社会福利体系建基于此。在德国，一个以六家大型联合体为首的大规模公民社会组织网络与政府一起共同提供社会福利服务，私人社会福利组织在提供家政服务、老年服务等领域占超过 60% 的份额。德国政府采用"新掌舵模式"，政府在诸多公共服务领域只起到指导作用，政府将自身定位为提供社会服务的合作伙伴，因此政府并没有特别优惠的措施来刺激社会组织参与社会服务外包。社会组织通过与政府签订合同来提供服务，政府对法律认可的社会组织所提供的服务不进行直接管理，在目标设定、任务执行和组织结构安排等方面，既尊重社会组织的独立性又保持监督和检验权。

（一）德国社会组织的发展与"伞状"福利联合会的重要作用

在德国，非政府组织（Freie Traeger）通常包括各种协会、团体、有限公司以及与公民权利相关的基金会，其中又可以分为非营利组织和营利性组织。在德国社会福利与服务相关的治理领域，公益性的非政府组织是主体力量，而其中，最具有代表性和影响力的主要非政府组织为六大"伞状"福利联合会，分别为联邦劳工福利会（AWO）、德国事工福音会（DWEKD 基督教新教的福利联合会）、德国慈爱会（DCV 天主教的福利联合会）、德国平等联合福利会、德国红十字会（DRK）和在德犹太人中央福利处（ZWST）。

这六大公益性的福利团体之所以被称为"伞状"福利联合会，是因为其中每一个团体之下，在联邦州的层面和市政层面都有按照具体的专业领域而开展的分支组织。比如德国事工福音会在全德 16 个联邦州共有 21 个州层面的教会福利团体，同时还有 70 个涉及社会工作、卫生健康以及儿童青少年教育的各个具体领域的专业团体（Fachverbaende）。其他五个福利联合会拥有相似的结构。这就使得德国社会福利领域中的公益性非政府组织的结构就像一把撑开来的大伞，而伞

213

下分别是归属于这六大社会组织的遍布全国各个社会福利范围的成员机构。根据2007年的数据①，就职于这些公益性非政府组织的全职员工约为120万人（基本上相当于德国总人口的15%），这六大组织一起也因此成为德国最大的用工单位。

在六大"伞状"组织中，德国天主教的慈爱会（DCV）是德国最大的福利团体。根据2010年的数据，该组织拥有大约25 000个分支机构，分布在从地方教会到联邦州层面的27个教区，共有约56万全职员工，也是德国民间领域最大的用工单位。② 德国慈爱会成立于1897年，与其他相关福利团体一起，致力于发展天主教信仰的原则与价值观，同时投身于广泛的慈善事业。当前，慈爱会为各种有社会需求的群体提供帮助，这些服务对象具体包括：没有稳定收入的季节工人、渔夫、流浪汉、酗酒者、身体残障者、精神残疾者、性别混乱患者；除了为上述群体提供慈善救助，慈爱会还开设有幼儿园，并提供未成年人教育、女童保护、病人护理以及女性资讯等服务。③

仅次于德国慈爱会，德国基督教新教的事工福音会（DWEKD）是六大"伞状"组织中第二大福利联合会，在全德拥有28 000个分支机构，全职工作人员约有30万。该组织在六大联合会中历史最久，虽然正式成立于1957年，但是它的历史可以追溯到1848年实施的应对精神与物质贫困的家庭项目。在德语中，"Diakonie"是指新教教会的社会工作。事工福音会提供的社会服务范围也非常广泛，包括照顾与护理、残疾人服务、儿童服务、家庭服务、移民及其家庭服务、各种成瘾人群的服务，以及为其他弱势群体提供的服务等，通过这些服务，致力于提升每一位个体的独立与自决（self-determination）的能力。此外，该组织还代表社会底层人群倡导政策变革，引领应对贫困和社会不公的公共讨论。④

与慈爱会和事工福音会不同，联邦劳工福利会（AWO）并非宗教性的组织，而是一个有着深厚的社会民主运动传统的带有一定政治性的福利团体。该组织成立于1919年，致力于应对社会不公的出现，通过社会工作的专业服务、志愿工作，以及立法参与来促进社会问题的解决，创造一个"团结、稳定、包容、自由、平等与公正的社会"（AWO，2009）。在该组织看来，一个自由民主的宪政框架是社会工作必不可少的先决条件。联邦劳工福利会尤其强调地方政府与国家实现个体社会救助权、受教育权以及培训权利的责任，以及对现代社会服务系统

---

① Wienand, Manfred (2007). Social System and Social Work in the Federal Republic of Germany, Deutscher Verein fuer oeffentliche und private Fuersorge e. V.

② 资料来源：http://de. wikipedia. org/wiki/Deutscher_Caritasverband；http://www. caritas. de/diecaritas/wofuerwirstehen/millionenfachehilfe。

③ 资料来源：http://www. caritas. de/diecaritas/wofuerwirstehen/geschichtedercaritas。

④ 资料来源：http://www. diakonie. de/the-social-welfare-organisation-of-the-protestant-church-in-9306. html。

进行规划与发展的义务。

德国平等联合福利会（"Der Paritaetische"）成立于 1924 年，最初是作为医院的联盟，而后迅速发展成为一个具有引领作用的大型的非政府福利组织，当前，在全德已经拥有超过 9 000 家分支机构。[①] 该组织以社会公正为理念，通过联合广泛的社会工作机构与团体，共同致力于促进机会均等以及提升每个人过上有尊严的生活的权利，从而实现其自由与全面的发展。近几十年来，平等联合福利会通过帮助处于社会边缘和弱势地位的群体的争取平等权利而赢得了德国社会的高度认同。与其他福利联合会相比，该组织的一个显著特色是它对"助人自助"理念的促进及其与"自助团体"的密切合作，特别是公民的志愿活动、公民对社会工作的志愿参与以及各种自助性的团体活动，都受到了该组织的支持。此外，从减少社会劣势产生的角度出发，该组织对于德国社会与经济政策的发展也有积极的影响。

较之于其他几个"伞状"福利联合会，德国红十字会（DRK）较为大家所熟知也更容易理解。1949 年，《日内瓦红十字公约》签署，作为德国的代表，德国红十字会（DRK）因而成立并成为国际红十字运动的重要组成部分。德国红会的工作建立在七大原则之上：人道主义、公平、中立、独立、团结、志愿服务以及普适性。[②] 当然，德国红会主要提供健康与卫生领域的服务。当前，该组织已经拥有 19 个州层面的分支、500 个行政区层面的分支，以及超过 5 000 家地方分支机构，此外，该组织还包括红十字护士协会以及其他自助形式的团体。

六大"伞状"福利联合会中的最后一个是德犹太人中央福利处（ZWST），成立于 1917 年。在德国纳粹当政之前，该组织举办了多元的社会福利基础设施，包括医院、儿童福利院、养老院以及护理院。1939 年，该组织不幸被纳粹强行解散，大部分工作人员遭到迫害。第二次世界大战后，该福利处由部分幸存者于 1952 年重建。起初，福利处的工作重点是开展流动式的社会工作，服务对象主要包括老年人、青少年以及难民。20 世纪 90 年代以来，福利处主要帮助苏联的犹太移民融入德国社会[③]。

德国早已经完成城市化的进程。根据其社会福利国家的基本理念，在公共资源和社会服务的分配上，德国城乡之间的差异相对较小，很多小规模的县（市）甚至村镇都有城市标准的完善的基本公共资源，除非是因为就业等特殊原因，很多德国民众倾向于居住在小而便利的城市或者村镇。这不仅缓解了大城市的日常

[①] 资料来源：http：//www. der-paritaetische. de/startseite/fremdsprachen/english/。

[②] 资料来源：http：//www. drk. de/ueber-uns/auftrag/grundsaetze. html。

[③] Wienand, Manfred（2007）. Social System and Social Work in the Federal Republic of Germany, Deutscher Verein fuer oeffentliche und private Fuersorge e. V.

生活压力，也在一定程度上保存了地方的发展活力。然而，正如德国社会福利制度起源的背景及其发展的历史所显示的，德国也一直在对抗资本主义市场经济带来的各种共有的社会问题，包括贫富差异、老龄化、伤残、疾病、失业、对照顾的需求，以及后来出现的移民问题等等。近二三十年来，随着资本全球化进程的推进，以及从美国迅速波及世界范围内的新自由主义和新管理主义的影响，以及风险社会对传统社会福利制度的侵袭，德国也面临着上述各种社会问题不断加剧的挑战。在此背景下，非政府组织特别是福利团体在德国整个城市社会治理中也扮演着越来越重要的角色。在前述六大"伞状"福利联合会的辐射下，德国的非政府福利组织构成了一个彼此合作、职能完善的网络系统，成为城市社会治理的一个主要参与者和执行者。

（二）德国的社会福利体制与"辅助—优先"式的政社合作关系

在德国的社会福利领域中，政府与非政府组织之间在参与社会治理上是辅助—优先式的合作关系。在民间，非政府组织的联合主要由六大"伞状"福利联合会来实现；在公领域，政府组织的结构则从联邦到地方逐层展开，分别为联邦、州、行政区、县/市、城区或乡镇，直至社区。而公领域和民间如何互动和联合？在德国，还有一个特殊的组织——德国政府与民间福利联合协会——专门致力于促进政府与非政府组织在开展社会福利与服务特别是社会工作方面的协同与发展，其具体的协同领域非常广泛，包括社会政策、儿童与青少年政策、家庭政策、社会救济、儿童与青少年福利、为老服务、健康卫生服务、残疾人康复与援助、照顾，以及国际社会工作等。辅助性原则确立了在德国社会福利体制基础上的国家与个人福利权利之间的基本关系。在德国以社会工作为主的社会服务相关的社会治理实践领域中，这一对基本关系主要通过国家与地方的关系协调特别是政府与非政府组织的关系协调来实现，辅助性原则确保了二者在社会治理领域中的协调活力。

在德国的社会服务领域中，政府组织（oeffentliche traeger，可以译为政府组织、公立型机构或者国家性机构）和非政府组织（freie traeger 或者 nicht-staatliche organisationen，可以译为非政府组织、非公立性机构、非国家性机构或者自由型机构）构成了福利组织的一对核心概念。在德国，"Freie Traeger"通常包括各种协会、团体、有限公司以及与公民权利相关的基金会，其中又可以区分为自由的公益性非营利组织和营利性组织比如社会企业①。近几十年来，在德国的社

---

① Bauer, Rufolph/Dahme, Heinz-Juergen/Wohlfahrt, Norbert（2010）. "Freie Traeger", in Thole, Werner（Hrsg.）（2010）. Grundriss Soziale Arbeit. Ein einfuehrendes Handbuch, 3., ueberarbeitete und erweiterte Auflage, VS Verlag, 2010, pp. 813 – 829.

会服务领域，作为非政府组织的福利团体一直作为联结正式部门（国家和市场）和非正式部门（包括家庭、邻里社区、公民参与等）的纽带而存在，扮演着重要的中间协调角色，福利团体在德国也因此被称作"第三部门"的组织①。

德语中"Freie Traeger"的"frei"是一个非常重要的概念，其直译为自由，依据辅助性原则，此概念实际是指非政府福利组织在提供福利服务时具有自我决定权，不承担履行国家业绩的义务②。这些非政府组织在为老服务、健康服务、儿童与青少年福利及社会救济等广泛的社会服务领域扮演着特别重要的优势角色。

在德国的社会服务领域，辅助性原则指导下的社会治理集中体现在政府与非政府组织/福利团体的关系上。根据法律规定，非政府组织在提供社会工作等相关的社会服务中享有优先权。在具体的实施层面，非政府组织具有一定的独立性和自主性，国家只起到辅助的作用，并向其提供财政资助（IJAB 2009）。特别是德国第八部社会法典（SGB VIII）的第四节和第十二部社会法典《社会救济法》的第五节都基于辅助性原则对政府和非政府部门的关系以及政府部门的义务进行了明确的规定。"公共部门首先要在其规划责任的框架内审查所需的服务机构、设施及其供应是否充足。在有必要进行机构建设、扩建或者改建的情况下，非政府组织只要条件合适就可以享有优先权。只有在非政府组织不能承担时，政府组织才应该自行开设或举办所需的相关机构并提供相应设施。特别是在提供儿童与青少年福利方面，法律还要求政府组织要对非政府组织及其自助的各种形式进行培养和支持"③。例如，SGB VIII《儿童与青少年福利法》的第四节第二款明确规定，"只要被承认的青少年福利的非政府组织可以运作适宜的设施、服务和管理，或者能够按时完成，政府的青少年福利部门就要放弃自己来承办"。该法典的第四节第三款还规定，"政府部门应当根据本法的尺度对非政府组织的青少年福利进行支持，并增强其各种自助的形式。"

在辅助性原则导向下，非政府组织较之于政府在提供社会服务上的优先权还

---

① Heinze, Rolf G. (2009) "Transformation der Wohlfahrtsproduktion in Deutschland: Neue Governance-Strukturen im Sozialsektor", in Heinze, Rolf G. (2009) Rueckkehr des Staates? Politische Handlungsmoeglichkeiten in unsicheren Zeiten, VS Verlag, 61.

② Bauer, Rufolph/Dahme, Heinz-Juergen/Wohlfahrt, Norbert (2010). "Freie Traeger", in Thole, Werner (Hrsg.) (2010). Grundriss Soziale Arbeit. Ein einfuehrendes Handbuch, 3., ueberarbeitete und erweiterte Auflage, VS Verlag, 2010, pp. 813 – 829.

③ Bettmer, Franz (2010). "Die oeffentlichen Traeger der Sozialen Arbeit", in Thole, Werner (Hrsg.) (2010) Grundriss Soziale Arbeit. Ein einfuehrendes Handbuch, 3., ueberarbeitete und erweiterte Auflage, VS Verlag, 2010, pp. 795 – 812.

表现在人事的安排上。特别是从 20 世纪 90 年代以来，从事社会服务的专业人员的比例总体上呈现出向非政府组织逐步倾斜的趋势。当然，非政府组织的优先地位并非绝对的，这根本上取决于他们是否能够为服务的接受者提供最可能好的福利服务。在这方面，对非政府组织的专业能力有很高的要求。另一方面，政府组织也要确保社会服务提供的多样性，为服务接受者的意愿权利与选择权利的实现打好基础。因此，有必要通过特定的协调来规避某一家社会组织的垄断地位。如果某一社会组织确实值得"偏爱"，那么该组织必须能够提供完全相配的服务绩效。[①]

德国法律框架上明确规定的政府与非政府组织在社会服务相关的社会治理领域中的辅助—优先关系以及相应的合作关系同时表明，依据辅助性原则，政府还承担对非政府组织提供社会服务的主要财政支持责任，要为非政府组织提供经营花销的补贴以及在设施构建上进行资助。在非政府组织的财政来源上，除了其自身的财政资源之外，其外部来源主要由政府的公共财政和法定的社会保障财政来提供，并且通常占据总来源的大多数。这也就是说，非政府组织所提供的服务及设施的主要财政责任不在非政府组织而在于公共的政府组织，这就使得非政府组织免于生存的压力而能够在较大程度上独立自主地提供专业的福利服务。为了实现社会福利国家的社会保障目标，德国政府投入到社会服务事业中的公共财政经费非常可观。根据德国联邦统计局的数据，在 1991 年到 2003 年间，德国投入到社会保障事业中的财政支出占总支出的平均比例总体呈上升走势。2004 年，这一经费估测为 1 217 亿欧元，占总财政的 47.6%；该比例在 2005 年的财政预算中估测提升到 50.3%。[②]

德国社会福利国家的制度框架及其在具体实施层面上的辅助性原则确保了政府和非政府组织之间在开展公共服务的社会治理领域中的辅助—优先式的合作关系，这种受到法律保障的关系不仅为非政府组织积极高效地参与到社会治理中提供了相对独立自主的专业空间，同时也为其参与治理和福利产出提供了比较稳定的财政保障。而这种关系也确立了非政府组织参与社会治理的合法性，为其在社会创新发展中保持活力并发挥重要作用奠定了坚实的基础。

---

① Bettmer, Franz (2010). "Die oeffentlichen Traeger der Sozialen Arbeit", in Thole, Werner (Hrsg.) (2010) Grundriss Soziale Arbeit. Ein einfuehrendes Handbuch, 3., ueberarbeitete und erweiterte Auflage, VS Verlag, 2010, pp. 798.

② Fischer, Joerg (2005). Von der katholischen Soziallehre zum aktivierenden Paradigma-Entwicklungsverläufe des Subsidiaritätsprinzips in der Ausgestaltung des Sozialstaates. In: Zeitschrift für Sozialpädagogik, 3. Jg., Heft 1/05, S. 81 - 98.

第三节　国际经验对我国现代社会组织体制建设的启示

　　理解我国新时期的社会组织建设，首先需要辨识新时期社会组织的丰富内涵。对于中国社会发展来说，社会组织可被视为是现代化进程的产物。随着我国经济社会发展、社会转型的加剧及后工业社会的来临，社会整合的难度进一步加大，作为社会关系连接载体的社会组织的行动领域和作用方式逐渐呈现出三个不同的面向：治理与秩序建构的主体、社会自组织及组织社会的实践过程。社会组织作为社会联结的载体，通过自身的关系联结而成为相对独立的社会单元，与政府之间存在着复杂的互动关系。党的十八届三中全会《中共中央关于全面深化改革若干重大问题的决定》就专门指出，"正确处理政府和社会关系，加快实施政社分开，推进社会组织明确权责、依法自治、发挥作用。适合由社会组织提供的公共服务和解决的事项，交由社会组织承担。"因此，如何协调政府与社会组织之间的关系，发挥社会组织参与社会治理的力量，并将这种力量有效地纳入经济建设与社会发展之中，与政党、政府以及民众一起构成有效的治理结构和治理合力，是我国建设现代社会组织体制需要解决的核心问题。

　　总体上看，我国社会组织近些年来虽然在总量和规模上都有了强劲的扩张，但社会组织参与社会管理和公共服务的主体意识的提升还非常有限，社会组织活动的资金来源的设计还没有被纳入到政府、市场以及社会本身的重视范围。社区层面快速发展起来的社会组织，大多仍停留于"自娱自乐"层次，或仅提供"俱乐部产品"，而没有发挥表达群体诉求、参与公共管理或提供公共产品等积极功能①。从国际经验上来看，现代社会组织不仅可以成为社会公共产品的重要供给主体之一，而且还是吸纳公众参与，反映社会多元需求的重要组织载体。当前如何推进我国的社会组织健康、有序和有效发展并使其在新阶段的社会建设中发挥积极作用，我们可以从国内外已有的先进做法中获得如下的启示。

一、现代公共服务型社会组织的构成要素

　　第一，现代公共服务型的社会组织首先需要具备三个核心能力：专业化的服务能力、与政府公共部门开展良性合作的能力、反映社会诉求体现社会价值的公

---

　　①　王瑞华：《社区自组织能力建设和面临的难题及其成因》，载于《城市问题》2007年第4期。

共性生产与培育的能力。在过去的 50 年里，西方福利国家的兴起与全球范围内的结社革命几乎同时发生，公共服务日益超出政府的边界，政府与市场、社会结成合作伙伴关系，既标志着政府角色的重塑，又凸显了现代公共服务型社会组织的重要作用。社会结构加速分化和社会利益日趋复杂化，导致解决社会问题越来越需要更专业的方法。服务专业化和职业化的需求既超出了传统志愿组织的范围，也超出了政府的范围，政府不可能亲自去提供这样的服务，而传统社会组织不得不转型且获取外部经济来源才能生产服务。这样，政府资助社会组织来提供服务成为现实的需求，而社会组织也需要具备相应的能力才能够承担起公共服务的责任。

第二，社会组织能够在公共服务领域有所作为，需要被纳入到多层次多元治理的制度化参与空间之中。随着后工业社会的来临，公共服务将面临更加复杂的组织结构和更加混乱的外部环境。在跨机构合作、政府间项目管理结构、复杂的合同序列，以及公私部门伙伴关系中，多元参与者之间的伙伴关系也逐渐浮现出来[1]。正是基于这种复杂性和多样性的不断进化，使得公共服务制度必须在演化中促成一个新的秩序格局的生成。政府在多元公共服务主体格局中扮演着规划、监督、问责等重要角色，在公共服务的网络结构中发挥着主导性用，政府与社会的合作关系，为社会组织参与公共服务提供了制度性的通道，为公民参与公共事务搭建了平台，也为实现社会良序运行奠定了基石。

第三，建构一种自我支持的社会组织体系将有利于公共服务领域的快速发展。除社会组织的自律机制之外，不同类型的社会组织之间也应能够进行互动、交流与合作，从而形成从枢纽组织到"草根"组织的具有生命活力的社会组织生态体系。国内外社会组织的发展经验表明，良好的自律机制和行业互律机制，是社会组织发展必不可少的组织内部和行业内部条件。政府鼓励社会组织通过良好的行业规范、公共道德来加强彼此的交流合作与相互监督，不仅有利于构建社会信用体系，也是加强政府公信力的重要途径。公共服务系统是一个复杂的、开放的、不断被分工衍化的系统，这一系统越复杂就越难以由单一主体计划和支配，因此在公共服务实践中，公共服务行为主体之间复杂的互动关系构成了一种"多中心秩序"。奥斯特罗姆认为，"多中心秩序"所彰显的多个主体之间的权力分散和交叠并不意味着混乱，而是一种有序的结构。公共服务在多样化和交叠的体制下能够得到最有效供给，多层次的服务供给和生产是提高公民满意度的关键。这意味着，一种自我支持的社会组织生态体系的生

---

① 吴玉霞：《公共服务分工与合作网络的理论与实证研究》，浙江大学公共管理学院博士论文，2011年 12 月，第 179 页。

成，将使社会组织更能够在公共服务领域发挥效能，并保证公共服务在更高效有益的层次上运作。

二、处理政府与社会组织间关系的指导原则

第一，政府借助市场和社会的力量提供公共服务，而如何科学、有效地整合社会组织的力量，是政府在与社会组织合作互动中需要考虑的核心问题。政府与社会组织关系的实践模式是复杂与多样化的，从创新公共管理的角度来看，政府不但不能发号施令，而且需要学习创新激励机制，以便于从"不完全受控"的社会组织及其他行动者那里获得支持形成治理合力。

第二，社会组织是公共治理架构的一部分，明确一种政府与社会组织之间合理的结构关系是十分必要的。这需要各级政府重新定位自身的社会功能及相应的组织体系，各级政府与社会组织在治理架构中能够各司其职获得相应的地位，从而发挥积极的作用。比如，在政府外包公共服务时，多国或地区更倾向于由地方政府参与制定绩效标准，引导合作，推动社会组织的问责，而中央政府可以从顶层设计的层面上制定协议和培训手册等。与此同时，保持各级政府对社会组织运作的监督和管理，确保通过合作关系规定的新方法执行公共行动的能力，也是十分重要的。

第三，政府与社会组织关系的实践模式与一国家或地区的政党制度息息相关。政党与社会组织的产生和发展都是为了满足社会需求与解决社会问题，它们都是人类社会行为的组织载体。社会组织是社会的载体，政党是联系社会与国家的桥梁与纽带。这意味着，我们必须从顶层设计上系统探索具有中国特色的、党领导下的现代多元治理格局。

第四，政府需要在间接公共服务提供体系中继续发挥重要但不同以往的作用。政府应着手建构一种培育服务与监督规制并举的社会组织管理体制，促进社会组织参与政策的制度化，在多层次的治理网络中充分给予社会组织制度化的参与空间，优化社会组织发展的制度环境，并对社会组织的能力建设进行投资。当前，我国在激发社会活力、创新社会治理体制这方面已经形成了国家战略，但在政策层面尚未形成清晰的社会领域改革路线图。社会各界对于社会参与的模式、路径以及制度空间尚未形成清晰的认识，未来可以借鉴国内外经验以法治手段有序推动公共部门向社会领域的"赋权"。

第五，具有规范意义的好的现代治理的实现，需要一个在法律上具有支持性的社会体制。从国际经验上看，无论是公私合作关系形式的治理，还是社会自我管理形式的治理，都不是政府控制的丧失，而更多是其形式的某种变化。社会的

221

自我管理，归根结底，仍然需要在政府设定和参与的制度框架下实现。我国自党的十七大、十八大就明确指出了社会管理体制即"党委领导，政府负责，社会协同，公众参与，法治保障"，这一体制呈现了多主体在管理和治理公共事务时，他们各自的行为方式以及他们之间的合作将有法可依，受到法律保障。同时，党的十八届三中、四中全会又相继提出：要创新社会治理体制，激活社会组织力量；坚持法治国家、法治政府、法治社会一体化建设，实现科学立法、严格执法、公正司法、全民守法。改革社会管理体制和创新社会治理体制的核心议题是，处理好政府与社会的关系、市场与社会的关系，形成自上而下的政府治理和自下而上的社会自治相互衔接。

三、我国新时期社会组织建设路径的启示

第一，坚持党和政府在社会组织发展中的导向作用。我国社会组织的产生背景和发展进程，与西方的社会组织发展有着不同的特征。正如前文指出的，一国政府与社会组织间的相互关系，与该国的政党制度、市场经济、民主政治与文化传统密不可分，这决定了我国的社会组织建设与管理不能照搬西方经验，而必须走一条中国特色之路。我国的社会组织建设与管理，是一个集党的领导、政府规制、组织自律和公众监督四位一体的多元互动的关系丛。

第二，通过公共政策创新推动公共性的稳定生产。当前我国政府治理和社会自我调节之间的良性互动遇到了许多深层制约因素，"党委领导，政府负责，社会协同，公众参与，法治保障"的多元治理格局尚缺乏公共性作为稳定的支撑要素。公共性的生产离不开社会主体广泛、深入的社会参与，而现阶段我国社会主体参与不足的原因在于参与机制与公共资源配置的过程脱节且缺乏系统支持。因此，未来需要重点考虑如何通过公共政策创新，使社会力量的参与和公共决策、公共资金的使用方式以及公共问题的解决过程紧密衔接起来，从而在根本上激发社会主体参与治理的积极性。此外，还可以借鉴国际通行经验，引入市场机制，推动市场主体基于企业社会责任参与社会治理和社会服务。

第三，以法制保障推动社会组织自律机制的建立。我国社会组织的发展尚存在自律意识不足、自律能力不够的问题，政府在面对庞大规模的社会组织时尚缺乏相应的法律规范来引导社会组织的自律行为。社会组织自律机制涵盖社会组织内部自律、社会组织行业自律及社会组织专业自律三个层面，其各自承担着完善社会组织内部治理结构、杜绝社会组织行为失当、确保同领域社会组织之间保持良性互动关系、规范社会组织行业发展、通过专业化的组织来规范监督社会组织的活动与运行、敦促社会组织遵守法律规范和相关规则等作用。

可以说，社会组织自律机制是实现社会组织自我管理、自我发展的重要条件，而建立社会组织的自律机制，需要在法律法规的规范下，建立社会组织自我约束、自我控制的保障体制，形成自我管理、自我发展、自我约束的可持续发展态势①。

---

① 郑振宇：《构建非营利组织行业自律机制的探讨》，载于《中国济南市委党校学报》2005 年第 1 期。

第六章

社会组织发展的政策体系

随着中国社会结构的不断转型与变迁，社会生活的多样性、社会自主性也在不断增强，中国社会组织总体上经历了一个从弱小到逐步发展壮大的过程。到目前为止，无论是在社会生活领域、公共服务领域，还是在社会事务管理方面，社会组织发挥着越来越不可替代的重要作用。从历史制度演化及组织与环境关系的视角来看，中国社会组织的发展深刻地嵌入到了中国经济社会发展变迁的过程之中。特别要指出的是，中国社会组织的发展受到了不同时期党和政府在对于社会管理、社会秩序、社会组织等方面的观念认知、制度导向、政策安排等制度性因素的影响。因而，我们也能够看到，围绕着社会组织的发展与管理，我国的社会组织政策经历了从严格控制到不断释放发展空间及至选择性支持的渐变过程。甚至在较长一段时间里，社会组织政策还呈现出曲折往复的特征。

客观而言，无论是改革开放初期的鼓励发展政策，还是 20 世纪 90 年代初期以来的清理整顿政策，以及我们所熟知的长期以来实施的"双重管理"政策等，都深刻体现或回应了特定时期，我国社会生活及社会管理方面面临的亟待解决的重大问题，体现了适应当时社会发展的基本现实的合理性。自 21 世纪以来，特别是党的十八届三中全会提出创新社会治理，激发社会组织活力的战略思想之后，我国的社会组织政策开始进入到全新的历史时期。这些政策是为适应新时期经济社会发展需要，为有利于国家市场经济发展和公共服务多样化供给，以及为构建良性社会秩序而制定的。社会组织或社会自主性机制将会成为参与社会治理的重要主体，发挥更加关键的作用。

社会组织政策的变迁一方面适应了国家整体层面社会治理的需求，另一方面也与中国地方政府的创新实践有着紧密联系。改革开放以来，在全国一体化的社会组织政策框架下，以广东、上海、浙江、北京等为代表的地方政府在推进和加强社会组织发展与管理方面，充分结合本地实际，进行了一系列的政策创新实践。这些政策创新较好地推动了地方社会组织的发展，在一定程度上也反过来推动了全国层面社会组织政策在特定领域的改革突破与创新。所以，理解和进一步推进社会组织政策创新，需要重点关注社会组织与地方经济社会现实、历史文化传统等因素的重要关系，以便使得社会组织的发展及社会组织政策能够促进地方经济发展，提升社会治理绩效。

从社会组织政策演化的动力来看，我国社会组织的政策实践受到了三重动力过程的深刻影响。首先，是国家市场经济体制改革与转型的影响。改革开放政策的实施开启了中国以建设社会主义市场经济体制为核心的市场化发展道路。经济市场领域逐步引入理性的市场与竞争机制。在传统计划的经济体制结构逐渐松动和打破的过程中，生发出了一些传统经验无法照应的经济活动与事务。对于这些新生的经济市场领域，需要引入新的市场治理主体以及相应的治理机制。在此背景下，诸如行业协会、商会、农业经济合作组织等经济类社会组织开始成为经济与市场治理的重要工具与载体。国家有意识地支持和借助这些行业类社会组织的发展，通过制定相关支持政策，明确行业类社会组织的活动领域、运行规则、资源保障等内容，较好地促进了在经济治理领域社会组织的率先发展。其次，伴随着市场化的转型，20世纪80年代以来持续推进的政府机构改革，也为社会组织的发展提供了适度的空间。一大批从原政府机构、事业单位分离出来的机构转型为提供公共服务与参与社会管理的社会组织，与之相伴随的部分政府领域职能与事务的转移，为大量的社会团体、民办非企业单位的成长与发展提供了制度性空间。正是在此背景下，我国社会组织的政策得以实现有针对性的建构。最后，改革开放以来，伴随着市场化与全球化的发展，尤其是信息化、城市化的推进，我国社会生活领域自主性与自组织意识和能力不断提升，作为一种自下而上的力量不断地推动着社会组织政策朝向更加开放，更加体现多元合作的方向发展。这种来自社会本身的自主性发展，在大量的"草根"社区社会组织的发展壮大中得到了充分体现。社会组织作为一种与正式制度互动的力量，也为推动社会组织政策的改革，比如登记管理政策从二元向一元化的转变发挥了重要的影响。

长期以来，中国社会组织的政策体制相对比较封闭，特别是以风险管控为主的双重登记管理制度的弊端日渐显现，阻碍和限制了社会组织的健康发展。一大批不能达到注册登记"门槛"标准的社会组织不能获得合法的身份，这些社会组织一方面游离于政府的有效监管，另一方面又在积极参与社会治理与公共服务供给方面受到了限制。正是由于这一政策性障碍的存在，以双重管理为特征的社会组织政策从一开始就遭遇到了质疑和批评。这种管理制度表现出了强烈的限制和控制特征，同时又缺乏有效的监督和激励，严重地影响了社会组织的良性发展。[①]另外，既有的社会组织政策还表现出了明显的选择性支持的倾向。对于社会组织而言，由于其生存与发展的大量资源掌控在政府及相关部门手中，政府部门制定的社会组织政策，如资源配置与扶持政策，往往倾向于少数与政府部门或体制内部门有紧密联系的社会组织，比如传统体制内的工青妇组织、工商联、行业类社会组织，其结果是，这些能够获得政府资源的社会组织严重依附于体制内部门，没有很好地形成社会组织应有的公共性；[②] 而那些不能获得政府政策支持的社会组织则容易遭遇生存危机。[③]

当前，我国社会组织的发展开始进入到关键的转折期。社会组织发展能否积极承担起参与社会治理的重要功能，能否有效地参与社会公共服务的多元化供给，关系到新的历史时期中国社会秩序及社会体制的建构。这就需要从顶层战略、中观结构与机制、微观政策工具等方面进行科学、合理、有效的政策体系设计。适应性的社会组织政策建构与制度变迁既是新时期中国经济社会发展趋势提出的新要求，同时也是社会组织良性发展的必要前提。因此，有必要借鉴西方国家的成功经验，形成和完善社会组织发展政策的负面清单，从重点领域、路径与方向上，引导社会组织健康发展；有必要形成有利于增强社会自我调节能力的政策设计，增强社会组织参与新时期社会治理的水平与能力；有必要形成体制内社会组织与体制外社会组织间关系协调的政策规则，进一步优化社会组织生态体系，形成不同社会组织协调合作的关系格局；有必要进一步调整和完善社会组织的分类及登记管理政策，增强社会组织的活力；有必要改革和完善诸如政府购买服务、财税优惠等社会组织的要素资源所依赖的政策框架，为社会组织的良性发展提供充分的资源保证。

第一节　新中国成立以来社会组织政策及其变迁

新中国成立以来，我国社会组织的发展经历了一个漫长曲折的过程。从新中

[①]　孙兰英等：《当前我国社会组织的发展现状：问题及发展途径探索》，载于《天津大学学报（社会科学版）》2013 年第 6 期。

[②]　李友梅：《中国社会管理新格局下遭遇的问题——一种基于中观机制分析的视角》，载于《学术月刊》2012 年第 7 期。

[③]　梁莹：《城市夹缝空间的绿色力量：环保社区社会组织生长的社会政策逻辑》，载于《人文杂志》2013 年第 6 期。

国成立初期的清理整顿、"文化大革命"期间的"瘫痪",到改革开放后的整顿、发展,都始终与党和政府关于是否支持社会组织的发展,如何发展社会组织等相关政策紧密相连。换言之,新中国成立以后,我国的社会组织政策也先后经历了从清理整顿、严格控制到支持与管控并行、稳步发展的政策模式变迁。经过60多年的发展变化,到目前为止,我国已经形成了相对比较成形的社会组织政策体系。其中包括对社会组织的登记注册与管理的规章条例、支持社会组织发展的财政与税收政策、加强社会组织过程管理与内部治理结构优化的规制政策等。[①] 我国社会组织政策的建构及其变迁都是在特定历史阶段经济社会发展背景下,为解决社会秩序达成、加强社会管理等问题而展开的政策实践。

一、清理、解散与禁止:新中国成立初期社会组织的政策管控

新中国成立伊始,为了对旧社会留存下来的各种社会团体进行清理整顿,确立新的社会组织秩序,1950年,政务院在"临时宪法"《中国人民政治协商会议共同纲领》的指导下颁布《社会团体登记暂行办法》,它是中华人民共和国第一部关于社会团体的法规。1951年3月,内务部制定了《社会团体登记暂行办法实施细则》。这两部法规明确规定,全国性的社会团体向内务部申请登记,地方性的社会团体向当地人民政府申请登记。从这时开始,就逐步确立了社会组织(社会团体)"分级登记"的管理原则,登记管理机关集社会组织审批权和管理权于一体。据此,内务部和地方政府对人民群众团体、社会公益团体、文艺工作团体、学术研究团体、宗教团体进行了依法登记,确立了其法律地位。

但是这部法规和配套规定的目的很难说是为了实现"公民的结社权利",相反,却是为清理、解散当时存在的社团提供了法律和政策依据。[②] 1950年4月13日,周恩来在题为《发挥人民民主统一战线积极作用的几个问题》的报告中指出,工会是工人阶级的群众组织,同时也带有统一战线的性质。欧洲有很多工会其本身就是统一战线的组织。青联、学联、妇联这些团体都带有统一战线性质,其他学术团体也是一样。[③] 此外,还根据《暂行办法》第四条:"凡危害国家和

---

① 王名:《中国民间组织30年:走向公民社会》,社会科学文献出版社2008年版。

② 新中国成立初期颁布的《社会团体登记暂行办法》与《社会团体登记暂行办法实施细则》,由于仅仅规定了社会团体登记管理的程序和办法,没有确定日常管理的内容,缺乏实际的指导性,因而,在完成清理整顿的任务后,两部法规基本上被废弃。可参考:游祥斌等:《从双重管理到规范发展:中国社会组织发展的制度环境分析》,载于《北京行政学院学报》2013年第4期。

③ 中共中央文献研究室周恩来研究组编:《周恩来统一战线文选》,人民出版社,1984年版。

人民利益的反动团体，应禁止成立，其已登记而发现有反动者，应撤销其登记并解散之。"清理和取缔了许多当时存在的"帮、会、道、门"等社会组织。同时，社会团体的登记过程也是新政权用自己的社会主义价值观对当时存在的团体、组织进行筛选的过程。那些与社会主义的价值观不符的民间组织被认为是"封建主义"组织或者"反动"组织而被取消。① 在这一过程中，有些民间组织被改造，例如，为了适应中国共产党领导的多党合作的政治体制，一些政治倾向比较明显的民间组织被转化为政党组织，定义为"民主党派"，从而与其他社会团体区别开来。

新中国成立初期出台社会组织相关政策主要基于以下两个重要的政治需要。

（1）巩固新政权。新中国成立初期，百废待兴，新政权尚不稳固，外有美国、中国的台湾国民党等敌对势力环伺四周，虎视眈眈；更为严峻的是，当时国内有两种极其不安全的因素严重地威胁着新中国的成长，一种是蒋介石撤离大陆时潜伏下来的敌特分子，他们以各种乔装的身份结帮结社，伺机从事各种破坏与颠覆活动；另一种是长期存在和活动于旧中国的不少带有封建主义色彩的各类团体，它们之中许多因敌视新政权而采取敌对或对抗的行动，这些都有可能对新中国的社会秩序尤其是政治秩序带来严重的冲击。因此，当时颁布的有关社会团体的相关政策与其说是鼓励公民结社，不如说是政府通过特定政策的制定与实施来清除那些威胁政权与社会的危险因素。

所以，1950年国家政务院制定颁布了《社会团体登记暂行办法》，明确规定了社会团体的类别，登记的范围，筹备登记、成立登记的程序、原则，登记事项以及处罚等内容。该法规将社会团体分为人民群众团体、社会公益团体、文艺工作团体、学术研究团体、宗教团体和其他符合人民政府法律规定的团体，并规定全国性的社会团体向内务部申请登记，地方性社会团体向当地政府申请登记，从此确立了社会团体的分级登记原则，并形成了社会团体分级登记管理体制。在规范登记的同时，为实现巩固新政权的目的，国家重点对一大批旧社会组织进行了清理。比如旧有的互益组织、慈善机构、宗教组织、带有政治色彩的反动组织等相继被快速改造、整顿、镇压或取缔。②

（2）建立统一战线。在革命战争年代，中国共产党曾经组织或依靠各类进步的青年团体、妇女团体、工人团体等一起发动更广泛的人民群众，投入民族解放事业和人民民主革命，并取得了辉煌的成就。因此，1949年新中国成立之后，

---

① 参考：甘肃省社会组织网，《甘肃省社会组织依法监管研究》，2014年6月18日，http://www.gsshzzw.gov.cn/articles/2014/08/07/article_21_190_1.html。

② 姚华平：《国家与社会互动：我国社会组织建设与管理的路径选择》，华中师范大学2010年博士学位论文。

全国青年联合会、全国妇女联合会等组织相继成立。这些机构的总部大多都设于北京和上海，并于各省（区）市设立分部，形成一个全国性的网络。这些团体由相关的法律或政策赋予其合法性，并且被明确归为"人民群众团体"① 这一大类别，从而成为执政党联系群众的纽带，巩固政权的社会基础。

对于中华人民共和国成立初期的人民群众团体及其性质，王名等人给予了很好的解释。② 王名等认为，当时人民群众团体的出现以及他们在社会生活中的广泛作用体现了当时的国家领导机关对中国民主政治体制的设计，这种体制实际上就是法团主义的民主模式（见图 6 - 1）。在中国，政府的行政权力受到三层制约。第一层制约是中国共产党的领导，第二层制约是法律的制约，第三层制约是群众的制约。人民群众团体的最初设计是同政府部门没有行政上的隶属关系，这样以便于更能发挥人民团体对政府部门的监督作用，更好地反映公民的政治要求，更有利于影响政府的决策和保护公民的合法权利不受政府部门的侵犯。

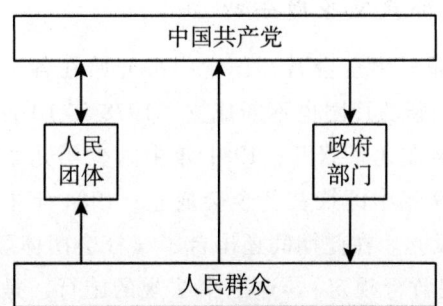

图 6 - 1　新中国成立初期的法团主义民主模式

人民团体在新中国成立初期确实发挥了巨大的作用，但事实上，那时人民团体的运作方式同政府部门大同小异，它具有同政府部门相似的行政级别，其领导人和工作人员享有同政府部门工作人员相同的福利待遇，并且团体的负责人一般由党组织直接任命。人民团体的最高权力机关是会员代表大会，但是会员代表大会在决定相关重大问题上没有很大的发言权。这种发展趋势逐渐使人民团体越来越官僚化，变得远离群众，最终成为中国的"第二政府"。即是说，这些人民团体越来越演化成为另外一类近似于准政府体制的官僚机构。

"文化大革命"之后，国内社会民主与法制建设遭到严重破坏，社会组织的发展基本陷入瘫痪和停滞状态。特别是 1969 年 1 月，主管社会团体工作的国家

---

① 在当时形成了著名的八大人民团体：中华全国总工会、中国共产主义青年团、中国科学技术协会、中华全国工商联合会、中华全国妇女联合会、中国全国归国华侨联合会、中华全国台湾同胞联谊会、中华全国青年联合会。

② 王名等：《中国社团改革》，社会科学文献出版社 2001 年版，第 76 页。

内务部被撤销，其原有的大部分工作职能分别转移给财政部、公安部、卫生部、国家计委等部委，导致到 1978 年前我国社团管理工作基本处于多头、混乱和失序状态。[①] 这也为改革开放之后国家实施社会组织清理整顿政策埋下了伏笔。

二、从整顿到管理与支持并举：改革开放以后社会组织政策的变迁

"文化大革命"结束后，进入改革开放的新时期，国家由计划经济向市场经济转变，随之而来的政府机构改革给民间组织发展带来重要契机。相应地，民间组织的政策制定和管理工作也经历了恢复阶段（1978～1991 年）、快速发展和规范阶段（1992～1997 年）、稳步发展阶段（1998 年至今）。

（一）恢复发展阶段及原因分析

1978 年党的十一届三中全会召开，党中央开始在各个领域拨乱反正，大量的社团开始恢复工作，新的社团也不断成立。1978 年 10 月，中国共产主义青年团第一次全国代表大会在北京召开；1981 年中国少年儿童基金会成立，它是我国第一家基金会；1989 年中国扶贫基金会成立；1984 年中加贸易理事会北京代表处等外国商会机构设立。在此期间还出台了《社会团体登记条例》《基金管理办法》《外国商会管理暂行规定》。这三个法规的施行，是我国社会组织发展全面恢复的标志。截至 1991 年，我国社会团体组织数量达到 82 114 个。不过，对于各类非政府组织的发展，中央和地方政府也不是完全放任，1988 年国家民政部开始设立"社团管理司"以负责全国社会团体整体政策的制定及研究。1989 年 10 月国务院颁布实施《社会团体登记管理条例》，确立了中国社会团体实行双重管理的基本框架，以进一步加强对民间组织的监管。在法律和监管机构双重力量支配和推动下，我国的社会团体进入稳步发展轨道。

总体而言，这个阶段社会组织及相关社会政策有较大发展，究其原因，主要有以下三个方面。

第一，1978 年党的十一届三中全会释放的巨大能量。这次三中全会的召开成为我国社会发展方向上的重要转折点，它预示着中国社会由计划时代逐步向市场时代转变，表明中国开始由高度集中和统一的社会状态向控制有所松动、活力有所增加的社会状态变迁。改革开放释放的信号，使民间力量看到生存与成长的

---

① 游祥斌等：《从双重管理到规范发展：中国社会组织发展的制度环境分析》，载于《北京行政学院学报》2013 年第 4 期。

希望，也给民间力量的快速进入和发展带来了活力。第二，经济改革和发展的强大推动力。党的十一届三中全会以后的改革开放，首先在我国的经济领域里逐步展开、深入并取得有目共睹的成就，经济改革的发展与成功产生巨大的动力，极大地鼓舞着社会方面强烈期望在社会领域里有所作为、有所发展。第三，中央政府开放的姿态。党的十一届三中全会以后的改革开放及其成就，向世人展示了中国共产党和中国政府促进经济形态转变、推进经济发展的决心与信心。与此同时，党和政府大力推动社会组织的注册登记，无疑显示要在与经济改革相对应的社会领域里继续开放的迹象。

需要指出的是，1978年到20世纪80年代末，国家对社会组织的政策总体上呈现出从管理失序到严格管控的特征。如前文所言，"文化大革命"之后，国家对社会组织的管理没有了统一的机构体制，而是分散到了多个政府部门。到1989年之前，国家仍然没有建立统一的社会组织的登记管理机关，因而，多头管理造成了改革开放初期社会组织的快速无序发展。有研究就曾指出，1978~1988年是中国社团史上"无法无天"的十年，其中出现了大量的非法社团。在此背景下，国家提出了规范和控制社会组织无序发展的问题。1984年11月，党中央和国务院联合下发了严格控制全国性社会组织成立的通知，在一定程度上遏制了全国性社会组织泛滥无序的势头。1988年7月的政府机构改革中，国家在民政部内部设立了专门的社团管理司，由其专门负责社会团体的统一登记管理工作。更具有里程碑意义的是，1988年9月，国务院第21次常务会议通过了我国第一部关于基金会的行政法规《基金会管理办法》，1989年，国务院又正式颁布了《社会团体登记管理条例》。这两部管理法规基本上确立了国家对社会组织的管理政策框架与管理体制。其中，《社会团体登记管理条例》明确规定了"双重负责，分级管理"的社会组织管理体制，民政部门被确定为社会组织的唯一登记管理机关，相关政府部门作为社会组织的业务主管部门。条例还对社会团体的成立条件、登记程序、活动原则和监管内容等进行了明确规定。[①] 因此可以说，这一时期的社会组织管理政策使得刚刚处于萌发热潮期的中国社会组织遭遇到了一丝寒流。比如，受到1989年政治风波的影响，国家开始严格控制社团的无序发展，查处非法或违法社团，规范社会团体登记管理。1990年6月，国务院转发了民政部关于整顿和清理社会团体的文件（国办发〔1990〕32号）。国家试图通过对社会组织的清理整顿，以消除政治风波带来的不良影响，进一步强化统一登记注册管理，理顺社会组织的管理体制，使得社团管理能够进入制度化、法治化的轨道。受到

---

① 姚华平：《国家与社会互动：我国社会组织建设与管理的路径选择》，华中师范大学2010年博士学位论文。

这些清理整顿政策影响，当时全国性的社团由 1 600 多个减少到 1 200 个，地方性社团也由 20 万个减少到 18 万个左右。①

（二）快速发展与规范管理阶段及变化原因探析

到了 20 世纪 90 年代初，受到邓小平南方谈话精神的影响，各领域又再次掀起了改革开放的高潮。1992 年 9 月，民政部召开了新中国成立以来首次全国性社会团体管理工作会议；1995 年，第四届世界妇女大会在北京召开，会议通过了《北京宣言》和《行动纲领》，它在妇女与贫困、教育、就业、参政、健康等 12 个领域向世界各国政府提出了具体指标和要求；1997 年党的十五大提出"根据精简、统一、效能的原则进行机构改革，建立办事高效、运转协调、行为规范的行政管理体系，提高为人民服务水平；把综合经济部门改组为宏观调控部门，调整和减少专业经济部门，加强执法监管部门，培育和发展社会中介组织。"1998 年，国务院颁布了新修订的《社会团体登记管理条例》和《民办非企业单位登记管理暂行条例》，进一步完善了社会组织的管理制度，正式形成了所谓的"双重管理"的体制框架。② 同时，根据中办发〔1996〕22 号文件和〔1999〕34 号文件，国家加强了对社会团体的管理，从严从快地查处未经核准登记，擅自以社会团体或社会团体分支组织名义在社会上进行活动的非法社团组织，对 1996 年底成立的社会团体进行了换证登记，取缔了非法社团"中国法轮大法研究会"。在此阶段，国内社会组织经历了"先扬后抑"的变化特点，相关的社会政策也呈现逐渐收紧的变化轨迹，其原因在于：

1. 世界妇女大会及国外力量的影响

1995 年 9 月 4～15 日，联合国第四届世界妇女大会在北京举行，189 个国家和地区的代表，联合国系统各组织和专门机构及有关政府间和非政府组织的代表共 1.7 万余人出席了会议。而作为大会辅助性会议的 95 非政府组织妇女论坛于当年 8 月 31 日至 9 月 8 日在北京怀柔召开。论坛围绕着平等、发展、和平这些主题，讨论了全球妇女关注的问题及涉及妇女的各类问题，共进行了 3 900 场研讨会。

这是中国首次举行规模盛大、会众甚多尤其是境外大量非政府组织积极参加的国际性大会，会议不仅深入讨论了世界与中国妇女平等、发展、和平等主题，通过了《北京宣言》和《行动纲领》，同样重要的是它让中国民众特别是中国的

① 姚华平：《国家与社会互动：我国社会组织建设与管理的路径选择》，华中师范大学 2010 年博士学位论文。

② 王义：《改革开放以来中国共产党应对民间组织发展与挑战的基本经验》，载于《大连干部学刊》2012 年第 9 期。

知识分子看到了非政府组织的力量，感受到了非政府组织参与社会事务的重要性与可能性。由此，加速了国内非政府组织的大量产生。

2. 国内民众参与意识增强

在这个阶段，国外的非政府组织开始陆续进入国内，这种态势一方面吸引了外国资金的流入，使国内的非政府组织获得了急需的经济支持；另一方面，也让内地的民间组织有机会接触国外非政府组织的文化、价值与管理知识，从而对社会事务的参与以及积极回应社会及民众对公共服务日益增长的需求产生更高的要求。

3. 法轮功事件的影响

法轮功事件给中国社会组织的管理敲响了警钟，社会组织可以推动社会发展，但是也有可能被敌对势力利用成为破坏社会进步甚至威胁现有政权与统治的力量。因此，在 20 世纪末期，国家相关的社会组织政策又趋向于收紧。从总体上看，在这个时期，中国的非政府组织开始进入依靠法律来强化管理的阶段，政府通过采用不同的法律法规以及设置相应的管理机构的方式，来推动内地各类型社会组织的正规化和合法化，这是对 20 世纪 80 年代中期以来国内非政府组织无序增长的一种回应和管控。

（三）稳步发展阶段及隐含的意义

2002 年召开的党的十六届六中全会提出"健全社会组织，增强服务社会功能。坚持培育发展和管理监督并重，完善培育扶持和依法管理社会组织的政策，发挥各类社会组织提供服务、反映诉求、规范行为的作用。发展和规范律师、公证、会计、资产评估等机构，鼓励社会力量在教育、科技、文化、卫生、体育、社会福利等领域兴办民办非企业单位。发挥行业协会、学会、商会等社会团体的社会功能，为经济社会发展服务。发展和规范各类基金会，促进公益事业发展。引导各类社会组织加强自身建设，提高自律性和诚信度。"2004 年国务院在 1988 年《基金会管理办法》的基础上制定了《基金会管理条例》，提出了总则以及设立、变更和注销，组织机构，财产的管理和使用，监督管理及法律责任等较为全面的管理方式。至此形成了以 1998 年《社会团体登记管理条例》、1998 年《民办非企业单位登记管理条例》、2004 年《基金会管理条例》为框架的社会组织政策体系。在这之后，社会组织的政策体系基本没有太多变化。

党的十八届三中全会之后，随着社会治理战略的提出，在政策层面上，国家对社会组织的发展提出了一些新的观点。比如，党的十八届三中全会上《中共中央关于全面深化改革若干重大问题的决定》（简称《决定》）明确提出，要激发社会组织活力，重点培育和优先发展行业协会商会类、科技类、公益慈善类、城乡社区服务类社会组织，并实行直接申请登记制。对于在华境外非政府组织，

《决定》则提出要引导其依法开展相关活动。① 2016 年 8 月，中共中央办公厅、国务院办公厅联合印发了《关于改革社会组织管理制度促进社会组织健康有序发展的意见》（简称《意见》），这标志着党的十八届三中全会之后国家关于社会组织发展形成了更加明确和重点突出的顶层政策框架，为我国社会组织的健康有序发展提供了重要的政策指导，明确了相关的政策方向。该《意见》首先指出了在我国全面建成小康社会决胜阶段，促进社会组织健康有序发展的重要性和紧迫性。《意见》指出：改革社会组织管理制度、促进社会组织健康有序发展，有利于厘清政府、市场、社会关系，完善社会主义市场经济体制；有利于改进公共服务供给方式，加强和创新社会治理；有利于激发社会活力，巩固和扩大党的执政基础。其次，《意见》提出了促进社会组织健康有序发展的总体目标，即到 2020 年，统一登记、各司其职、协调配合、分级负责、依法监管的中国特色社会组织管理体制建立健全，社会组织法规政策更加完善，综合监管更加有效，党组织作用发挥更加明显，发展环境更加优化；政社分开、权责明确、依法自治的社会组织制度基本建立，结构合理、功能完善、竞争有序、诚信自律、充满活力的社会组织发展格局基本形成。为此，《意见》明确提出，要通过降低准入门槛、积极扶持发展、增强服务功能等途径大力培育发展社区社会组织；要在支持社会组织提供公共服务、完善财税支持政策、人才政策、发挥社会组织积极作用等方面完善扶持社会组织改革发展的政策措施；要通过稳妥推进直接登记、完善业务主管单位前置审查、严格民政部门登记审查、强化社会组织发起人责任等手段，依法做好社会组织登记审查；要在社会组织负责人管理、社会组织资金监管、社会组织活动管理、规范管理直接登记的社会组织、社会监督、社会组织推出机制等方面切实严格加强对社会组织的规范管理和有效监督。《意见》还突出强调了加强对社会组织党的领导和党组织建设的重要性，并明确提出了完善领导体制、推进社会组织党的组织和工作有效覆盖、加强社会组织党建工作基础保障等要求。

到目前为止，我国政府颁布的与社会组织相关的社会政策，总体上可以分为两大类：第一类是根据社会组织的不同类型，政府制定的直接规范该类组织的社会政策，如《基金会管理条例》《基金会年度检查办法》等属于基金会相关政策；第二类是不直接指向某类社会组织的社会服务政策，如社会保障政策等，但由于社会组织作为执行社会政策的主体之一而与该领域发生直接关联，或起着举足轻重的作用，这类政策也应该属于与社会组织间接相关的社会政策（见表 6-1）。

---

① 2016 年 4 月 28 日，十二届全国人大常委会第二十次会议表决通过了《中华人民共和国境外非政府组织境内活动管理办法》。

表6－1　　　　　　　　**与社会组织相关的社会政策现状**[①]

类别	政策数量	代表性政策条例
社会团体相关政策	96	《外国商会管理暂行规定》（1989）、《社会团体登记管理条例》（1998）、《民政部关于重新确认社会团体业务主管单位的通知》（2000）、《社会团体分支机构、代表机构登记办法》（2001）、《国家发改委、财政部、民政部关于公布取消和停止社会团体部分收费及有关问题的通知》（2010）等
基金会相关政策	10	《基金会管理条例》（2004）、《基金会年度检查办法》（2006）、《基金会信息公布办法》（2006）等
民办非企业相关政策	9	《民办非企业登记管理暂行条例》（1998）、《民办非企业年度检查办法》（2006）等
综合性相关政策	98	《公益事业捐赠法》（1999）、《事业单位、社会团体、民办非企业所得税征收管理办法》（1999）、《政府采购法》（2002）、《救灾捐赠管理办法》（2008）、《财政部、国家税务总局、民政部关于公益性捐赠税前扣除有关问题的通知》（2008）、《社会组织评估管理办法》（2010）、《中华人民共和国境外非政府组织境内活动管理办法》（2016）、《关于改革社会组织管理制度促进社会组织健康有序发展的意见》（2016）等

从上述的简单梳理中大致可以看到，中国社会组织政策变迁的轨迹可概括为：从严格控制到适度培育再到选择性培育与规制，这与中国政治经济形势的发展趋势与社会结构的特点和形势变化是具有一致性的。

第二节　社会组织政策创新的代表性地方经验

我国社会组织政策变迁一方面是中央政府及相关部门自上而下推动的结果，另一方面也体现了地方政府的诸多创新实践。改革开放以来，尤其是 21 世纪以来，在国家层面社会组织政策框架的导引下，各地结合地方经济社会发展实际，

[①]　参阅肖小霞：《社会组织发展：相关政策评析、约束与调整——社会政策视角的分析》，载于《福建论坛（人文社会科学版）》2012 年第 1 期。

围绕着社会治理以及社会组织发展的主要问题，进行了一系列的政策创新，形成并积累了较多有价值的地方政策创新经验，为推动我国社会组织的发展提供了良好的政策环境，并形成了诸多具有典型性、示范性的经验模式。比较来看，以广东（包括深圳）、上海、北京、浙江等省市的实践为例，这些地方政府在社会组织的发展与管理的政策创新方面积累的经验，能够为我们推进新时期的社会组织建设提供重要参考。

一、深圳：以行业协会为切入点探索社会组织登记管理体制改革

深圳是我国改革开放的前沿，同时也是我国社会组织发展与政策创新的前沿。21世纪以来，深圳市在全国率先围绕社会组织登记管理制度的改革，创新社会治理，积极推进社会组织的政策创新，[1] 取得了较好的成效。正如有学者所言，[2] 深圳市政府部门较早认识到，双重管理体制是制约社会组织发展的一个重要因素。于是，深圳率先开始改革既有的社会组织登记管理体制。早在1994年，深圳就开始推进行业协会和商会与政府部门脱钩；[3] 从2004年起，深圳更是采取了著名的三个"半步"走的改革策略，选择行业协会这个敏感度较低、风险较小的领域作为突破口和切入点，从民间化入手改革行业协会登记管理体制，随后渐次扩大直接登记和无业务主管单位制度适用领域，逐步探索社会组织由民政部门直接登记、规范管理、无业务主管单位的新体制。具体而言，三个"半步"走政策实践包括：

第一个"半步"：2004年深圳市成立行业协会服务署，统一行使行业协会业务主管单位的职责，并积极推动行业协会在机构、办公场所、人员、经费等方面与原业务主管单位脱钩，行业协会真正拥有独立的社团法人地位。[4] 2004年在市委、市政府的要求下共有201名党政机关公职人员辞去了在行业协会所兼任的领导职务。这项改革切断了行业协会与原业务主管单位之间的利益联系，使行业协会获得了独立的社团法人地位和内部管理的自主权，从此深圳市的行业协会从官办协会的依附性生存模式走上了民间化自主发展的道路。

第二个"半步"：2006年底，深圳市将行业协会服务署和市民间组织管理办

---

① 《深圳社会组织勇于改革创新》，深圳商报，2012年8月14日，http://roll.sohu.com/20120814/n350573217.shtml。

② 何增科：《深圳市社会组织登记管理体制改革的案例研究》，载于《甘肃行政学院学报》2010年第4期。

③ 任建军：《我国社会组织管理体制改革研究》，天津大学2011年硕士学位论文。

④ 夏龙：《我国社会组织双重管理体制改革的探索与思考》，载于《改革与开放》2012年第4期。

公室合并，组建市民间组织管理局，在全国最早实现了行业协会由民间组织管理部门直接登记、无业务主管单位的新型管理体制。正如王名教授所言，这一次的探索非同寻常，它实际上是在行业协会这种特殊类别的民间组织上将原有的双重管理体制转变为一种单一登记、统一监管的新的制度安排。

第三个"半步"：2008 年 9 月，深圳市出台了《关于进一步发展和规范我市社会组织的意见》（简称《意见》），进一步扩大了直接登记、无业务主管单位的新体制适用的社会组织的类别。该《意见》明确规定工商经济类、社会福利类、公益慈善类的社会组织申请人均可直接向社会组织登记管理机关申请登记。对主要在社区范围内开展活动的社区社会组织实行登记备案双轨制，适度放开异地商会的登记和管理，适度突破一业一会的限制，鼓励行业协会专业化和精细化。

其次，深圳市还在政府职能转移委托、实行政府购买服务、社会化评估等多方面进行了积极的探索。[①] 相关的政策如深圳 2008 年 9 月出台的《关于进一步发展和规范我市社会组织的意见》明确提出，只要有社会组织能够有效提供的公共服务，原则上不再设立新的事业单位，不再增加新的事业编制，以此"倒逼"政府各部门向社会购买服务；[②] 2009 年，深圳市在大部制改革中取消、调整和转移284 项职能事项；并在《深圳市推进政府职能和工作事项转移委托工作实施方案》和《深圳市社会组织发展规范实施方案（2010～2012 年）》中明确提出，"今后新增的社会管理和公共服务事项，凡可委托社会组织承担的，向符合条件的社会组织购买服务"，[③] 以此扩大社会组织的功能空间，促进社会组织的发展。2010 年，深圳市又下发了《中共深圳市委、深圳市人民政府关于加强社会建设的决定》，提出大力发展和规范社会组织，提升社会组织的自治能力，进一步转变政府职能，扩大购买服务；[④] 2012 年，深圳市出台了《中共深圳市委、深圳市人民政府关于进一步推进社会组织改革发展的意见》，《意见》明确提出，要以"方向要积极、步骤要稳妥"为指导，立足于改进政府服务、管理社会组织的方式，营造社会组织发展的良好环境；立足于改进社会组织的运作方式，形成社会组织自治自律的良性机制。通过改革完善体制机制，发展壮大社会组织，发挥其完善市场经济体系的功能，提升其投身社会建设、服务经济社会发展的能力。同时，《意见》还明确了社会组织政策改革创新的主要内容：深化社会组织登记管理体制改革、确保社会组织的非营利性属性、规范与监督社会组织行为、推进政

---

① 何增科：《深圳市社会组织登记管理体制改革的案例研究》，载于《甘肃行政学院学报》2010 年第 4 期。

② 任建军：《我国社会组织管理体制改革研究》，天津大学 2011 年硕士学位论文。

③ 林祥明：《社会组织管理的地方创新经验》，载于《决策咨询》2013 年第 5 期。

④ 陈晓玲等：《社会组织管理的政策工具：以广东省深圳市为例》，载于《辽宁行政学院学报》2014 年第 1 期。

府职能转移委托、加大对社会组织的扶持力度、加强社会组织支持体系建设、逐步完善社会组织法制建设、加强社会组织党群工作、搭建社会组织发挥作用的平台等。① 通过这一系列的政策建构，深圳市为推动社会组织的发展，加强社会组织的规范化管理，提供了比较完善的政策框架。

另外，在与社会组织发展相关的其他诸多方面，深圳市也进行了一些政策上的探索。比如：针对社会组织内部治理问题，深圳市出台了《行业协会法人治理指引》《行业协会管理制度示范文本》等；针对社会组织登记管理机关依法行使职权方面，深圳出台了《深圳市社会组织登记管理机关行政处罚程序规定》《执法程序流程图》等；深圳市还出台了《社工机构行为规范指引》，旨在建立民间化的社工制度；为积极探索对社会组织的扶持，深圳市还利用福利彩票公益金设立向社会组织购买服务的"种子基金"。② 通过这些具体的政策规定，深圳市将社会组织的运行与管理纳入到了制度化、正规化与法治化的轨道。

二、北京：以枢纽型社会组织③为重点推动社会组织规范发展

近年来，北京在社会组织的管理与政策创新方面，走在了全国的前列，其最具代表性和影响力的政策改革经验，主要体现为以枢纽型社会组织为重点来推动和规范社会组织的发展。其政策意图包含两个维度：一方面，主要借助枢纽型社会组织的整合与联结作用，大力向社会组织购买服务；另一方面，通过枢纽型社会组织的建设，探索和推动社团登记管理体制的改革。

在传统的"双重分层管理体制"下，社会组织如果要获得合法的社会身份，需要克服诸多的制度"瓶颈"。而传统的社会组织管理体制明显呈现出重登记、轻管理的特征，极大地限制了社会组织的发展，导致社会组织缺乏应有的活力，而且在组织性质及其与政府的关系上，容易造成政社不分，社会组织的自主发展、自我管理、自我服务的能力都比较弱等难题。④ 为此，2008 年以来，北京市

---

① 《中共深圳市委、深圳市人民政府关于进一步推进社会组织改革发展的意见》（深发〔2012〕2号），深圳民政网，http://www.szmz.sz.gov.cn/xxgk/ywxx/shzz/zcfg/qt/201211/t20121128_2074146.htm。

② 刘培峰等：《民间组织发展与管理制度创新》，社会科学文献出版社 2012 年版，第 229 页。

③ "枢纽型"社会组织，是对同类别、同性质、同领域社会组织进行联系、服务和管理的联合型组织。此类组织由北京市社会建设工作领导小组认定，负责在本领域社会组织中贯彻执行党的路线方针政策，开展党的工作；在业务上发挥引领聚合作用；在日常服务管理上发挥平台作用，负责提供日常服务管理，促进本领域社会组织健康有序发展。

④ 李璐：《分类负责模式：社会组织管理体制的创新探索：以北京枢纽型社会组织管理为例》，载于《北京社会科学》2012 年第 3 期。

正式推行社会组织的枢纽型管理体制。在 2008 年北京市政府出台的《北京市社会建设实施纲要》等"1 + 4"的系列文件中，北京提出了构建"枢纽型"社会组织工作体系的改革思路，逐步构建起以人民团体为骨干的"枢纽型"社会组织工作体系，将社会组织按照其工作性质和业务类别，纳入新的管理体制，由"枢纽型"社会组织负责进行日常管理和服务，从而形成所谓的分类管理、分级负责的社会组织管理模式。① 同样，在 2008 年北京市出台的《关于加快推进社会组织改革与发展的意见》中也明确提出，"除暂时保留少部分有特殊职能的部门继续作为有关社会组织的业务主管单位外，行政部门原则上不再作为业务主管单位"，同时"以人民团体为骨干，确认一批'枢纽型'社会组织……授权这些'枢纽型'社会组织承担业务主管单位职责"。②

在这一政策框架下，2009 年北京市社会建设工作领导小组正式认定了首批 10 家市级的"枢纽型"社会组织。这些枢纽型的社会组织主要包括：北京市总工会、北京团市委、北京市妇联、北京市科协、北京市残联、北京市侨联、北京市文联、北京市社科联、北京市红十字会、北京市法学会。它们业务负责的领域涵盖了职工类、青少年类、妇女儿童类、科学技术类、残障服务类、涉侨类、文学艺术类、社会科学类、医疗救助类、法学类社会组织的联系、服务和管理。这 10 家枢纽型社会组织的认定，标志着北京市社会组织与原有的行政管理部门的关系从"主管主办"关系逐步过渡到了"行业指导"的关系。③ 通过利用这些枢纽型社会组织替代传统的政府主管部门对社会组织的管理与服务，在一定程度上实现了社会组织管理社会组织的目标。在此基础上，北京市又在 2010 年底，进一步把市工商联、市志愿者联合会、市律师协会等 12 家单位认定为第二批市级"枢纽型"社会组织。通过两次认证，22 家"枢纽型"社会组织能够实现对全市 80% 以上的社会组织的工作覆盖率，"枢纽型"社会组织工作体系的基本框架逐渐形成。2011 年，北京市又加快了第三批市级"枢纽型"社会组织的认定，包括市对外友协、市民间组织国际交流协会等在内的 5 家单位被认定为枢纽型的社会组织。到 2011 年底，北京共认定了 27 家市级枢纽型社会组织，对市级社会组织的管理与服务工作覆盖率达到了 85% 以上。同时，北京市还采取积极措施，着力培育区县、街道层面的枢纽型社会组织，打造市、区、街三级枢纽型社会组织工作网络。④ 数据显示，仅在 2012 年，北京 16 个区县就认定了近 208 家枢纽型

① 孙兰英等：《当前我国社会组织的发展现状：问题及发展途径探索》，载于《天津大学学报（社会科学版）》2013 年第 6 期。

② 林祥明：《社会组织管理的地方创新经验》，载于《决策咨询》2013 年第 5 期。

③④ 李璐：《分类负责模式：社会组织管理体制的创新探索：以北京枢纽型社会组织管理为例》，载于《北京社会科学》2012 年第 3 期。

社会组织，共有 24 000 家各类民间组织与枢纽型社会组织建立起了工作联系。①

在枢纽型的社会组织管理体系下，2010 年以来，北京市在政策上加大了向社会组织购买服务的力度与资源投入。北京市政府部门向社会组织购买服务主要采用"政府主导、枢纽型社会组织统一运作"的模式（见表 6 - 2）。即由北京市社会建设工作领导小组办公室提供政策和资金支持，枢纽型社会组织及其下属的相关社会组织负责具体监管和运营。② 例如，2012 年 3 月，北京市社会建设工作领导小组就发出通知，在包括市红十字会、市妇联、市科协等在内条件成熟的 16 家"枢纽型"社会组织中，进行政府购买社会组织管理岗位试点。其中，2012 年 10 月 11 日，由北京市政府出资购买岗位，北京市红十字会为下属蓝天救援队、抗癌乐园等社会组织招聘的 12 名社会工作者，经过重重严格的考核、培训、岗位锻炼，正式与北京市红十字会签约。③ 政府向社会组织购买服务取得了较丰硕的成果。统计数据显示，仅 2010 年，北京市就投入了 1.12 亿元专项资金，向社会组织购买了 20 类 300 多个公益性服务项目，取得了良好的服务效果和社会效益。④ 2010～2013 年，共投入市社会建设专项资金 2 亿多元，购买 1 600 多个社会组织服务项目，拓展了公共服务供给渠道，提高了社会组织能力素质。⑤

表 6 - 2 　　　　　　北京市向社会组织购买服务的机制及特征

类别	主要内容
购买服务领域	主要集中在扶贫救助、扶老助残、医疗卫生等 10 个领域，主要以孤寡老人、残疾人、贫困学生、下岗职工、外来务工人员等群体为服务对象
购买方式	项目购买、项目补贴、项目奖励、项目申请、委托管理、凭单等
资金来源	社会建设专项资金、财政预算

---

① 《枢纽型：社会组织服务管理的"北京模式"》，北京日报，2012 年 9 月 19 日，http：//bjrb. bjd. com. cn/html/2012 - 09/19/content_139996. htm。

② 北京市社工委对入选的社会组织服务项目采取"以奖代补"的部分购买方式，获得审批项目的社会组织则寻求相应的配套资金支持或自筹不足部分的资金，财政资金先行拨付给全市 27 个枢纽型社会组织，如工商联、社科联等。社会组织要先行垫付项目的运行资金，在完成项目后凭发票向其直属的枢纽型社会组织报销。参见：陈粤凤：《北京市政府向社会组织购买服务调研报告》，载于《社团管理研究》2012 年第 12 期。

③ 《北京实行购买"枢纽型"社会组织管理岗位》，新浪公益，2012 年 10 月 30 日，http：//gongyi. sina. com. cn/gyzx/2012 - 10 - 30/100938522. html。

④ 王义：《改革开放以来中国共产党应对民间组织发展与挑战的基本经验》，载于《大连干部学刊》2012 年第 9 期。

⑤ 广东省社会工作委员会，《北京：构建"枢纽型"社会组织工作体系》，2013 年 11 月 18 日，http：//www. gdshjs. org/2013nh/zzfy/content/2013 - 11/18/content_84854862. htm。

续表

类别	主要内容
制度保障	北京市委《关于加快推进社会组织改革与发展的意见》
购买特色	以项目为导向，通过项目购买、项目补贴、项目奖励等形式购买服务，每个项目给予 3 万～30 万元资金支持

资料来源：黄晓勇：《中国民间组织报告（2010～2011）》，北京：社会科学文献出版社 2011 年版，第 79 页。

除此之外，和其他地方的政策经验类似，北京还注重在政策机制上建立健全社会组织监管措施，以促进社会组织的健康发展，规范社会组织的行为。相关的政策措施主要包括：第一，增强社会组织独立性，实现行政权力有序退出。采取"新增严控"和"存量渐减"的措施，严格控制新增社会组织中党政机关公务员或参照公务员法管理的事业单位人员兼职。现有社会组织中存在党政机关工作人员兼职的，采取社会组织自律方式，在下届换届选举中，原则上兼职人员不得当选。第二，规范组织内部制度。2007 年北京市就制定了《社会团体规范化建设的指导意见》，该文件规范了社会团体内部财务制度和会计核算行为等。另外，还建立了社会组织的年检报告、募捐活动、公益项目公开披露的信息公布制度，实现了行政监管与社会监督的有机结合。第三，建立等级评价机制。按照《北京市社会组织评估管理实施办法》（2010），北京市财政拨付专项资金，委托第三方社会中介机构对社会组织进行评估。到 2011 年初，完成评估 183 家，评出 3A 以上 168 家。通过评估和等级评价，达到了"以评促改、以评促建、以评促管、以评促发展"的目的，有力促进了社会组织基本素质和工作能力的提升。第四，建立退出机制。通过制定《北京市关于社会组织退出机制工作的指导意见》，建立起行政约谈、撤销登记、注销登记等制度，对长期不参加年检、连续两年年检不合格以及有其他严重违法行为的社会组织进行调查，对调查核实的，启动撤销登记的法定程序。[①]

三、长三角区域：社会组织综合政策体系的打造

（一）上海：以政社关系调整为重点的政策建构

上海作为全国的经济、金融、航运、国际贸易中心，在经济发展、社会建设

---

① 李璐：《分类负责模式：社会组织管理体制的创新探索：以北京枢纽型社会组织管理为例》，载于《北京社会科学》2012 年第 3 期。

等方面都走在全国前列。从 20 世纪初浦东开发开放以来，特别是 21 世纪进入全球化开放时代以来，伴随着经济体制改革、社会转型，上海就开始注重社会问题的治理，[①] 在社会组织的建设与管理方面，进行了一系列的政策改革与创新，形成了诸多有上海特色、有示范价值的社会组织政策经验。上海的社会组织政策改革创新有一个鲜明的特色，即注重以政社关系的适应性调整为重点，推动社会组织的政策改革，进而更好地促进和加强社会组织健康有序的发展。

20 世纪 90 年代初，浦东新区开发开放战略实施以来，上海就围绕如何有效地提供社区公共服务问题，探索"小政府、大社会"的模式，为社会组织等非政府主体能够参与到社会建设与治理提供空间。为此，1996 年，上海市浦东新区社会发展局创造性地提出引入具有专业性社会服务传统的非营利组织——上海基督教青年会，将国家投资的公共设施（罗山街道公建配套设施，即著名的罗山会馆）委托其运营和管理，由此在全国首先开创了"政府主导、各方协作、市民参与、社区管理"的社区服务供给运营新模式（政府购买社会组织服务）。[②] 也正是从这一时期开始，上海在探索构建良好的政社合作关系及其政策创新方面，走上了一条成功的道路。

加入世界贸易组织之后，作为中国国际经济交流前沿的上海，为了应对"入世"的可能挑战以及出于规范市场经济秩序的需要，上海开始进一步转变对社会组织，尤其是经济类、行业类社会组织的管理体制。即上海开始从被动地执行国家的法规政策转向主动管理，由笼统式管理转向分类管理，由单一行政管理转向政府与社会组织协同管理以及社会组织自我服务与管理。[③] 因此，2002 年以来，上海在搭建政社合作平台，实现政府与民间组织的有效沟通互动方面进行了积极探索。

首先，以行业类经济类社会组织为重点，适应经济治理需要，推进政社分开，创新行业协会类社会组织的管理体制。2002 年 1 月，上海市政府正式成立了行业协会发展署，由其负责统筹全市行业协会、市场中介组织的发展，协调协会与政府、市场之间的关系，并承担起部分行业协会市场中介的管理事务。[④] 上海

---

① 李友梅：《浦东新区城市化过程中的农民问题——以严桥镇及其管理的社区为案例》，载于《上海大学学报（社会科学版）》1999 年第 3 期。李友梅：《基层社区组织的实际生活方式——对上海康健社区实地调查的初步认识》，载于《社会学研究》2002 年第 4 期。

② 《上海经验——上海浦东罗山市民会馆案例》，http：//zykc. crup. cn/administration/ShowArticle. asp？ArticleID = 3780。

③ 余永龙等：《社会组织发展的上海标本》，中国改革论坛，http：//www. chinareform. org. cn/society/organise/Practice/201405/t20140504_196261. htm。

④ 游祥斌等：《从双重管理到规范发展：中国社会组织发展的制度环境分析》，载于《北京行政学院学报》2013 年第 4 期。

新时期加强社会组织建设研究

在全国最早制定了关于促进行业协会发展的法规政策。2002 年 1 月，上海市正式发布了《上海市行业协会暂行办法》；2002 年 10 月，上海市第十一届人民代表大会常务委员会第四十四次会议正式通过了《上海市促进行业协会发展的规定》。这两部法规都明确提出政府部门支持行业协会的健康发展，从而为行业类社会组织的发展提供了改革方向——市场化原则与"政会分开、自主办会、有效监管"。[①] 2004 年 6 月，上海市将行业协会发展署再次改组为上海市社会服务局，由社会服务局负责行业协会的发展发展规划、政策制定、协调管理等。而社团管理局则负责行业协会的设立、变更、注销的登记和备案，对行业协会实施年检和监督评估；业务主管单位则依法对行业协会的相关活动给予指导和监督。由此，这次改革创造了上海在社会组织管理上的"三元"管理体制。[②] 2006 年，为贯彻落实《中共中央国务院关于推进社会主义新农村建设的若干意见》，特别是其中涉及的涉农民间组织的精神，上海市专门出台了《关于大力培育和规范发展涉农民间组织的意见》，从登记注册、业务管理、资源支持等方面给予了明确的政策安排。2008 年 3 月，上海市又发布了《关于本市进一步支持行业协会商会加快改革和发展的实施意见》，强调了加快行业协会改革发展的重要性，并继续强调坚持按照市场化原则推进行业协会发展；推进政府职能转变，支持行业协会改革发展；积极鼓励和引导行业协会充分发挥自身职能等重要内容。而为了适应全球性的金融危机对上海的影响，2008 年底，上海市发布了《关于充分发挥行业协会作用积极应对全球金融危机的通知》，在建言献策、提供服务、发展壮大、信息反馈等方面对行业协会的功能定位给予了新的定位和高度重视，为行业类社会组织参与经济治理提供了重要的制度支持。2010 年 7 月，上海市进一步修改了《上海市促进行业协会发展规定》，对加强行业协会的管理，实现行业协会与政府部门关系的进一步转型提出了新的规范。

其次，以转移政府职能为契机，以政府购买社会组织服务为手段支持社会组织的发展。从历史来看，社会组织的发展与政府机构改革与职能转变存在着比较明显的共变关系。21 世纪以来，为扶持社会组织的成长，上海市着力以转移政府职能为契机，积极开展政府购买社会组织服务。有研究指出，上海市政府部门的政策姿态调整给上海社会组织带来了重要的发展机遇。2005 年以来，上海坚持用高起点的社会发展来支持经济发展，用更完善的社会发育来推动政府职能转变，用更广泛的社会参与来提高公共服务的质量与水平。积极探索建立"以政社

[①] 许昀：《上海市社会组织管理和培育改革创新情况调研报告（2009）》，http://www.360doc.com/content/10/0724/22/620041_41227906.shtml.

[②] 游祥斌等：《从双重管理到规范发展：中国社会组织发展的制度环境分析》，载于《北京行政学院学报》2013 年第 4 期。

分开为前提，以政府职能转变为基础，以政府购买服务为纽带"的新型政社合作关系。2006 年，上海"十一五"规划纲要提出"推进社会组织健康发展"；2007 年，上海市党代会首提"重视发挥社会组织在参与社会管理中的重要作用，善于运用社会资源改进社会管理"；2009 年，上海市出台了《关于鼓励本市公益性社会组织参与社区民生服务的指导意见》，旨在大力扶持发展公益性社会组织，充分发挥社会组织优势，加大社区民生服务的力度；2010 年，上海市委市政府出台"关于进一步加强本市社会建设的若干意见"，把"构建社会组织发展体系"列为社会建设的总体目标任务之一；2012 年，上海市党代会又提出"培育发展社会组织，理顺管理体制，加强分类指导，鼓励支持各类社会组织参与社会管理"。①

在转移政府职能，促进社会组织发展的过程中，上海市逐步制定和完善了政府购买服务的政策与机制。比如，2007 年，浦东新区出台了《浦东新区关于政府购买公共服务的实施意见（试行）》《关于促进浦东新区民间组织发展的若干意见》等政策文件，建立了以项目为导向的政府购买服务机制。通过购买服务，将原来由政府直接实施的为社会发展和人民日常生活提供服务的事项交给有资质的社会组织来完成，形成了"政府承担、定项委托、合同管理、评估兑现"的提供公共服务新机制。② 2008 年，静安区制定了《关于静安区社会组织承接政府购买（新增）公共服务项目资质的规定》，对承接服务社会组织的资格标准审核、过程跟踪与绩效评估等作出了明确的规定。2010 年，闵行区则出台了《关于规范政府购买社会组织公共服务实施意见（试行）》，强化了对社会组织承接政府服务的科学化、规范化管理。③ 另外，从 2009 年开始，上海市还率先在国内实施大规模的社区公益服务竞争性购买的政策。即由上海市民政局从福利彩票公益金中划出一定规模的经费用于社区公益服务招投标，在安老、扶幼、济困、助残等领域通过竞标的方式购买社会组织服务，以利于提升服务质量。④

最后，以搭建平台为依托，为促进社会组织的成长发展提供多方位服务。在推进社会组织发展过程中，上海政策与机制创新的特色还在于以平台建设为依托，为社会组织提供多样化服务和扶持。2002 年 8 月，上海市普陀区长寿路街道

---

① 余永龙等：《社会组织发展的上海标本》，中国改革论坛，http：//www. chinareform. org. cn/society/organise/Practice/201405/t20140504_196261. htm。

② 许昀：《上海市社会组织管理和培育改革创新情况调研报告（2009）》，http：//www. 360doc. com/content/10/0724/22/620041_41227906. shtml。刘鹏：《从分类控制走向嵌入型监管：地方政府社会组织管理政策创新》，载于《中国人民大学学报》2011 年第 5 期。

③ 黄晓勇：《中国民间组织报告（2010~2011）》，社会科学文献出版社 2011 年版，第 318~326 页。

④ 敬乂嘉：《政府社会组织公共服务合作机制研究：以上海市的实践为例》，载于《江西社会科学》2013 年版第 4 期。

成立了全国第一家社区民间组织服务中心，实施民间组织的枢纽式管理。之后，上海创造出了市民中心、民间组织服务中心和街道社会组织联合会等政府与社会组织合作的新型平台，实现政府与民间组织的良好沟通与合作①。其中，浦东新区政府投资兴建市民中心，由浦东新区社会工作协会运作和管理，免费供市民和社会组织使用；普陀区以民间组织服务中心为载体，承接区、街道两级政府转移职能，为基层社会组织服务，对社区群众团体进行备案，对志愿者提供管理和服务；静安区在区、街道两级成立社会组织联合会，起到联结政府与基层民众的桥梁纽带作用。② 除此之外，上海还借鉴发达国家建立社会组织"孵化器"的经验，于 2006 年创设了国内第一个公益组织孵化器（NPI），2007 年 4 月，在浦东新区政府主管部门的支持下，公益孵化器正式运营。民非性质的公益孵化器采用"政府政策支持、社会力量兴办、专业团队管理、政府和公众监督、公益组织受益"的孵化模式，③ 旨在为初创期的民间公益组织提供关键性支持的公益项目、场地设备、能力建设、注册协助和小额补贴等资源，扶助公益组织的成长。截至 2014 年，公益孵化器已经发展成为国内规模最大、服务最全、影响最广的支持性公益组织之一，为超过 1 000 家民间公益组织提供了孵化或成长支持服务。④

（二）宁波、南京、温州：综合政策体系的塑造

作为长三角地区的重要城市，宁波、南京、温州等城市的社会组织政策实践同样具有一定的代表性，能够为我们理解社会组织政策改革的地方经验，进一步探索未来的社会组织政策创新提供一定的启示。

首先，以宁波为例，近年来，宁波市在培育和发展社会组织方面，着力形成一套完整有效的政策体系。有研究指出，宁波市的社会组织政策经验主要包括三个体系：其一，构建合理的社会组织生态体系；其二，建立多层次的社会组织评价体系；其三，形成有力的政策推进体系。其中，在构建社会组织生态体系方面，宁波主要从四个方面着手。（1）推广备案制和直接登记制，促进社区社会组织和公益类社会组织的成立和发展。2012 年，宁波市出台了《关于公益类社会组织直接登记的若干意见（试行）》，对于以扶贫济困、救孤助残、助老扶弱、赈灾救援等为主要业务的慈善类社会组织，或者无法明确其业务主管单位或者业

① 游祥斌等：《从双重管理到规范发展：中国社会组织发展的制度环境分析》，载于《北京行政学院学报》2013 年第 4 期。
② 许昀：《上海市社会组织管理和培育改革创新情况调研报告（2009）》，http：//www.360doc.com/content/10/0724/22/620041_41227906.shtml。
③ 孙兰英：《当前我国社会组织的发展现状：问题及发展途径探索》，载于《天津大学学报（社会科学版）》2013 年第 6 期。
④ NPI 恩派官网，http：//www.npi.org.cn/aboutnpi.aspx。

务主管单位明确表示不承担业务主管职责，但社会服务发展需要的、以促进经济社会发展为主要目的的公益服务类社会组织，可以直接向民政部门申请成立登记。（2）成立孵化器和促进中心，支持新兴社会组织的尝试和创业。2010年12月，浙江省首家社会组织服务中心在宁波市海曙区成立。通过建立社会组织的"孵化器"来对新兴的社会组织进行扶持，建立社会组织促进中心等机构来对新成立的社会组织进行多方位的支持。（3）扩大购买服务和项目招标。近年来，宁波各级政府的公共财政向各级各类的社会组织服务平台投入资金2 000多万元，向社会组织购买社会服务项目共500多个。（4）形成枢纽和网络，促进社会组织之间的分化和聚集。[①]

其次，从南京市的经验来看，南京社会组织政策实践主要包括三个大的方面。[②] 其一，政府从政策层面加大对社会组织的培育扶持力度，多方拓展其参与社会管理和公共服务的途径。（1）近年来，南京市重视从政策层面加大对社会组织的培育和扶持，特别是对社区社会组织的扶持，力度明显加大。自2001年南京市部分城区自发为社区社会组织备案以来，南京市在全国首创了"两级登记、两级备案"的社区社会组织管理体制。（2）通过组织社会组织孵化中心，构筑政社合作平台，积极促进社会组织的专业化发展。2009年，南京市民政局、建邺区民政局和爱德基金会共同筹建了南京爱德社会组织培育中心，这是江苏省首家社会组织孵化基地。中心每年通过精心挑选，培育4~6家社会组织，给予其免费的办公场地、资金帮助，以及人才培训、规范化管理等方面的服务和支持。（3）培育枢纽型社会组织，以龙头效应和品牌效应促进社会组织的发展。其二，南京市以养老助老为切入点，多领域推进"政府购买服务"。南京市鼓楼区于2003年开始推出政府购买服务、民间组织运作的"居家养老服务网"工程，由民间组织"心贴心社区服务中心"的服务员为独居老人提供居家服务，被媒体称为是"中国式城市养老的鼓楼样本"。随后，南京针对"政府购买服务"实行中出现的问题不断改善，特别强化了公开性、透明性、竞争性等因素，并加大了评估和监管力度。其三，通过公益项目创投、社区公益金等方式的积极尝试，探索社会组织参与社会管理和服务的多样化模式。为了满足社会公众对公共服务多样化、个性化、专业化的需求，加快社会组织培育和社会管理创新，近年来南京市开展了公益项目创投的尝试，公益创投项目主要集中在社区服务类。而为确保项目高效运作，资金使用效益最大化，南京还相应地建立了"第三方项目质量评估机制"。

---

① 刘国翰：《培育和发展社会组织的政策体系构建：以宁波市为例》，载于《社科纵横》2014年第6期。

② 陈华等：《社会组织参与社会管理和服务研究：南京的探索和实践》，载于《中共南京市委党校学报》2012年第5期。

　　最后，就温州经验来看，有研究指出，温州社会组织方面的政策创新是在不彻底打破既有治理体系和公共服务体系的基础上，通过增加增量，改革存量的方式，为社会组织发展拓展空间，使社会组织与其他主体共存，通过相互竞争合作的形式，参与到社会治理与公共服务体系之中。温州社会组织的政策创新体系，同样也着眼于三个大的方面。① 其一，温州的社会组织政策创新体现出整体性的改革思路。尽管从每一具体的政策创新点而言温州都不是首创的，但温州的相关政策具有逻辑一致的整体性特征。能够通过政策组合的方式，从政府公共服务体系构建的角度通盘考虑社会组织的发展和政策工具选择问题。其二，在整体性的改革思路下，温州努力在制度和政策层面为社会组织的发展提供尽可能多的空间。除政治类少数社会组织外，温州积极探索推行社会组织直接登记制度，破除业务主管单位的束缚，并减免社会组织开办资金。在此基础上，为避免过去以业务主管单位为核心的管理体制带来的问题，在学习北京等地枢纽型社会组织构建的基础上，提出建立健全由人民团体、"枢纽型"社会组织承担业务主管单位职责，对社会组织进行统一分类的归口管理模式。其三，通过相关政策创新，直接扶持社会组织发展。为此，温州出台了一系列的相关政策：①实质性推动政府向社会组织购买服务。政府制定出台了《关于政府购买社会组织服务的实施意见》，将原由政府直接举办的、为社会经济文化发展和人民日常生活提供服务的事项交给有资质有能力的社会组织来完成，并根据社会组织提供服务的数量和质量，按照一定的程序和标准进行评估后支付服务费用。具体采取"政府立项、公开招标（或委托）、合同管理、评估兑现"的契约方式，以契约为基础履行各自的权利和义务，向社会组织购买服务；建立政府委托（授权）社会组织承担（协同）社会事务的管理机制，编制委托（授权）事项"年度目录表"，规范委托（授权）的操作程序。明确除法律法规另有规定的外，逐步将政府各部门行业管理与协调性、社会事务管理与服务性、市场监督与技术性等职能，通过委托、授权等方式依法转移给有资质有能力的社会组织承接，为社会组织发展和参与社会治理拓展空间。②大力培育扶持民办社会工作服务机构。为有效促进民办社会工作服务机构发展，发挥其在社会工作及人才队伍建设中的积极作用，温州市制定出台了《温州市民办社会工作服务机构扶持暂行办法》，降低民办社工机构的设立门槛：注册资金不少于 1 万元；对于综合性或优抚安置、减灾救灾、社会救助、社区服务、社会福利、慈善公益等类型的民办社会工作服务机构，取消业务主管单位的前置审批，申请人可直接向登记管理机关申请登记。③推动社区社会组织的发展。重点培育发展能够参与社区协同管理、提供社区公共服务、发展社区慈善

----

① 汪锦军等：《混合治理构建中的政策依赖与政策限度》，载于《浙江学刊》2013 年第 6 期。

事业的社会组织。以培育发展社区居家养老服务站（服务中心）和具有枢纽型社会组织功能的社区社会组织服务站（服务中心）等社区社会组织为突破口，有序引导符合登记条件的服务站（服务中心）登记为民办非企业单位。

四、香港特区"公助民办"的社会福利模式

香港特区遵循"小政府、大社会"的管理体制与发展模式，政府与社会组织分工明确。在社会服务提供方面，政府部门主要负责制定服务政策、拟定发展路向、提供资金支持、监察社会组织的服务表现、提供一小部分社会福利服务（如集中社会保障及紧急救济）等；而社会组织作为90%以上社会福利服务的提供者，需按照既定政策向市民提供优质的社会福利服务、维持社区照顾等社会网络，并协助政府制定政策及策划服务、向政府反映服务需求及服务使用者的意见等。香港特区政府以招标方式请慈善机构或社会企业来实施政府的社会福利项目，采取"公助民办"的方式引导并支持社会组织发挥慈善功能，进而满足社会成员生存和发展的普遍需求。

（一）香港特区的公益慈善文化与慈善机构分类体系

香港具有历史悠久的公益慈善文化，在本土社会核心价值理念的薪火相传以及"小政府、大社会"管理体制的催生培育下，逐步形成了蓬勃的志愿服务生态。20世纪80年代以来，公益慈善及社会服务向专业化发展，大量社会组织应运而生，目前已成为提供社会福利服务的重要主体。据统计，全港超过90%的社会福利服务由社会组织提供，每年服务人次超过9 010万人，每年动员志愿者（义工）服务时数超过8 700万小时，全职工作人员超过60 300名[①]。

香港是典型的"小政府、大社会"地区，政府机构少而精，社会中间层却很庞大，社会服务的提供者主要是社会企业与慈善基金会。在香港，慈善机构与志愿团体有300多家，构成了一个遍布全港的社会服务体系，在很大的程度上支撑着香港社会的正常运转。在各类慈善机构中，以社会福利机构为主。这些机构所从事的社会福利工作被分为九个大类322个项目，这九大类是：社区发展、家庭及儿童服务、康复服务、安老服务、过犯及释囚服务、学龄儿童及青年服务、长期病患者服务、其他服务对象服务、辅导服务。另外香港还有为数众多的休闲和联谊俱乐部、中心组织、工会、商会、专业团体、宗教组织、私立学校等服务机构。

① 王晔：《从志愿服务组织看香港NGO服务管理模式》，载于《社团管理研究》2012年第10期。

具体来说，根据香港社会组织所肩负的职责，社会组织可以划分为协调机构、募捐机构和服务机构。其中：协调机构承担着协调募捐机构、服务机构和政府机构的职责，其本身既不直接募集善款，亦很少直接面向市民提供服务，而是作为慈善机构的群体代言人发挥作用，如香港社会服务联会；募捐机构则专门肩负着为慈善事业募集善款的职责，其本身亦不直接提供慈善服务项目，而是为各服务机构解决筹款的困难，如香港公益金；服务机构一般不直接募捐，而是以提供各种慈善性的服务为己任，它们是慈善事业体系中的主体力量，绝大多数慈善机构均属于此类机构。此外，还有少数慈善团体如东华三院等则身兼募捐机构与服务机构的双重角色，但仍然是以服务为主。因此，从职责角度分类，香港地区慈善机构是以慈善服务机构为主体的。

根据慈善服务机构的社会化程度，又有完全独立型的慈善机构和企业附设的慈善机构两种类型，它们虽然都是经过注册且具有法人地位的团体，但前者完全独立，其财政依靠政府资助和社会捐献，而后者则往往与有关企业密不可分，其财政往往依靠所属企业。完全独立型的慈善机构无论在数量、服务及影响方面，均在香港慈善系统中占主体地位；企业附设的慈善机构占有很重要的地位，如香港上海汇丰银行慈善基金会具有相当的实力。上述两类慈善机构各凭自己的优势发挥作用，收到的亦是相得益彰的效果。

根据慈善机构的服务范围大小，香港特区的慈善服务体系由全港性机构、地区性机构及社区性机构这三种类型构。其中：全港性的慈善机构为全港有需要的人士提供服务，它们往往历史较长、规模较大、实力雄厚，如东华三院、保良局等；地区性的慈善机构则为某一区域有需要的人士提供服务，其服务范围有一定的界限，如圣雅各福群会就是香港湾仔区的有影响的慈善机构与社会服务机构；社区型的慈善机构则是立足于社区的小型慈善团体，如社区服务中心等。从慈善机构的服务内容来看，综合性服务机构通常提供多种服务，能够满足不同年龄段的有需要的人士的服务需求，如香港保良局由过去专门提供妇孺食宿和遣送服务发展到提供安老、托婴、康乐、培训等多种服务；专门型服务机构则专门提供某一类甚至某一项服务，如香港公益金专事筹款、香港艾滋病基金会专门援助艾滋病人等。

（二）香港特区社会组织"政府主导、市场调控"的管理机制

经过多年发展，香港慈善机构、社会企业已经成为独立于政府和工商企业之外的一股巨大的力量。从对相关公益志愿组织考察的实际看，香港社会组织具有其独特的服务管理模式。香港特区在社团注册、监管和社会福利上都有着很好的政府主导、市场调控的机制，有效保障个人的基本权益。

香港警务署社团管理处、港府民政事务局和社会福利署这三个部门是特区政府主管社会组织的重要机构。香港警务署社团管理处管理着香港特区所有社团的注册申请、备案、运营、更改、监管及注销。香港社团注册和豁免社团注册均不收取任何费用，注册社团申请一般在 12 个工作日之内办结。

在香港只需有 3 人同时有意向组团即可申请注册社团，3 人中必须有 1 人为该社团的负责人，余下 2 人可设定为副主席、司库、秘书，或者设定为该社团委任负责处理社团银行账户的人，如果外国组织当中有 1 名干事或成员在香港居住或者工作，并且在香港有办事处、业务地点或集会固定地点也可以申请注册，对于注册资金并没有要求。申请注册社团一般分两类，一种即注册社团，另一种即豁免注册社团。两类社团不同之处在于运营宗旨不一样，前者为一般性目的设立的社团，后者成立目的则是纯粹为了宗教、慈善、康乐，作为乡事（村民事务）委员会或由乡事委员会组成的联会或其他组织而成立，这类社团即可获得豁免注册，但豁免注册不是说不用注册，而是需要申请获得豁免注册证明书，进行备案。不论是国内组织注册还是国外组织注册提交详细的申请材料是必不可少的，这些材料包括申请人和组织干事详细身份信息副本和其他有效身份证明文件副本，香港住址或业务地址也都要一并向警务署社团事务处上报，香港警务署对于这些材料的真实性会作出详细的研判，综合评估后给出意见。

对于注册社团名称使用方面，香港警务署社团事务处有着明确的规定，香港本地成立社团均不得为其本身或其分支机构使用下列名称。第一，与已存在任何社团的名称相同或相似的名称。第二，在该社团的真正性质或宗旨方面相当可能会误导公众的名称。第三，此社团使用与属于其他社团旗下分支机构重名的名称。第四，带有 "rural committee"（中文译为 "乡、村民事务"）字眼的名称，如果社团注册名称被社团事务处主任认为是指该社团是由一个乡事委员会或是一个由多于一个乡事委员会组成的联会或其他组织的任何其他字眼的名称均不能获得注册。

香港民政事务局是在社团管理监督中起到重要作用的机构，与内地民政部门在机构职能上是有差异的，香港民政事务局除了管理着部分社团和基金外，还管理着体育、文化、法律援助等。

香港社会福利署负责受理政府资助项目的社会组织申请，并监督社会组织承接政府出资项目的服务绩效。社会福利署以服务受益者为中心、以服务质量为导向，为促进政府与接受政府资助的社会组织之间的有效合作，特别引入了服务绩效监控系统（SPMS）。SPMS 是约束申请机构执行好福利政策的有效条件，SPMS由《津贴及服务协议》（简称《协议》）与《服务表现监察制度》（简称《制度》）两部分组成，《协议》是由社会福利署（作为拨款者）与服务运营者（社会组织）签署的约束性文件，列明双方责任、角色、社会福利署所提供的服务种类、服务标准及津贴基础；《制度》共有 16 项服务质量标准，规定了服务单位应具备的素质水平，每项服务质量标准均有一套准证及评估指标说明。凡是向香港社会福利署申请政府资助的机构前期都应按照《协议》规定来进行申请并完全接受《制度》的后期监管、评估。社会福利署与业界共同为每项津助服务都制定了《协议》，以此来界定社会福利署作为资助者和机构作为服务营办者的角色、要求和责任、服务单位所提供的服务类别，以及所需达到的水平。签订协议的最大好处是机构可以自行决定如何调配政府的津助金额，以确保服务符合成本效益及应付不断转变的服务需求。与此同时，如果任何社会组织向社会福利署申请津贴来开办新的社会服务，申请成功后就可以与社会福利署签订《津贴及服务协议》获批服务合约，香港社会福利署向其拨付全额资金后，该社会组织还可以享受到非营利慈善机构免缴税的优惠政策。

（三）香港特区"政府出资、慈善做事"的社会福利模式

香港特区政府和志愿服务组织早在 20 世纪四五十年代就已建立伙伴关系。六七十年代，政府开始以"酌情津贴"的方式资助志愿机构，弥补机构资金来源的不足。80 年代，政府财政资金充裕，对志愿服务组织实行实报实销的"标准成本资助制度"，也就是说，社会组织的服务项目如要接受政府资助，其人员编制、工资薪水、单项服务投入都必须严格按照社会福利署的规范、标准来做，社会组织专职社工的薪酬与社会福利署公务员编制的社工挂钩。

2000 年以后，随着香港社会服务的日益完善，财政支出压力加大，政府对社会组织的资助模式也发生重大改革，开始实行"整笔拨款资助计划"，即政府向机构每年的拨款以员工的中位数计算，如有盈余，机构可以保留，但同时机构亦要负担可能出现的亏损，政府不作"包底"。政府所有新的服务都需以公开投标的方式决定服务提供者，每一项受资助的服务都需由社会福利署（拨款者）与社会组织（服务承办者）签订"津贴及服务协议"，而政府对社会组织的人员编制、薪酬水平不再作严格要求，只对其服务效果进行评估和考核。从总体上看，政府资助始终是香港社会组织生存发展的最重要资金来源。据统计，香港社会服务团体主要收入来源中来自社会福利署和其他政府部门的占 47%；2011～2012年，政府对社会组织的补助达 90 亿元；2012～2013 年，政府对社会组织合约服务的津贴达 113.6 亿元，占整体社会福利开支的 26%。

香港特区"政府出资、慈善做事"的社会福利模式，具有较为灵活的政府资助方式，这些方式包括：整笔拨款津贴制度、非整比拨款津贴制度、携手扶弱基金、政府租赁补助等。

251

整笔拨款津贴制度：该制度着重提高效率和成效、改善素质、鼓励创新、加强问责和提供弹性，目标是以最符合成本效益的方式配置资源，适应社会不断变化的需要。该制度给予社会组织更大的发展自由，有利于社会组织提升服务效率和灵活调配资金，但也为社会组织带来了较大的筹资压力。截至 2014 年 4 月 1 日，全港 170 个受津助的非政府机构中的 164 家机构已加入整笔拨款制度，这些机构所获得的拨款超出 2014 ~ 2015 年度整体资助额的 99% [①]。

非整笔拨款制度：该制度用于资助未被纳入整笔拨款津贴制度内的社会组织。获取资助的方式有三种：修订标准成本津贴模式、模拟成本津贴模式、整笔拨款模式。其中，修订标准成本津贴模式指服务的标准成本依据是个人薪酬，计算方法是公认的职位中位薪金。非政府组织在雇佣职工方面可灵活处理，但不得超出标准成本。模拟成本津贴按各福利机构的认可开支提供，每年按照通胀调整。整笔拨款模式，指各单位都依靠一笔拨款资助，在这种模式下，服务单位剩余的款项不会被扣回。

携手扶弱基金：政府按额匹配商业机构的捐款，旨在推动政府、商界和社会福利界的三方合作，建立伙伴关系共同扶助弱势群体。携手扶弱基金由特区政府在 2005 年宣布设立注资 2 亿元，基金于 2010 年获得立法会财务委员会额外注资 2 亿元，以进一步鼓励跨界合作。商业机构如出资捐赠支持非政府福利机构推行社会福利项目，政府便提供等额资助。具备豁免缴税资格的非营利慈善机构均可申请该基金的等额资助。该基金一方面鼓励社会福利界扩展网络，以争取商业机构参与扶弱工作；另一方面也鼓励商业界承担更大的企业社会责任，共建和谐友爱的社会。

政府租赁补助：政府租赁补助旨在为提供非资助福利服务的社会组织提供经济支持，以认同这些社会组织在回应社会需要方面所做出的贡献。该项资助由香港房屋委员会和房屋署联合推出，香港住房署定期向社会福利署提供一份最新房地产市场上闲置的非住宅楼宇清单，社会组织可以向社会福利署申请福利租赁。

社会福利发展基金：该基金主要用于自助社会组织服务能力提升，由奖券基金拨款 10 亿港元到社会福利署。发展基金分三阶段共推行九年，自 2010 ~ 2011 年度到 2018 ~ 2019 年度。所有受资助的非政府机构均可以申请，运用基金需推行合乎以下范畴的计划：非政府机构的董事会成员、管理层和员工的培训和专业发展训练，以及聘请人员替代参加培训的员工的费用；非政府机构系统的提升，如资料科技基础设施、系统设计及加强机构管理能力或协助机构重组架构的措施；改善非政府机构服务提供情况的研究。

---

① 资料来源：http：//www.swd.gov.hk。

　　香港特区"政府出资、慈善做事"的社会福利模式，最重要的是规范了政府、市场、社会组织三者在公共与社会服务供给中的职责，政府支持并大力资助从事公益慈善福利服务的社会组织，从而扩大公共服务的市场化、社会化运作空间，形成社会组织、商界以及公民个体均参与的社会服务多元合作模式。但在发展社会福利事业中，政府仍然要扮演规划者、组织者、监督者的重要角色，政府投向社会福利服务的资金，可以更多地面向社会组织、社会企业进行公开招标，通过推进政府购买机制和完善相关制度安排，不仅为社会组织搭建平台，鼓励社会组织招募社工和义工参与社会服务，而且形成了以政府为主导、非政府力量为补充、面向社会各类群体的社会服务体系。

第三节　社会组织政策改革的重点领域及内容

　　如前文所述，我国的社会组织政策总体上经历了从严格控制到规范与发展并举的变迁过程。无论是中央层面的整体性政策设计，还是地方政府的社会组织政策创新实践，我们能够发现，我国社会组织的政策构建、改革、创新始终围绕着与社会组织发展直接关联的三个维度或重点领域，首先是于社会组织入口管理的政策，这主要体现为社会组织的登记管理体制的形成及其改革；其次是关于社会组织过程管理的政策设计，主要体现为诸多关于社会组织内部治理结构、社会组织信息披露、社会组织评估与年检等方面的管理政策；最后，还有关于社会组织发展的要素支持的政策安排，主要体现为诸如社会组织的财政税收政策、政府购买社会组织服务的政策、社会组织的人力资源培育的政策等。从政策构成内容的角度而言，这三个重点领域的政策安排相互关联、互为支撑，构成了我国社会组织政策的整体性框架。

一、社会组织入口管理政策：双重管理体制及其改革

　　从我国社会组织政策实践的过程来看，围绕着社会组织的培育与发展，国家及地方政府的政策始终徘徊于控制与扶持之间。受到国家行政体制、社会组织本身能力与素质等多重因素的影响，我国对于社会组织的政策构建重点强调从"门槛"准入、合法身份的获得等"入口"端来规制和管理。为此，自20世纪80年代末以来，我国就逐步形成和强化了所谓的社会组织"双重管理"体制。不管人们如何评价双重管理体制的利与弊，但不可否认的是，这一管理体制对我国社会

组织的发展产生了复杂和深远的影响，型塑并建构了我国社会组织的发展路径、生态结构等。

20 世纪 80 年代中后期，社会组织发展加快，为了加强对社会组织发展的有序管理，推动社会团体的登记注册，国务院在民政部设立了专门的社会团体登记管理部门，并先后于 1988 年 9 月和 1989 年 10 月颁布了《基金会管理办法》和《社会团体登记管理条例》。

这两个法规是改革开放后，国家对于社会组织最早的政策管理条例。在《基金会管理办法》中，国家规定基金会要获得合法注册身份，不仅要有明确的公益宗旨和一定的注册基金，而且必须报经中国人民银行审核并由民政部门统一登记注册。在次年出台的《社会团体登记管理条例》（简称《条例》），同样对于社会团体的登记注册给予了非常类似的规定。① 比如《条例》规定，在中华人民共和国境内组织的协会、学会、联合会、研究会、基金会、联谊会、促进会、商会等社会团体，均应按照条例规定申请登记。社会团体经核准登记后，方可进行活动；社会团体不得从事以盈利为目的的经营性活动；社会团体的登记管理机关是中华人民共和国民政部和县级以上地方各级民政部门，社会团体的业务活动受有关业务主管部门的指导。

很明显，在这两个条例公布之后，我国对于社会组织的双重管理体制就已经基本成形。1989 年的《社会团体登记管理条例》颁行后，我国社会团体的登记管理工作确立了一定的规范，但仍然不健全。1996 年，中共中央办公厅、国务院办公厅专门下发了《关于加强社会团体和民办非企业单位管理工作的通知》，进一步提出对民间组织实行归口登记和双重管理。1998 年 10 月，国务院重新修订了《社会团体登记管理条例》，同时颁发了《民办非企业单位登记管理暂行条例》，再次确定了归口登记、双重负责、分级管理的社会组织双重管理体制。加上 2004 年出台的《基金会管理条例》，我国社会组织登记注册管理的双重管理体制逐步走向成熟。

在双重管理体制下，所谓"归口登记"，是指根据 1998 年《社会团体登记管理条例》等相关文件，除法律、法规规定免于登记外，所有社会团体、民办非企业单位由县级以上各级民政部门统一登记，颁发《社会团体法人登记证书》。经合法登记的社会组织，有了法人地位，具备民事主体资格，依法享有民事权利，承担民事义务。"双重负责"又称双重管理，是指对民间组织的登记注册管理及日常管理实行登记管理机关和业务主管单位双重负责的体制。根据《社会团体登记管理条例》规定，民政部门是社会团体的登记管理机关，负责社会团体的

---

① 陈金罗等：《转型社会中的非营利组织监管》，社会科学文献出版社 2010 年版，第 50 页。

成立、变更、注销的登记或者备案；对社会团体实施年度检查；对社会团体违反条例的情况进行监督检查，对违反条例的行为给予行政处罚。同级政府有关部门或政府授权的机构，是有关行业、学科或者业务范围内社会团体的业务主管单位。业务主管单位负责社会团体筹备申请、成立登记、变更登记、注销登记前的审查；监督、指导社会团体遵守宪法、法律、法规和国家政策，依据其章程开展活动；负责社会团体年度检查的初审；协助登记管理机关和其他有关部门查处社会团体的违法行为等。"分级管理"是根据社会组织按照其开展活动的范围和级别，实行分级登记、属地管理。《社会团体登记管理条例》第七条规定："全国性的社会团体，由国务院的登记管理机关负责登记管理；地方性的社会团体，由所在地人民政府的登记管理机关负责登记管理；跨行政区域的社会团体，由所跨行政区域的共同上一级人民政府的登记管理机关负责登记管理。"①

在双重管理体制下，《社会团体登记管理条例》《基金会管理条例》《民办非企业单位登记管理暂行条例》等政策条例对于调控和规范社会组织发挥了重要作用。其中一个值得关注的方面是，由于这些政策条例要求所有的社会组织都必须取得合法的身份才能开展活动，而这些组织要获得合法的身份通常会遇到一定的政策瓶颈：一方面有很多实际运行在基层的"草根"社会组织往往在资金、人员、场地、设备、内部治理结构上都很难达到法规所要求的标准；另一方面，很多社会组织通常很难找到合适的业务主管单位进行挂靠，所以，现实中，真正能经过登记注册取得合法身份的社会组织较少，能够取得合法身份也是因为它们或多或少都有一些体制内的背景。这种双重管理体制所造成的结果是，较多的社会组织无法登记注册，无法被纳入政府行政化管理结构中，导致这部分社会组织要么非法运作，要么采用工商注册的方式获得法人身份。正是在此意义上，双重管理体制首先是在社会组织的入口（准入）政策上，对各类社会组织确定了一定的条件与准入门槛。②

从产生的历史背景来看，这种双重管理体制对 20 世纪 80 年代中国社会组织发展的特定问题和环境而言，有其制度与政策的合理性，特别是从政府管理的视角看，对于规范当时相对失序的社会组织，起到了较为重要的作用。③ 然而，由于这种双重管理体制在实践过程中，对社会组织的发展有一定的限制性，因而还是遭到了质疑。其中一个较普遍的观点认为，双重管理体制是在计划经济体制下

---

① 游祥斌等：《从双重管理到规范发展：中国社会组织发展的制度环境分析》，载于《北京行政学院学报》2013 年第 4 期。

② 李胜军：《社会组织登记管理体制改革新进程：影响与展望》，载于《宜宾学院学报》2013 年第 11 期。吴玉章：《民间组织的法理思考》，社会科学文献出版社 2010 年版；周秀平：《关于创新社会组织管理制度的政策思考》，载于《学会》2013 年版第 2 期。

③ 吴玉章：《民间组织的法理思考》，社会科学文献出版社 2010 年版，第 96 页。

国家在对社会团体归口管理的实践中形成的一种制度安排，它在本质上将民间组织和政府置于相互对立的关系，政府管理民间组织的首要目标是限制其发展并规避可能的政治风险。双重管理体制实际上被简化成为一种政治把关和共担责任的分权机制。无论登记管理机关，还是业务主管单位，首要的目标都是如何减低政治风险和规避责任，民间组织的发展则被置于次要的目标。①

随着经济社会环境的不断变化，社会组织政策体系中"弊端重重"的双重管理体制在实践中也不断地遭遇到"挑战"和部分"突破"，这在近年来国家的相关政策表述以及各地的社会组织政策创新②中得到了较充分的体现。在国家层面，2007年5月，国务院办公厅出台了《关于加快推进行业协会商会改革和发展的若干意见》，围绕市场化改革、政会分开、行业协会自律等，对行业协会管理体制改革提出了新的要求。2009年7月，民政部与深圳市签署了"部市合作协议"（《推进民政事业综合配套改革》），将深圳作为社会组织管理体制改革的试验点，协议中有两点直接涉及了改革双重管理体制：一是要探索建立直接登记制度并研究采用备案制，促进社会组织发展；二是民政部"特权"下放，授权深圳进行境内外基金会、跨省区行业协会、商会等的登记管理试点，为国家层面的改革提供经验。③ 2012年，党的十八大提出，在改善民生和创新社会管理中加强社会建设，必须加快推进社会体制改革，加快形成政社分开、权责明确、依法自治的现代社会组织体制。同年，民政部启动了全国性社会组织直接登记工作，对公益慈善类、社会福利类、社会服务类等社会组织履行登记管理和业务主管一体化职能，对跨部门、跨行业的社会组织，与有关部门协商认可后，履行登记管理和业务主管一体化职能。而根据党的十八大精神，2013年，十二届全国人大一次会议审议通过了新一轮《国务院机构改革和职能转变方案》，对社会组织管理制度作出了重大改革，明确允许部分社会组织直接向民政部门依法申请登记，不再需要业务主管单位审查同意。其中，成立行业协会商会类、科技类、公益慈善类、城乡社区服务类社会组织，可直接向民政部门依法申请登记。④

在地方政策实践层面，突破双重管理体制对于社会组织的准入限制主要包括三个方面的努力：其一是探索直接登记，其二是推广备案制，其三是推进行业协

---

① 王名：《改革民间组织双重管理体制的分析和建议》，载于《中国行政管理》2007年第4期。周红云：《中国社会组织管理体制改革：基于治理与善治的视角》，载于《马克思主义与现实》2010年第5期。

② 战建华：《我国社会组织管理体制改革的实践分析：基于北京、上海、深圳等地社会组织体制改革的思考》，载于《学会》2009年第7期。

③ 姚华平：《国家与社会互动：我国社会组织建设与管理的路径选择》，华中师范大学2010年博士学位论文。

④ 林祥明：《社会组织管理的地方创新经验》，载于《决策咨询》2013年第5期。

会、异地商会改革。

在探索直接登记方面，广东省在行业协会的管理体制改革中率先全面突破双重管理体制的束缚。2006 年 2 月，中共广东省委、广东省人民政府发布《关于发挥行业协会商会作用的决定》提出要保护行业协会的自主权，政府对协会的管理是指导和监督的作用，要由控制型转向培育服务型，并加强对行业协会、商会行为的事后监督，而不是直接干预其内部运作。2006 年 3 月 1 日，我国第一部关于行业协会的地方性法规——《广东省行业协会条例》（简称《条例》）正式实施。《条例》将"业务主管单位"改为"业务指导单位"，弱化业务主管单位对行业协会的控制，广东逐步由双重管理体制转变到"准一元"管理模式。[①] 2011 年底，广东省政府《关于广东省进一步培育发展和规范社会组织的方案》明确提出，从 2012 年 7 月 1 日开始，除特别规定、特殊领域外，将社会组织的业务主管单位改为业务指导单位，社会组织可以直接上民政部门申请登记成立。[②] 2012 年，广东在全省推行"无主管登记"，成为"全国第一个全面实行社会组织直接民政登记注册的省份"。除广东、深圳以外，全国其他地方也积极开展社会组织直接登记试点工作。如北京市和海南省分别于 2011 年 2 月、7 月开始，对工商经济类、慈善公益类、社会福利类、社会服务类社会组织实行民政部门直接登记。2010 年 5 月 7 日，北京市就《中关村国家自主创新示范区条例（草案）》公开征求意见，其中非常明确地提到：申请在示范区设立有利于自主创新的社会团体、民办非企业单位、非公募基金会，除法律、行政法规、国务院决定规定登记前须经批准的以外，申请人可以直接向市民政部门申请登记；[③] 天津、浙江、安徽、湖南等省市也在部分地区进行了类似的探索。

在推广备案制，降低准入门槛方面，上海市从 2000 年就开始在部分市区承认街道可以作为社区社团的业务主管单位，使得社区的"草根"社会组织得以突破"准入门槛"的制约。青岛市从 2002 年始在社区试行社会组织备案制，对备案的社会组织颁发"准社团""准民非"证书。[④] 推广备案制，主要内容及目标是探索实行由县（区、市）民政部门统一备案，由街道办事处（镇政府）作为业务主管单位并履行指导监督职责的备案管理制度，使得大量活跃于社区、为基层群众服务但又暂不具备法人条件的社区社会组织能够取得合法地位并进入政府

---

① 王名：《中国民间组织 30 年：走向公民社会》，社会科学文献出版社 2008 年版。
② 游祥斌等：《从双重管理到规范发展：中国社会组织发展的制度环境分析》，载于《北京行政学院学报》2013 年第 4 期。
③ 刘鹏：《从分类控制走向嵌入型监管：地方政府社会组织管理政策创新》，载于《中国人民大学学报》2011 年第 5 期。
④ 葛道顺：《中国社会组织发展：从社会主体到国家意识：公民社会组织发展及其对意识形态构建的影响》，载于《江苏社会科学》2011 年第 3 期。

的管理视野。民政部最早提出对民间组织实施备案制是在 2005 年 12 月出台的《关于促进慈善类民间组织发展的通知》中，该《通知》提出，在农村乡镇和城市社区中开展这些活动的慈善类民间组织，不具备法人条件的，登记管理机关可予以备案，免收登记费、公告费，即通过放松准入条件的方式来推动慈善类民间组织的成立和发展，后来这一模式得以扩展至基层民间组织。2007 年，民政部在年度《民政工作综述》中提出，做好新修订《社会团体登记管理条例》出台后的贯彻落实工作，制定配套措施，研究基层民间组织备案方法，随后又决定将江西、北京、深圳、湖北等地列为民间组织备案制改革的试点。其中，江西省的重点是对农村民间组织尝试备案制度。北京市着重对社区民间组织引入备案制度。深圳市成立了市行业协会服务署，成为深圳经济类行业协会的"娘家"，这样就从根本上解决了行业协会登记注册困难的问题。湖北省则将包括公益性组织、自我管理型组织、互助型组织、经济型组织和兴趣爱好型组织在内的基层社团组织都纳入备案制度的管理范围。①

在推进行业协会、异地商会改革方面，按照国务院办公厅发布的《关于加快推进行业协会商会改革和发展的若干意见》，各地大力推动行业协会在职能、机构、工作人员、财务等方面与政府部门分开。广东、天津、河北、上海、浙江、重庆 6 省市已完成行业协会与行政主管部门脱钩工作。与此同时，新疆、山西、安徽、广东等 8 个省份出台文件，鼓励、规范异地商会发展，把异地商会登记权限下放到地（市）和县（市、区）级。②

二、社会组织的过程管理政策：评估与监管

从我国社会组织政策体系及各地的政策实践来看，国家或地方政府对社会组织的管理，在加强双重管理体制下的登记注册之外，还逐步加强了对社会组织取得正式身份之后的运行监管。如果登记注册制度主要是从"入口"或准入层面来强化对社会组织的规范化管理，那么，近些年来，各级政府部门不断完善和强化对社会组织的日常监管及其相关政策建构，主要就是对社会组织基于过程的管理。如前文所言，到目前为止，关于基金会、社会团体、民办非企业单位等类型的社会组织，国家已经制定了专门的行政法规、条例以及与之相关的配套性法规政策（如《中华人民共和国民办教育促进法》《民间非营利组织会计制度》《中

---

① 刘鹏：《从分类控制走向嵌入型监管：地方政府社会组织管理政策创新》，载于《中国人民大学学报》2011 年第 5 期。

② 廖鸿等：《中国社会组织发展管理及改革展望》，载于《四川师范大学学报（社会科学版）》2011 年第 5 期。

华人民共和国公益事业捐赠法》等），为国家对社会组织的治理提供了可遵循的框架。例如，《社会团体登记管理条例》《民办非企业单位登记管理暂行条例》《基金会管理条例》等，分别就社会团体、民办非企业单位、基金会等社会组织的内部治理、监管、变更登记、分支机构等事项进行了具体的规定。但是，由于我国社会组织本身的复杂性，以及既有政策法规的"粗放"性，[①] 国家对社会组织的过程管理经常会遭遇政策法规无法给予清晰说明的问题，使得社会组织的监管存在着诸多难题。[②]

国家及地方政府的政策实践表明，国家或政府都试图形成一套完整、科学、有效的政策方案或机制来加强对社会组织的过程管理，使得社会组织的发展与运作能够在政策允许的合理框架内进行，以规避各种潜在的不安全风险。客观而言，国家或政府的相关努力，重点体现在两个大的方面的政策实践：其一是与优化社会组织内部治理结构相关的政策建构；其二是与社会组织评估相关的政策建构。通过这两大方面的政策构建，基本上涵盖了社会组织日常运作过程中可能出现的潜在问题领域与风险。

首先，在优化社会组织内部治理结构方面，现实中，我国的社会组织发展水平与质量参差不齐，内部治理相对不完善，特别是由于与体制内的关联与行政性依附的存在，一些社会组织没有建立现代社会组织治理结构，其运行绩效也受到了诸多影响，尤其是社会组织的民间性与公益性不能得到充分的彰显。为此，国家政策层面高度重视与社会组织内部治理相关的问题。从20世纪90年代以来，国家就制定了一系列专项政策来优化社会组织的内部治理。一个比较有代表性的案例是，在减少领导干部在社会组织的任职兼职这一问题上，国家先后出台了多项限制性的规定。1994年，国务院办公厅《关于部门领导同志不兼任社会团体领导职务的通知》要求，"国务院各部门、各办事机构、各直属机构的领导同志今后不再兼任社会团体领导职务，已兼任社会团体领导职务的，要依照社会团体章程规定程序，辞去所兼任的职务。特殊情况需要兼任的，要报经国务院批准。各地方政府可参照此通知精神，根据本地实际情况，自行决定。"1998年中共中央办公厅、国务院办公厅发布的《关于党政机关领导干部不兼任社会团体领导职务的通知》与1999年中共中央组织部《关于审批中央管理的干部兼任社会团体领导职务的有关问题的通知》中更是再次对此问题进行了明确的规定。而针对现职公务人员在行业协会兼职现象比较严重的情况，2007年国务院办公厅出台的

---

① 陈金罗等：《转型社会中的非营利组织监管》，社会科学文献出版社2010年版，第129页。
② 可参考：本刊评论员：《社会组织评估：势在必行的创新之举》，载于《社团管理研究》2007年第2期；王名：《中国民间组织30年：走向公民社会》，北京：社会科学文献出版社2008年版。典型的案例比如2005年被查处的"全国牙防组"非法认证的事件。

《关于加快推进行业协会商会改革和发展的若干意见》中，也进行了严格限定的说明。当年 9 月，在民政部下发的《关于社会团体登记管理有关问题的通知》中再次要求各全国性社会团体要认真审核团体负责人的任职资格和条件。[①]

其次，国家关于社会组织过程管理的政策实践，还主要体现在关于社会组织评估的相关政策设计与完善上。对于国家或政府而言，社会组织的评估具有非常重要的意义。正如有研究所强调指出的，做好社会组织评估工作，不仅有利于加强社会组织的自身建设，促进社会组织的自我管理和自我完善，而且有利于优化政府对社会组织的监督管理，促进监管方式科学化和规范化；不仅有利于增强社会组织的透明度，而且能够强化社会监督，提高社会组织的公信力。[②] 在社会组织评估的政策实践方面，自 2004 年起，我国的一些省市区和行业主管部门先后开展过对民间组织评估工作的试点。其中，中国科协是较早开展评估研究与试点的单位。山东省从 2004 年开始成立了评估中心。从国家层面正式提出开展社会组织评估工作主要是在 2005 年，当年 1 月，民政部将民间组织评估列入了工作计划。随后，国家民间组织管理局、民政部民间组织服务中心等联合启动了"中国民间组织评估体系研究"课题，其研究成果为制定民间组织评估工作提供了研究基础。因此，2007 年 8 月，民政部正式发布了《关于推进民间组织评估工作的指导意见》和《全国性民间组织评估实施办法》。这标志着社会组织评估工作正式启动。[③] 这之后，在国家层面政策的推动下，2007 年、2008 年、2009 年，基金会，全国性行业协会、商会，民办非企业单位评估工作相继在全国展开；2011 年底，民政部又颁布了《社会组织评估管理办法》以及《关于推进全国社会组织评估工作的指导意见》，进一步形成了分类组织评估标准体系，完善了评估的工作方法和程序。2012 年，对社会组织的评估进一步扩展，联合类、职业类和公益类社团被纳入评估范围。[④]

各地结合实际，也制定和实施了相关的评估政策，基本建立了"政府指导、社会参与、独立运作"的社会组织评估机制，重视由第三方独立机构开展评估，并让社会各方力量参与评估过程。比如，江苏省出台《江苏省社会组织评估管理办法》（2010），制定了评估细则，组建了专家库、评估委员会及复核委员会。青海省把委托"第三方"评估与登记管理机关监督有机结合，并纳入全省社会诚信体系建设之中。青岛市制定下发《青岛市社会组织评估实施办法》（2010）、

---

① 王名：《中国民间组织 30 年：走向公民社会》，社会科学文献出版社 2008 年。

② 刘宏等：《推进社会组织评估体系建设的实践与思考——以广西为例》，载于《中国社会组织》2013 年第 11 期。

③ 陈金罗等：《转型社会中的非营利组织监管》，社会科学文献出版社 2010 年版。

④ 王兴彬：《社会组织评估："全面体检"助推社会组织健康发展》，载于《中国社会组织》2013 年第 6 期。

《行业协会评估指标体系》（2010）、《行业协会评估评分细则》（2010）等一系列配套文件，积极推进社会组织评估工作。[①] 2009 年 4 月，广东省出台了《广东省民政厅关于社会组织评估管理的暂行办法》和评估指标体系，挂牌成立广东省社会组织评估中心，开始在省级层面和广州、深圳、汕头、中山等市开展评估工作，并规定取得 3A 以上评估等级的行业协会才可以承担政府职能转移。上海自 2007 年 6 月开始就开展了社会组织规范化建设试点工作；上海市社会团体管理局下发了《关于全面推行社会组织规范化建设评估工作的通知》，要求进一步贯彻国家精神，做好社会组织的规范化评估；从 2013 年 1 月 1 日起施行《上海市社会组织规范化建设评估指标》，对四类社会团体和民办非企业单位采用不同的规范化建设评估方法。[②] 自 2012 年以来，广西也以创新社会管理为契机，积极探索构建社会组织评估的新机制，初步建立了一套切实可行的社会组织评估体系，形成了以"建立一套指标体系、两类组织试点先行，组建三级机构、实行四举并促"为特点的"一二三四"评估体系建设模式。为此，广西先后制定和出台了一系列与之相关的政策、方案，比如《广西行业协会商会评估评分细则》《广西自然科学类学术社团评估评分细则》《广西基金会评估评分细则》《开展全区性自然科学类学术社团基金会评估试点工作的通知》《关于开展全区行业协会评估工作的通知》《广西自然科学类学术团体、基金会、行业协会评估评分指标》等，为社会组织评估明确了评估目标任务、评估范围、基本程序等具体要求事项。[③]

此外，国家还通过政策加强了对社会组织自身运作规范性、组织自律的引导。例如，针对社会组织的公信力缺失的问题，2005 年，国家在借鉴国外先进经验的基础上，开始探索在社会组织中实行信息披露的政策，而且首先强调了对于基金会监管的适用性。[④] 民政部在《基金会管理条例》的基础上，出台了《基金会年度检查办法》和《基金会信息公布办法》，对基金会的信息披露作出了详细的规定。2012 年 7 月，民政部进一步制定出台了《关于规范基金会行为的若干规定（试行）》，对基金会接受和使用公益捐赠、基金会的交易、合作及保值增值、基金会的信息公布等事项做出了详细的规定。2013 年，民政部下发《关于开展行业协会行业自律与诚信创建活动的通知》，其中明确提出，建立健全行业协会自律与诚信工作体系，推动现代社会组织体制的构建。其内容包括：健全

[①] 林祥明：《社会组织管理的地方创新经验》，载于《决策咨询》2013 年第 5 期。

[②] 上海市发展改革研究院课题组：《上海社会组织发展机制和体制改革研究》，载于《科学发展》2014 年第 6 期。

[③] 刘宏等：《推进社会组织评估体系建设的实践与思考——以广西为例》，载于《中国社会组织》2013 年第 11 期。根据民政部统计信息，2012 年全国性社会组织评估率已达到 35.2%，省级民政部门登记的社会组织评估率达到 14%，全国社会组织参加评估率达到 6.87%。

[④] 2005 年，民政部也同时发布了《民办非企业单位年度检查办法》。

自律规约、推进信息公开、开展诚信服务、加强规范化建设等。

这些政策得到了地方省市的积极回应。以上海为例，近年来围绕着社会组织的自律、规范、诚信等问题，在国家政策框架下，制定了多项具体实施政策及方案。例如，上海市社会团体管理局颁布的《关于深入开展行业协会行业自律与诚信创建活动的通知》，上海市民政局、上海市社会团体管理局颁布《关于加强本市社会组织自律与诚信建设的指导意见》，上海市民政局、上海社会团体管理局颁布的《关于引导本市社会组织填写自律承诺书的通知》，上海市民政局、上海社会团体管理局颁布的《关于印发〈上海市社会组织重大事项报告指引〉的通知》等。这些政策法规为上海社会组织的规范化治理提供了重要的规则指导。

三、社会组织的要素支持政策：资源扶持

关于社会组织发展的要素支持的政策安排，主要体现为诸如社会组织的财政税收（优惠）政策、政府购买社会组织服务的政策、社会组织人力资源培育的政策等。通过这些要素支持政策，国家以多样化的形式给予社会组织在财政、人才等资源上的重要支持，有针对性地扶持社会组织的成长与发展。从我国社会组织政策体系来看，目前我国尚未建立起统一、完善、专门针对社会组织要素的支持政策，相关的政策（这里主要指社会组织财税政策）还比较分散。

一般而言，我国对于社会组织的要素支持政策主要包括：财政拨款、财政补贴、税收减免优惠（包括对社会组织、捐赠资金的税收优惠）、购买服务等方面。[1] 其中，财政拨款主要指由政府通过全额或差额拨款的方式支持社会组织的运作。这种方式主要适用于人民团体，以及一些官办或半官办的社会团体，它们和政府的关系非常紧密，有渠道获得政府的直接财政资助。[2] 而通常对于民间社会组织的财政支持，主要是由政府提供的财政补贴、补助。政府财政补助的形式又分为两类。一类是一次总支出性补贴。它是政府将款项直接拨付给社会组织使用。政府通过财政专户直接给予社会组织资金补助，以支持它们的日常活动。一次总支出性财政补贴是目前我国政府采用数量最多，拨款数额最大的一种方式。另一类是配套性补贴。政府通过合约的形式规定，社会组织向有资格享受政府补贴项目的人群提供服务，而由政府财政为这些消费者买单。即政府在一定期限内按照那些有资格享受政府补贴项目并从社会组织那里购买相关服务的人群获得的

① 王名等：《社会组织财税政策研究》，载于《税务研究》2010年第5期。
② 王名等：《社会组织财税政策研究》，载于《税务研究》2010年第5期；安添金：《促进非营利组织NPO发展的财政政策研究》，哈尔滨商业大学2013年硕士学位论文。

消费数量，定期给予社会组织财政拨款。最常见的就是特殊人群持优惠卡或政府发放的优惠券，向某些社会组织登记以后可以享受其提供的服务。① 与之类似，政府还通过特许经营许可、特许补助、奖励等方式给予社会组织支持，② 以促成社会组织向公众提供良好的公共服务。对于向社会提供公益服务（如健康教育、疾病控制、医疗保健等）的社会组织，一般先由中央政府规定某一类社会组织的补贴政策，再由地方政府逐级细化实施。例如，1999 年民政部颁发了《社会福利机构管理暂行办法》，规定向以老年人、残疾人、精神病人、孤儿和弃婴为主要服务对象的社会福利院、儿童福利院、精神病人福利院、残疾人寄养康复站、老年公寓、老人护理院、临终关怀医院、老年活动中心（站、室）、敬老院、托老所等社会福利事业单位提供政策扶持和优惠。③ 再比如，2009 年，上海市出台了《关于鼓励本市公益性社会组织参与社区民生服务指导意见》，提出在财政资金、税收政策等方面给予支持；2011 年，上海出台了第一个关于社会组织建设的综合性指导意见：《进一步加强本市社会组织建设的指导意见》，再次确定了对相关社会组织施行包括财政补贴等方面的支持政策。在市级政策的指导下，各区县也相应地出台了配套细化方案。浦东新区专门制定了《“十二五”期间促进社会组织发展的财政扶持意见》及其实施细则，重点扶持社区公益性、枢纽性、支持性社会组织以及行业协会四类社会组织。静安区也出台了社会组织发展专项资金管理办法，对新成立的社会组织，给予开办费补贴或运营补贴，包括房租补贴、人员经费补贴和活动经费补贴等，并安排区级公益创投和公益招投标专项资金给予扶持。④

其次，税收减免与优惠政策是我国社会组织要素支持政策的重要组成部分。国家通常会通过诸如所得税减免、抵扣，捐赠税收优惠，以及其他种类税种优惠等形式的政策给予社会组织一定的要素支撑。目前，关于我国社会组织的税收优惠政策，主要通过如下法规条例予以保障实施：《企业所得税法》及其实施条例、《个人所得税法》及其实施条例、《公益事业捐赠法》，以及《事业单位、社会团体、民办非企业单位企业所得税征收管理办法》《关于非营利性科研机构税收政策的通知》《关于公益性捐赠税前扣除有关管理问题的通知》等。⑤ 这些政策规定主要涉及所得税（包括组织所得、组织与个人捐赠优惠）、营业税、增值税、关税、房产税、城镇土地使用税、土地增值税、耕地占用税、契税、印花税、车

① 安添金：《促进非营利组织 NPO 发展的财政政策研究》，哈尔滨商业大学 2013 年硕士学位论文。
② 卞珂：《安徽省社会组织的财税政策扶持研究》，载于《现代经济信息》2014 年第 3 期。
③ 王名等：《社会组织财税政策研究》，载于《税务研究》2010 年第 5 期。
④ 上海市发展改革研究院课题组：《上海社会组织发展机制和体制改革研究》，载于《科学发展》2014 年第 6 期。
⑤ 王名等：《社会组织财税政策研究》，载于《税务研究》2010 年第 5 期。

辆购置税等多个税种、税目的优惠。① 见表 6 – 3。

表 6 – 3 与社会组织相关的主要税收优惠政策

主要项目	税收优惠
企业所得税	中国《事业单位、社会团体、民办非企业单位企业所得税征收管理方法》以及其他相关税法规定，在 NPO 的收入总额中，一部分收入项目可以享受免税政策，包括财政拨款、社会团体取得的各级政府资助、社会各界的捐赠收入等九个项目。
营业税	营业税税法规定，有关 NPO 的营业税免税项目根据其特点和行为而定。如托儿所、幼儿园、养老院、残疾人福利机构提供的养育服务、婚姻介绍等服务；非营利性科研机构从事技术开发、技术转让业务和与之相关的技术咨询、技术服务所得的收入等。
增值税	我国税法规定，直接用于科学研究、科学实验和教学进口的仪器、设备，免征增值税。进口上述规定产品的 NPO 可以享受该税收优惠政策。
关税	我国税法规定，外国政府、国际组织无偿赠送的物资可以免进口关税。
房产税	国家机关、人民团体、军队自用的房产、由国家财政部门拨付事业经费的单位自用的房产、宗教寺庙、公园、名胜古迹自用的房产免交房产税。

资料来源：安添金：《促进非营利组织 NPO 发展的财政政策研究》，哈尔滨商业大学硕士学位论文，2011 年。

其中，关于社会组织的所得税优惠，在 2008 年实施的《企业所得税法》中规定，符合条件的非营利组织的收入属于免税收入。《企业所得税法》同时对符合条件的社会组织进行了明确的规定：①依法履行非营利组织登记手续；②从事公益性或非营利性活动；③取得的收入除用于与该组织有关的、合理的支出外，全部用于登记核定或者章程规定的公益性或者非营利性事业；④财产及其孳息不用于分配；⑤按照登记核定或者章程规定，该组织注销后的剩余财产用于公益性或者非营利性目的，或者由登记管理机关转赠给与该组织性质、宗旨相同的组织，并向社会公告；⑥投入人对投入该组织的财产不保留或者享有任何财产权利；⑦工作人员工资福利开支控制在规定的比例内，不变相分配该组织的财产。另外，《企业所得税法》还对于非营利科研机构、公益事业基金会等组织的所得进行了相应的规定。对于非营利性科研机构，税法规定其从事技术开发、技术转让业务和与之相关的技术咨询、技术服务所得的收入，按有关规定免征企业所得

---

① 董梁：《我国非营利组织税收政策现状及问题研究》，内蒙古大学 2012 年硕士学位论文。

税；对于非营利性科研机构从事非主营业务收入用于改善研究开发条件的投资部分，经税务部门审核批准可以抵扣其应纳税所得额。对于公益事业基金会，税法则规定，对这些基金会在金融机构的基金存款取得的利息收入，不作为企业所得税应税收入，对其购买股票、债券（国库券除外）等有价证券所取得的收入和其他收入，应并入应纳企业所得税收入总和，正常纳税。①

关于社会组织的公益性捐赠税收优惠政策，主要涉及企业所得税、个人所得税、关税车辆购置税、土地增值税等税种，对于企业向公益性社会组织的捐赠，企业所得税法和《财政部、国家税务总局、民政部关于公益性捐赠税前扣除有关问题的通知》规定，企业通过公益性社会团体或者县级以上人民政府及其部门，用于公益事业的捐赠支出，在年度利润总额 12% 以内的部分，准予在计算应纳税所得额时扣除。关于个人公益性捐赠，个人所得税法规定，个人将其所得向教育事业和其他公益事业捐赠的部分，按照国务院有关规定从应纳税所得额中扣除；个人所得税法实施条例规定，个人将其所得向教育事业和其他公益事业的捐赠，主要指个人将其所得通过中国境内的社会团体、国家机关向教育和其他社会公益事业以及遭受严重自然灾害地区、贫困地区的捐赠。捐赠额未超过纳税义务人申报的应纳税所得额 30% 的部分，可以从其应纳税所得额中扣除。此外，经国务院批准，财政部、国家税务总局还发布了一些涉及个人所得税的捐赠的特殊优惠政策。主要包括：对个人符合条件（通过非营利性的社会团体和国家机关）的公益性捐赠，可以在缴纳个人所得税前全额扣除，包括向老年活动机构、教育事业的捐赠；向红十字事业的捐赠，向公益性青少年活动场所的捐赠；向中华健康快车基金会和孙冶方经济科学基金会、中华慈善总会、中国法律援助基金会和中华见义勇为基金会、宋庆龄基金会、中国福利会、中国残疾人福利基金会、中国扶贫基金会、中国煤矿尘肺病治疗基金会、中华环境保护基金会用于公益性、救济性的捐赠。《财政部、国家税务总局、民政部关于公益性捐赠税前扣除有关问题的通知》规定，新设立的基金会在申请获得捐赠税前扣除资格后，原始基金的捐赠人可凭捐赠票据依法享受税前扣除。②

第四节　社会组织政策变迁的历史制度逻辑

新中国成立以来，尤其是改革开放以来，受到多重复杂因素的影响，我国社

---

① 王名：《中国民间组织 30 年：走向公民社会》，社会科学文献出版社 2008 年版。
② 董梁：《我国非营利组织税收政策现状及问题研究》，内蒙古大学 2012 年硕士学位论文。

会组织政策经历了复杂曲折的变迁过程，总体上呈现出从严格管控到发展与监管并举的政策范式的转变。社会学的历史制度学派的推论方式已使我们认识到，任何组织与制度的变迁，总会受到多重历史制度逻辑的影响，总是嵌入到特定阶段经济、社会、政治与文化结构之中。由是观之，我国社会组织政策的建构及其变迁，与我国在不同阶段的经济社会发展状况紧密相关，始终与特定阶段社会治理的核心问题相关联。简而言之，我国社会组织政策的变迁总体上受到了三重历史制度逻辑的深刻影响：其一，党和政府对社会治理、社会组织的认知会决定社会组织政策的构建及路径选择；其二，社会组织政策总是在回应特定时期社会治理中的核心议题或迫切需要解决的重大问题，社会组织政策的合法性始终与环境提出的关键问题相关；其三，我国的社会组织政策变迁本质上体现了国家自上而下的改革过程与社会自组织、自我服务这一自下而上过程之间的互动关联。正是这三重历史制度性逻辑深刻地影响了我国社会组织政策变迁的复杂过程与形态。

一、党和政府的认知与制度变迁

社会学制度学派的理论认为，制度的变迁会受到制度建构主体的特定认知观念、意识形态的影响，这种对社会建构的认知观念、认知结构会影响制度变迁路径的选择。从历史来看，在中国特定的社会与制度情境下，我国社会组织政策演变过程的每一阶段都反映出党和政府在社会治理、社会组织、社会秩序等一系列重大问题上的认知观念理念和思考。而这种认知又进一步形塑了有关社会组织的政策建构与变迁。在这一问题上，我们可以重点从改革开放以来党和政府历次的重要文件、会议精神，以及主要领导人的讲话表述中看出，关于社会组织的认知和理念对于我国社会组织政策变迁的重要影响。

1978 年改革开放政策实施后到 20 世纪 80 年代中后期，受到党的十一届三中全会以来思想解放潮流的影响，我国社会组织的发展经历过一段短暂而相对比较宽松的社会环境，这与当时党和国家对于社会组织、公民结社等持比较积极的态度有紧密的联系。在 1978 年 3 月的全国科学大会上，邓小平明确提出了"科学技术是生产力"等重要观点，这为当时全国性的社团，如科协和学会的恢复起到了重要推动作用。1982 年 12 月召开的五届全国人大第五次会议通过了《宪法》，再次明确了公民的结社权，这使得结社权获得了宪法性权利的地位，对中国社团的发展具有里程碑式的意义。1986 年 4 月，六届全国人大第四次会议通过了《民法通则》，将社会团体法人认定为四大法人之一，明确了社会团体法人的民事主体资格，为规范和调整社会团体参与民事活动及民事关系提供了重要的法律依据。① 而在谈到党和政府与群众团体关系的问题时，邓小平曾指出，"党对群众团体，应加强其政治领导，不应在组织上去包办。群众团体的工作，应由群众团体自己去讨论和执行。"党和政府要减少对群众团体的经济干预，党对群众团体的政治领导，也不能直接下政治命令，而是要经过党团去实现。这说明，当时党的领导人已经认识到了应该采取正确合理的方式，给予社会组织一定的自主运作的空间。1987 年党的十三大明确提出要实行党政分开，理顺党、政府和社会组织之间的关系，充分发挥群众团体和基层群众性自治组织的作用。从中可以看出，党和政府在认知观念上进一步厘清了对社会组织的功能及意义的认识。② 正是在这样的背景下，改革开放初期，我国社会组织获得了较快的恢复与发展，各种社会团体如雨后春笋般涌现，这一时期的社会组织政策处于相对开放阶段。

继而，1989 年之后到 21 世纪初，我国的社会组织政策开始进入到正式化、规范化时期。通过对社会团体、基金会、民办非企业单位等社会组织的专门条例的制定和修订，形成了社会组织管理的政策框架以及社会组织的双重管理体制。总体上来看，这一时期的社会组织政策相对有所收紧，以控制规范为主。之所以出现这种变化，在较大程度上与当时党和政府对于社会组织、社会秩序的认识趋向反复与相对谨慎有重要关联。例如，1999 年 11 月 1 日，在《中共中央办公厅、国务院办公厅关于进一步加强民间组织管理工作的通知》中就指出了我国民间组织在发展中暴露出的一些新问题，要求进一步明确社会团体双重管理体制和业务主管单位的管理职责，强化对民间组织的监管力度。该《通知》还指出，"今后，我国民间组织管理工作的中心要放在提高民间组织的整体素质上，监督管理工作任何时候都不能放松。当前，要注意好打击敌对非法民间组织的工作。那些以反对四项基本原则为目的的非法组织对我国社会政治稳定构成了重大隐患，危害极大。同他们的斗争是严肃的政治斗争，关系到党的命运，关系到社会主义的成败，关系到人民群众的根本利益。我们必须认真对待，不断增强政治责任感和敏锐性，充分认识这一斗争的重要性、长期性和复杂性，时刻警惕国内外敌对势力的渗透、颠覆和分裂活动，防微杜渐，堵塞漏洞，全力维护好社会政治稳定，决不能掉以轻心。对加强民间组织管理工作，要实行领导负责制。各地区、各部门要不断提高认识，齐抓共管，确保民间组织健康发展。"很明显，这一时期的社会组织政策已经打上了当时特定政治意识形态的烙印。

21 世纪以来，随着中国经济市场化改革进程的推进，融入全球化程度的加

---

① 盖威：《市民社会视角的中国社团立法研究》，复旦大学 2010 年博士学位论文。

② 姚华平：《国家与社会互动：我国社会组织建设与管理的路径选择》，华中师范大学 2010 年博士学位论文。

深以及社会结构的日趋转型，党和国家对社会组织政策的认知也逐渐发生了相应的改变。2001 年以后，党和国家根据形势的发展变化，一方面着力加强对民间组织的管理，另一方面积极鼓励民间组织发展，为促进民间组织的发展出台了一系列决定与政策。特别是从党的十六大以来的历次会议表述中，我们能够发现，这一时期党和政府对社会组织的认知逐渐开始更加理性化。比如，2003 年 10 月中共十六届三中全会提出，为完善社会主义市场经济体制，要求按照市场化原则，规范和发展各类行业协会、商会等自律性组织；2004 年 9 月中共十六届四中全会提出，要健全"党委领导、政府负责、社会协同、公众参与"的社会管理格局，健全基层社会管理体制，要发挥社团、行业组织和社会中介组织提供服务、反映诉求、规范行为的作用，形成社会管理和社会服务的合力；2006 年 10 月，中共十六届六中全会通过的《关于构建社会主义和谐社会若干重大问题的决定》中，多次提及"发展社会组织"，做出了"健全社会组织，增强服务社会功能"的决定，并具体论述了中国共产党的政策构想，再次强调了"坚持培育发展和管理监督并重，完善培育扶持和依法管理社会组织的政策，发挥各类社会组织提供服务、反映诉求、规范行为的作用。"党的十七大报告《高举中国特色社会主义伟大旗帜为夺取全面建设小康社会新胜利而奋斗》中开始用"社会组织"替代传统的"民间组织"的提法，并提出"发挥社会组织在扩大群众参与、反映群众诉求方面的积极作用，增强社会自治功能"。① 2012 年 11 月，党的十八大提出，在改善民生和创新社会管理中加强社会建设，必须加快推进社会体制改革，加快形成政社分开、权责明确、依法自治的现代社会组织体制。2013 年 11 月，党的十八届三中全会更是创造性地提出了"创新社会治理"的战略概念，并且明确提出"激发社会组织活力，正确处理政府和社会关系，加快实施政社分开，推进社会组织明确权责、依法自治、发挥作用。适合由社会组织提供的公共服务和解决的事项，交由社会组织承担。支持和发展志愿服务组织。限期实现行业协会商会与行政机关真正脱钩，重点培育和优先发展行业协会商会类、科技类、公益慈善类、城乡社区服务类社会组织，成立时直接依法申请登记。加强对社会组织和在华境外非政府组织的管理，引导它们依法开展活动。"

正是在这些重大认知理念及制度环境转变的情境下，我国社会组织的政策逐步转变为更加鼓励和支持社会组织发展并积极参与社会治理。作为这一转变的重要表征，近年来各地对于社会组织双重管理体制的突破创新，逐渐成为人们普遍

---

① 孙兰英等：《当前我国社会组织的发展现状：问题及发展途径探索》，载于《天津大学学报（社会科学版）》2013 年第 6 期。王义：《改革开放以来中国共产党应对民间组织发展与挑战的基本经验》，载于《大连干部学刊》2012 年第 9 期。张杰：《我国社会组织发展制度环境析论》，载于《广东社会科学》2014 年第 2 期。

接受的共识。例如，根据党的十八大精神，十二届全国人大一次会议审议通过新一轮《国务院机构改革和职能转变方案》，对社会组织管理制度做出重大改革，允许部分社会组织直接向民政部门依法申请登记，不再需要业务主管单位审查同意。

二、问题挑战与制度性回应

我国社会组织政策的曲折变迁历程本质上体现了对不同阶段我国经济社会发展、社会治理中重大问题或挑战的制度性回应。早在 20 世纪 80 年代，在市场化改革和思想解放潮流的推动下，我国社会组织呈现促蓬勃发展的态势。在当时的历史条件下，由于党和国家对于民间组织自身价值与活动的认识还缺乏系统性，[①]因此，当时还没有形成比较成型和制度化的社会组织政策体系，相关的管理机构、管理规则和程序等也还未明晰，社会组织的发展处于相对自由的阶段。然而，正是这一时期政策的相对宽松，加之社会组织本身的发展缺乏良好的管理，导致了社会组织过度泛滥，这就为后来党和政府对于社会组织的多次的清理、整顿、控制等管理行为埋下了伏笔。一旦社会生活领域中发生了重大的偶然性事件，受到党和政府对当时社会矛盾及重大问题认识的影响，社会组织政策进入"冷控"期，就成为一种必然的选择或结果。

然而，经济体制改革始终需要有社会体制作为重要支撑。21 世纪以来，中国的市场化程度已经极大地提升，加入世界贸易组织更是推动了开启了中国进一步高度参与全球化发展的进程。受到市场化、全球化、城市化、工业化、信息化等进程的深刻影响，我国社会生活领域也发生了巨大的转型。比如，社会结构的快速分化带来了人们对于社会公共服务需求的多样化；大规模的社会流动带来了人们生活方式、观念、认同，尤其是对自身权利、利益诉求等的差异化、多样化变化；社会人际间关系建构的核心机制，开始从财富分配转向风险分配。[②] 在这样的背景下，我国社会生活领域的核心问题就转变成了新秩序的重构以及如何达成新秩序的问题。而面对这样一个已经发生了重大转变的社会生活，国家传统的行政科层体制机制下的社会管理，已经变得不足以有效应对。即便政府会在体制内引入诸如项目化与技术化的治理手段，但以政府一元主体为主导的社会管理成

[①] 孙兰英等：《当前我国社会组织的发展现状：问题及发展途径探索》，载于《天津大学学报（社会科学版）》2013 年第 6 期。

[②] 李友梅：《从财富分配到风险分配：中国社会结构重组的一种新路径》，载于《社会》2008 年第 6 期。

本已经居高不下。[①] 由此，社会治理作为一个全新的问题被提了出来，社会组织成为一个重要的载体或选择。

因此，回顾我国社会组织政策变迁过程，我们会发现：2000 年以来，为应对全球化及政府改革的需要，国家提出了完善社会主义市场经济体制的战略。在市场领域，国家开始重点发展以行业协会和商会为代表的不涉及政治稳定的这类社会组织。2008 年的汶川地震开启了中国公益元年，社会组织的积极作用被进一步认识到，国家开始有意识地在公共服务领域引入社会组织，支持社会组织的发展，但是，传统的双重管理体制却无法满足社会组织发展的要求。2010 年以来，特别是在党的十八届三中全会提出社会治理以后，有关社会组织的政策开始向鼓励有序发展，释放发展空间进一步转变。

三、双重互动与政策创新

从我国社会组织政策的实践过程来看，社会组织政策的构建与变迁，不是国家单方面自上而下改革的结果，而是国家与社会、中央与地方上下互动的产物。即一方面是国家经济体制改革与政府改革自上而下地带动了社会组织及其政策的发展；另一方面"草根"社会组织的实践以及地方的政策探索，也反过来推动甚至"倒逼"国家层面社会组织政策的改革。

以我国行业协会的发展及其政策改革为例，20 世纪 80 年代以来，改革开放过程中的经济产业治理逐步深化，进出口贸易需求不断增大。1984 年国家在城市经济体制改革中提出了转变政府职能的规划，在此背景下，一大批从体制内分离出来但仍然具有官方背景的行业协会，得以自上而下的被创建。但是这些拥有体制内身份的行业协会始终面临着政社不分、功能定位不清晰、职能发挥不充分等问题。与之相对应的是，在浙江等一些民营经济、市场经济相对发达的地区，企业基于自身发展以及产业治理协调的需要，自下而上地组建了一些面向市场的内生型行业协会。这些行业协会在经济产业的治理与协调中发挥了重要的作用。比如，1991 年温州鹿城区烟具行业协会对管理混乱、无序竞争的行业成功进行整治；2002～2003 年，由温州烟具行业协会牵头应对欧盟 CR 法案和反倾销诉讼获得成功；2008 年，金融危机之后，上海的行业协会在应对危机中起到了重要的行业整合协调的作用。正是由于这些地方性、民间性的行业协会在积极行动中

---

① 李友梅：《中国社会管理新格局下遭遇的问题——一种基于中观机制分析的视角》，载于《学术月刊》2012 年第 7 期。渠敬东、周飞舟、应星：《从总体支配到技术治理——基于中国 30 年改革经验的社会学分析》，载于《中国社会科学》2009 年第 6 期。

体现出良好的效果，使得国家高度重视行业协会的重要作用，促成了国家多次出台关于行业协会发展的政策法规，为行业协会的发展指明了方向。1994 年，中共中央做出的《关于建立社会组织市场经济体制若干问题的决定》强调，要在培育和发展市场经济体系的过程中，充分发挥行业协会、商会等组织的作用，推动行业协会的发展；1995 年，昆明温州商会作为全国第一家异地商会成立，从此彻底改变了地方政府对待异地商会的拒斥态度；1997 年，国家经贸委《关于选择若干城市进行行业协会试点的方案》中确定上海、广州、厦门、温州四城市作为行业协会改革的试点城市，拉开了我国行业协会新一轮改革的大幕；1999 年 4 月 15 日，全国第一个关于行业协会的地方性法规《温州市行业协会管理办法》正式出台，引发了全国各地政府制定行业协会法规的风潮；2006 年 3 月 1 日，《广东省行业协会条例》作为我国第一部关于行业协会的地方性法规正式发布，这对改革社会组织的双重管理体制起到了风向标的作用；2007 年 5 月 13 日，国务院办公厅发布了《关于加快推进行业协会商会改革和发展的若干意见》，为全国行业协会的健康发展提出了明确要求。[①] 这些政策文件的出台使我们从一个侧面看到了行业协会政策变迁中自下而上的力量的重要作用。

第五节　新时期加强社会组织建设的政策建议

一、既有政策体系的弊端

经过改革开放以来 30 多年的发展，我国的社会组织政策初步形成了比较完善的政策体系。无论是对社会团体、基金会及民办非企业单位的界定，还是对社会组织的登记注册管理、日常监管与评估、制度性支持，乃至国家层面的政策、地方性法规的制定等，现有的社会组织政策体系基本上能够涵盖社会组织发展的主要（事务）领域，为保证我国社会组织的良性发展与有效管理起到了重要的作用。但是，不可否认的是，我国现有的社会组织政策体系在实践运行中，往往又会遭遇诸多现实困境，比如，管理体制仍然没有完全走出二元格局的束缚；政策资源的大量投入并没有带来社会组织公共性的显著成长；信息化与后工业背景下大量新生的社会组织形态游离于传统的政策体制之外，导致诸多的政策盲点，政

---

① 吴玉章：《民间组织的法理思考》，社会科学文献出版社 2010 年版。

策缺位现象比较严重；既有的政策体系不能有效支撑社会组织协调性生态系统的形成等。客观而言，我国现有的社会组织政策体系弊端已经显现，而且势必会极大限制我国社会组织的未来发展，尤其是在多元社会治理格局中的功能发挥。

通过深入分析我国社会组织政策的结构及其历史变迁，我们发现，已有的社会组织政策存在着一些较为明显的缺陷具体表现如下。

（一）控制性政策条款多于鼓励性政策条款

1996 年，国务院发布《关于加强社会团体和民办非企业单位管理工作的通知》，要求修订 1989 年颁布的《社会团体登记管理条例》，建立分别由登记管理机关（即民政部门）和业务主管单位双重负责的管理体制。1998 年，国务院第八次常务会议通过了新修订的《社会团体登记管理条例》和《民办非企业单位管理登记暂行条例》，标志着社会组织的双重管理体制正式形成。2004 年，国务院第 39 次常务会议通过了《基金会管理条例》，进一步完善了社会组织双重管理体制。

社会组织双重管理体制的基本内容可以概括为以下四个方面：归口登记，双重负责，分级管理和非竞争性原则。所谓归口登记是指除法律、法规明确规定免于登记的外，所有社会组织都由民政部门统一登记。所谓双重负责是指由登记管理机关和业务主管单位分工合作，共同实施对社会组织的管理监督。所谓分级管理是指按照社会组织开展活动的范围与级别分级登记、分级管理。所谓非竞争性原则是指为了避免社会组织之间的竞争，禁止在同一行政区域内设立业务范围相同或相似的社会组织。

虽然，党的十八届三中全会以后，已经运行了形成十多年的社会组织双重管理体制开始松动，虽然国家规定科技类、公益服务类等四大类社会组织允许直接登记而无须寻找挂靠单位，但是，对于宗教类等涉及政治或其他敏感议题的社会组织仍然实施双重管理，对这类社会组织的控制依然严格。其实，在我们今天的社会生活中仍然活跃着大量的此类社会组织，这些组织广泛涉及法律、维权、环保、社会倡导、社会运动、宗教等多个社会生活领域，对公民的社会参与，社会的民主、开放乃至进步都具有潜在的重要意义。因而，截至目前，国家在登记、活动、年检、税务等各个环节都从相关政策的制定上进行或多或少的严格管控而非不加区分地鼓励社会组织的成长与发展。

（二）准入性要求条款多于监督性要求条款

国内社会组织的社会政策有较多的一部分内容只是关注它的进入门槛，换言之，政府更倾向致力于抬高门槛以限制更多数量的或不具备条件的社会组织的进入，从而防范风险或不测的发生。例如，在 2004 年颁布的《基金会管理条例》中的第八条明确规定，设立基金会应当具备五项条件，其中第二项的硬性规定是：全国性公募基金会的原始基金不低于 800 万元人民币，地方性公募基金会的原始基金不低于 400 万元人民币，非公募基金会的原始基金不低于 200 万元人民币；原始基金必须为到账货币资金。同样，在《社会团体登记管理条例》的第十条"成立社会团体，应当具备下列条件"中有两条明确的准入要求，一是"50 个以上的个人会员或者 30 个以上的单位会员；个人会员、单位会员混合组成的，会员总数不得少于 50 个"；二是"有合法的资产和经费来源，全国性的社会团体有 10 万元以上活动资金，地方性的社会团体和跨行政区域的社会团体有 3 万元以上活动资金"。在《民办非企业单位登记管理暂行条例》中的第八条，也明确无误地规定申请登记民办非企业单位，应当具备下列条件：①经业务主管单位审查同意；②有规范的名称、必要的组织机构；③有与其业务活动相适应的从业人员；④有与其业务活动相适应的合法财产；⑤有必要的场所。民办非企业单位的名称应当符合国务院民政部门的规定，不得冠以"中国""全国""中华"等字样。显然，这些规定都对申请者具有限制作用，其中，第④条虽然没有明确规定登记注册的金额数量，但是在具体的实施意见中却有明确要求，如，文化部审查、民政部登记的民办非企业单位，最低开办资金不低于 30 万元人民币。县级以上（含县级）文化行政部门审查、民政部门登记的民办非企业单位，最低开办资金不低于 3 万元人民币。国内地方民政部门对此也都有清楚的规定，譬如，浙江省民政厅在社会组织登记、注册须知中也同样规定需要有与其业务活动相适应的合法财产，其中非国有资产份额不得低于总财产的三分之二。开办资金必须达到本行（事）业所规定的最低限额：劳动类职业技能培训学校注册资金不低于 10 万元，固定资产不低于 20 万元；科技类科研院所等注册资金不低于 5 万元；其他的民办非企业单位注册资金不低于 3 万元。

相较之下，这些法规对于社会组织的监督性要求条款则简略许多，如《基金会管理条例》在"第五章 监督管理"中是这样规定的：第三十四条 基金会登记管理机关履行下列监督管理职责：①对基金会、境外基金会代表机构实施年度检查；②对基金会、境外基金会代表机构依照本条例及其章程开展活动的情况进行日常监督管理；③对基金会、境外基金会代表机构违反本条例的行为依法进行处罚。在"第三十五条 基金会业务主管单位履行下列监督管理职责"中，也是这样简单规定：①指导、监督基金会、境外基金会代表机构依据法律和章程开展公益活动；②负责基金会、境外基金会代表机构年度检查的初审；③配合登记管理机关、其他执法部门查处基金会、境外基金会代表机构的违法行为。

直至今日，社会组织的社会政策仍然存在着这样一种明显的倾向，即：仅仅只是注重在登记、注册时抬高准入的门槛，相反对已经登记、注册的社会组织则较少施行有效的监督管理机制以及相应的监督措施。

（三）原则性要求条款多于细则实施性要求条款

目前已有的社会组织政策的许多条款只是原则上的表述而缺乏真正实施的细则，以至于条款流于形式并无实际意义。例如，在《民办非企业单位登记管理暂行条例》中的表述"第二十条 业务主管单位履行下列监督管理职责：①负责民办非企业单位成立、变更、注销登记前的审查；②监督、指导民办非企业单位遵守宪法、法律、法规和国家政策，按照章程开展活动；③负责民办非企业单位年度检查的初审；④协助登记管理机关和其他有关部门查处民办非企业单位的违法行为；⑤会同有关机关指导民办非企业单位的清算事宜。业务主管单位履行前款规定的职责，不得向民办非企业单位收取费用。"

在上述五大监督管理职责中，日常监督管理职责是非常重要的一项，在条例中表述为："监督、指导民办非企业单位遵守宪法、法律、法规和国家政策，按照章程开展活动"，只是给予了原则性的认定，但流于空泛，缺乏具体实施的细则。被原则性地、较空泛地予以了表述而缺乏具体的规定。同样，在《国务院办公厅关于政府向社会力量购买服务的指导意见》中，相关条款表述如下："四、扎实推进政府向社会力量购买服务工作"，具体说明为："①加强组织领导。推进政府向社会力量购买服务，事关人民群众切身利益，是保障和改善民生的一项重要工作。地方各级人民政府要把这项工作列入重要议事日程，加强统筹协调，立足当地实际认真制定并逐步完善政府向社会力量购买服务的政策措施和实施办法，并抄送上一级政府财政部门。财政部要会同有关部门加强对各地开展政府向社会力量购买服务工作的指导和监督，总结推广成功经验，积极推动相关制度法规建设。②健全工作机制。政府向社会力量购买服务，要按照政府主导、部门负责、社会参与、共同监督的要求，确保工作规范有序开展。地方各级人民政府可根据本地区实际情况，建立'政府统一领导，财政部门牵头，民政、工商管理以及行业主管部门协同，职能部门履职，监督部门保障'的工作机制，拟定购买服务目录，确定购买服务计划，指导监督购买服务工作。相关职能部门要加强协调沟通，做到各负其责、齐抓共管。③严格监督管理。各地区、各部门要严格遵守相关财政财务管理规定，确保政府向社会力量购买服务资金规范管理和使用，不得截留、挪用和滞留资金。购买主体应建立健全内部监督管理制度，按规定公开购买服务相关信息，自觉接受社会监督。承接主体应当健全财务报告制度，并由具有合法资质的注册会计师对财务报告进行审计……"

在上述表述中，很难看到明确、清晰的规定，因此需要予以充实的是在实际操作层面上具有指导性意义的条文细则，如：财政部如何会同有关部门加强对各地政府向社会力量购买服务工作的指导和监督，怎样总结推广成功经验，又该如何积极推动相关制度法规建设？又如：购买主体究竟应如何建立健全内部监督管理制度，按规定公开购买服务相关信息，从而便于自觉接受社会监督？

（四）限制性政策条款多于支持性政策条款

目前，面对社会组织的成长与发展，我国政府始终徘徊于支持与管控之间，表现出了明显的两面性：一方面，政府部门认识到，社会组织能够在政府、市场与社会之间发挥沟通、协调、监督、服务等独特的功能和作用，成为政府的得力助手。另一方面，受传统的"官民对立"思想的影响，政府又容易把社会组织看作是其权威的挑战者，是社会不稳定因素。[①] 因此，他们对社会组织的发展总是心存疑虑。于是国家在宏观政策导向上虽然强调鼓励和扶持社会组织的发展，但在实际的政策建构中，限制性的条款还是偏多。国内在关于社会组织的政策制定上，很多条款的出发点还是"不准"或者"不允许"，而非支持和鼓励社会组织的成长、发展、参与和创新。如《民办非企业单位登记管理暂行条例》中第四条规定："民办非企业单位应当遵守宪法、法律、法规和国家政策，不得反对宪法确定的基本原则，不得危害国家的统一、安全和民族的团结，不得损害国家利益、社会公共利益以及其他社会组织和公民的合法权益，不得违背社会道德风尚。民办非企业单位不得从事营利性经营活动。"第十一条规定："在同一行政区域内已有业务范围相同或者相似的民办非企业单位，没有必要成立的，登记管理机关不予登记;"第十三条规定："民办非企业单位不得设立分支机构。"从总体来看，在我国现行的涉及社会组织的规定和条文，大多都缺少对社会组织的鼓励和支持的考虑，这种现状也从一个侧面反映出，我国目前关于社会组织的政策建构还有待不断完善和加强。

二、新时期社会组织政策体系构建的三个层次

如前所述，我国的社会组织政策及其变迁与特定历史阶段的经济社会发展现实紧密相关，相伴而生。因而，社会政策的构建总是体现了特定历史时期社会的基本特点，解答了当时社会治理的核心或关键问题。基于这一基本的认知路径，我们认为，我国社会已经进入了一个高度分化，充满着很多不确定性的时代。与此相应，我国社会生活的整合与组织机制也已经从传统的一元化的社会管理进入

---

① 张杰：《我国社会组织发展制度环境析论》，载于《广东社会科学》2014 年第 2 期。

到了全新的多元治理，这一判断已经得到了党的十八届三中全会的确认，并在社会领域内达成了普遍共识。毫无疑问，这一进程在未来数十年中国社会的发展进程中将是一个主导性的发展趋势。因此，在一个流动性、差异性、不确定性和复杂性与日俱增的时代，如何有效地动员和发挥现代社会组织的力量与作用，就是我们加强和创新社会治理，建设现代社会体制和社会组织体制必须进一步深入研究思考的重大战略问题。这也就意味着，我们需要从我国社会组织发展及其政策的历史变迁规律和逻辑出发，分析既有的社会组织政策体系的特征与弊端，立足于对未来数十年中国经济社会发展趋势的审慎判断，在多层次、多维度的视野中确立思考路径，将建立健全适应未来发展的新的社会组织政策体系作为创新社会治理格局的一个重要目标。在我们看来，构建和完善新时期的社会组织政策体系，在逻辑上至少应当包括四个重要的维度：其一，从转变认知理念的角度出发，构建社会组织政策体系的顶层战略；其二，与社会结构的转型相适应，从组织与制度的中观层面优化社会组织政策的内涵结构；其三，从社会组织发展的一些重点、难点问题出发，进行微观层面的政策设计；其四，明确构建新时期社会组织政策体系总体性的条件与边界。

（一）认知理念的转变与顶层战略

从改革开放以来我国经济社会转型以及社会组织政策变迁的经验来看，推动或阻碍国家重大制度变迁的一个前提性要件或决定性因素就是要能否在认知理念和态度上做出适应性的转变。党的十八大，尤其是十八届三中全会以来，党和国家在社会建设、社会治理方面实现了重大的认知及战略转变，开始更加强调多元治理理念在社会生活规制中的决定性作用。与此相应，在社会组织政策的理念导向中，党和国家也明确提出要激活社会组织的活力，并且重点提出了对四类社会组织的优先扶持发展政策。因此，加强新时期的社会组织建设，构建适应性的社会组织政策体系，首先就需要在认知层面继续转变观念，重新制定社会组织政策体系构建的顶层战略。我们认为，应该在如下几方面实现做好认知观念的转变，以进行相应的顶层战略构建。

第一，要在认知理念上，进一步转变和明确对国家与社会关系的认识。受到传统认知理念的影响，长期以来，我们始终没有很好地定位和正确理解国家与社会应有的关系。相反，在我们的理论与政策导向中，国家与社会的关系始终被放置在二元对立的关系模式中。特别是受到西方市民社会理论的深刻影响，我们很容易就把社会等同于西方意义上作为国家抗衡主体的市民社会。由于对中国社会及社会生活的本质缺乏正确的理解和相对开放的态度，在社会治理实践中，党和国家出于对政治稳定与社会安全的考量更加强调国家对社会的"统治"。改革开放以来我国对社会组织的前后三次大的清理整顿就充分说明了这一点。党和政府从这一知理念出发所制定的社会组织政策，本质上就更加强调对社会组织的约束与规制，这也是长期以来，相对西方发达国家而言，我国社会组织仍然没有得到良好发展和成长的重要原因之一。因此，加强新时期的社会组织建设，完善社会组织政策体系，就必须在认知上进一步转变对国家与社会关系的认识。

第二，要在认知上加强对社会体制、政治体制、经济体制间合理关系的认识。长期以来，我们都忽略了对经济体制、社会体制与政治体制间关系的有效认识。相反，受到发展主义或 GDP 主义的影响，过去三十多年中，党和政府更加强调社会主义市场经济体制的建立和完善，试图以经济体制的建设带动社会体制的建设。显然，这一目标尚未达成，甚至引发了诸多非预期的后果。20 世纪 90 年代中后期以来的住房、教育、医疗卫生等方面的市场化使得我国社会生活的运行被整合到了经济市场的运行轨道上，而且近年来，对社会的治理，也更加突出项目制和技术治理，更加强调了自上而下的科层体制的重要作用。相比较而言，我国社会体制的建设则远远落后于经济体制的建设。一方面与经济体制、政治体制等发展相匹配的社会体制尚没有形成，另一方面与纵向整合的社会治理机制相匹配的社会横向治理机制难以发挥应有的功能。这些都说明，我国社会组织的发展、社会组织政策体系的构建都在不同程度上受到了这种偏差性认知理念的影响。社会组织作为现代社会体制建设的重要载体或内容的地位没有体现出来，社会组织的发展遭遇到了难以克服的认知性障碍。有鉴于此，我们认为，加强新时期社会组织建设，需要重新在认知上厘清经济体制、社会体制等体制之间的合理关系。

第三，要在认知理念上，进一步转变对社会组织本身的认识。长期以来，人们通常把社会组织理解为西方市民社会的代名词，把社会看成在政府、市场之外的第三部门，把社会组织看成独立于政府、市场等社会治理主体的另一个主体。从这一狭义理解出发，就很容易使得政府在面对社会组织时，总是处于矛盾的态度和情境之中：一方面需要社会组织在调节市场秩序、提供公共服务等方面发挥重要的积极作用；另一方面又担心社会组织的"对抗性"，防范和限制社会组织的快速发展。比如，我国既有的社会政策体系已明确了社会组织运作的非竞争性原则以及选择性扶持的原则，使得社会组织高度依附于政府体制，丧失了应有的公益性和公共性，极大地限制了社会组织的正常发展。因此，加强新时期社会组织建设，构建社会组织政策体系，就必须转变对社会组织本身的性质、功能等方面的认知。我们必须认识到，社会组织不仅仅是一个参与社会治理的主体，它同时还是一个社会动员、组织或集体行动的过程。特别是在信息化与网络化的现代社会，大量的社会组织形态已经远远地超出了既有的管理框架能够规制的范围。

我们也要认识到，社会组织在实践过程中还只是治理的一种工具、手段或载体，而影响其成为工具、手段、载体的背后力量与机制，更是需要重点关注的问题。另外，还必须指出的是，要明确新时期社会组织政策构建的认知导向问题，即我们的社会组织政策有两个最基本的立足点和逻辑起点，一方面，社会组织政策的构建最关键的就是要有利于促成社区社会生活秩序的良性达成，而不是要培育西方意义上处于与国家或政府对立面的公民社会。因此，在认知层面应认识到，我们的社会组织政策应该多鼓励和引导社会组织在社区生活服务、社区公共事务、社区秩序的维护等与老百姓生活最具相关性的领域发挥协同治理的作用；另一方面，社会组织政策的构建最基本的任务就是要把社会组织的运作、管理等纳入到法治化、共享规则的框架内。面对社会组织，国家可以动用诸如科层制、市场、网络等多重治理机制，最根本的问题就是要在法治的框架下，针对不同的问题，选择合适的机制，更好地推动社会组织健康有序的发展。

因此，在上述层面，需要我们转变认知并在此基础上积极设计构建社会组织发展的政策体系及其顶层战略。在对我国新时期经济社会发展的现实问题及未来走向做出理性判断，并结合西方国家发展社会组织的有益经验，才能推动我国社会组织发展的顶层战略构建与实施。我们认为，构建社会组织发展的顶层战略可以包括以下几个方面：在国家层面，搭建和完善加强社会组织建设的顶层架构，从国家战略的层面引导社会组织的发展，加强社会组织的规制与管理；积极推动加强社会组织进行全国统一的立法、法规体系的建设，为社会组织的发展提供完善的法律法规框架；积极推动政社分开，为加强新时期社会组织建设提供良性的政府与社会组织关系格局；积极推动引导社会组织发挥积极功能的规则体制、机制的建立完善，构建权利与责任明确的现代社会组织体制；积极推动系统性、多样性的社会组织资源扶持体系的建设与完善，为社会组织的发展提供更加有力的资源保障。

（二）结构调适与中观机制

加强新时期社会组织建设，构建和完善社会组织政策体系，在转变认知与加强顶层战略设计之外，还需要适应我国经济社会进一步转型发展的复杂现实，从组织与制度的层面，加强一系列中观机制的构建，优化社会组织政策的内涵结构。

第一，我们认为，未来我国经济社会的转型发展将更加具有不确定性，社会及社会组织在现实中的运行将极大地超越我们既有的知识、管理体制，比如大量处于过程之中的社会组织形态，虚拟网络组织等，都已经超越了我国既有的社会组织管理体制、政策体制，使得社会组织的规制出现了诸多盲点。因此，未来非常有必要形成能够照应多重社会组织形态，具有较高弹性和灵活性的社会组织管理体制。

第二，面对社会组织发展的多维性与复杂性，我们还需要从中观政策与机制层面推进社会组织的政策规则间的有效协调。比如，要处理好关于社会组织发展的鼓励性政策与禁止性政策之间的均衡协调，使得各级政府部门在社会组织的发展与管理上能够形成清晰的规则框架。我们还要处理好针对社会组织的普遍性支持政策与选择性支持政策之间的关系，使得社会组织的发展既能保证整体性的适度，又能使得一部分更适应党和国家治理现实、迫切需要的社会组织得到更快的发展。另外，还要注重优化社会组织的生态结构，特别是通过相关的规则机制，协调和处理好体制内社会组织与民间社会组织之间的关系。

第三，加强新时期的社会组织建设，构建和完善社会组织政策体系，需要从功能领域上，通过一系列的有效政策、机制的建设，协调、均衡和引导好社会组织的功能发挥，尤其是要在进一步加强社会组织的公共服务职能同时，探讨推进社会组织参与社会管理职能的可能路径、形式。

第四，由于我国在社会组织发展上存在着区域间的不平衡，因此，加强新时期的社会组织建设，还需要借鉴英美等国的经验，在政策设计上按照不同地区社会组织发展的水平、能力、现实条件、历史传统的差异，积极鼓励各探索社会组织发展的模式创新，给予各地在发展社会组织方面有较大的自主权。

（三）围绕重点领域的微观政策创新

加强新时期社会组织建设，构建和完善现代社会组织政策体系，是一个复杂而系统的工程。由于新时期经济社会改革与转型的进一步深化与复杂化，所以，在中国特定的制度与社会情境下，社会组织建设与社会组织政策体系的构建就是一个包含了方方面面具体内容的重大课题。从具体层面来讲，我们认为，加强社会组织建设，构建和完善社会组织政策体系，需要寻找到一个重点突破领域，重点分析这些重点领域要解决的最核心或最重要问题，由此，才能制定出全面、科学、有前瞻性的社会组织政策体系，更好地服务于社会组织的发展及现代社会组织体制、社会体制的建设，更好地发挥社会组织在参与社会治理中的积极作用。从我国社会组织发展及政策演化的历史与现状来看，我们认为，新时期构建和完善社会组织政策体系，推动社会组织有序健康发展，需要重点围绕如何才能有效地增强社会组织的运行活力、如何才能真正提升社会组织的能力、如何才能不断促进社会组织公共性与自主性的增长，以及如何才能有效规制社会组织的运行过程，提升社会组织参与社会治理的公共信任等重点领域，从社会组织的入口管理、过程管理以及环境与要素支持等方面加以认真思考和探索。

1. 关于增强社会组织活力的政策思考

长期以来，我国社会组织在现实运作中面临的一个重要瓶颈就是社会组织活力相对不足的问题。相比于西方国家对社会组织的相对自由开放政策，我国的社会政策对社会组织的发展表现出了更多的控制，社会组织现有的生态环境、支持体系等，其本身的缺陷也使得社会组织的发展活力不够。比如，我们通常认为，我国社会组织在资源摄取与功能运行上表现出了高度的行政性依赖，社会组织的活力不够，不能适应现代社会生活及社会治理的现实需求。因此，在未来社会组织发展及政策体系的构建中，应重点通过一系列的具体政策设计来加强社会组织的活力。

为此，我们提出以下一些具体的政策探讨。（1）进一步转变社会组织与政府的关系，通过进一步改革和完善社会组织的治理结构，尤其是主要负责人的任职政策与机制，借鉴西方国家成功经验，建立起现代化水平较高的社会组织内部治理结构和理性的政社关系模式。（2）进一步转变社会组织的资源汲取和供给模式，改变传统较为单一化、过度依赖于政府资源的模式，形成多元化的资源来源与供给渠道。（3）再次对《社会团体登记管理条例》等与社会组织登记管理相关的政策条例进行修订，进一步改革双重管理体制，加强对社会组织的分类管理，有效减少既有登记管理制度对于社会组织活力的限制。其中重点是增强社会组织生态结构中的竞争性，适度允许社会组织跨区域注册登记与活动，在同一区域内适度引入同类型的多家社会组织，通过竞争提升社会组织运行活力。（4）进一步改革政府行政体制机制，为社会组织的发展让渡更多的空间，比如改进条块关系格局，为社会组织的发展提供较好的现实制度环境，给予社会组织较稳定明晰的制度支持。（5）进一步探索改革社会组织的激励机制，通过修订和完善社会组织的财政税收等方面的政策，提升社会组织参与社会治理与公共服务的激励与动力。此外，还要正确处理和协调好体制内社会组织（工青妇等）与体制外社会组织之间的关系，为社会组织的发展活力，提供良好的组织间分工合作关系格局。

2. 关于增强社会组织能力的政策思考

与活力问题相关联，我国社会组织的发展还主要面临着有效行动能力不足的问题，既有的社会组织政策尽管也强调提升社会组织能力，但相关政策比较零散化、碎片化。社会组织自身在知识、技术与行动策略等方面的能力不足，极大地限制了社会组织的发展，使得社会组织的积极功能得不到政府部门、社会公众的认可与认同。尤其突出的是，我国社会组织非常缺乏自我组织与协调的能力，非常缺乏自主提出和提取社会需求的能力。因而，其表现或结果一方面是社会组织缺乏较好的专业服务的技术能力；另一方面缺乏自己发现、反馈社会需求并有效提供服务的能力。

为此，围绕着如何有效提升社会组织参与公共服务与社会治理的能力，我们认为，相关的政策建构可以从如下方面做出积极努力。（1）通过多种渠道加大对社会组织的资源支持，直接增强社会组织的资金能力。比如继续通过扩大政府购买社会组织服务的种类与规模的方式，① 给予社会组织运作更加充分的财政支持。（2）通过修订相关劳动就业与人事政策，给予社会组织更多的人力资源政策支持，为促进社会组织的能力提升给予较好的人力资源保障，其中重点是通过相关政策，加强专业化社会工作者队伍的培养。（3）借鉴北京、上海等地经验，进一步在全国推广和扩展社会组织孵化器与孵化平台的作用，为提升社会组织能力给予相应的支持。（4）在转变社会组织对政府的行政性依赖关系的同时，加强对社会组织主要领导层的培训，提升他们自主发现、鉴别和提出社会服务需求的能力。（5）借鉴香港社会服务联会的成功经验，尝试推广组建行业性的社会组织的联合机构，加强社会组织之间的自我组织与协调整合的能力。

3. 关于社会组织健康有序运行的政策思考

加强社会组织建设，构建社会组织政策体系，仍然需要从政策制度上加强对社会组织日常运行活动的管理和引导，提升社会组织的素质、自律和诚信，减少社会组织在运作过程中的机会主义行为。因此，又必须继续加强和完善对于社会组织的评估、年度检查、日常监管等方面的政策及机制，在做到不过度干预社会组织运行的基础上，适度加强对社会组织的过程监管与引导。其中，重要的内容是（1）要制定相关政策，引入专业性的高水平的第三方评估机制，加强对社会组织项目运作的监管评估，做到从事前、事中、事后对于社会组织偏差风险的预判与控制。同时，（2）还要通过相关政策，建立健全社会组织的正常退出机制，使得一部分达不到国家法规要求、能力与运行效果较差的社会组织被淘汰出社会组织体系。（3）加大对社会组织及社会公众的政策宣传、价值教育、组织伦理及内部规范建设，增强社会组织的自律与自我监控，减少社会组织的失范行为。（4）健全和完善相关法律法规（如社会组织财务制度），改善行政执法，对社会组织的违法行为进行及时的修正，为社会组织的健康运行提供明确的法规框架。此外，还可以思考在法治的框架下将社会组织的治理纳入到行业化、系统化的体系，重点围绕社会建设、民生问题等实现社会组织的行业化、系统化管理。

4. 关于虚拟社会组织及工青妇组织的政策构想

加强新时期社会组织建设，构建社会组织政策体系，需要重点加强对一些特

---

① 我们认为，关于政府购买社会组织服务，相关政策应重点探索政府购买服务定价机制、发包机制的形成等重要问题。

殊性质的社会组织的管理与引导。如前文所述，在信息化快速发展的背景下，以网络技术为基础的虚拟社会组织获得了巨大的发展。但由于既有政策体系本身的局限，这些在日常生活中起到了重要作用的虚拟社会组织往往不能被照应到已有的政策体系之中，而缺乏监管，蕴含着较大的控制风险。因此，有必要更新社会组织管理的政策法规，将虚拟网络社会组织的活动纳入可监管的范围。另外，也应该出台相关政策，引导工青妇等传统带有政治性、行政性色彩的群团组织实现功能的转型，在诸如资金、项目、人才等政策上实行与一般社会组织适用的政策，加强社会组织之间的竞争，提升这些社会组织的动力、活力、能力与效力。同时，也要充分发挥工青妇等传统群团组织在治理网络、联系对象，与体制联系等方面的传统优势，在实现功能重构、机制再造的过程中，更好地发挥其应有的作用，有其要重点发挥工青妇组织在基层社区自治与共治中的重要作用。

5. 关于社会组织管理负面清单的政策构想

较长时间以来，我国对社会组织的管理，其手段较多依赖于一些强制性的行政手段，比如多次的清理整顿。尽管现有的社会组织政策法规也对社会组织的登记注册、变更登记、财务会计、违法行为处理等进行了一定的规定，但是，由于这些政策法规相对比较模糊，抽象程度较高，既包括鼓励性的政策，也包括规制性的政策。这使得相关部门对社会组织的监管，以及社会组织自身的运行建设遭遇到权责不清、行为监督难等重要问题。

我们认为，可以积极借鉴近年来上海自贸区负面清单的有益经验，推进社会组织管理的负面清单的制定，为社会组织建设与发展，完善社会组织政策体系，提供更为明确的指导。关于社会组织管理负面清单，我们认为，大致可以包含以下方面的内容：其一，关于社会组织禁止行为的事项，例如社会组织不得参与和从事诸如非正规宗教活动、涉及国家机密与公共安全的项目活动及其他违法犯罪行为；其二，关于社会组织禁止进入的功能领域的事项，比如国防安全事务等。关于社会组织政策负面清单，深圳即将提出政府购买服务的负面清单，将规定三类事项是明令禁止的购买服务禁区：一是不属于政府职责范围的服务事项；二是应当由政府直接提供的履职服务事项；三是政府提供服务效益明显高于市场提供的事项。①

三、加强社会组织建设的具体政策建议

新时期的社会组织建设将面临一个全新的政治经济社会环境，传统以管控为

---

① 《深圳首推政府购买服务负面清单》，深圳特区报，2014 年 10 月 14 日，http：//sznews. tetimes. com/content/2014 – 10/14/content_10456499. htm。

主要倾向的社会组织政策亟须进行调整和完善，以使得社会组织的发展既有活力
又有秩序，既在发挥与政府、市场协作提供社会服务、满足社会诉求的同时，又
能够始终在中国特色社会主义的政策与制度框架下进行良性有序运作。特别是在
党和国家大力推进"四个全面"建设的背景下，社会组织的建设与发展尤其需要
有良好的制度环境和政策框架。通过系统性的政策设计，为社会组织提供一个相
对明确、清晰、可持续的政策预期，提升社会组织运行的效率，减小其行为的负
外部性。因此，本研究认为，加强新时期社会组织建设应该在以下方面进行具体
的政策变革。

第一，应尽快加快全国统一的社会组织立法相关工作及研究，为社会组织的
良性发展提供整体性的政策法律框架，使得社会组织行为运作有清晰的政策边
界、政策导向。法治保障是党对加强和改进社会治理的重要要求之一，也是加强
新时期社会组织建设的重要保障。当前，社会组织的发展亟须有一部高层次的法
律法规。我国现行的关于社会组织的政策法规相对而言层级较低，且比较分散。
现行的政策文件主要停留在行政法规层面，在内容上也存在着较多的空白。这就
导致各地在推进社会组织建设与发展过程中，缺乏明确的法律依据。比如，可尝
试通过全国人大制定颁布全国统一的"社会组织法"，为全国社会组织的发展提
供法律基础。"社会组织法"应对社会组织的法律性质、组织治理结构、与政府
及市场的关系、运作的资金管理、发展的重点领域、应承担的民事法律权利义
务、政府的监督管理范围与权限等多方面内容进行明确的规定。同时，在"社会
组织法"的基础上，相应出台一系列专门性的行政法规、条例，以形成一个整体
性的、有针对性的社会组织政策体系。比如，可在行政法规层面，陆续出台一批
依据科学分类形成的体现分类监管和专业性的专项法规，[①] 其中可包括进一步修
订完善社会组织的登记管理条例，特别是针对行业协会商会类、科技类、公益慈
善类、城乡社区服务类社会组织，应该制定相应的专项管理条例，改变以往简单
按照登记注册分类原则进行管理的政策模式。

第二，在全国层面调整社会组织发展监管的治理结构、机构设置。我国目前
承担社会组织监管的主要职能部门是民政部及其下属的民间组织管理局。这一监
管结构相对来说，只是突出对社会组织的事前的登记注册类的管理，从准入门槛
上加强对社会组织的管理，而事中事后的管理则很难有效跟进。而且相对而言，
社会组织的发展不简单地是民政领域的事务，它涉及法律、财政税收、人力资
源、劳动就业、工商管理等一系列多维领域。因此，建议在新一轮的社会组织建
设与管理过程中，应加快对全国及各级地方层面社会组织行政管理部门结构的完

---

① 陈金罗等：《转型社会中的非营利组织监管》，社会科学文献出版社 2010 年版，第 58～59 页。

善与调整。有学者建议提出，可借鉴成立银监会、保监会、证监会等全国性监管机构的成功经验，在全国设立社会组织监管委员会。[①] 我们认为，这一方案具有较高的可行性。另外，我们认为，也可以在设立全国性的社会组织管理机构的同时，借鉴国外经验，[②] 成立全国性的社会组织行业协会或联合会等组织，实现社会组织全国层面的自我管理、自我服务、自我监督、行业自律。新成立的社会组织行业协会有利于打通社会组织与国家、政府部门的沟通渠道，将自下而上的诉求与自上而下的期待进行有效的结合，推动社会组织的理性发展和运行。

第三，重新厘清政府与社会组织的关系，重点厘清政府对社会组织的管理职能。长期以来，社会组织对政府部门有非常强的行政性与资源性的依赖，政府对社会组织有过度干预的倾向，一定程度上导致社会组织的活力不足、效率低下等问题。新时期加强社会组织建设，应在政策层面重新厘定政府与社会组织的关系，有重点地剥离和优化政府部门对社会组织的管理职能，特别是剥离各级地方政府和部分发育社会组织的职能，把社会组织发育的空间在法治框架下还给市场和社会。比如，进一步将部分政府的社会治理职能有程序、有规范地向社会组织转移。首先，需要在政策层面形成政府职能转移的长效机制。建议中央政府结合行政管理体制、事业单位和审批制度改革，进一步梳理和分解政府部门职能，理清可由社会组织、专业服务组织等中介机构承担的事务性工作和公共服务职能。在此基础上，我们进一步建议：（1）中央编办会同各部委编制政府转移职能目录，修改职能部门"三定"方案，形成政府职能转移、承接的长效制度安排，推动各部门加快将决策咨询、标准制定、行业规范、资格认证等职能以及社区事务性、公益性、社会性工作转移给各类社会中介机构。（2）财政部组织力量研究建立全国性的政府购买公共服务目录，并制定项目库管理制度、资金分配方案和实施办法，明确政府购买服务的基本原则、实施范围和主体、承接对象和条件、购买形式、操作流程等。（3）民政部结合各类社会组织年检、规范化建设评估和社会组织诚信建设等情况，建立并动态更新具备承接政府转移职能和购买服务资质条件的社会组织数据库，为各级政府购买中介机构服务提供支持。（4）财税部门牵头，探索建设完善的财税联动扶持政策，对承担公益服务职能的社会中介机构予以财政补贴和税收减免，适当扩大公益性捐赠税前扣除资格认定范围，合理减免公益慈善类社会组织增值收益税赋。（5）研究推进社会中介机构规范发展的立法保障，明确各类社会中介机构在政府职能转移中的权利义务与法律地位。其次，建设科学完善的公共服务市场体系。当前，各地区购买社会中介机构的服务

---

① 陈金罗等：《转型社会中的非营利组织监管》，社会科学文献出版社 2010 年版，第 58～59 页。
② 其实，这一实践已经在部分地方有所展开，取得了一定的成效。

资金逐步扩大，客观上已经形成了具有一定规模的公共服务市场。但该市场中普遍存在公共服务定价随意、项目政出多门缺乏整合、需求与供给信息不匹配、服务方竞争不充分等现象。因此，我们建议未来中央政府应着力推进公共服务市场体系的规范化建设：（1）中央政府颁布公共服务采购的指南性文件，由各省市发改委、物价部门及财政部门牵头研究政府购买社会中介机构服务定价机制和指导意见，为各级部门做好政府购买服务工作提供参考。（2）在市级层次建立统一的政府购买服务平台，整合各部门购买服务资源，统一发布政府部门购买服务信息，在实施统一监管的条件下，适度引入竞争机制，鼓励社会中介机构围绕公共服务能力建设展开公平有序竞争。（3）创新公共财政购买社会中介机构服务的模式。改变当前各级政府单纯运用业务资金来购买服务的现有做法，依法设置代表公共利益和公共意见的社会发展基金，并鼓励各级政府运用共治机制使用基金来购买社会中介机构服务，使社会中介机构发展与社区发展、公共福利方面建立起更为紧密的关联。最后，探索新型联合监管体制。在公共服务市场逐步发育的背景下，各类中介组织的资源结构与资金流向日趋复杂化。这意味着传统上依赖民政社团管理部门进行监管的社会中介机构监管体系日趋不适用了。因此必须探索建设由民政部门牵头，联合财政、审计、税务和银行金融机构共同构筑的联合监管体系。尤其在以下三个方面形成创新性探索：（1）依托信息化技术和金融、财税杠杆，形成超越登记管理的动态流程管理方法，实时呈现出不同中介机构承接的项目及其执行状况。（2）建立社会中介机构信用评估体系和社会监督体系，通过制定《社会中介机构信用评级体系》等，实现对各类中介机构行为的长效化管理；加大信息披露力度，对社会中介机构重大活动、资产财务、承担项目现状等信息透明化披露，使其接受社会监督。（3）进一步加强社会中介机构党建，超越"支部建在连上"的传统党建模式，强化党的组织网络对各类中介机构运行、组织动员活动的引领与指导。

第四，进一步通过政策设计优化社会组织的运作机制。长期以来，我国社会组织的运作由于受到分割的资源供给体系、条块关系等政策因素的影响，而表现为活动范围小、活动领域单一或过度多样化（非专业）等特点，极大地限制了社会组织扎根基层、服务社会的能力与效力。因此，我们认为，加强新时期社会组织建设，应重点通过政策设计优化社会组织的实际运作机制。比如，（1）可以尝试通过修订监管政策，探索实施社会组织在相邻区域跨区域活动的政策，增强社会组织服务的辐射范围，让社会组织的发育与成长超越属地化、部门化困境。（2）可以制定政策，积极尝试将社会组织的运作纳入基层社区共治过程。当前，社会组织运行存在着进入社区难，社区治理参与度不够的问题，一个重要原因在于基层政府在推进社区治理尤其是社区共治的过程中很少将社会纳入到其中，使得社会组织缺乏扎根基层社区的能力。因此，新时期加强社会组织建设应着力通过政策完善，积极推动社会组织参与社区共治，提升社会组织的实际运作成效。（3）可以制定政策，适度放开社会组织的功能运作领域，尤其是可以尝试将社会组织适度引入部分社会管理、合法权益维护等领域。当前，我国处于社会矛盾的多发期，各种利益冲突使得政府直接卷入各种矛盾纠纷之中，社会维稳的压力较大。其中的一个重要方面在于，在政府和民众之间缺乏有效缓冲矛盾的中间带或中间机构。未来如果适度放开部分社会组织的功能领域，将一些运作良好，与政府有较好协同关系的社会组织引入到基层社会管理等领域，可以很好地发挥社会组织的社会关系协调的能力，也能够最大限度降低政府直接面对冲突纠纷的社会与政治压力，重塑政府公信力。（4）加强社会组织协商机制建设。中共中央下发的《关于加强社会组织协商民主建设的意见》，对新形势下开展政党协商、社会组织协商等作出了全面部署。其中强调，要"增强协商的广泛性针对性，涉及特定群体利益的，加强与相关人民团体、社会组织以及群众代表的沟通协商。组织引导群众开展协商，积极发挥对相关领域社会组织的联系服务引领作用，搭建相关社会组织与党委和政府沟通交流的平台。推进行政村、社区的协商，重视吸纳利益相关方、社会组织、外来务工人员、驻村（社区）单位参加协商。推进企事业单位的协商，逐步完善以劳动行政部门、工会组织、企业组织为代表的劳动关系三方协商机制。探索开展社会组织协商，健全与相关社会组织联系的工作机制和沟通渠道，引导社会组织有序开展协商。"这就要求新时期加强社会组织建设，应积极通过政策将社会组织纳入多元协商机制，支持和鼓励社会组织在协商民主建设中发挥重要作用。

第五，进一步加强社会组织的内部治理，加强专业化能力建设的可持续发展以及内外监督机制建设。长期以来，（1）继续完善社会组织管理的相关法律法规，为社会组织内部治理提供法律依据。2016年出台的《社会服务机构登记管理条例》（修订草案征求意见稿）和《基金会管理条例》（修订草案征求意见稿）已经在这方面做出了突破。在《社会服务机构登记管理条例》中增加了关于内部治理的条例，明确了理事会、监事、执行机构的职责和权限分工。建议进一步出台和完善有关理事会、监事、执行机构的具体激励和约束机制的配套法律法规。（2）依法强化内部监督和外部监督力量，形成对社会组织公开度、信用度的有效约束和监督。强化监事会的地位和功能，扩大监事会的成员类别，加强和优化政府对社会组织的评估机制，完善其他利益相关方、媒体与公众对社会组织的监督，并为这些监督权力提供相应的法律依据和法律保障。（3）提供社会组织专业化培训的支持平台，尤其是财务管理、专业化能力提升方面的培训，形成统一规范的行业内部治理的守则。优化社会组织的生态组织结构，充分发挥支持型社会组织的作用，鼓励建立功能分化、良好竞争的组织生态。（4）继续加大对社会组织的扶持力度，优化社会组织工作人员的薪酬和工作环境，制定社会组织工作人员规范条例，为专业化队伍的供给和可持续发展提供法律保障。

第六，建立和完善社会组织风险防控政策。在经济社会转型过程中，如果缺乏有效的防控措施，社会组织的发展也会产生诸多消极影响。比如一些社会组织以宗教信仰的名义从事非法传销、集资、传教活动，威胁国家安全和社会稳定；一些社会组织以环保、公益的名义从事情报搜集、破坏社会秩序的违法违规活动等。我国社会组织的发展已经有过类似的经验教训。未来中国经济社会的开放度将更加提高，在全球化、信息化的背景下，在政策上制定针对部分社会组织违法违规、非正当行为及其衍生风险的防控措施非常必要，这也是优化社会组织生态环境的重要内容。因此，加强新时期社会组织建设应着重构建和完善社会组织风险防控政策，在做好日常的社会组织监管、评估工作的基础上，建议：（1）根据公益性、负外部性维度合理识别和区分应当重点扶持和发展的社会组织，以及应当重点监控和限制的社会组织，实施分类监管政策。对于具有高公益性、低负外部性的社会组织，应重点给予扶持和鼓励；对于具有高外部性、低公益性的组织应重点给予限制。（2）重点加强对有国际背景的境外社会组织的监管和风险防控。经验表明，一些国际性的境外社会组织打着扶贫、环保、慈善等公益性的幌子，实际从事反华活动，有较隐晦的政治目的，其行动比较隐蔽，难以被相关部门察觉。应积极制定相应政策预案，防范这类社会组织对我国进行渗透带来的影响与风险。（3）重点加强对网络虚拟社会组织、实体社会组织网上违法违规行为的监控。在信息技术高度发展的背景下，一部分有较强负外部性的社会组织具有可以通过网络迅速动员组织集体行动的力量，其影响不容忽视。另外，一些社会组织并没有实体的组织机构，而主要是依托网络虚拟空间。对这类社会组织的监管，由于技术的复杂性，政府部门难以形成有效的监管措施。（4）优化和改进社会组织风险评估机制。可借鉴西方发达国家有益经验，对社会组织的运作评估不能简单地依赖社会组织自我陈述、第三方机构评估等，这些评估机制往往会有效性不足，难以防范社会组织机会主义行为、不当行为的可能风险。未来加强社会组织建设，应考虑将社会组织的同行组织、客户受众、"相邻"组织（比如与某社会组织处于同一办公楼、同一社区的其他组织机构）、新闻媒体等纳入到社会组织风险防范的体系，发挥多元主体、多元渠道的积极作用。因此，应出台相关政策对这一机制给予支持和保障。（5）重点加强对社会组织负责人，尤其是枢纽型社会组织负责人的管理、培训与教育，引导他们形成正确的价值观，提升道德自律感、遵纪守法意识及合作能力。（6）将社会组织的培育和发展纳入到区域化党建的范畴，在支持型社会组织层面实现党组织全覆盖，引导社会组织正确的政治方向，确保政治安全。

第七，合理设定政策实施路线图，制订政策计划，循序渐进推进社会组织建设与发展。新时期加强社会组织建设并不能在很短的时间内迅速而全方位地推进各项政策改革，相反，应该充分结合我国经济社会发展、社会组织发展面临的现实问题，以及未来的走向，结合要解决的核心与急切问题，科学合理地设定社会组织政策路线图，保障社会组织有序发展。比如，（1）可考虑在四类社会组织发展较成熟的基础上，通过政策调整，开放更多业务领域及更多类型的社会组织发展；（2）可以考虑将部分社会组织政策在沿海发达城市先行试点，然后再向中西部地区推广；（3）可考虑部分社会组织政策改革先在基层进行试点探索，然后再形成全国性的政策予以推广。

此外，社会组织政策调整完善还应注重全国一体性与地方特殊性的有效结合。新时期加强社会组织建设应在追求全国政策标准一致性的基础上，充分承认和尊重各地由于历史文化传统、经济社会发展现实等方面的差异，在政策上给予各地一定的自由立法权和裁量权，为社会组织的发展提供弹性灵活的政策环境。比如，对于经济相对发达地区，应该积极鼓励发展行业协会商会类组织，重点鼓励社会组织服务于市场经济的功能；而在一些经济较落后的区域，可以重点扶持鼓励一些公益类、慈善类社会组织。另外，在通过加大政府购买服务支持社会组织发展的政策方面，也要有差别性。对于那些社会组织不够发达的地方，政策可更多鼓励民间性社会组织与工青妇等枢纽型社会组织合作，提供社会服务，并达到培育民间社会组织的目的；对于那些经济较发达，自有资金较充裕地方，可以尝试推进成立社会组织发展基金，通过资金渠道的多元化，降低社会组织对于政府财政资源的过度依赖，增强社会组织的自组织活力等。

综上所述，无论是既有的社会组织政策，还是新时期社会组织政策体系的构建，本质上都要积极回应特定时期经济社会发展以及社会治理提出的现实问题。在社会环境因素已经发生变化的情况下，社会组织政策体系也应做积极的适应性调整。然而，必须指出的是，任何社会组织政策在一定程度上都会有其合理性和局限性，它既会受研究者的影响，又往往受到现实的约束。因此，社会组织政策体系的构建既要尊重历史演化的逻辑，也要回应重大的现实问题，更要着眼于长远的社会治理目标进行具有创新意义的前瞻性思索。

参 考 文 献

[1] [德] 斐迪南·滕尼斯著，林荣远译：《共同体与社会》，商务印书馆1999年版。

[2] [德] 海贝勒、舒耕德著，张文红译：《从群众到公民——中国的政治参与》，中央编译出版社2009年版。

[3] [德] 卡尔·马克思著，中共中央马克思恩格斯列宁斯大林著作编译局译：《资本论》（第一卷），人民出版社2004年版。

[4] [德] 康德著，李秋零译：《纯粹理性界限内的宗教道德形而上学》，中国人民大学出版社2010年版。

[5] [德] 马克斯·韦伯著，阎克文译：《经济与社会》，上海世纪出版集团2010年版。

[6] [德] 乌尔里希·贝克、伊丽莎白·贝克-格恩斯海姆著，李荣山译：《个体化》，北京大学出版社2012年版。

[7] [德] 乌尔里希·贝克著，何博闻译：《风险社会》，译林出版社2004年版。

[8] [德] 尤尔根·哈贝马斯著，曹卫东等译：《公共领域的结构转型》，学林出版社1999年版。

[9] [法] 阿兰·图海纳著，舒诗伟等译：《行动者的归来》，商务印书馆2008年版。

[10] [法] 埃哈尔·费埃德伯格著，张月等译：《权力与规则：组织行动的动力》，上海人民出版社2005年版。

[11] [法] 埃米尔·涂尔干著，渠东译：《社会分工论》，生活·读书·新知三联书店2000年版。

[12] [法] 加里布埃尔·塔尔德著，何道宽译：《模仿律》，中国人民大学出版社2008年版。

[13] [法] 托克维尔，冯棠译：《旧制度与大革命》，商务印书馆1992年版。

[14]［法］托克维尔著,董果良译:《论美国的民主》,商务印书馆1988年版。

[15]［荷兰］皮特·何、［美］瑞志·安德蒙,李婵娟译:《嵌入式行动主义在中国》,社会科学文献出版社2012年版。

[16]［美］詹姆斯·汤普森著,敬乂嘉译:《行动中的组织——行政理念的社会科学基础》,上海人民出版社2007年版。

[17]［美］汉娜·阿伦特著,王寅丽译:《人的境况》,上海世纪出版集团2009年版。

[18]［美］曼瑟尔·奥尔森著,陈郁等译:《集体行动的逻辑》,上海三联书店1995年版。

[19]［美］沃尔特·李普曼:《公共哲学的复兴》,载于《公共论丛:市场逻辑与国家观念》,刘军宁等编,生活·读书·新知三联书店1995年版。

[20]［美］詹姆斯·C.斯科特著,王晓毅译:《国家的视角》,社会科学文献出版社2004年版。

[21]［美］阿尔·托夫勒著,黄明坚译:《第三次浪潮》,中信出版社2006年版。

[22]［美］埃里克·霍弗著,梁永安译:《狂热分子:群众运动圣经》,广西师范大学出版社2011年版。

[23]［美］爱德华·O.威尔逊著,毛盛贤等译:《社会生物学:新的综合》,北京理工大学出版社2008年版。

[24]［美］保罗·霍普著,沈毅译:《个人主义时代之共同体重建》,浙江大学出版社2010年版。

[25]［美］查尔斯·泰勒著:《市民社会的模式》,载于《国家与市民社会——一种社会理论研究路径》,邓正来、亚历山大编,中央编译出版社1999年版。

[26]［美］杜赞奇著,王福明译:《文化、权力与国家:1900~1949年的华北农村》,江苏人民出版社2003年版。

[27]［美］汉娜·阿伦特著:《人的境况》,上海人民出版社1998年版。

[28]［美］简·科恩、安德鲁·阿雷托:《市民社会的美德》,载于《国家与市民社会》,邓正来等编,中央编译出版社1999年版。

[29]［美］杰里米·里夫金著,张体伟译:《第三次工业革命:新经济模式如何改变世界》,中信出版社2012年版。

[30]［美］克莱·舍基著,胡泳、哈丽丝译:《认知盈余:自由时间的力量》,中国人民大学出版社2011年版。

[31]［美］克莱·舍基著,胡泳、沈满琳译:《人人时代:无组织的组织力

量》，中国人民大学出版社 2012 年版。

[32] ［美］克里斯·安德森著：《创客：新工业革命》，北京中信出版社 2012 年版。

[33] ［美］孔飞力著，陈兼等译：《中国现代国家的起源》，生活·读书·新知三联书店出版社 2013 年版。

[34] ［美］莱斯特·塞拉蒙著：《第三域的兴起——西方志愿工作及志愿组织理论文选》，复旦大学出版社 1998 年版。

[35] ［美］利昂·E. 艾里什、莱斯特·M. 萨拉蒙、卡拉·西蒙著：《政府向社会组织购买公共服务的国际经验》，世界银行报告 2009 年。

[36] ［美］罗伯特·海尔布罗纳、威廉·米尔博格著：《经济社会的起源》，上海人民出版社 2010 年版。

[37] ［美］马克·格兰诺维特著，张文宏等译：《找工作：关系人与职业生涯的研究》，格致出版社 2008 年版。

[38] ［美］马歇尔·伯曼著，张辑、徐大建译：《一切坚固的都烟消云散了：现代性体验》，商务印书馆 2003 年版。

[39] ［美］迈克尔·桑德尔著，曾纪茂译：《民主的不满》，江苏人民出版社 2008 年版。

[40] ［美］帕特南著，刘波等译：《独自打保龄球：话说社区的衰落与复兴》，北京大学出版社 2011 年版。

[41] ［美］乔尔·米格代尔著，李杨等译：《社会中的国家：国家与社会如何相互改变与相互构成》，江苏人民出版社 2013 年版。

[42] ［美］文森特·奥斯特罗姆等著：《制度分析与发展的反思——问题与抉择》，商务印书馆 1996 年版。

[43] ［美］詹姆斯·N. 罗西瑙等著：《没有政府的治理》，江西人民出版社 2001 年版。

[44] ［美］詹姆斯·博曼、威廉·雷吉主编，陈家刚等译：《协商民主：论理性与政治》，中央编译出版社 2006 年版。

[45] ［美］詹姆斯·索罗维基著，王宝泉译：《群体的智慧：如何做出最聪明的决策》，中信出版社 2010 年版。

[46] ［日］小浜正子著，葛涛译：《近代上海的公共性与国家》，上海古籍书店 2003 年版。

[47] ［英］亨利·梅因著，沈景一译：《古代法》，商务印书馆 1959 年版。

[48] ［英］安东尼·吉登斯著，李康等译：《社会的构成》，生活·读书·新知三联书店 1998 年版。

［49］［英］安东尼·吉登斯著，田禾译，黄平校：《现代性的后果》，译林出版社 2000 年版。

［50］［英］柏克著，何兆武等译：《法国革命论》，商务印书馆 1998 年版。

［51］［英］保罗·霍普著，沈毅译：《个人主义时代之共同体重建》，浙江人民出版社 2010 年版。

［52］［英］齐格蒙特·鲍曼著，欧阳景根译：《共同体》，江苏人民出版社 2003 年版。

［53］［英］齐格蒙特·鲍曼著，杨渝东等译：《现代性与大屠杀》，译林出版社 2002 年版。

［54］阿兰纳·伯兰德、朱健刚：《公众参与与社区公共空间的生产——对绿色社区建设的个案研究》，载于《社会学研究》2007 年第 4 期。

［55］安添金：《促进非营利组织 NPO 发展的财政政策研究》，哈尔滨商业大学 2013 年硕士学位论文。

［56］卞崇道、林美茂著：《公共哲学，作为一种崭新学问的视野》，载于《公与私的思想史》，佐佐木毅、金泰昌主编，人民出版社 2006 年版。

［57］卞珂著：《安徽省社会组织的财税政策扶持研究》，载于《现代经济信息》2014 年第 3 期。

［58］蔡禾：《从利益诉求的视角看社会管理创新》，载于《社会学研究》2012 年第 4 期。

［59］蔡禾：《从统治到治理：中国城市化过程中的大城市社会管理》，载于《公共行政评论》2012 年第 6 期。

［60］蔡禾：《利益诉求与社会管理》，载于《广东社会科学》2012 年第 1 期。

［61］蔡磊：《非营利组织基本法律制度研究》，西南政法大学 2004 年博士论文。

［62］蔡欣怡著：《绕过民主：当代中国私营企业主的身份与策略》，浙江人民出版社 2013 年版。

［63］陈华等：《社会组织参与社会管理和服务研究：南京的探索和实践》，载于《中共南京市委党校学报》2012 年第 5 期。

［64］陈金罗等著：《转型社会中的非营利组织监管》，社会科学文献出版社 2010 年版。

［65］陈菊红：《"国家—社会"视野下的流动人口自我管理研究》，中共中央党校 2014 年博士论文。

［66］陈弱水著：《公共意识与中国文化》，新星出版社 2006 年版。

［67］陈剩勇、张丙宣：《建国 60 年来中国地方行政区划和府际关系的变革

与展望》，载于《浙江工商大学学报》2009 年第 5 期。

[68] 陈晓玲等：《社会组织管理的政策工具：以广东省深圳市为例》，载于《辽宁行政学院学报》2014 年第 1 期。

[69] 陈遥：《社会组织的微观制度环境研究——以上海市 T 街道为例》，上海大学 2014 年社会学硕士学位论文。

[70] 陈粤凤：《北京市政府向社会组织购买服务调研报告》，载于《社团管理研究》2012 年第 12 期。

[71] 成伯清：《社会建设的情感维度——从社群主义的观点看》，载于《南京社会科学》2011 年第 1 期。

[72] 程金华、吴晓刚：《社会阶层与民事纠纷的解决》，载于《社会学研究》2010 年第 2 期。

[73] 程秀英：《消散式遏制：中国劳工政治的比较个案研究》，载于《社会》2012 年第 5 期。

[74] 崔建栋、李芹：《政府购买"工作室"助业委会议事》，载于《新闻晨报》2008 年 6 月 26 日。

[75] 崔开云：《当下西方国家政府与非政府组织关系研究述评》，载于《理论参考》2011 年第 6 期。

[76] 大江：《贿选威胁新农村建设》，载于《中国改革报》2007 年 7 月 17 日。

[77] 邓锁：《开放组织的权力与合法性——对资源依赖与新制度主义组织理论的比较》，载于《华中科技大学学报（社会科学版)》2004 年第 4 期。

[78] 邓锁：《社会服务递送的网络逻辑与组织实践——基于美国社会组织的个案研究》，载于《社会科学》2014 年第 6 期。

[79] 邓正来：《国家与社会——中国的市民社会研究的研究》，载于《中国社会科学季刊》1996 年总第 15 期。

[80] 蒂芬·汉斯、朱健刚：《NGOs 在现代社会的角色》，载于《学会》2006 年第 8 期。

[81] 丁元竹：《促进我国基本公共服务均等化的对策》，载于《宏观经济管理》2008 年第 3 期。

[82] 丁元竹：《美国社区建设的几个问题》，载于《宏观经济研究》2002 年第 3 期。

[83] 董海军：《作为武器的弱者身份：农民维权抗争的底层政治》，载于《社会》2008 年第 4 期。

[84] 董梁：《我国非营利组织税收政策现状及问题研究》，内蒙古大学 2012 年硕士学位论文。

[85] 樊欢欢：《对外国社会组织规范管理的国际比较研究》，2008 年民政部社会组织理论研究课题项目，http：//www. chinanpo. gov. cn/1831/32362/yjzlkindex. html。

[86] 范明林：《非政府组织与政府的互动关系——基于法团主义和市民社会视角的比较个案研究》，载于《社会学研究》2010 年第 3 期。

[87] 费孝通著：《乡土中国　生育制度》，北京大学出版社 1998 年版。

[88] 冯钢：《论社会组织的社会稳定功能——兼论"社会复合主体"》，载于《浙江社会科学》2012 年第 1 期。

[89] 盖威：《市民社会视角的中国社团立法研究》，复旦大学 2010 年博士学位论文。

[90] 高丙中、袁瑞军主编：《中国公民社会发展蓝皮书》，北京大学出版社 2008 年版。

[91] 高丙中：《社团合作与中国公民社会的有机团结》，载于《中国社会科学》2006 年第 3 期。

[92] 高丙中：《中国的公民社会发展状态——基于"公民性"的评价》，载于《探索与争鸣》2008 年第 2 期。

[93] 葛道顺：《中国社会组织发展：从社会主体到国家意识：公民社会组织发展及其对意识形态构建的影响》，载于《江苏社会科学》2011 年第 3 期。

[94] 顾昕、王旭：《从国家主义到法团主义——中国市场转型过程中国家与专业团体关系的演变》，载于《社会学研究》2005 年第 2 期。

[95] 关信平：《社会组织在社会管理中的建设路径》，载于《人民论坛》2011 年第 11 期。

[96] 管兵：《城市政府结构与社会组织发育》，载于《社会学研究》2013 年第 4 期。

[97] 郭于华、孙立平：《诉苦：一种农民国家观念形成的中介机制》，载于《中国学术》第 4 辑，商务印书馆 2002 年版。

[98] 国家统计局、国务院第三次经济普查办公室：《第三次全国经济普查主要数据公报（第一号）》，2014 年 12 月 16 日。

[99] 国家统计局网：《中国统计年鉴》（2013）。

[100] 何增科：《深圳市社会组织登记管理体制改革的案例研究》，载于《甘肃行政学院学报》2010 年第 4 期。

[101] 贺东航、孔繁斌：《公共政策执行的中国经验》，载于《中国社会科学》2011 年第 5 期。

[102] 胡锦涛：《扎扎实实提高社会管理科学化水平》，新华网 2011 年 2 月

19 日。

[103] 胡琼兰、闫坤：《深圳口述史 NGO 先行者郭小慧：深圳让我的生命更有价值》，载于《深圳晚报》2014 年 5 月 28 日。

[104] 黄冬娅：《人们如何卷入公共参与事件》，载于《社会》2013 年第 3 期。

[105] 黄晓春：《技术治理的运作机制研究——以上海市 L 街道一门式电子政务中心为案例》，载于《社会》2010 年第 4 期。

[106] 黄晓星：《社区运动的"社区性"》，载于《社会学研究》2011 年第 1 期。

[107] 黄晓勇主编：《中国民间组织报告（2010～2011）》，北京社会科学文献出版社 2011 年版。

[108] 黄宗智：《中国的"公共领域"与"市民社会"——国家与社会间的第三域》，载于《国家与市民社会———一种社会理论研究路径》，邓正来、亚历山大编，北京中央编译出版社 2002 年版。

[109] 纪莺莺：《当代中国的社会组织：理论视角与经验研究》，载于《社会学研究》2013 年第 5 期。

[110] 贾西津：《民间组织与政府的关系》，载于《中国民间组织 30 年：走向公民社会》，王名主编，社会科学文献出版社 2008 年。

[111] 贾西津：《中国公民社会图纲》，载于《社会学家茶座》2008 年第 1 期。

[112] 贾西津等著：《转型时期的行业协会》，社会科学文献出版社 2004 年版。

[113] 江华、张建民、周莹：《利益契合：转型期中国国家与社会关系的一个分析框架——以行业组织政策参与为案例》，载于《社会学研究》2011 年第 3 期。

[114] 蒋学基、叶海燕、俞志宏、叶真：《美国社区非政府组织的运行情况及其启示》，载于《浙江社会科学》2002 年第 4 期。

[115] 金观涛著：《中国现代思想的起源》，香港中文大学出版社 2000 年版。

[116] 景天魁：《在社会服务体制、机制的改革与创新中发展非营利组织》，载于《教学与研究》2012 年第 8 期。

[117] 敬义嘉、刘春荣：《居委会直选与城市基层治理——对 2006 年上海市居委会直接选举的分析》，载于《复旦学报（社会科学版）》2007 年第 1 期。

[118] 敬义嘉：《政府社会组织公共服务合作机制研究：以上海市的实践为例》，载于《江西社会科学》2013 年第 4 期。

[119] 康保锐：《市场与国家之间的发展政策：公民社会组织的可能性与界限》，中国人民大学出版社 2009 年版。

[120] 康晓光、韩恒：《分类控制：当前中国大陆国家与社会关系研究》，载于《社会学研究》2005 年第 6 期。

[121] 康晓光：《行政吸纳社会——当前中国大陆国家与社会关系再研究》，载于《中国社会科学：英文版》2007 年第 2 期。

[122] 康晓光著：《第三部门观察报告（2011）》，社会科学文献出版社 2011 年版。

[123] 康晓光著：《第三部门观察报告（2013）》，社会科学文献出版社 2013 年版。

[124] 康晓光著：《依附式发展的第三部门》，社会科学文献出版社 2009 年版。

[125] 康晓强著：《社会组织与现代国家治理——基于案例的分析》，中国政法大学出版社 2014 年版。

[126] 孔繁斌著：《公共性的再生产：多中心治理的合作机制建构》，江苏人民出版社 2012 年版。

[127] 黎军：《行业协会的几个基本问题》，载于《河北法学》2006 年第 7 期。

[128] 李斌：《制衡、控制和参与——关于西方社会管理中政府与非政府组织的关系述评》，载于《理论界》2012 年第 2 期。

[129] 李晨旭、赵旭东：《群体性事件中的原始抵抗》，载于《社会》2012 年第 5 期。

[130] 李春霞、吴长青、陈晓飞著：《民间平谷：新时期社会组织在民生建设中的作用研究》，九州出版社 2013 年版。

[131] 李路路、宋臻：《"有限理性"视角下的组织决策——基于一个援助扶贫项目的个案研究》，载于《社会》2007 年第 5 期。

[132] 李路路：《和谐社会：利益矛盾与冲突的协调》，载于《探索与争鸣》2005 年第 5 期。

[133] 李路路：《社会变迁：风险与社会控制》，载于《理论参考》2004 年第 11 期。

[134] 李璐：《分类负责模式：社会组织管理体制的创新探索：以北京枢纽型社会组织管理为例》，载于《北京社会科学》2012 年第 3 期。

[135] 李明伟：《清末民初中国城市社会阶层研究》，社会科学文献出版社 2005 年版。

[136] 李培林、陈光金：《中国当前社会建设的框架设计》，载于《经济体制改革》2011 年第 1 期。

[137] 李培林：《改革和创新社会管理体制》，载于《人民日报》2010 年 10 月 15 日。

[138] 李培林：《社会治理与社会体制改革》，载于《国家行政学院学报》2014 年第 4 期。

[139] 李培林：《我国社会组织体制的改革和未来》，载于《社会》2013 年第 3 期。

[140] 李培林著：《社会改革与社会治理》，社会科学文献出版社 2014 年版。

[141] 李胜军：《社会组织登记管理体制改革新进程：影响与展望》，载于《宜宾学院学报》2013 年第 11 期。

[142] 李爽、沈晓宇：《青年自组织备案制度初探》，载于《上海青年管理干部学院学报》2010 年第 1 期。

[143] 李友梅、黄晓春、张虎祥等著：《从弥散到秩序："制度与生活"视野下的中国社会变迁（1921—2011）》，中国大百科全书出版社 2011 年版。

[144] 李友梅、肖瑛、黄晓春：《当代中国社会建设的公共性困境及其超越》，载于《中国社会科学》2012 年第 4 期。

[145] 李友梅、肖瑛、黄晓春著：《社会认同：一种结构视野的分析》，上海人民出版社 2007 年版。

[146] 李友梅：《从财富分配到风险分配：中国社会结构重组的一种新路径》，载于《社会》2008 年第 6 期。

[147] 李友梅：《基层社区组织的实际生活方式——对上海康健社区实地调查的初步认识》，载于《社会学研究》2002 年第 4 期。

[148] 李友梅：《浦东新区城市化过程中的农民问题——以严桥镇及其管理的社区为案例》，载于《上海大学学报（社会科学版）》1999 年第 3 期。

[149] 李友梅：《社区治理：公民社会的微观基础》，载于《社会》2007 年第 2 期。

[150] 李友梅：《在新的历史起点上推进社会体制改革》，载于《光明日报》2014 年 5 月 5 日 11 版。

[151] 李友梅：《中国社会管理新格局下遭遇的问题——一种基于中观机制分析的视角》，载于《学术月刊》2012 年第 7 期。

[152] 李友梅著：《城市社会治理》，社科文献出版社 2014 年版。

[153] 李友梅著：《改革开放 30 年：社会生活的变迁》，中国大百科全书出版社 2008 年版。

[154] 李友梅著：《社会的生产：1978 年以来的中国社会变迁》，上海人民出版社 2009 年版。

［155］梁莹:《城市夹缝空间的绿色力量:环保社区社会组织生长的社会政策逻辑》,载于《人文杂志》2013年第6期。

［156］廖鸿等:《中国社会组织发展管理及改革展望》,载于《四川师范大学学报(社会科学版)》2011年第5期。

［157］林风:《断裂:中国社会的新变化》,载于《中国改革》2002年第4期。

［158］林静:《汶川地震中非政府组织发展初论》,载于《南方论刊》2011年第2期。

［159］林尚立、王华:《创造治理:民间组织与公共服务型政府》,载于《学术月刊》2006年第5期。

［160］林尚立:《创造治理:民间组织与公共服务型政府》,载于《学术月刊》2006年第5期。

［161］林尚立:《两种社会建构:中国共产党与非政府组织》,载于《中国非营利评论》2007年第1期。

［162］林尚立著:《社区党建与群众工作:上海杨浦区殷行街道研究报告》,上海大学出版社2000年版。

［163］林祥明:《社会组织管理的地方创新经验》,载于《决策咨询》2013年第5期。

［164］刘国翰:《培育和发展社会组织的政策体系构建:以宁波市为例》,载于《社科纵横》2014年第6期。

［165］刘宏等:《推进社会组织评估体系建设的实践与思考——以广西为例》,载于《中国社会组织》2013年第11期。

［166］刘培峰、孙伟林:《我国社会组织发展的趋势和特点》,载于《中国非营利评论》2010年第1期。

［167］刘培峰等著:《民间组织发展与管理制度创新》,社会科学文献出版社2012年版。

［168］刘鹏:《从分类控制走向嵌入型监管:地方政府社会组织管理政策创新》,载于《中国人民大学学报》2011年第5期。

［169］刘平:《新二元社会与中国社会转型研究》,载于《中国社会科学》2007年第1期。

［170］刘求实、王名:《改革开放以来我国民间组织的发展及其社会基础》,载于《公共行政评论》2009年第3期。

［171］刘维涛:《数据显示截止2013年底内地共青团员共8949.9万名》,载于人民网2014年5月4日。

［172］刘玉照、孙秀林、金桥：《上海市社区建设调查报告》，上海市政府决策咨询报告 2010 年 9 月。

［173］刘振国：《中国社会组织的治理创新——基于地方政府实践的分析》，载于《经济社会体制比较》2010 年第 3 期。

［174］吕德文：《媒介动员、钉子户与抗争政治——宜黄事件再分析》，载于《社会》2012 年第 3 期。

［175］民政部网：《民政部发布 2013 年社会服务发展统计公报》，2014 年 6 月 17 日。浦兴祖：《"街道办"改革的大方向：走向有限政府》，载于《东方早报》2011 年 11 月 18 日。

［176］浦兴祖：《特大城市城区管理体制的改革走向——兼谈"两级政府、三级管理"之提法》，载于《政治学研究》1998 第 3 期。

［177］钱颖一、许成钢：《中国的经济改革为什么与众不同——M 型的层级制和非国有部门的进入与扩张》，载于《经济社会体制比较》1993 年第 11 期。

［178］渠敬东、周飞舟、应星：《从总体支配到技术治理——基于中国 30 年改革经验的社会学分析》，载于《中国社会科学》2009 年第 6 期。

［179］渠敬东：《项目制：一种新的国家治理体制》，载于《中国社会科学》2012 年第 5 期。

［180］渠敬东：《占有、经营与治理：乡镇企业的三重分析概念（下）》，载于《社会》2013 年第 2 期。

［181］任建军：《我国社会组织管理体制改革研究》，天津大学 2011 年硕士学位论文。

［182］阮云星、赵照：《都市支持型社会组织何以快速成长：上海 NPI 的政治人类学研究》，载于《政治人类学：亚洲田野与书写》，阮云星、韩敏主编，浙江大学出版社 2011 年版。

［183］上海市发展改革研究院课题组：《上海社会组织发展机制和体制改革研究》，载于《科学发展》2014 年第 6 期。

［184］上海统计网：《上海统计年鉴（2014）》。

［185］沈原、孙五三：《制度的形同质异与社会团体的发育》，载于《处于十字路口的中国社团》，天津人民出版社 2001 年版。

［186］石发勇：《业主委员会、准派系政治与基层治理》，载于《社会学研究》2010 年第 5 期。

［187］斯莫茨：《治理在国际关系中的正确运用》，载于《国际社会科学》（中文版）1999 年第 2 期。

［188］孙兰英等：《当前我国社会组织的发展现状：问题及发展途径探索》，

299

载于《天津大学学报（社会科学版）》2013 年第 6 期。

［189］孙立平、王汉生、王思斌、林斌、杨善华：《改革以来中国社会结构的变迁》，载于《中国社会科学》1994 年第 2 期。

［190］孙立平：《总体性社会研究：对改革前中国社会结构的概要分析》，载于《中国社会科学季刊》1993 年总第 2 期。

［191］孙伟林：《我国社会组织发展现状、问题与建议》，载于《中国党政干部论坛》2009 年第 8 期。

［192］孙志祥：《北京市民间组织个案研究》，载于《社会学研究》2001 年第 1 期。

［193］孙志祥：《枢纽型社会组织的双重属性及其治理》，载于《中国社会组织》第 2013 年 8 期。

［194］唐文玉：《国家介入与社会组织公共性生长》，载于《学习与实践》（武汉）2011 年第 4 期。

［195］田凯：《西方非营利组织治理研究的主要理论述评》，载于《经济社会体制比较》2012 年第 6 期。

［196］田凯：《中国非营利组织理事会制度的发展与运作》，载于《经济社会体制比较》2009 年第 2 期。

［197］田凯著：《非协调约束与组织运作——中国慈善组织与政府关系的个案研究》，商务印书馆 2004 年版。

［198］田毅、赵旭著：《他乡之税》，中信出版社 2008 年版。

［199］仝志辉著：《选举事件与村庄政治》，中国社会科学出版社 2004 年版。

［200］汪锦军等：《混合治理构建中的政策依赖与政策限度》，载于《浙江学刊》2013 年第 6 期。

［201］王程韡、王路昊：《脱耦中的合法性动员》，载于《社会》2013 年第 6 期。

［202］王丰著：《分割与分层：改革时期中国城市的不平等》，浙江人民出版社 2013 年版。

［203］王汉生、刘世定、孙立平：《作为制度运作和制度变迁方式的变通》，载于《中国社会科学季刊》1997 年冬季卷。

［204］王劲颖、沈东亮、屈涛、刘忠祥：《美国非营利组织运作和管理的启示与思考》，载于《社团管理研究》2011 年第 3 期。

［205］王名、黄浩明著：《英国非营利组织》，社会科学文献出版社 2009 年版。

［206］王名、贾西津：《中国 NGO 的发展分析》，载于《管理世界》2002 年

第 8 期。

[207] 王名、李勇、黄浩明著：《美国非营利组织》，社会科学文献出版社 2012 年版。

[208] 王名、刘求实：《我国社会组织管理体制的形成及其改革建议》，载于《转型社会中的非营利组织监管》，陈金罗、刘培峰主编，社会科学文献出版社 2010 年版。

[209] 王名：《改革民间组织双重管理体制的分析和建议》，载于《中国行政管理》2007 年第 4 期。

[210] 王名：《社会组织财税政策研究》，载于《税务研究》2010 年第 5 期。

[211] 王名等编著：《德国非营利组织》，清华大学出版社 2006 年版。

[212] 王名等编著：《日本非营利组织》，北京大学出版社 2007 年版。

[213] 王名著：《社会组织论纲》，社会科学文献出版社 2013 年版。

[214] 王名等著：《社会组织与社会治理》，社会科学文献出版社 2014 年版。

[215] 王名主编：《中国 NGO 口述史》，社会科学文献出版社 2012 年版。

[216] 王名主编：《中国民间组织 30 年：走向公民社会》，社会科学文献出版社 2008 年版。

[217] 王名等著：《中国社团改革》，社会科学文献出版社 2001 年版。

[218] 王名著：《走向公民社会——我国社会组织发展的历史及趋势》，载于《吉林大学社会科学学报》2009 年第 3 期。

[219] 王培暄、毛维准：《宗族竞争下的村治模式探索——以山东省中东部 XL 村为调查对象》，载于香港中国研究服务网 2004 年。

[220] 王瑞华：《社区自组织能力建和面临的难题及其成因》，载于《城市问题》2007 年第 4 期。

[221] 王绍光：《大转型：1980 年代以来中国的双向运动》，载于《中国社会科学》2008 年第 1 期。

[222] 王信贤著：《争辩中的中国社会组织研究：国家—社会的视角》，台北韦伯出版公司 2006 年版。

[223] 王兴彬：《社会组织评估："全面体检"助推社会组织健康发展》，载于《中国社会组织》2013 年第 6 期。

[224] 王晔：《从志愿服务组织看香港 NGO 服务管理模式》，载于《社团管理研究》2012 年第 10 期。

[225] 王义：《改革开放以来中国共产党应对民间组织发展与挑战的基本经验》，载于《大连干部学刊》2012 年第 9 期。

[226] 王义：《青岛社会组织发展现状及政策支持体系的完善》，载于《青

岛农业大学学报（社会科学版）》2012年第4期。

[227] 吴碧林、眭鸿明：《行业协会的功能及其法治价值》，载于《江海学刊》2007年第6期。

[228] 吴建平：《理解法团主义——兼论其在中国国家与社会关系研究中的适用性》，载于《社会学研究》2012年第1期。

[229] 吴津、毛力熊：《浦东新区培育和发展社会组织的实践与思考》，载于《学习与实践》2010年第8期。

[230] 吴津、毛力熊：《社会组织发展与党之间良性互动的路径分析》，载于《中国浦东干部学院学报》2010年第5期。

[231] 吴津、毛力熊：《社会组织与服务型政府之间的关系——上海市浦东新区的实证案例》，载于《党政论坛》2009年第5期。

[232] 吴文勤：《我国社会主义建设中的公共性偏离与回归》，载于《攀登》2010年第4期。

[233] 吴玉霞：《公共服务分工与合作网络的理论与实证研究》，浙江大学公共管理学院2011年博士论文。

[234] 吴玉章著：《民间组织的法理思考》，社会科学文献出版社2010年版。

[235] 吴玉章著：《中国民间组织大事记（1978~2008）》，社会科学文献出版社2010年版。

[236] 吴忠民著：《社会公正论》，山东人民出版社2012年版。

[237] 夏龙：《我国社会组织双重管理体制改革的探索与思考》，载于《改革与开放》2012年第4期。

[238] 夏循祥、陈健民：《论无权者之权力的生成》，载于《社会》2014年第1期。

[239] 肖小霞：《社会组织发展：相关社会政策评析、约束与调整——社会政策视角的分析》，载于《福建论坛（人文社会科学版）》2012年第1期。

[240] 肖瑛：《从"国家与社会"到"制度与生活"：中国社会变迁研究的视角转换》，载于《中国社会科学》2014年第9期。

[241] 肖瑛：《法人团体：一种"总体的社会组织"的想象——涂尔干的社会团结思想研究》，载于《社会》2008年第2期。

[242] 肖瑛：《复调社会及其生产——以civil society的三种汉译法为基础》，载于《社会学研究》2010年第3期。

[243] 肖瑛：《把个人带回社会》，载于《社会理论：现代化与本土化》，应星、李猛主编，生活·读书·新知三联书店出版社2012年版。

[244] 肖自强、渠敬东、姚燕福：《涂尔干的现代性主题：道德个人主义与法

团公共性——青年学者渠敬东访谈录》，载于《中国图书商报》2001 年 1 月 24 日。

[245] 谢宇：《认识中国的不平等》，载于《社会》2010 年第 3 期。

[246] 辛允星：《"捆绑式发展"与"隐喻型政治"》，载于《社会》2013 年第 3 期。

[247] 熊跃根：《风险社会中的大城市治理与社会政策的发展》，载于《探索与争鸣》2011 年第 1 期。

[248] 徐家良：《关键在于激发社会组织活力》，载于《中国社会组织》2013 年第 12 期。

[249] 徐家良：《利益表达：社会团体对公共政策的影响力》，载于《天津行政学院学报》2004 年第 1 期。

[250] 徐家良：《危机动员与中国社会团体的发展》，载于《中国行政管理》2004 年第 1 期。

[251] 徐永祥、侯利文、徐选国：《新社会组织：内涵、特征以及发展原则》，载于《学习与实践》2015 年第 7 期。

[252] 许昀：《上海市社会组织管理和培育改革创新情况调研报告 (2009)》，http：//www. 360doc. com/content/10/0724/22/620041_41227906. shtml。

[253] 严振书：《中国社会组织发展问题研究》，载于《湖南工程学报》2010 年第 2 期。

[254] 阎云翔著：《中国社会的个体化》，上海译文出版社 2012 年版。

[255] 杨国斌著：《连接力：中国网民在行动》，广西师范大学出版社 2013 年版。

[256] 杨和焰：《全球结社革命的现实背景分析及其对发展中国家的启示》，载于《理论与改革》2004 年第 3 期。

[257] 杨团、葛道顺：《中国城市社区的社会保障新范式——大连与杭州社区个案研究与探索》，载于《管理世界》2002 年第 2 期。

[258] 杨团：《美国非营利组织管理》，载于《中国民政》1999 年第 10 期。

[259] 杨团：《社区公共服务设施托管的新模式——以罗山市民会馆为例》，载于《社会学研究》2001 年第 3 期。

[260] 杨团：《中国慈善发展报告 (2014)》，社会科学文献出版社 2014 年版。

[261] 杨毅：《业委会之惑——中国一线城市业主委员会现状调查》，载于《住宅与房地产》2006 年第 11 期。

[262] 姚华：《NGO 与政府合作中的自主性何以可能？——以上海 YMCA 为个案》，载于《社会学研究》2013 年第 1 期。

[263] 姚华：《社区自治：自主性空间的缺失与居民参与的困境——以上海

市 J 居委会"议行分设"的实践过程为个案》，载于《社会科学战线》2010 年第 8 期。

[264] 姚华平：《国家与社会互动：我国社会组织建设与管理的路径选择》，华中师范大学 2010 年博士学位论文。

[265] 应星、晋军：《集体上访中的"问题化"过程》，载于《清华社会学评论》第 1 辑，厦门鹭江出版社 2000 年版。

[266] 应星：《身体与乡村日常生活中的权力运作》，载于《中国乡村研究》第 2 辑，商务印书馆 2004 年版。

[267] 游祥斌等：《从双重管理到规范发展：中国社会组织发展的制度环境分析》，载于《北京行政学院学报》2013 年第 4 期。

[268] 于建嵘：《转型期中国的社会冲突》，载于《凤凰周刊》2006 年第 176 期。

[269] 余永龙等：《社会组织发展的上海标本》，载于 2014 年中国改革论坛，http://www.chinareform.org.cn/society/organise/Practice/201405/t20140504_196261.htm。

[270] 俞可平：《对公民社会要改变误解、转变态度》，载于《北京日报》2011 年 6 月 13 日。

[271] 俞可平：《关于民主亟待厘清的六个关系》，载于《半月谈内部版》2009 年第 4 期。

[272] 俞可平：《治理与善治》，社会科学文献出版社 2000 年版。

[273] 俞可平：《中国公民社会：概念、分类与制度环境》，载于《中国社会科学》2006 年第 1 期。

[274] 郁建兴、关爽：《从社会管控到社会治理：当代中国国家与社会关系的新进展》，载于《探索与争鸣》2014 年第 12 期。

[275] 郁建兴、吕明再：《治理：国家与市民社会关系理论的再出发》，载于《求是学刊》2003 年第 4 期。

[276] 郁建兴、吴国骅：《超越新公共管理——基于政治层面的思考》，载于《云南行政学院学报》2004 年第 1 期。

[277] 郁建兴、吴宇：《中国民间组织的兴起与国家——社会关系理论的转型》，载于《人文杂志》2003 年第 4 期。

[278] 战建华：《我国社会组织管理体制改革的实践分析：基于北京、上海、深圳等地社会组织体制改革的思考》，载于《学会》2009 年第 7 期。

[279] 张大钟：《虚拟社区组织公民行为形成与影响研究》，上海大学社会学 2015 年博士毕业论文。

[280] 张法：《主体性、公民社会、公共性——中国改革开放以来思想史上

的三个重要观念》，载于《社会科学》2010 年第 6 期。

［281］张虎祥、仇立平：《社会治理辨析：一个多元的概念》，载于《江苏行政学院学报》2015 年第 1 期。

［282］张杰：《我国社会组织发展制度环境析论》，载于《广东社会科学》2014 年第 2 期。

［283］张紧跟、庄文嘉：《非正式政治：一个草根 NGO 的行动策略——以广州业主委员会联谊会筹备委员会为例》，载于《社会学研究》2008 年第 2 期。

［284］张静：《阶级政治与单位政治——城市社会的利益组织化结构和社会参与》，载于《开放时代》2003 年第 2 期。

［285］张静：《培育城市公共空间的社会基础——以一起上海社区纠纷案为例》，载于《上海政法学院学报》2006 年第 2 期。

［286］张静：《社会建设：传统经验面临挑战》，载于《江苏行政学院学报》2012 年第 4 期。

［287］张静：《社区建设中政府、市场与社会的领域划分及其制度保证》，载于《天津社会科学》2004 年第 5 期。

［288］张静著：《法团主义》，中国社会科学出版社 1998 年版。

［289］张静著：《基层政权：乡村制度诸问题》，上海人民出版社 2010 年版。

［290］张顺、吴毅：《群体性事件的情感逻辑》，载于《社会》2014 年第 1 期。

［291］张沁洁、王建平：《行业协会的组织自主性研究：以广东省级行业协会为例》，载于《社会》2010 年第 5 期。

［292］张钟汝、范明林、王拓涵：《国家法团主义视域下政府与非政府组织的互动关系研究》，载于《社会》2009 年第 4 期。

［293］赵鹏：《事业单位工资有望 7 月松绑 3100 万人或涨薪》，载于《京华时报》2014 年 5 月 26 日。

［294］赵巍、齐绩：《中国城市社区非营利组织面临的问题与发展趋势》，载于《社会主义研究》2004 年第 4 期。

［295］郑杭生：《培育和发展社会组织的意义和思路》，载于《人民日报》2007 年 11 月 24 日第 7 版。

［296］郑杭生：《社会建设和社会管理研究与中国社会学使命》，载于《社会学研究》2011 年第 4 期。

［297］郑振宇：《构建非营利组织行业自律机制的探讨》，载于《中国济南市委党校学报》2005 年第 1 期。

［298］中国报告大厅：《2014 年我国网民数量和上网时间统计数据分析》，

载于 2014 年 12 月 5 日，http：//www.chinabgao.com/stat/stats/39320.html。

[299] 中国社会组织网：《2009 年度分地区社会组织统计数据》，2011 年 4 月 6 日。

[300] 中国社会组织网：《2013 年社会服务发展统计公报》，2014 年 6 月 17 日。

[301] 中国现代国际关系研究院课题组编：《外国非政府组织概况》，时事出版社 2010 年版。

[302] 钟伟：《解读"新双轨制"》，载于《中国改革》（综合版）2005 年第 1 期。

[303] 周飞舟：《锦标赛体制》，载于《社会学研究》2009 年第 3 期。

[304] 周浩集：《改革开放以来党与社会组织的关系研究》，中共中央党校研究生院 2010 年博士论文。

[305] 周红云：《中国社会组织管理体制改革：基于治理与善治的视角》，载于《马克思主义与现实》2010 年第 5 期。

[306] 周黎安：《中国地方官员的晋升锦标赛模式研究》，载于《经济研究》2007 年第 7 期。

[307] 周秀平：《关于创新社会组织管理制度的政策思考》，载于《学会》2013 年第 2 期。

[308] 周雪光、艾云：《多重逻辑下的制度变迁：一个分析框架》，载于《中国社会科学》2010 年第 4 期。

[309] 周雪光、练宏：《中国政府的治理模式：一个"控制权"理论》，载于《社会学研究》2012 年第 5 期。

[310] 周振超著：《当代中国政府"条块关系"研究》，天津人民出版社 2009 年版。

[311] 周志忍：《政府绩效中的公民参与：我国的实践历程与前景》，载于《中国行政管理》2008 年第 1 期。

[312] 朱光磊、张志红：《"职责同构"批判》，载于《北京大学学报（哲学社会科学版）》2005 年第 1 期。

[313] 朱健刚：《草根 NGO 与中国公民社会的成长》，载于《开放时代》2004 年第 6 期。

[314] 朱健刚：《国际 NGO 与中国地方治理创新——以珠三角为例》，载于《开放时代》2007 年第 5 期。

[315] 朱健刚：《以理抗争：都市集体行动的策略》，载于《社会》2011 年第 3 期。

[316] 朱健刚著：《行动的力量：民间志愿组织实践逻辑研究》，商务印书

馆 2008 年版。

[317] 竺乾威：《从新公共管理到整体性治理》，载于《中国行政管理》2008 年第 10 期。

[318] 竺乾威：《地方政府的政策执行行为分析：以"拉闸限电"为例》，载于《西安交通大学学报：社会科学版》2012 年第 2 期。

[319] 竺乾威：《地方政府决策与公众参与——以怒江大坝建设为例》，载于《江苏行政学院学报》2007 年第 4 期。

[320] 竺乾威：《公共服务的流程再造：从"无缝隙政府"到"网格化管理"》，载于《公共行政评论》2012 年第 2 期。

[321] 庄文嘉：《跨越国家赋予的权利？——对广州市业主抗争的个案研究》，载于《社会》2011 年第 3 期。

[322] 赵彤：《更加重视发挥民主监督在社会建设中的作用——李君如访谈》，载于人民网 2011 年 5 月 18 日，http：//www. stats. gov. cn/tjsj/ndsj/2013/indexch. htm。

[323]《基金会管理条例》（2004 年 2 月 11 日中华人民共和国国务院公布）。

[324]《民办非企业单位登记管理暂行条例》（1998 年 10 月 25 日中华人民共和国国务院发布施行）。

[325]《社会团体登记管理条例》（1998 年 10 月 25 日中华人民共和国国务院发布施行）。

[326] Alexander, J. "Cultural Pragmatics：Social Performance between Ritual and Strategy," in J. Alexander, B. Giesen, and J. L. Mast, eds., *Social Performance*, Cambridge：Cambridge University Press, 2006, pp. 29 – 37.

[327] Bauer, Rufolph / Dahme, Heinz-Juergen/ Wohlfahrt, Norbert, 2010, "Freie Traeger", in Thole, Werner (Hrsg.), *Grundriss Soziale Arbeit. Ein einfuehrendes Handbuch*, 3, ueberarbeitete und erweiterte Auflage, VS Verlag, 2010.

[328] Bellah, R. etc. *Habits of the Heart*, Berkeley：the University of California Press, 1985.

[329] Bettmer, Franz, 2010, "Die oeffentlichen Traeger der Sozialen Arbeit", in Thole, Werner (Hrsg.), *Grundriss Soziale Arbeit. Ein einfuehrendes Handbuch*, 3, ueberarbeitete und erweiterte Auflage, VS Verlag, 2010.

[330] Bowles, Samuel & Gintis, Herbert. *A Cooperative Species：Human Reciprocity and Its Evolution*. Princeton University Press. , 2011.

[331] Crow, Graham. *Social solidarities：theories, identities, and social change.* Open University Press, 2002.

[332] Dumont, L. *From Mandeville to Marx: the Genesis and Triumph of Economic Ideology*, Chicago: The University of Chicago Press, 1977.

[333] Durkheim, E. *The Rules of Sociological Method*, New York: The Free Press, 1982.

[334] Everett, W. J. *Religion, Federalism, and the Struggle for Public Life*, New York: Oxford University Press, 1997.

[335] Eyerman, R. "Performing Opposition or, How Social Movements Move," in *Social Performance*, 2006.

[336] Fischer, Joerg, Von der katholischen Soziallehre zum aktivierenden Paradigma-Entwicklungsverläufe des Subsidiaritätsprinzips in der Ausgestaltung des Sozialstaates. In: *Zeitschrift für Sozialpädagogik*, 3. Jg. , Heft 1/05, S. 2005, pp. 81 – 98.

[337] Garfinkel, H. *Studies in Ethnomethodology*, Englewood Cliffs: Prentice-Hall, Inc, 1967.

[338] Heinze, Rolf G. , "Transformation der Wohlfahrtsproduktion in Deutschland: Neue Governance-Strukturen im Sozialsektor", in Heinze, Rolf G. (2009) *Rueckkehr des Staates? Politische Handlungsmoeglichkeiten* in unsicheren Zeiten, VS Verlag, 2009.

[339] J uul, Soren. *Solidarity in Individualized Societies: Recognition, Justice and Good Judgement.* Routledge, 2012.

[340] Keane, John, *Democracy and Civil Society*, Verso, London/New York, 1988.

[341] Knorr Cetina, Karin. "Post-social Relations: Theorizing Sociality in a Post-social Environment", in George Ritzer & Barry Smart (eds.) . *Handbook of Social Theory.* SAGE Publications, 2001.

[342] Kornhauser, William. *The Politics of Mass Society.* Glencoe: The Free Press, 1959.

[343] Latour, Bruno. *Reassembling the Social: An Introduction to Actor Network Theory.* New York: Oxford University Press, 2005.

[344] Lin, The-Chang. "Environmental NGOs and the Anti-Dam Movements in China: A Social Movement with Chinese Characteristics. " Issues & Studies 4, 2007.

[345] Mann, M. *The Source of Social Power Volume 1*, Cambridge: Cambridge University Press, 1986.

[346] Meyer J. W. & B. Rowan, "Institutional Organizations: Formal Struture as Myth and Ceremony. " *American Journal of Sociology* 83, 1977.

[347] Misztal, Barbara A. *Trust in Modern Societies*: *The Search for the Bases of Social Order.* Polity, 1966.

[348] Misztal, Barbara A. *Informality*: *Social Theory and Contemporary Practice.* Routledge, 1999.

[349] Ostrom, Elinor. "An Agenda for the Study of Institutions." *Public Choice* 48, 1986.

[350] Parehk, R. "Putting Civil Society in its Place", in *Exploring Civil Society*, Glasius, M. & David Lewis & Hakan Seckinelgin eds., London: Routldege, 2004.

[351] Pfeffer J. & G. Salancik, *The External Control of Organizations*: *A Resource Dependence Perspective.* New York: Harper & Row, 1978.

[352] Piore, Michael J. & Sabel, Charles F. *The Second Industrial Divide*: *Possibilities for Prosperity.* New York: Basic Books, 1984.

[353] Piven, F. F. and Cloward, R. A. "Rulemaking, Rulebreaking, and Power." In *Handbook of Political Sociology*, edited by Thomas Janoski, Cambridge: Cambridge University Press, 2005, pp. 33 – 53.

[354] Polanyi, K. *The Great Transformation*: *The Political and Economic Origins of Our Time*, Boston: Beacon Press, 2001.

[355] Rawls, J. *Political Liberalism*, New York: Columbia University Press, 1993.

[356] Sennett, R. *The Fall of Public Man*, London: the Cambridge University Press, 1977.

[357] Shepsle, Kenneth A. "Institutional Equilibrium and Equilibrium Institutions." In H. Weisberg (ed.), *Political Science*: *the Science of Politics.* New York: Aathon, 1986.

[358] Spires, Anthony. "Contingent Symbiosis and Civil Society in an Authoritarian State: Understanding the Survival of China's Grassroots NGOs." *American Journal of Sociology*, 117 (1), 2011.

[359] Taylor, Charles. *Philosophical arguments.* Cambridge: Harvard University Press, 1995.

[360] Thompson, E. P. *The Making of English Working Class.* New York: Vintage Books, 1966.

[361] Touraine, Alain. *The Post-Industrial Society. Tomorrow's Social History*: *Classes, Conflicts and Culture in the Programmed Society.* New York: Random House,

1971.

[362] Touraine, Alain. *The self-production of society*. Chicago: The University of Chicago Press, 1977.

[363] Weber, M. *The Religion of China: Confucianism and Taoism*, Glencoe: The Free Press, 1951.

[364] Weber, M. *Economy and Society*, Berkeley: University of California Press, 1978.

[365] White, Gordon. "Prospects for Civil Society in China: A case Study of Xiaoshan City." *The Australian Journal of Chinese Affairs*, 29, 1993.

[366] Wienand, Manfred, *Social System and Social Work in the Federal Republic of Germany*, Deutscher Verein fuer oeffentliche und private Fuersorge e. V, 2007.

后 记

　　本书是教育部哲学社会科学研究重大课题攻关项目《新时期社会组织建设研究》（11JZD027）的研究成果。在原有的结项报告的基础上，我们结合课题组专家鉴定意见以及当下社会组织发展的前沿变化，对课题结项报告进行了多次调整和修改，最终形成此书。

　　本书由上海大学李友梅教授任首席专家，全书撰稿分工如下：导论（李友梅），第一章（肖瑛），第二章（张虎祥），第三章（金桥），第四章（黄晓春），第五章（汪丹），第六章（梁波），统稿（李友梅、刘玉照）。除上述撰稿人之外，本书的最后通读和格式处理等工作得到了景春雨等老师和虞锦美等博士的很多帮助。本书所基于的结项报告，尤其在框架设计、调查数据整理、相关政策把握等方面得到了刘玉照、孙秀林、范明林、张昱、马西恒等老师的通力合作，谨在此向各位老师和同学致以深深的谢意。我们在完成这项研究的过程中，还得到了上海研究院、上海高校基层治理创新研究中心的资助和智力支持，在此一并表示诚挚的感谢。

　　中国社会组织的发展和管理制度仍在改革创新的道路上，本书难免仍有错漏和不足，敬请读者指正。

作者于上海大学社会学院

2016 年 9 月 18 日

教育部哲学社會科学研究重大課題攻関項目
成果出版列表

序号	书　名	首席专家
1	《马克思主义基础理论若干重大问题研究》	陈先达
2	《马克思主义理论学科体系建构与建设研究》	张雷声
3	《马克思主义整体性研究》	逄锦聚
4	《改革开放以来马克思主义在中国的发展》	顾钰民
5	《新时期　新探索　新征程 ——当代资本主义国家共产党的理论与实践研究》	聂运麟
6	《坚持马克思主义在意识形态领域指导地位研究》	陈先达
7	《当代资本主义新变化的批判性解读》	唐正东
8	《当代中国人精神生活研究》	童世骏
9	《弘扬与培育民族精神研究》	杨叔子
10	《当代科学哲学的发展趋势》	郭贵春
11	《服务型政府建设规律研究》	朱光磊
12	《地方政府改革与深化行政管理体制改革研究》	沈荣华
13	《面向知识表示与推理的自然语言逻辑》	鞠实儿
14	《当代宗教冲突与对话研究》	张志刚
15	《马克思主义文艺理论中国化研究》	朱立元
16	《历史题材文学创作重大问题研究》	童庆炳
17	《现代中西高校公共艺术教育比较研究》	曾繁仁
18	《西方文论中国化与中国文论建设》	王一川
19	《中华民族音乐文化的国际传播与推广》	王耀华
20	《楚地出土戰國簡册 ［十四種］》	陳　偉
21	《近代中国的知识与制度转型》	桑　兵
22	《中国抗战在世界反法西斯战争中的历史地位》	胡德坤
23	《近代以来日本对华认识及其行动选择研究》	杨栋梁
24	《京津冀都市圈的崛起与中国经济发展》	周立群
25	《金融市场全球化下的中国监管体系研究》	曹凤岐
26	《中国市场经济发展研究》	刘　伟
27	《全球经济调整中的中国经济增长与宏观调控体系研究》	黄　达
28	《中国特大都市圈与世界制造业中心研究》	李廉水

序号	书 名	首席专家
29	《中国产业竞争力研究》	赵彦云
30	《东北老工业基地资源型城市发展可持续产业问题研究》	宋冬林
31	《转型时期消费需求升级与产业发展研究》	臧旭恒
32	《中国金融国际化中的风险防范与金融安全研究》	刘锡良
33	《全球新型金融危机与中国的外汇储备战略》	陈雨露
34	《全球金融危机与新常态下的中国产业发展》	段文斌
35	《中国民营经济制度创新与发展》	李维安
36	《中国现代服务经济理论与发展战略研究》	陈 宪
37	《中国转型期的社会风险及公共危机管理研究》	丁烈云
38	《人文社会科学研究成果评价体系研究》	刘大椿
39	《中国工业化、城镇化进程中的农村土地问题研究》	曲福田
40	《中国农村社区建设研究》	项继权
41	《东北老工业基地改造与振兴研究》	程 伟
42	《全面建设小康社会进程中的我国就业发展战略研究》	曾湘泉
43	《自主创新战略与国际竞争力研究》	吴贵生
44	《转轨经济中的反行政性垄断与促进竞争政策研究》	于良春
45	《面向公共服务的电子政务管理体系研究》	孙宝文
46	《产权理论比较与中国产权制度变革》	黄少安
47	《中国企业集团成长与重组研究》	蓝海林
48	《我国资源、环境、人口与经济承载能力研究》	邱 东
49	《"病有所医"——目标、路径与战略选择》	高建民
50	《税收对国民收入分配调控作用研究》	郭庆旺
51	《多党合作与中国共产党执政能力建设研究》	周淑真
52	《规范收入分配秩序研究》	杨灿明
53	《中国社会转型中的政府治理模式研究》	娄成武
54	《中国加入区域经济一体化研究》	黄卫平
55	《金融体制改革和货币问题研究》	王广谦
56	《人民币均衡汇率问题研究》	姜波克
57	《我国土地制度与社会经济协调发展研究》	黄祖辉
58	《南水北调工程与中部地区经济社会可持续发展研究》	杨云彦
59	《产业集聚与区域经济协调发展研究》	王 珺

序号	书　名	首席专家
60	《我国货币政策体系与传导机制研究》	刘　伟
61	《我国民法典体系问题研究》	王利明
62	《中国司法制度的基础理论问题研究》	陈光中
63	《多元化纠纷解决机制与和谐社会的构建》	范　愉
64	《中国和平发展的重大前沿国际法律问题研究》	曾令良
65	《中国法制现代化的理论与实践》	徐显明
66	《农村土地问题立法研究》	陈小君
67	《知识产权制度变革与发展研究》	吴汉东
68	《中国能源安全若干法律与政策问题研究》	黄　进
69	《城乡统筹视角下我国城乡双向商贸流通体系研究》	任保平
70	《产权强度、土地流转与农民权益保护》	罗必良
71	《我国建设用地总量控制与差别化管理政策研究》	欧名豪
72	《矿产资源有偿使用制度与生态补偿机制》	李国平
73	《巨灾风险管理制度创新研究》	卓　志
74	《国有资产法律保护机制研究》	李曙光
75	《中国与全球油气资源重点区域合作研究》	王　震
76	《可持续发展的中国新型农村社会养老保险制度研究》	邓大松
77	《农民工权益保护理论与实践研究》	刘林平
78	《大学生就业创业教育研究》	杨晓慧
79	《新能源与可再生能源法律与政策研究》	李艳芳
80	《中国海外投资的风险防范与管控体系研究》	陈菲琼
81	《生活质量的指标构建与现状评价》	周长城
82	《中国公民人文素质研究》	石亚军
83	《城市化进程中的重大社会问题及其对策研究》	李　强
84	《中国农村与农民问题前沿研究》	徐　勇
85	《西部开发中的人口流动与族际交往研究》	马　戎
86	《现代农业发展战略研究》	周应恒
87	《综合交通运输体系研究——认知与建构》	荣朝和
88	《中国独生子女问题研究》	风笑天
89	《我国粮食安全保障体系研究》	胡小平
90	《我国食品安全风险防控研究》	王　硕

序号	书 名	首席专家
91	《城市新移民问题及其对策研究》	周大鸣
92	《新农村建设与城镇化推进中农村教育布局调整研究》	史宁中
93	《农村公共产品供给与农村和谐社会建设》	王国华
94	《中国大城市户籍制度改革研究》	彭希哲
95	《国家惠农政策的成效评价与完善研究》	邓大才
96	《以民主促进和谐——和谐社会构建中的基层民主政治建设研究》	徐 勇
97	《城市文化与国家治理——当代中国城市建设理论内涵与发展模式建构》	皇甫晓涛
98	《中国边疆治理研究》	周 平
99	《边疆多民族地区构建社会主义和谐社会研究》	张先亮
100	《新疆民族文化、民族心理与社会长治久安》	高静文
101	《中国大众媒介的传播效果与公信力研究》	喻国明
102	《媒介素养：理念、认知、参与》	陆 晔
103	《创新型国家的知识信息服务体系研究》	胡昌平
104	《数字信息资源规划、管理与利用研究》	马费成
105	《新闻传媒发展与建构和谐社会关系研究》	罗以澄
106	《数字传播技术与媒体产业发展研究》	黄升民
107	《互联网等新媒体对社会舆论影响与利用研究》	谢新洲
108	《网络舆论监测与安全研究》	黄永林
109	《中国文化产业发展战略论》	胡惠林
110	《20 世纪中国古代文化经典在域外的传播与影响研究》	张西平
111	《国际传播的理论、现状和发展趋势研究》	吴 飞
112	《教育投入、资源配置与人力资本收益》	闵维方
113	《创新人才与教育创新研究》	林崇德
114	《中国农村教育发展指标体系研究》	袁桂林
115	《高校思想政治理论课程建设研究》	顾海良
116	《网络思想政治教育研究》	张再兴
117	《高校招生考试制度改革研究》	刘海峰
118	《基础教育改革与中国教育学理论重建研究》	叶 澜
119	《我国研究生教育结构调整问题研究》	袁本涛 王传毅
120	《公共财政框架下公共教育财政制度研究》	王善迈

序号	书　名	首席专家
121	《农民工子女问题研究》	袁振国
122	《当代大学生诚信制度建设及加强大学生思想政治工作研究》	黄蓉生
123	《从失衡走向平衡：素质教育课程评价体系研究》	钟启泉 崔允漷
124	《构建城乡一体化的教育体制机制研究》	李　玲
125	《高校思想政治理论课教育教学质量监测体系研究》	张耀灿
126	《处境不利儿童的心理发展现状与教育对策研究》	申继亮
127	《学习过程与机制研究》	莫　雷
128	《青少年心理健康素质调查研究》	沈德立
129	《灾后中小学生心理疏导研究》	林崇德
130	《民族地区教育优先发展研究》	张诗亚
131	《WTO主要成员贸易政策体系与对策研究》	张汉林
132	《中国和平发展的国际环境分析》	叶自成
133	《冷战时期美国重大外交政策案例研究》	沈志华
134	《新时期中非合作关系研究》	刘鸿武
135	《我国的地缘政治及其战略研究》	倪世雄
136	《中国海洋发展战略研究》	徐祥民
137	《深化医药卫生体制改革研究》	孟庆跃
138	《华侨华人在中国软实力建设中的作用研究》	黄　平
139	《我国地方法制建设理论与实践研究》	葛洪义
140	《城市化理论重构与城市化战略研究》	张鸿雁
141	《境外宗教渗透论》	段德智
142	《中部崛起过程中的新型工业化研究》	陈晓红
143	《农村社会保障制度研究》	赵　曼
144	《中国艺术学学科体系建设研究》	黄会林
145	《我国碳排放交易市场研究》	赵忠秀
146	《人工耳蜗术后儿童康复教育的原理与方法》	黄昭鸣
147	《我国少数民族音乐资源的保护与开发研究》	樊祖荫
148	《中国道德文化的传统理念与现代践行研究》	李建华
149	《低碳经济转型下的中国排放权交易体系》	齐绍洲
150	《中国东北亚战略与政策研究》	刘清才
151	《促进经济发展方式转变的地方财税体制改革研究》	钟晓敏
152	《外资并购与我国产业安全研究》	李善民
153	《近代汉字术语的生成演变与中西日文化互动研究》	冯天瑜
154	《新时期加强社会组织建设研究》	李友梅

……